최신 사회복지법제론

최신 사회복지법제론

최신 사회복지법제론

권육상 오종희 장승전 주정현 최정섭

사회복지 전문출판 나눔의집

머리말

인류 역사의 시작과 함께 삶을 영위하는 모든 곳에서는 사회문제들이 등장한다. 그 중에서도 특히 산업화로 인한 경제성장과 함께 파생된 빈부격차의 사회문제가 심각해짐에 따라 자유방임적 사적 자치(개인주의)의 원리에 국가의 개입이 요구되면서 사법(私法)의 공법(公法)화 경향에 의한 사회적 시장경제로 발달하여 사회복지국가를 지향하고 있다.

사회복지국가란 모든 국민에게 인간다운 생활을 할 수 있는 최소한의 기본적 수요를 충족시켜 건강하고 문화적인 생활을 영위할 수 있도록 제도와 여건을 조성하는 것이 국가의 책임이 되고, 그 책임에 대한 요구가 당연한 국민의 권리로 인정되는 국가라고 말할 수 있다. 이러한 사회복지국가를 지향하는 제도와 여건을 조성하고 형평과 효율의 조화를 기하기 위한 제도적 형태가 사회복지법의 형태로 나타나게 된다.

사회복지법은 사회복지에 관한 이념과 가치를 현실적으로 구체화한 법으로서 사회체제의 구조적 모순에서 발생한 인간의 욕구와 사회문제를 해결하여 모든 국민이 인간다운 생활을 할 수 있도록 보장하고 삶의 질 향상과 더불어 공동의 조직사회를 질서 있게 유지하려하는 데 그 목적이 있다. 사회복지법의 체제를 벗어나서 사회복지실천이나 사회복지서비스가 제공되기 어렵고, 사회복지의 주체와 대상, 권리와 의무, 보편적, 제도적 장치 등에 대한 제반 사회복지제도를 이해함에 있어서도 사회복지법에 대한 이해는 더욱 절실하다고 하겠다.

본서는 한국사회복지교육협의회의 전반적인 교육적 요구에 맞추는 것을 기본으로 하여, 모두 13장으로 구성하였다. 제1장에서 제8장까지는 총론분야로서 사회복지법의 개념과 성격, 한국사회복지법의 역사적 전개, 사회복지법의 법원, 사회복지급여수급권, 사회복지법의 체계와 법적 효력, 사회복지주체와 법률관계, 사회복지사의 법적 지위와 권한, 국제법과 사회복지를 다루었고, 제9장에서 제13장까지는 각론 분야로서 사회보장기본법, 사회보험법, 공공부조법, 사회복지서비스법으로 구성하고, 특히 고령사회에 대응하여 2007년 4월에 제정된 노인장기요양보험법과 기초노령연금법도 수록하였다.

사회복지를 공부하는 학생, 사회복지사 1급 시험을 준비하는 수험생, 사회복지실천 현장에서의 사회복지사 그리고 사회복지법제와 관련하여 연구하는 독자들에게 사회복지법을 이해하기 쉬운 지침서가 되도록 노력하였다. 혹시 미흡하거나 잘못된 부분이 발견되면 출판사나 저자들에게 아낌없는 조언과 격려를 바란다.

이 한 권의 출간을 위해 공동집필하여 주신 극동대학교 최정섭 교수님, 광주보건대학 오종희 교수님, 경북전문대학 주정현 교수님, 그리고 서울스포츠대학원대학교 사회복지연구소의 장승전 연구원님에게 감사를 드리며, 집필상 부족한 부분과 한계점 등에 대해서는 꾸준히 개선·보완해 나갈 것을 약속하면서, 사회복지전문출판 나눔의집의 박정희 사장님과 편집에 수고해주신 구길원 실장님 등 모든 분들께 깊은 감사를 드린다.

2007년 8월
대표저자 권육상

Contents

머리말 / 5

제1장 사회복지법의 의의 / 11
　　제1절 사회복지법의 개념 / 11
　　제2절 사회복지법의 범위 / 15
　　제3절 사회복지법의 법적 성격 / 17
　　제4절 사회복지법의 구성요소 / 18

제2장 한국 사회복지법의 역사적 전개 / 23
　　제1절 사회복지법 역사 연구의 의의와 방법 / 23
　　제2절 정부 수립 이전의 사회복지 입법 / 25
　　제3절 제1·2공화국의 사회복지 입법 / 33
　　제4절 제3공화국의 사회복지 입법 / 37
　　제5절 제4공화국의 사회복지 입법 / 41
　　제6절 제5공화국의 사회복지 입법 / 44
　　제7절 제6공화국의 사회복지 입법 / 47
　　제8절 사회복지 입법의 특성과 과제 / 63

제3장 사회복지법의 법원 / 69
　　제1절 서설(序說) / 69
　　제2절 성문법 / 69
　　제3절 불문법 / 73

Contents

제4장 사회복지 급여 수급권 / 75

제1절 사회복지 급여 수급권의 의의 / 75

제2절 사회복지 급여 수급권의 규범적 구조 / 79

제3절 사회복지 급여 수급권자의 권리와 의무 / 83

제4절 사회복지 급여 수급권의 보호와 제한 / 84

제5절 사회복지 급여 수급권의 전망과 과제 / 88

제5장 사회복지법의 체계와 법적 효력 / 89

제1절 사회복지법의 분류 체계 / 89

제2절 사회복지법의 법적 효력 / 95

제6장 사회복지 주체와 법률관계 / 97

제1절 공적 사회복지 주체 / 98

제2절 민간 사회복지 주체 / 106

제7장 사회복지사의 법적 지위와 권한 / 125

제1절 사회복지사의 의의 및 자격관리 / 125

제2절 사회복지사의 법적 지위 / 132

제3절 사회복지사의 권한과 책임 / 135

제8장 국제법과 사회복지 / 149

제1절 국제인권규약(A, B) / 150

제2절 사회복지에 관한 국제기관, 국제협약 및 선언 / 151

제3절 우리나라와 외국과의 사회보장협정 / 159

Contents

제9장 사회보장기본법 / 161
　　제1절 총설 / 161
　　제2절 사회보장수급권 / 167
　　제3절 사회보장심의위원회 / 168
　　제4절 사회보장제도의 운영 / 171

제10장 사회복지사업법 / 177
　　제1절 총설 / 177
　　제2절 사회복지사업법의 기본원칙 / 180
　　제3절 사회복지위원회 및 복지위원 / 183
　　제4절 사회복지사 / 184
　　제5절 사회복지사협회 / 187
　　제6절 사회복지협의회 / 188
　　제7절 사회복지전담공무원 및 전담기구 / 190
　　제8절 지역사회복지계획의 수립과 시행 / 191
　　제9절 사회복지법인 / 192
　　제10절 사회복지서비스의 실시 / 204
　　제11절 사회복지시설 / 206
　　제12절 재가복지 / 216
　　제13절 사회복지사업의 재원지원 / 217
　　제14절 수급자의 권리보호 / 219

제11장 공공부조법 / 221
　　제1절 공공부조법 / 221
　　제2절 국민기초생활보장법 / 225
　　제3절 의료급여법 / 240

Contents

제4절 기초노령연금법 / 251

제12장 사회보험법 / 257
제1절 사회보험법 / 257
제2절 국민연금법 / 263
제3절 국민건강보험법 / 289
제4절 산업재해보상보험법 / 303
제5절 고용보험법 / 314
제6절 노인장기요양보험법 / 324

제13장 사회복지서비스법 / 337
제1절 사회복지서비스법 / 337
제2절 노인복지법 / 339
제3절 아동복지법 / 359
제4절 모·부자복지법 / 373
제5절 장애인복지법 / 380
제6절 영유아 보육법 / 399
제7절 장애인·노인·임산부등의편의증진보장에관한법률 / 416
제8절 사회복지공동모금회법 / 424
제9절 성폭력범죄의 처벌 및 피해자보호 등에 관한 법률 / 433
제10절 가정폭력방지 및 피해자보호 등에 관한 법률 / 456

참고문헌 / 473

1

사회복지법의 의의

제1절 사회복지법의 개념

사회복지법의 개념규정은 사회복지법의 인식대상과 연구범위를 확정짓기 위해서 반드시 필요한 작업이다. 그러나 모든 사회과학의 개념이 그렇듯이 사회복지법의 개념을 일의적으로 규정하는 일은 그렇게 쉬운 일이 아니다. 왜냐하면 사회복지법을 정의하는 데 있어 곤란한 여러 가지 문제가 존재하고 있기 때문이다(장동일, 2001).

사회복지법을 하나의 연구대상으로 분석하기 위해서는 무엇보다도 사회복지법과 관련된 모든 사회현상에 관한 체계적인 개념 정의가 필요하다. 그러나 사회현상은 지역과 시대에 따라 다를 수 있기 때문에 어떤 사회현상에 대하여 통일적이고 체계적이며 일원론적인 개념 규정은 어렵다. 이러한 가변적이고 유동적인 사회현상은 사람에 따라, 시대에 따라, 사회에 따라 그 개념 파악이 달라질 수밖에 없다. 따라서 사회복지현상도 시간적·공간적 제약요인에 의해 현상규정이 달라지게 되므로 사회복지법의 개념도 합의된 개념을 도출하기가 어려운 것이다. 사회현상의 개념 정의가 가변적이고 유동성을 갖는 한 사회복지법의 개념도 이러한 한계 내에 존재할 수밖에 없는 것이다.

사회복지법의 개념 파악이 어려운 것은 최근에 빠른 속도로 발전하고 있고, 국가의 여러 가지 상황에 따라 다양하게 전개되기 때문이다. 이와 같이 사회복지법은 매우 급속하게 변화하고 있는 법규범일 뿐만 아니라 그 내용이 다른 법과는 달리 추상적이고 전문기술적인 사회복지의 성격을 지니고 있어 개념을 규정하기가 곤란하다(신섭중 외, 1999).

요컨대 사회복지법은 사람에 따라, 시대에 따라, 지역에 따라 그 개념이 다르게 규정되고 있고, 아직 법의 역사가 짧아 체계적이지 못할 뿐만 아니라 사회적 욕구의 다양성과 질적 수준의 고차원화에 따라 사회복지법의 제·개정이 급속하게 이루어지고 있으며, 전문기술적인 사회복지의 성격을 수용하는 법규범이므로 보편적이고 일원론적인 정의가 곤란하다.

이와 같은 여러 곤란성 때문에 통일되고 합의된 사회복지법 개념을 도출하기가 불가능하다 할지라도 사회복지법에 대한 연구의 필요성 제기와 그 중요성이 새롭게 인식되고 있음에 비추어 볼 때 사회복지법의 개념 규정은 필수불가결한 연구과제가 아닐 수 없다.

'사회복지법'이라는 용어는 '사회복지'와 '법'이라는 단어의 합성어이다. 그러므로 일단 사회복지법은 '사회복지에 관한 법'으로써 법의 일반적인 성격과 틀을 지니고 있으되 그 내용은 사회복지를 다루는 법이라고 말할 수 있다(김훈, 2006).

즉, '사회복지가 하나의 국가제도로써 법의 형태를 취하고 있는 것'을 의미한다.

이러한 사회복지법이 제정된 배경을 보면, 오늘날 사회복지가 국가와 국민 간 권리·의무의 관계로 등장하고 있음을 국가가 인정하고, 또 사회복지를 구현하고자 하는 구체적 사업을 공익에 맞게 보호하는 뜻으로 국가가 이를 법의 형태로 제도화한 것이다(박석돈, 2005).

사회복지법은 통일법전이 없기 때문에 개별 사회복지에 관한 법 전체를 일컫는 것으로 볼 수 있다. 즉, 사회복지법은 이론상의 개념인 것이다(황인옥 외, 2006). 이러한 사회복지법은 크게 네 가지로 구분할 수 있다.

첫째, 외형상 법명을 붙여 쉽게 구분되는 법으로, 사회복지사업법, 장애인복지법 등이 있다.

둘째, 법의 전체 내용을 검토해야 구분되는 법으로, 보호관찰 등에 관한 법률, 청소년기본법 등이 있다.

셋째, 법의 일부 조항만이 사회복지에 관계되는 것으로, 특수교육법이 이에 해당한다.

넷째, 하나의 법이 동시에 여러 가지 목적을 가지고 있어 사회복지에 관계되면서 또

다른 사회현상에 관계되는 법인 경우로써, 예를 들면, 성매매 방지 및 피해자 보호 등에 관한 법률이 있다.

이와 같이 사회복지법은 그 개념이 어떤 경우에는 매우 좁게, 어떤 경우에는 매우 넓게 정의되는 경향이 있으므로, 한마디로 그 개념을 정의하기는 매우 어려운 실정이다. 따라서 사회복지법의 개념 파악을 좀 더 명확하게 하기 위해서 법의 존재 형식에 따라 형식적 의미의 사회복지법과 실질적 의미의 사회복지법으로 구분하여 살펴보고자 한다.

1. 형식적 의미의 사회복지법 개념

형식적 의미의 사회복지법이란 사회복지법전이라는 외적 형식을 갖춘 법, 즉 '사회복지법'이라는 명칭이 있는 법만을 말한다. 각국의 실정법상 사회복지와 연관된 모든 법들이 이에 포함된다. 그러나 사회복지법은 그 역사적 생성 과정이 산발적이고 복합적이며, 또한 매우 최근에 형성되어 변화 과정에 있는 법이므로 다른 법들, 예컨대 민법전이나 형법전과 같이 통일된 법전으로 그 존재 형식을 갖추지 못하고 있다(신섭중 외, 1999).

이러한 형식적 의미의 사회복지법 개념 파악의 방법으로 사회복지법을 이해할 때 사회복지법의 범위는 사회보험법, 공공부조법, 사회복지서비스법으로 그 범위는 한정된다.

2. 실질적 의미의 사회복지법 개념

실질적 의미의 사회복지법이란 법의 존재 형식이나 명칭에 관계없이 법규범의 내용, 규범 목적, 기능에 따라 그 법규범에 내재하는 공통된 법 원리를 도출하고 그 법 원리에 근거하여 사회복지법의 개념을 파악하는 방법이다(이상광, 1998). 이러한 실질적 의미의 사회복지법 개념 규정 방법에는 사회복지법의 범위에 따라 '넓은 의미의 사회복지법'과 '좁은 의미의 사회복지법'으로 나눌 수 있다(신섭중 외, 1999).

1) 넓은 의미의 사회복지법

사회복지법이란 사회복지정책 혹은 사회정책의 실현과 관련된 제반 법률을 의미한다. 이 경우 사회복지 개념을 넓게 해석하며 이와 관련된 법규범 전체를 사회복지법이라고 정의한다. 즉, 흔히 사회복지 문헌에서 사용되는 사회복지의 개념 정의 중에서 넓은 의미의 사회복지 개념과 법률의 복합어로 파악할 수 있다

넓은 의미의 사회복지법이란 전 국민의 물질적·정신적·사회적 기본 욕구를 해결함으로써 인간다운 생활을 영위하게 하는 공사의 제반 사회적 서비스와 관련된 법률을 말한다. 물론 이러한 제반 서비스는 사회복지정책이나 사회정책이라는 추상적 정책에 따라 지침과 기준이 설정되며 이의 구체적 모습이 바로 사회복지법으로 표현되는 것이다. 그리고 사회복지서비스와 실천은 사회복지법의 규정에 따르게 된다.

사회복지 입법은 자본주의 사회의 발전과 함께 가능했으며, 그 내용과 범위는 자본주의가 가져온 사회문제, 특히 사회적 약자의 사회생활문제를 해결하려는 데서 생성되어 왔다. 이는 자본주의 사회가 가져온 사회적 위험 혹은 사고, 즉 질병, 노령, 장해, 실업, 출산, 사망 등이 그것 자체로 또는 부차적으로 야기한 소득, 의료, 교육, 주택 및 심리사회적 문제에 대한 제도적 장치를 발전시켜 온 것이기 때문이다. 따라서 사회복지법의 내용에는 사회보장과 보건의료, 교육, 주택, 그리고 사회복지서비스로 표현되는 제반 사회서비스가 포함된다.

2) 좁은 의미의 사회복지법

현대사회에서 자신의 생활을 스스로 영위하지 못하는 사회적 약자들에게 제한적으로 도움을 제공하려는 것과 관련된 법규범이다. 이 경우 좁은 의미의 사회복지적 의미를 지닌 제반 제도와 정책의 실천을 표현한 법률이 중심이 되며, 결국 좁은 의미의 사회복지적 의미를 지닌 제반 제도와 정책의 실천을 포현한 법률이 여기에 해당된다.

이러한 입장에 따른다면 사회복지개념의 대상과 문제의 의미는 매우 제한적인데, 그것은 자본주의 사회의 발전에 다른 구조적인 생활문제의 발생과 같은 거시적, 사회구조적인 측면과는 관계없이 주로 개인적인 측면에서 문제의 발생원인과 대상을 선별하는 특징을 지닌다. 사회복지의 기능적인 측면에서도 임시적이고 다른 사회제도의 기능을 보완하는 것으로 이해된다. 말하자면, 사회생활문제의 보편성과 사회성의 의미와는 무관한 입장이다. 따라서 좁은 의미의 사회복지란 현실생활에서 어려움을 겪는 사회적 약자 혹은 요보호대상자를 위한 한정적인 제반 사회복지정책 및 사회정책을 의미한다. 그 구체적인 내용은 넓은 의미의 사회복지법과 유사하지만 적용대상이나 구체적 법률의

존재양식에는 큰 차이가 있다.

좁은 의미의 사회복지법 개념에 따르자면 우리나라의 경우 국민기초생활보장법과 사회복지서비스법으로 한정하여 인식할 수밖에 없을 것이다.

우리나라의 경우 학문적 개념으로는 넓은 의미의 사회복지법을 선호하는 경향이 있으나, 실정법상에서는 좁은 의미의 사회복지법을 선호하는 추세이다(신섭중 외, 1999). 예컨대, 각종 사회복지 입법과 관련해서는 사회복지법의 개념을 좁은 의미로 파악하고 있는데, 이는 아직 일본의 사회복지법과 그들의 행정적·법적 전통의 영향권에서 벗어나지 못하고 있다고 주장하기도 한다.

이처럼 사회복지법의 개념을 좁은 의미로 파악할 경우 고유성 확보와 행정적, 제도적인 범위 확정에 편의성이 있지만, 현대 복지국가가 지향하는 인간다운 생활보장이라고 하는 사회복지의 적극적 개념을 축소하게 될 위험이 있다(장동일, 2001). 그렇다고 해서 사회복지법의 개념을 넓게 파악할 경우 타 법률이나 학문 분야와 내용이나 기능이 중복될 위험이 있어 그 초점을 흐리게 할 수 있다. 이렇게 볼 때 사회복지법의 개념 규정과 관련해 명확하게 선을 긋는다는 것은 쉬운 일이 아니다. 앞으로 우리나라의 실정에 맞는 사회복지법의 개념 정립을 하기 위해 체계적인 연구가 계속되어야 할 것이다.

제2절 사회복지법의 범위

법은 현실을 나타내고 지배하는 규범이다. 사회복지법은 현실의 사회복지현상을 규율하는 규범으로 일정한 틀과 제도를 가지고 있다. 사회복지법론의 사회복지는 적어도 '법'이라는 관점에서 바라보아야 하고, 사회복지를 위한 '법 제도'라는 틀에서 바라보아야 한다. 왜냐하면, 사회복지현상이 이러한 법 제도 안에서 이루어지는 것이기 때문이다(김훈, 2006). 학문적으로 사회복지가 무엇이냐를 떠나서, 현행 실정법적 차원에서 사회복지 개념의 범위를 확인할 필요가 있다. 사회복지법에서 다루는 영역을 보다 분명하게 파악하기 위해서다. 사회복지법이 법의 일반적 체계 속에서 차지하고 있는 위치와 그 범위를 도식화하면 <그림 1-1>과 같다.

〈그림 1-1〉 법의 체계와 사회복지법의 범위

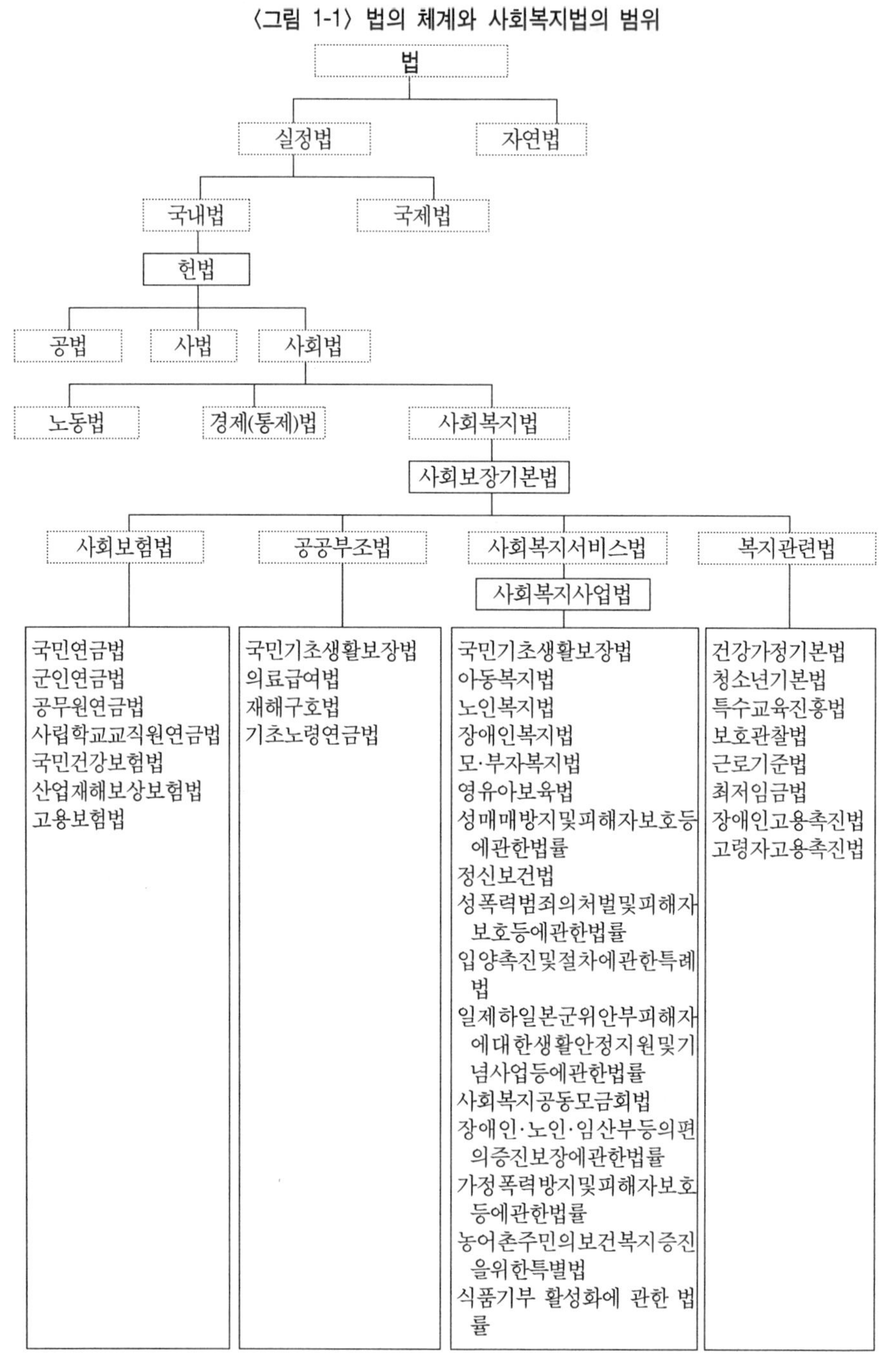

자료: 김훈(2006: 65)

제3절 사회복지법의 법적 성격

사회복지법은 사회복지의 이념과 가치를 현실적으로 구체화하는 법이다. 이 구체화를 위하여 사회복지의 급부내용, 전달체계, 재정조달, 권리구제 등을 규정하고 있다. 사회복지법의 성격을 규정하는 일은 한 국가의 법체계 속에서 사회복지법의 독자적인 존립근거를 규명하는 일이며, 이것은 사회복지법이 다른 법들과의 관계 속에서 독특하고 고유한 기능을 가지고 있는가에 관한 문제와 관련된다(김훈, 2006).

일반적으로 법은 다음과 같은 면에서 독자적인 성격을 규명할 수 있다. 첫째, 법이 예정하고 다루려고 하는 사회현상, 둘째, 법이 추구하는 이념, 셋째, 법의 적용 범위면에서 논의할 수 있다. 결론부터 언급하면, 사회복지법이란 '사회복지에 특유한 국내법'이다. 이 법의 실체는 세 가지 요소를 갖는다. 즉, 사회복지에 관한 법, 사회법, 국내법이다(김근조, 2000).

첫째, 사회복지법은 사회복지에 관한 법이다. 사회복지법은 국가나 지방자치단체, 민간이 주체가 되어 국민의 요구와 각종 사회문제를 해결함으로써 국민에게 인간다운 생활을 보장하려는 생존권적 기본권을 중심적 관념으로 한다. 이 법은 사회복지의 조직과 작용, 즉 제급여 및 재정에 관한 법, 권리구제에 관한 법이다.

사회복지법은 사회복지현상을 다루는 법으로, 물론 이것은 '사회복지를 무엇으로 규정하느냐'에 따라 그 광·협의 범위가 달라지겠지만, 어떻게 규정하든 우리의 건강한 삶의 질의 보장과 밀접한 관련이 있음을 부정할 수 없다.

둘째, 사회복지법은 사회법이다. 다시 말하면, 사회복지법은 생존권 보장을 이념으로 하는 사회법이다. 사회법은 시민사회의 자유권 중심적 원리와 자본주의의 결합으로 인한 사회적 모순을 해결하는 과정에서 발달한 법의 영역이다. 사회법이 보장하려는 권리인 생존권은 국민이 문화적 수준의 인간다운 생활을 보장받기 위하여 국가에게 일정한 조치를 취해 주도록 요구할 수 있는 헌법적 권리이다.

사회법은 시민의 자유권의 보장을 기본으로 하는 공법 또는 사법의 영역과 다른 성격을 지닌다. 사회법은 시민의 자유를 보장하는 사법의 원리인 소유권절대의 원칙과 계약자유의 원칙에 공법적인 제한을 가할 수 있도록 한 것이다. 사법이 공법화되어 가는 과정에서 중간적인 법 영역인 사회법이 발달하였다. 이러한 예로는 국가의 강제적 간섭은 사회보험관계법에 나타나는 강제가입의 규정(산업재해보상보험법 제9조), 국민기초생활보장법 수급권의 압류에 제한(동법 제35조), 아동복지법의 아동의 공중전시를 통한 약취행위에 대한 처벌규정(동법 제29조, 제40조) 등을 들 수 있다. 이러한 공법적 요소는 바로 국민의 생존권보장을 국가가 책임진다는 것을 의미한다.

사회복지법은 사적소유와 계약의 자유원칙을 존중하여 평등한 법률관계를 중심으로 하는 사법적 성격과 주로 불평등한 법률관계를 중심 관념으로 하는 공법적 성격을 함께 가지고 있다.

셋째, 사회복지법은 사회복지에 관한 국내법이다. 국내법이란, 한 나라의 통일적 법체계에 속하는 법규범의 총체를 말하고, 국제법은 자신의 영역에 한하여 법적 관할권을 갖는 주권국가들을 기본적인 구성원으로 하여 성립되고 있는 국제사회의 법규범의 총체를 말하다. 결국 국내법은 한 국가의 법이며, 국제법은 국제사회의 법이다.

사회복지법은 대한민국의 통일적 법체계 속에서 사회복지 현상을 다루는 국내 법규범의 총체다. 그러나 경우에 따라서 국제사회의 일원으로서의 대한민국은 국제간의 약속에 의한 국제법규도 국내법으로서의 효력을 갖도록 한다. 헌법 제6조에 의하면, "체결, 공포된 조약과 일반적으로 승인된 국제법규는 국내법과 동일한 효력을 가진다"라고 규정함으로써 사회복지에 관한 사항을 내용으로 하는 국제조약이나 국제법규는 국내법과 동일한 지위를 갖는다. 이러한 법규범에는 우리나라와 각국 간에 체결된 사회보장협정과 우리나라가 회원국으로 가입되어 있는 국제기구인 UN, ILO, OECD 등의 각종 선언문이나 권고안이 있다.

제4절 사회복지법의 구성요소

사회복지법의 구성요소는 사회복지법의 내용을 구성하는 요소들로써 사회복지법의 분석적 차원이 될 뿐만 아니라 사회복지법을 내용적인 면에서 다른 법과 구별해 주는 특징을 말한다. 사회복지법은 주체, 객체, 개입대상 또는 문제, 목적, 방법, 권리구제, 벌칙 등으로 그 내용을 구별할 수 있다(김훈, 2006).

1. 주체

사회복지법상의 행위 주체는 국민의 인간다운 생활을 보장하는 급여를 제공하는 예정된 주체를 말한다. 이 급여는 실체적 의미의 급여뿐만 아니라 그 급여를 가능하게 하는 급여구조(제도, 시설, 재정, 인적 자원 등)도 포함한다. 이런 의미의 행위 주체는 국가나 지방자치단체, 민간이나 민간단체를 포함한 전 국민이다.

오늘날 모든 국가들이 복지국가를 표방하는 것처럼 사회복지의 실현에서 국가의 책임은 매우 막대하다. 그러나 실제로 국민의 복지실현은 국가나 정부의 능력만으로는 가능하지 않다. 오히려 민간의 다양한 참여에 의해서 사회복지는 보다 효과적으로 달성될 수 있다. 그러므로 사회복지의 실현에는 국가와 민간, 양자의 책임이 존재하고, 결과적으로 공적 사회복지와 민간사회복지의 영역으로 구별된다. 이 두 영역의 역할을 구별한다면, 국가는 예방적, 제도적, 재정적 책임을 다하고, 민간은 자발적, 전문적, 개입적 책임을 다한다. 국가는 국민의 복지실현을 위한 정책을 세우고, 법 제도를 만들며, 필요한 재정적 지원을 제공하는 책임을 갖는다. 민간은 사회복지의 법령 안에서 국가의 위임을 받아 기관의 운영이나 심리·사회적 개입 등 전문적 실천의 역할을 행하게 된다.

2. 적용대상

사회복지법상의 법의 적용대상(객체)은 협의로는 보호를 필요로 하는 미자립자들이며, 광의로는 일반 국민이다. 보호를 필요로 하는 미자립자는 전형적인 복지의 대상자들인데, 이들은 연령, 건강, 소득, 장애 등으로 인한 비복지적 문제를 지니고 있는, 도움이 필요한 사람들이다. 이들은 사회의 도움이 없으면, 이 사회에서 독자적인 삶을 영위할 수 없는 사람들이다. 이들을 위한 사회복지법의 영역이 국민기초생활보장사업이나 사회복지사업이다.

현대사회는 자본주의적 시장경제로 인해 매우 복잡한 사회환경을 갖고 있다. 이러한 시대의 국민은 언제 어떠한 문제로 비복지적 상황에 처해지게 될지 모르는 일이다. 사회복지법은 국민이 겪게 될 수 있는 미래의 사고를 사회공동체 속에서 분산시키는 사회보험제도를 갖고 있다. 이 보험제도는 미래의 사고로 인해 발생하는 예상지출을 미리 축적해 놓는다는 의미가 있다.

미래의 위험에 처할 가능성이 있는 일반 국민도 사회복지의 대상이다. 여기에는 연금보험, 건강보험, 산재보험, 고용보험 등이 해당된다. 기본적으로 사회복지사업에는 미자립자를 위한 내용이 주류를 이루지만, 현대사회에서 일반 국민의 보다 나은 생활을 위한 서비스도 포함하므로 사회복지의 대상은 전 국민일 만큼 포괄적이다.

3. 개입의 문제

사회복지법이 다루려는 현상은 국민의 복지를 저해시키는 사회문제이다. 이러한 문제는 현대사회에서 다양하다. 사회복지법에 관련되는 문제현상은 사망, 장애, 질병, 실업, 저소득, 매춘, 범죄, 정신질환 등 인간다운 생활을 저해하는 모든 사회적 위험과 사고가 이에 해당된다.

또한 사회복지가 개입하려는 문제들은 시대환경에 따라 변화하기도 한다. 과거에는 저소득, 장애, 질병, 노령 등이 주요한 개입의 대상이었다면, 오늘날에는 가정폭력, 마약, 학대 등 여러 문제들이 추가되고 있다. 과거의 최저생활보장을 위한, 주로 소득보장에서 사회심리적 서비스를 필요로 하는 전문적이고 정신적인 서비스가 요구되고 있는 것이다.

법은 사회현상을 반영하는 것이고, 사회현상은 변화되어 가므로 사회복지의 법도 변화되어 간다. 최근에 제정된 성매매 방지 및 피해자 보호 등에 관한 법률, 가정폭력 방지 및 피해자 보호 등에 관한 법률, 일제하 일본군 위안부에 대한 생활안정 지원법 등은 한국 사회의 새로운 현상을 반영한 것이다.

4. 목적

사회복지법의 목적은 인간다운 생활을 위한 생존권의 보장이다. 사회복지법은 생존권을 중심으로 발달하여 왔고, 사회법의 영역에서 노동법, 경제법, 사회보장법, 사회복지서비스법 등의 형태로 발달하거나 이에 포함되어 발달하여 왔다. 이러한 법들은 그 법이 정한 대상자 층의 사회복지 차원의 권리, 즉 생존권을 중심으로 서술되어 있다.

시민사회에서 보장되는 법적 권리는 자유권, 참정권, 청구권이 핵심이었다. 그러나 자본주의가 발달하고 산업화를 겪으면서 그 시대의 다수를 차지하는 생산노동계층의 인간다운 생활이 보장되어야 한다는 관점에서 정치적인 노력과 함께 노동법을 중심으로 한 사회법이 발달하였다. 이 법이 보호하는 권리가 사회권이고 생존권이다. 이 사회권은 1919년 독일 바이마르헌법에서 최초로 규정된 이래로 현대사회의 모든 국가에서 인정하는 권리다.

5. 개입방법

사회복지의 개입의 필요성은 사회문제로 인한 욕구의 결핍에서 출발한다. 인간의 욕구는 다양하며, 기본적으로 화폐적 욕구와 비화폐적 욕구로 구별된다. 화폐적 욕구는 소득적 지원에 의해서 해결될 수 있다. 그러나 비화폐적 욕구는 비금전적이며, 심리·사회적이며, 의존적 성격을 갖고 있기 때문에 해결이 쉽지 않다.

사회복지의 개입방법은 소득적 차원에서는 화폐적 접근, 비화폐적 접근, 개입대상의 단위에 따라 개별사회사업, 집단사회사업, 지역사회조직사업, 통합적 방법이 있다. 개입대상에 따라 아동, 여성, 장애인, 노동 등의 복지사업이 있으며, 서비스의 직접성에 따라 직접적 서비스, 간접적 서비스, 지원적 서비스 등이 있다. 사회복지법에서는 이처럼 다양한 접근을 구현하고 있다.

6. 권리구제

사회복지법에서 사회복지 급여 수급권은 수급자의 권리로 인식되기 때문에 급여의 결정과 실시에 대한 처분은 적정하게 행해질 필요가 있다. 만일 사회복지 급여 실시기관이 위법 또는 부당한 처분을 하거나 필요한 처분을 받지 못함으로써 권리 또는 이익의 침해를 받았을 경우 그것을 구제할 법적 수속이 갖추어 있지 않으면 안 된다. 사회복지법에서 권리구제는 행정구제와 사법구제라고 하는 두 가지 방법이 있다. 이와 같은 구제의 수속은 원칙적으로 행정권으로부터 독립된 사법구제, 즉 행정소송에서 법원의 판결을 통해 해결할 수밖에 없으나 소송의 시간과 비용 등 절차를 간편하고 신속하게 하기 위하여 행정심판법에 의해 먼저 행정심판을 거쳐 권리나 이익을 구제받을 수 있는 제도를 설치하고 있다. 그렇게 하는 것이 수급자의 이익에 합치되기 때문이다. 행정심판을 통해서 해결이 되지 않는 경우 행정소송법에 의하여 행정소송을 제기함으로써 권리구제를 받을 수 있는 절차를 마련하고 있다.

7. 벌칙

사회복지법은 그 목적을 달성하기 위하여 관계인이나 관계기관에 일정한 의무를 부과하고 그 의무 위반에 대하여 일정한 벌칙을 과하도록 규정하고 있다. 사회복지법은 행위자 이외에 법인도 병행하여 처벌하는 양벌규정을 두어 법인과 그 법인의 대표자를 처벌하는 규정이 많다.

벌칙으로는 부당이득을 취한 자에 대한 제재, 의무위반자에 대한 제재, 행정공무원의 직무위반에 대한 제재, 사회복지 급여 수급권자를 보호하기 위한 수단으로서의 제재(예; 아동복지법에서 아동의 금지행위 위반자 대한 처벌) 등 행정 형벌과 과태료와 같은 질서 벌이 있다(김광병 외, 2007).

2

한국 사회복지법의 역사적 전개

제1절 사회복지법 역사 연구의 의의와 방법

1. 사회복지법 역사 연구의 의의

역사는 과거의 사실과 사건을 현재에서 이해하려는 노력이다. 즉 과거를 통한 현재와 미래를 보다 잘 이해하고 이를 바탕으로 미래의 방향을 전망하고자 한다.

사회복지의 의미가 시대나 사회변화에 따라 계속적으로 변화하듯이 사회복지법도 한 국가나 사회의 일정한 역사적 사실 속에서 계속적으로 변화하고 있으며 제정 및 개정되거나 소멸되기도 한다. 그 시대의 사회문제에 직접적인 관련성을 가지는 실정법으로써의 사회복지법은 국가의 정치적 조건, 국민의 의식적 요구, 여러 경제적 조건 등과 관련해 발전되어 온 것이다. 따라서 사회복지법 역사 연구는 입법 당시의 정치·경제·사회적 현상을 설명해 주며, 특히 사회복지가 욕구에 대한 반응으로써 발전되어 온 것이라고 볼 때, 입법 당시 사회의 국민 욕구가 무엇이었는지를 보여준다(신섭중 외, 1999). 이와 같은 사회복지법의 형성과 전개과정을 살펴봄으로써 사회복지법에 대한 체계적 분석과 미래의 방향이나 변화를 조망해 볼 수 있을 것이다.

2. 사회복지법 역사 연구의 방법

사회복지법 역사 연구의 목표는 사회복지에 관한 여러 이론을 단순히 평면적 관점에서 분석 혹은 나열하는 것이 아니라 역사적 관점에서 분석, 나열하는 것을 말한다. 즉, 사회복지의 역사적 발전 상황에 대응하여 여러 역사적 특성을 규명함과 동시에 그 상호 관련성을 탐구하여 결과와 제 사실들을 역사적으로 구분하는 것이다(신섭중 외, 1999). 사회복지의 역사적 발전을 연구하는 방법에는 비교 연구, 사례 연구, 결정 요인 연구, 또는 유형화 연구 등의 방법과 내재적 방법 및 외재적 방법이 있다.

1) 내재적 방법

내재적 방법은 사회복지 원조 대상자의 처우 원칙, 즉 사회복지적 원조의 목적과 그 목적을 실현하기 위한 방법의 변천에 착안하여 내부적 요소, 내용, 형식 등의 사회복지 활동을 관찰하고 그 특징에 의해 이것을 유형화하여 그것들 사이의 일정한 발전의 맥락을 발견하려는 것이다. 즉, 사회복지의 내부로부터 그 원조 원칙의 합리성을 비판하고 평가하려는 것이다(신섭중 외, 1999). 사회복지의 역사적 발전은 전체 사회의 역사적 발전에 대응하면서도 그것과는 별개의 독자적 양상을 나타낸다. 따라서 독자적인 사회복지의 역사 구분을 통해 시기를 구분하는 내재적 방법이 필요하다.

2) 외재적 방법

외재적 방법은 사회복지의 발전을 사회복지 외부에 있는 일반적인 정치·경제·사회적 조건의 변동과 관련시켜 시대적 특징을 명백히 하며, 또한 그러한 외부적 조건과 관련시켜 사회복지를 비판하고 평가하는 것이다(신섭중 외, 1999). 즉, 사회복지의 외재적 기반을 이루는 전체 사회의 역사적 발전의 각 단계에 착안하여 사회복지의 역사적 시기를 결정하는 방식이다.

이러한 외재적 방법은 사회복지의 제 사실들이 갖는 시대적 배경과의 밀접한 관련성을 명백히 할 수 있다는 장점이 있다. 그러나 일반 사회의 역사와는 구별되는 사회복지의 독특한 특성이 무시되는 경향이 있다고 할 수 있다.

우리나라의 경우는 사회복지 발달이 시기적, 단계적으로 뚜렷하게 구분되지 않기 때문에 외재적·내재적 연구 방법에 적합하게 사회복지법의 역사 전개를 서술해 놓은 연구는 부족한 실정이다. 따라서 이 두 가지 방법을 혼용하여 본 장에서는 우리나라 사회복지법의 역사를 크게 정부 수립 이전과 이후로 구분하고 정부 수립 이전은 근대 이전과 근대 이후로 다시 세분하고 정부수립 이후는 각 공화국별로 세분하여 각 시대에 제정된 사회복지 입법을 개별적으로 분석, 검토하고자 한다.

제2절 정부 수립 이전의 사회복지 입법

1. 근대 이전의 사회복지 입법

1) 삼국시대 이전 : 고조선시대

고조선시대의 사회복지적 요소는 씨족사회의 공동체 내에서의 상부상조 정신을 띠고 있었는데, 여기서 획기적인 거시적 차원의 사회정책의 흔적으로 보이는 '8조법금'은 사회의 안녕과 질서 유지 차원에서 국민의 생명, 신체, 재산, 정조 등 이른바 생존권적 기본권을 지향하는 사회적 법치주의의 이념에 입각한 법제였다. 따라서 고조선의 '8조법금'은 우리나라 최초의 복지제도라 할 수 있다.

이 시대에는 구제제도 및 유사제도가 따로 마련되어 있던 것은 아니며 상부상조의 정신을 기반으로 공동체 내에서 자생적으로 이루어졌던 것으로 보인다. 구체적 부조 활동이나 구제제도가 그 윤곽을 드러낸 것은 삼국시대에 들어와서부터이다(함세남 외, 1996).

2) 삼국시대(57~918년)

(1) 입법 배경과 내용

삼국시대는 고구려, 신라 그리고 백제가 서로 침략과 우호를 반복하는 시대였다. 그리고 토지는 국가와 귀족의 소유로, 백성은 토지를 소유할 수 없었다. 즉, 신분이 확실히 분리된 사회였던 것이다. 따라서 일반 백성은 재난이 발생할 경우 일상생활을 유지하기 어려웠고, 또한 많은 전쟁은 생활을 더욱더 궁핍하게 만들었다. 한편, 이 시기의 국가정책은 전쟁으로 인하여 인구증가정책에 중점을 두고 백성의 국외 이주를 금지하였다. 이러한 측면에서 삼국시대의 구제사업은 국가의 주요 시책이었다. 그 실례로 고구려에서는 춘궁기에 궁민에게 관곡을 대여했다가 추수기에 반납하게 한 진대법이 실시되었고, 신라의 경우 유리왕이 빈곤한 백성을 조사하여 구제하였으며, 백제에서는 온조왕이 한재(旱災)로 인하여 백성이 굶주리게 되자 곡물을 풀어 구제했다고 한다(신섭중 외, 2001).

삼국시대의 사회복지 입법들을 나열해 보면 다음과 같다(황인옥 외, 2006).

① 진대법(고구려) : 춘궁기인 3~7월 사이에 평민에게 관곡을 가구의 수에 따라 필요한 양을 무이자로 대여하고 추수기인 10월에 납입하게 했다. 이법은 왕권에 대항하는 귀족세력들과 농민들과의 결탁을 막기 위한 법으로, 농민들을 적극적으로 포섭하려는 정치적인 배려였다(김광병 외, 2007).

② 창제(倉制) : 삼국시대 공통의 구제제도로, 창이란 양곡을 비축해 두는 창고를 의미한다. 부락별로 곡창을 설치(부경)하고, 질병, 풍수해, 전란 시에 양곡을 방출하는 제도이다.

③ 관곡(官穀)의 진급(賑給) : 정부에서 관곡을 비축하였다가 각종 재해 발생 시 배급하여 구제하는 것으로서 삼국시대에 자주 실시되었던 제도이다.

④ 사궁구휼(四窮救恤) : 홀아비, 과부, 고아, 노인 등을 구제하는 제도로 군주들이 친히 방문하여 위로하였다.

⑤ 조세감면(租稅減免) : 재해 정도와 피해와 따라 조세를 감면하는 제도이다.

⑥ 대곡자모구면(貸穀子母俱免) : 춘궁기에 백성에 대여한 관곡을 거두어들일 때 재해로 인한 흉작으로 상환이 곤란할 경우 그 원본 및 이자를 감면시켜 주는 제도이다.

⑦ 종자 및 식량급여 : 농경 사회에서 필요한 씨(종자)를 배분하여 빈민을 구제하고자 했다.

⑧ 왕의 책기(責己) : 각종 재난에 대한 왕 자신의 부덕으로 근신하는 것을 의미한다.

(2) 입법상의 특징

이 시기의 사회복지법은 현대 산업사회에서 노동자의 보호와 기초생활의 보장이라는 측면에서 그 동기는 동일하다고 할 수 있을 것이다. 병든 자와 무의무탁한 노인을 대상으로 여러 가지 구제사업을 실시한 것도 현대 공공부조법의 이념에 접근해 있었다고 볼 수 있을 것이다(신섭중 외, 2001). 그러나 당시 지배층의 한계와 사상적 기반의 미숙 등으로 인하여 구휼정책은 임시적이고 사후 대책적 성격이 더 강했다. 그리고 일부 구휼사업이 법으로서 제정되기도 하였으나 지속적이지는 못했고 제도화의 단계에는 이르지 못했다는 한계를 가진다(함세남 외, 1996).

3) 고려시대(918~1392년)

(1) 입법 배경과 내용

고려시대는 성립 초기부터 훈요십조(訓要十條)를 제정하여 백성들을 다스리는 근본으로 삼았다. 백성의 조세, 부역을 경감하고 창(倉)제도를 설치하여 구제를 실시하였으며, 그 후 역대 여러 왕들이 선왕의 훈요를 경국제민(經國濟民)의 강령으로 삼아 궁민구제사업을 장려하였고 각종 재해로부터 빈민을 구제, 보호하였다(신섭중 외, 2001).

이 시기 구제사업의 구체적 내용은 다음과 같다(황인옥 외, 2006).

① 은면지제(恩免之制) : 부역자에게 조세를 감면해 주는 제도이다.
② 재면지제(災免之制) : 천재지변 때에는 형벌을 감면해 주는 제도이다.
③ 환과고독진대지제(鰥寡孤獨賑貸之制) : 홀아비, 과부, 고아, 자식 없는 노인에게 양곡을 주고 세금을 면제해 주는 제도이다.
④ 수한질려진대지제(水旱疾癘賑貸之制) : 이재민에게 의원과 약을 비치하여 행려자에게 숙식을 제공해 주는 제도이다.
⑤ 납속보관지제(納粟補官之制) : 흉년, 재해 시에 금전을 상납받고 관직을 주는 것으로 이는 국가 재정을 보충하는 것이 목적이었다. 따라서 구휼과는 거리가 있다.

그 당시 상설구빈기관으로는 다음과 같은 것들이 있다(함세남 외, 1996).

① 흑창(黑倉) : 평상시에 관곡을 비축하였다가 비상시에 지급하는 제도이다.
② 제위보(濟危寶) : 빈민과 이재민의 구호사업 및 구제기관으로 일종의 관립재단법인이다.
③ 의창(義倉) : 태조 때의 흑창을 성종 5년에 의창으로 고치고 규모를 확대하였다.
④ 상평창(常平倉) : 물가 조절 기능과 구빈, 두 가지 기능을 담당하였다.
⑤ 혜민국(慧敏局) : 국립의료기관으로 서민을 위한 의료기관이다.
⑥ 동서대비원(東西大悲院) : 환자의 치료와 빈민구제를 담당하였다. 현대의 병원과 복지 시설을 겸한 구료기관으로, 조선시대에는 동서활인원(東西活人院)으로 개칭하였다.
⑦ 유비창(有備倉) : 의창과 상평창의 복합적 기능을 가진 구빈기관이다.

(2) 입법상의 특징

이 시기에 나타나는 특징 중에 중요한 것은 납속보관사업(納粟補官事業)이라는 법을 통하여 국가재정의 고갈, 군량의 보족을 보충하고 흉년 시 기민(飢民), 질병자들을 위한 재원 조달의 확보에 관심을 가진 것은 의미 있는 내용이라 하겠다. 그리고 구제사업의 대상자를 분류하고 의료구제사업을 실시함으로써 질병을 가진 자에 대한 치료와 물질적 시혜를 함께 병행하였다.

공공부조법적 측면에서는 급여 방법으로서 진대(賑貸)와 진급(賑給)으로 구분하였는데, 진급은 빌린 곡식을 상환하지 못할 정도로 가난한 빈민에게 급여하는 것으로 식량 이외에 솜, 베, 소금 등의 생활필수품도 지급하였고, 가난하여 장례를 치르지 못하는 자에게 장비(葬費)를 지급하기도 하였다. 이는 현대 공공부조법의 성격과 밀접한 관련을 가진다(신섭중 외, 2001).

4) 조선시대

(1) 입법 배경과 내용

조선시대의 구제사업은 왕의 책임을 강조하는 왕도주의에 입각하여 시행되었다. 풍수해, 한해와 같은 자연재해 또는 기타의 재난으로 인한 이재민이나 빈민이 발생하게 되는 경우에는 국가가 이들을 구제하여야 할 의무가 있는 것으로 생각되었다. 일반적으로 조선시대의 구빈사업은 크게 비황제도(備荒制度)와 구황제도(救荒制度)로 대별된다(신섭중 외, 2001).

다음은 조선시대의 구휼제도를 설명한 것이다(황인옥 외, 2006: 159-160).

① 비황제도

관곡으로 빈민구제를 조직화, 체계화하여 창제를 운영하였는데, 상평창, 의창, 사창이 그것이다.

- 상평창 : 「경국대전」을 기본법으로 경제와 농업 발달에 기여함으로써 인조(1636) 때 진휼청으로 병합되었다.
- 의창과 사창 : 평상시 곡물을 대부하고 추수 때 1, 2할의 이자를 받아 그 이자로 빈민을 돕는 제도로써, 1484년 숙종 때 100호 단위로 시민이 공동으로 창고를 설립하고 공동 책임 하에 운영하였으며 동시에 어사가 지도·감독하였다.

② 구황제도

구황제도로는 사궁의 보호 및 진휼, 시식제도, 조적 및 방곡사업, 고조, 견감, 원납(함세남 외, 1996)과 자휼전칙 등이 있었다.

- 사궁(四窮)의 보호 및 진휼(賑恤) : 조선시대의 역대 왕들은 재해 및 빈민에 대한 구빈 행정을 대단히 중요시 하였으며 필요에 따라 문무관 중에서 적당한 자를 뽑아 진제사(賑濟使), 구황순찰사(救荒巡察使)로 임명하여 지방 피해지에 파견하여 구빈행정에 대해 지도 감독하게 하였다.
- 시식제도(施食制度) : 시식이란 음식을 대접한다는 뜻으로 고려에 이어 조선에 있어서도 실농한 굶주린 백성이나, 유랑하는 걸인과 빈민에 대해서 시식소를 설치하여 이들을 보호하였다.
- 조적 및 방곡사업(糶糴 및 放穀事業) : 풍작이나 흉년으로 인하여 곡가가 상승 또는 하락할 때 곡가 안정을 목적으로 관곡을 염가로 매출하거나(糶) 고가로 매입(糴)하였다.

- 고조(顧助) : 종친(宗親) 또는 사족(士族)으로 생계가 빈곤하여 혼례나 장례를 치르지 못하는 자에게 관에서 그 비용을 부조하는 제도로 조선조부터 시작되었다.
- 견감(蠲減) : 흉년 또는 재해를 당한 백성에게 지세, 호세, 부역 등을 감면하거나 대부된 환곡을 면제 또는 감해주는 제도로써 곤궁한 백성을 간접적으로 구제하는 방법인데 은면(恩免)과 재면(災免)으로 구분된다.
- 원납(願納) : 구제를 위한 관곡의 부족을 충당하는 방법으로 부유한 민간인으로 하여금 곡물을 납입하게 하고 이를 납입한 자에게 관직의 첩지를 주는 제도이다.
- 자휼전칙(字恤典則) : 조선 후기 대표적 아동복지 관련법령으로 정조 7년(1783년)에 유기 및 부랑 걸식 아동 보호법이 공포·시행되었다. 특히 정약용의 「목민심서」에 의하면, '연령, 친척 및 재산 등을 감안하여 부양할 친척이 없고 노령이나 재산이 없으면 지방수령들이 도와주는 제도'라고 하였다.

③ 의료구제

- 전의감, 혜민서, 동서대비원(활인원), 제생원 등을 중심으로 질병치료를 위한 구료사업이 이루어졌다.
- 지방 각지에서 심약(審藥), 의학교육, 한증욕, 침구술도 제도화하였다.

(2) 입법상의 특징

조선시대에는 법전이 편찬됨에 따라 각종의 구제제도가 법적 근거를 가지고 시행되었고, 민생구휼사업을 위한 시설들이 독립적인 기능을 수행하였으며(김광병 외, 2007) 다음과 같은 특징을 가진다.

첫째, 왕도정치에 의해서 빈민구제를 국가나 왕의 책임으로 인정하였다.

둘째, 일차적 구빈행정은 지방관이 책임을 지고 있었고 중앙정부는 구호관계에 관한 법 규정과 지도·감독을 하는 것으로 되어 있었다.

셋째, 구호정책이 더욱 세분화되고 조직화되었다.

2. 근대 이후의 사회복지 입법

1) 일제강점기

(1) 입법 배경과 내용

1910년 한일병합이 이루어짐에 따라 우리나라 재래의 구제사업은 거의 자취를 감추고, 1921년 조선총독부 내무국의 사회과에서 사회복지사업의 지도통제를 전담하게 되었으나 구호시책은 극히 부진하였다. 한편, 일본은 1929년 구호법을 제정, 공포하고 1932년 1월 1일부터 실시하였으나, 우리나라는 12년이 경과한 1944년 3월 1일에 이르러서야 비로소 전문 33조로 된 조선구호령(朝鮮救護令)이 공포, 실시되었다(신섭중 외, 1999).

조선구호령의 주요 내용은 다음과 같다. 동법 제1조에 의하면 구호대상의 범위를 ① 65세 이상의 노쇠자, ② 13세 이하의 어린이, ③ 임산부, ④ 불구, 폐질, 상병, 그 외 정신 또는 신체장애로 인하여 노무를 하는 데 지장이 있는 자로 정하고 있다. 동법 제17조에는 구호의 종류로 ① 생활부조, ② 의료, ③ 조산, ④ 생업부조 등 네 가지의 구호와 특정한 피보호자에게는 매장부조도 급여한다고 규정되어 있다. 구호기관은 구호를 받는 자의 거주지의 부(府)·읍(邑)·면(面)장으로 하였고, 구호의 비용은 부·읍·면이 부담하고 이에 대해 도나 총독부가 보조하도록 하였다.

(2) 입법상의 특징

이 시기의 구호사업들은 체계적이고 통일된 법적 준거들이 미약하였으며, 단편적이고 임시 조치적 성격들 지니고 있었다. 따라서 당시의 공공부조 관련 제도는 첫째, 빈민 스스로의 욕구에 의한 것이 아니라 시혜자의 필요성에 의해 실시되었으며, 둘째, 한국인에 대해서는 명백히 차별적으로 실시되었다. 이 같은 사실은 일본의 경우 1929년 구호법을 제정·공포하여 1932년부터 더욱 향상되고 발전된 구빈사업을 실시하였으나 한국에서는 본 법의 시행을 보류하였다는 점에서 잘 알 수 있다(신섭중 외, 2001).

또한 조선구호령은 국가가 국민의 빈곤, 불구, 폐질 등에 대하여 보상할 의무를 지고 있다고 선언하였다는 점과 국민생활을 보장할 기초를 마련했다는 점에서 그 의의를 찾을 수 있지만 이 역시 일제강점하에서 국민을 회유하고 종속시키기 위한 식민정책이나 군사·정치적 맥락에서 제정된 명목상의 규정에 지나지 않았다(신섭중 외, 1999). 그러나 이 조선구호령이 미군정 기간과 정부 수립 이후 1961년 생활보호법이 제정되기까지 우리나라 공공부조제도의 근거가 된 기본법이었다는 것과 우리나라 사회복지법상 최초로 근대법 형식의 실정법이었다는 점에서 사회복지 입법사적 의의가 있다고 하겠다(장동일, 2001).

2) 미군정시대

(1) 입법 배경과 내용

1945년 광복을 맞이한 후 미군정이 3년간의 신탁통치를 하게 된다. 조선구호령은 광복 직전인 1944년 3월 1일에 제정·공포된 일제 말기의 법제였으나 1946년 1월 12일자로 후생국보 제3호로 이어져서 1961년 12월 30일 생활보호법이 제정될 때까지 그 역할을 계속해 왔다. 따라서 조선구호령은 미군정 3년 동안 실제로 빈곤정책 및 빈곤행정의 중추적 역할을 했다고 볼 수 있다(신섭중 외, 2001).

미군정은 후생국보 제3호 이외에도 후생국보 제3A호(1946. 1. 14) 및 후생국보 제3C호(1946. 2. 7)를 적용하게 되었다. 1946년 1월 12일 발표한 후생국보 제3호에 의하면 공공 구호를 요하는 자는 ① 65세 이상 된 노령자, ② 6세 이하의 부양할 어린이를 가진 여자, ③ 13세 미만의 아동, ④ 불치의 병으로 신음하는 자, ⑤ 분만 시에 원조를 필요로 하는 자, ⑥ 정신적·신체적 결함이 있는 자로 구호 대상자의 범위를 규정하였다. 1946년 1월 14일 발표한 후생국보 제3A호는 재해민과 피난민 구호 계획을 발표하고, 그들에게 식량, 의류, 연료, 긴급 의료, 매장, 차표 등의 편의를 제공하고자 했으며, 1946년 2월 7일에 발표한 후생국보 제3C호는 이재민, 피난민, 빈궁자, 고아 등에 관한 응급처리와 임시구호를 규정하였다.

1946년 9월 18일 미군정은 군정법령 제112호로 「아동노동법규」를 제정·공포하였는데, 동 법규는 전세계 문명국가가 채용하는 인도적·계몽적 원리에 따라 어린이의 노동을 보호하였다. 그 이후 1947년 5월 16일에는 과도정부 법령 제4호로 「미성년자노동보호법」을 제정·공포하여 미성년자를 유해, 위험한 직업 또는 과중한 노동으로부터 보호하여 어린이의 건전한 발육과 정당한 이익을 보장하도록 하였다. 동법 제3조에 의하면

① 12세 미만 어린이의 고용 절대 금지, ② 14세 미만 어린이를 공장, 여관, 요리점, 사무소 등 자가 생산업에 조력하는 외의 노동에 고용함을 금지, ③ 16세 미만의 어린이는 운동 중의 기계의 띠를 조정하는 일 외에도 23종의 생명, 신체에 위험하거나 건강 또는 도덕상 유해한 상공업 등에 고용함을 금지하였다(구자헌, 1984). 이 법은 1953년 근로기준법의 실시로 폐기되었다.

(2) 입법상의 특징

미 군정기 사회복지 입법의 특징은 새로운 국가형태를 취하면서도 구호정책은 1944년에 일제가 제정·공포한 조선구호령에 기반을 두었으며 계획적이고 창의적인 정책이나 입법은 없었으며, 구호법규, 아동노동법규나 미성년자노동보호법 등과 같이 당시의 시대적 환경에 대응하는 응급적이고, 임시변통적인 구호정책이 주류를 차지하고 있었다(현외성, 2004). 또한 이시기에 외국 민간원조단체가 주축이 되어 고아원, 양로원 등 수용보호시설을 중심으로 한 미국식 사회사업 개념이 도입되었다(신섭중 외, 2001). 한 가지를 더 지적하자면, 같은 미군정하에 있었던 일본의 복지 관계 정책과 우리나라의 복지정책 및 입법은 현저한 차이가 있었다. 그 이유는 점령 대상국의 정치·경제·사회의 현실적 여건의 차이, 군정 책임자의 사회복지에 대한 관심과 개인적 능력의 차이에서 연유하는 것으로 보인다. 그리고 미국의 전쟁에 대한 도의적 책임의식이 크게 작용한 측면도 있을 것이다(신섭중 외, 1999).

제3절 제1·2공화국의 사회복지 입법

1. 시대적 배경

미군정이 끝나고 1948년 5월 10일 남한만의 총선거로 국민 대표자가 선출되고, 이어 7월 17일 헌법이 공포되어 국회의 대통령 선거 결과 1948년 8월 15일에 자유민주주의를 정치의 기본 질서로 하는 대한민국 정부가 수립되고 제1공화국이 탄생된다. 제1공화국이 출범한지 2년 후인 1950년 한국전쟁은 1952년 3월 31일 기준 전국에 3,935,152명의 피난민과 4,583,974명의 이재민 및 100만 명의 전사상자를 낳는 비참한 참화를 초래했다. 당시 공공시설 및 사유재산을 포함한 물리적 손실은 약 30억 불로 추산되며 1949년 한국의 GNP의 거의 2배 가까운 막대한 피해를 낳았다(신섭중 외, 1999: 69). 6·25 전쟁으로 인해 전쟁고아와 월남 피난민의 급증 등은 기존의 구호령으로는 대처할 수 없는 상황을 낳았고, 이는 외국 원조기관들에 의한 수용보호를 불가피하게 만들었다.

한국전쟁의 영향으로 1950년대는 정치·경제·사회적 불안이 가중되었고, 이는 민중운동, 학생운동으로 표출되었다. 그리하여 제1공화국은 1960년 3월 15일 제4대 정·부통령 부정선거로 인해 마침내 4·19혁명이 일어나 집권 12년 만에 무너졌다. 그리하여 1960년 6월 15일 새 헌법에 따라 의원내각제를 채택하였고, 제2공화국이 탄생하였다. 4·19혁명 이후 민주당은 7·29 총선거의 선거공약으로 '부정 축재의 환수, 특혜와 독점의 배제, 국민소득의 공정한 분배, 실업자 구제, 농어촌 부흥, 중소기업 육성' 등을 내세워 경제개발 계획을 세웠고 자립경제 수립의 기초를 마련하려 했다. 그러나 격심한 정쟁으로 제2공화국의 경제정책은 실현되지 못하고 집권 8개월 만에 5·16군사쿠데타에 의해 막을 내렸다(신섭중 외, 1999).

2. 사회복지 입법

제1·2공화국의 주요 사회복지 관련 입법을 살펴보면 다음과 같다.

1) 제헌 헌법의 생존권 규정

제1·2공화국 시기 사회복지에 대한 정부의 법률적·입법적 대처가 거의 없었다. 그러나 제헌 헌법 제19조에 "노령, 폐질, 기타 근로 능력의 상실로 인하여 생활 유지의 능력이 없는 자는 법률이 정하는 바에 의하여 국가의 보호를 받는다"고 규정하여 생존권의 규정을 명문화함으로써 비록 제한적이기는 하지만 생존권 이념을 헌법에 명시하였다는 점에서 그 입법사적 의의를 찾을 수 있다.

2) 대한적십자사 조직법

1949년 4월 대한적십자사 조직법이 제정됨으로써 대한적십자사가 주체가 되어 동란, 천재지변에 의한 피해자 구제, 그리고 의료사업, 사회구호사업, 교화사업 등을 시행할 수 있게 되었다.

3) 군사원호법과 경찰원호법

1950년 4월 군사원호법이 제정되었고 1951년 경찰원호법이 제정되어 상이군경, 전몰군경, 그리고 그 유가족들의 생활문제에 대처하였다. 이 두 법은 한국전쟁이라는 특수 상황에서 군경의 사기 진작과 그들의 생활을 보호하기 위한 법적 대처로서 제정되었는데, 1961년 1월 1일 군사원호보상법이 제정됨에 따라 자동 폐기되었다.

4) 후생시설 설치 기준령

1950년 2월 27일에 제정되어 모든 시설로 하여금 설비의 충실, 강화 및 운영의 적정을 기하려는 데 목적을 두었다. 당시 모자시설, 아동시설 등의 설치가 정부의 인가 사항이 아니었기 때문에 무분별하게 난립하고 있어 피수용자의 인간적 처우가 무시되고 있었다. 따라서 후생시설 설치 기준령은 시설로써 갖추어야 할 최소한도의 요건을 규정하여 어린이 양호에 만전을 기할 목적으로 제정·공포되었다.

5) 사회사업을 목적으로 하는 법인 설립 허가 신청에 관한 건

1952년 4월 21일 사회부가 사회부 장관 통첩으로 사회사업을 목적으로 하는 법인 설립허가 신청에 관한 규칙을 공시하였다. 시설을 경영할 재단법인 설립 기준으로 기본 재산과 운영 자금에 관한 사항을 규정하였고, 그동안 등록제였던 시설 설립이 허가제로 전환하는 중요한 계기를 마련하였고, 한국전쟁 후 미군과 외원단체 등의 원조를 바라고 우후죽순처럼 난립된 고아원 등의 지도, 감독, 통제에 전환점이 되었다.

6) 후생시설 운영 요령

1952년 10월 4일 사회부는 격증한 전쟁고아의 수용보호시설을 비롯하여, 전란으로 인해 혼란에 빠진 기존의 구호 시설들을 지도·감독할 필요가 생김에 따라 사회부 장관 훈령으로 「후생시설운영요령」을 제정하여 각 시·도에 하달하여 시설 운영과 그 지도·감독의 준칙으로 삼았다. 후생시설운영요령은 후생시설을 영아원, 육아원, 감화원 등 아동시설과 모자원, 정신치료 감화원, 불구자 수용원, 맹아원, 직업보도원 등의 성인 특수시설과 양로원과 같은 노인만의 보호시설 등으로 구분하여 한국 사회복지시설의 종류를 처음으로 체계화하였다.

7) 근로기준법

사회복지 관련 입법으로서 1953년 5월 1일 근로기준법이 제정되어 산업화의 진행에 따른 근로자 보호를 제도화했으며, 제28조에 퇴직금제도를 명시하여 고용주 책임제의 사회보장대책을 마련하였다.

8) 어린이헌장 제정

1957년 5월 5일 미래 국가사회의 주역으로 성장할 아동들을 밝고 건전하게 육성하고자 하는 정책의 의지에서 어린이 헌장이 제정·선포되었다.

9) 기타 사회복지 행정시책

1957년 8월 사회복지 전문인력 단기 양성소인 국립중앙사회사업 종사자 훈련원 (1977년 국립중앙사회복지연수원으로 개칭)을 창설하여 사회복지시설 종사자의 전문성을 기하고자 하였다.

3. 입법상의 특징

제1·2공화국 사회복지 입법의 특징은 무엇보다도 광복 이후의 정치·경제·사회적 혼란과 한국전쟁으로 인한 요구호자의 대량 발생과 요구호자의 응급성에 대처하기 위한 '응급구호와 외국 원조'의 시대라고 평가할 수 있다(장동일, 2003). 다음으로, 이 시기의 사회복지 입법은 사회복지법이 아직까지 개념적 정의를 내리지 못한 상태에서 실시되었다. 즉, 사회복지 입법이 법률적·입법적 근거에 의해서 시행된 것이 아니라 정부의 관계 부처, 즉 사회부의 행정명령에 의해서 시행되었던 것이다. 물론 제헌 헌법에 생존권 조항이 명시되어 있긴 하였지만 하위 법률 규정이 없어 실제로 생존권은 보장되지 못하였다(장동일, 2003). 또한 이 시기의 구호정책은 미군정 시대와 비교해 양적으로 확대되었으나 내용 면에서 질적인 변화는 발견할 수 없다. 그 이유는 정치적인 이데올로기 갈

등으로 장기적 안목에서 국가정책의 실현이 어려웠고 정책 당국자의 사회복지 관련 지식과 인식이 부족했으며, 민간 부문에 있어서는 시설 설립자와 운영자 대부분의 사명감의 부족과 당시의 막대한 외원이 오히려 사회복지의 조직적 발전에 장해 요소가 되었기 때문이라고 지적되고 있다(신섭중 외, 1999).

제4절 제3공화국의 사회복지 입법

1. 시대적 배경

이 시기는 1960년 5·16 군사 쿠데타와 제3공화국의 탄생 시기로, 5·16 군사 쿠데타는 절대 빈곤의 해소와 반공 이념을 중심으로 국력 배양을 목표로 하였다. 쿠데타로 정권을 탈취한 공화당정부는 근대화 작업의 일환으로 '경제개발 5개년 계획'을 수립하였다. 그리고 1962년 '제2차 경제개발 5개년 계획'이 시작되면서 근대화의 모든 노력과 목표는 경제 개발로 집약 되었고, 이는 고도의 경제 성장을 이룩하게 되었다.

하지만 급속한 경제 성장은 농촌인구를 산업 현장인 도시로 집중하게 만들었고, 이는 도시인구의 과밀·혼잡의 문제, 주거, 교통의 문제를 발생시키게 되었다. 산업화로 인한 농민들의 이주는 대가족 형태에서 핵가족으로 가족 형태의 변화를 가져와 가족 구성원 간의 생활보호 역할을 약화시키는 결과를 초래하였을 뿐만 아니라 산업화는 산업구조의 변화, 새로운 직업·직종의 다양화, 각기 다른 배경을 지닌 지역에서 전입해 온 사람들로 인해 인구의 이질성을 가져왔다. 또한 급격한 산업화는 지역 간 빈부 격차의 심화, 상대적 빈곤감의 증대를 가져왔으며, 당시 군사 쿠데타로 인한 정치적 불안은 정부로 하여금 급변하는 사회적 변화의 대응을 위해 새로운 사회복지 입법의 노력을 촉구하였다.

2. 사회복지 입법

이 시기는 우리나라 사회복지법의 대량 입법시기로써 군사정부와 제3공화국 정부는 중요한 정책 방향을 발표할 때마다 복지정책을 반드시 포함했을 정도로 사회복지에 대한 대단한 관심을 보였다(신섭중 외, 2001).

1) 헌법의 생존권 규정

제3공화국은 헌법 제30조 제1항에서 "모든 국민은 인간다운 생활을 할 권리를 가진다"고 규정하고, 제2항에서 "국가는 사회보장의 증진에 노력하여야 한다"고 규정하여, 생존권적 기본권을 보장하겠다는 의지를 보여주었다. 이 헌법 조항은 제헌 헌법 규정보다 적극적이고 보편적으로 생존권 조항을 명시하였다는 데 그 의의가 있다.

2) 공무원연금법

1960년 1월 1일 제정된 이 법은 국가 및 지방공무원들의 퇴직, 사망, 질병 및 부상, 폐질, 재해 시에 본인이나 그 유족에서 법률이 정하는 바에 따라 적절한 급여를 지급하여 경제적 생활안정과 복지증진에 기여함을 그 목적으로 하고 있다. 이 법은 우리나라 사회보험법의 효시로써 그 의의를 찾을 수 있다.

4) 갱생보호법

1961년 9월 30일 제정된 이 법은 징역 또는 가석방자, 선고유예자, 기퇴원자 등을 대상으로 재범의 위험을 방지하고 자립활동의 경제적 기반을 조성시켜 사회를 보호하고 개인 및 공공의 복리증진을 목적으로 하고 있다. 이 법은 1995년 보호관찰 등에 관한 법률을 제정함으로서 폐기되었다.

5) 군사원호보상법

1961년 11월 1일 제정된 이 법은 1950년 4월에 제정된 군사원호법과 1951년에 제정된 경찰원호법을 통합한 법으로 6·26전쟁을 겪은 이후 상이군경, 전몰군경 그리고 그 유가족들의 생활문제를 보호하기 위해 입법되었다.

6) 윤락행위 등 방지법

1961년 11월 9일 제정된 이 법은 윤락행위를 방지하여 국민의 풍기 정화와 인권 존중에 기여함을 목적으로 한다. 이 법은 엄밀한 의미에서 사회복지법령이라고 하기보다는 질서유지법적인 성격을 가진다는 주장도 있으나(신섭중 외, 1999), 사회복지사업법에서는 사회복지사업의 범주에 포함시키고 있다.

7) 생활보호법

1961년 12월 30일 제정된 이 법은 노령, 질병, 기타 근로 능력의 상실로 인하여 생활 유지 능력이 없는 자 등에 대한 보호와 그 방법을 규정하여 사회복지의 향상에 기여함을 목적으로 한다. 이 법의 제정으로 1944년 제정된 조선구호령이 폐지되고 우리나라 실정법으로써 공공부조가 실시되었다. 이 법은 2000년 10월 국민기초생활보장법으로 대체될 때까지 약 40년간 우리나라 공공부조의 기본적인 제도로써 중요한 역할을 수행하였다.

8) 아동복리법

아동복리법은 생활보호법과 함께 1961년 12월 30일에 제정되었다. 이 법은 아동이 건전하게 출생하여 행복하고 건강하게 육성되도록 그 복지를 보장함을 목적으로 한다.

9) 선원보험법

1962년 1월 10일 제정된 법으로 선원과 그 가족의 복지증진에 기여함을 목적으로 한다. 이 법은 교통부가 관장하도록 하고 있으나 시행령을 제정하지 않아 사문화되었다.

10) 재해구호법

1962년 3월 30일 제정된 이 법은 자비상재해가 발생하였을 때에 응급적인 구호를 행함으로써 재해의 복구, 이재민의 보호와 사회질서의 유지를 목적으로 하고 있다.

11) 국가유공자 특별원호법

1962년 4월 16일 제정된 이 법은 국가를 위하여 공헌하거나 희생한 국가유공자와 그 유족에 대하여 국가가 응분의 예우를 행함으로써 국가 유공자와 그 유족의 생활안정과 복지향상을 도모하고 아울러 국민의 애국정신 함양에 이바지함을 목적으로 하는 일종의 국가 보상법이라 할 수 있다. 이 법은 1984년 국가유공자 등 예우 및 지원에 관한 법률에 의해 폐기되었다.

12) 군인연금법

1963년 1월 28일 제정된 이 법은 1960년 공무원연금법에 포함되어 있던 군인을 독립적으로 분리하여, 군인이 상당 기간 성실히 복무하고 퇴직하였거나 심신의 장애로 인하여 퇴직 또는 사망했을 경우 본인이나 유족의 복지증진에 기여함을 목적으로 한다.

13) 산업재해보상보험법

1963년 11월 5일 제정된 이 법은 사업장에서 일하는 근로자들이 업무수행 또는 업무수행과 관련하여 입게 되는 부상·질병·신체장해 또는 사망의 경우에 근로자 본인의 치료나 본인 및 부양가족의 생계를 보장하기 위한 제도이다.

14) 사회보장에 관한 법률

1963년 11월 5일 제정된 이 법은 국민의 인간다운 생활을 보장하기 위한 사회보장제도의 확립과 효율적 발전을 목적으로 한다. 이 법은 사회보장의 기본법으로 제정되었으나 기본법으로서의 존재 의의를 가지기에는 미흡한 전문 7조에 불과한 법이다. 1995년 12월 10일 사회보장기본법이 제정됨에 따라 이 법은 폐기되었다.

15) 의료보험법

1963년 12월 16일 제정된 이 법은 국민의 질병, 부상, 분만 또는 사망 등에 대하여 보험급여를 실시함으로써 국민보건을 증진시키고 사회보장의 증진을 도모함을 목적으로 한다. 이 법은 2000년 7월 1일부터 시행된 국민건강보험제도로 대체되었다.

16) 자활지도사업에 관한 임시조치법

1968년 7월 23일 제정된 이 법은 근로능력이 있는 영세민에게 근로구호를 실시함과 동시에 구호용 양곡의 적정한 관리를 기함으로써 자활을 조성하고 지역사회개발에 기여함을 목적으로 하고 있다. 이 법은 1982년 12월 30일에 개정된 생활보호법에 자활보호대상자를 편입함으로써 폐기되었다.

17) 사회복지사업법

1970년 1월 1일 제정되어 그 해 4월 15일자로 시행되었다. 이 법의 목적은 사회복지사업에 대한 기본적 사항을 규정하여 사회복지사업의 공정, 투명, 적정을 기하고, 지역사회복지의 체계를 구축함으로써 사회복지의 증진을 도모하는 것이다.

3. 입법상의 특징

군사정부와 제3공화국에서는 사회복지 관련 입법의 폭발 현상을 가져왔다(신섭중 외, 1999). 이 시기의 사회복지 관련 입법의 특징으로는 공공부조제도의 난립 입법화, 사회보험 중에서 실시가 비교적 용이한 계층의 보험을 선택하여 입법했다는 점 그리고 정치적 향배와 선거 시의 표를 의식하여 무질서한 복지목적 사업의 설정과 정책 실현성 여부의 검토 없이 사회복지의 관련법들을 제정하였다는 것이다.

이 시기의 사회복지에 관련된 대량입법에 대해 긍정적인 입장에서 보면 한국 사회복지제도화의 기초를 확립했다고 볼 수 있으며, 부정적인 입장에서는 실현성 있는 체계적 입법이 아니었으며 따라서 효율성 및 합리성이 결여된 졸속입법이었다.

제5절 제4공화국의 사회복지 입법

1. 시대적 배경

1970년에 접어들면서 한반도를 둘러싼 국제정치 상황은 미·소 중심의 양극화 냉전체제가 완화되고 동북아에는 미·소·일·중으로 확대된 다원화의 진전과 더불어 본질적이고 전반적인 구조 개혁이 진행되었다.

제4공화국의 정치체계는 한국적 민주주의의 토착화라는 미명하에 장기집권을 위한 유신헌법(1972. 10. 27)을 만들어 대통령을 정치권력의 최고 정점으로 하는 권위주의적 정부가 들어서자 이에 대한 체제 도전이 끊임없이 일어나 정치적 상황은 끊임없는 불안의 연속이었다. 따라서 체제의 정통성 확립을 위해 최소한 국민에게 지지를 받을 수 있는 어떠한 유인책을 제공하지 않으면 안 되는 정치적 상황이었다(신섭중 외, 1999).

한편, 사회·경제적 부문에 있어서의 수출 주도형의 고도 경제성장정책은 저임금, 저고가 정책으로 일부 사회계층의 소외감 문제를 발생시키고 국민간 소득 격차의 심화, 고율의 물가상승, 지역 간 불균형 개발 등 여러 가지 부작용을 발생시켰다.

이러한 사회적 변화에 대응하여 제4공화국 정부는 경제개발과 사회개발을 병합하여 제4차 경제개발계획부터 사회가치나 사회목적을 중시하는 정책으로 전환하게 되었다. 정치·사회적 변화는 사회복지 입법 압력 요인으로 작용하여 제4공화국은 사회복지 입법에 적극적이었다(황인옥 외, 2006).

2. 사회복지 입법

제4공화국의 주요 사회복지 관련 입법을 시기적으로 살펴보면 다음과 같다(신섭중 외, 1999).

1) 사립학교교원연금법

1973년 12월 30일 제정된 이 법은 사립학교에 근무하는 교원에게 공무원과 동일하게 퇴직, 사망 또는 직무상의 질병, 부상, 폐질에 대하여 적절한 급여를 지급함으로써 교원 및 그 가족의 경제적 생활안정과 복지증진에 목적을 두고 있다. 이 법은 1975년 1월 1일 시행되어 교원에게 우선 적용되었고 1978년 1월 1일부터 직원에게까지 추가로 확대 적용하였다(장동일, 2001: 206).

2) 국민복지연금법

1973년 12월 24일 제정된 이 법은 국민의 노령, 폐질 또는 사망 등 사회적 위험이 발생할 경우에 대비하여 가입자의 갹출금을 주된 재원으로 연금급여를 실시함으로써 국민의 생활안정과 복지증진에 기여하는 것을 목적으로 한다. 그러나 이 법은 시행이 보류되다가 제정된 지 15년 후인 1988년 국민연금법으로 개칭된 후 시행되었다.

3) 의료보험법 개정

1963년 제정된 의료보험법은 강제 가입 조항이 삭제되었기 때문에 제도의 구실을 다하지 못하다가 1976년 12월 22일 전면 개정되어 500인 이상 사업장 근로자에 강제 적용, 실시되기에 이른다. 1989년부터는 전 국민을 대상으로 확대 적용됨에 따라 전국민의료보험 시대를 열게 되었다.

4) 의료보호법

1977년 12월 31일 제정된 이 법은 생활 유지 능력이 없거나 생활이 어려운 자에게 의료보호를 실시함으로써 국민보건 향상과 사회복지증진에 기여함을 목적으로 한다. 이 법은 생활보호법상의 의료보호 업무를 제도화하였다는 점과 사회보험으로 다룰 수 없는 국민의 건강보호를 위해 입법화되었다는 점에서 그 의의를 찾을 수 있다. 이 법은 2001년 5월 24일 「의료급여법」으로 대체되었다.

5) 공무원 및 사립학교교직원 의료보험법

1977년 12월 31일 제정된 이 법은 공무원, 사립학교 교직원 및 그 부양가족의 질병, 부상, 분만, 사망 등에 대하여 보험급여를 실시함으로써 그들의 건강을 향상시키고 사회복지의 증진을 도모함을 목적으로 한다.

3. 입법상의 특징

제4공화국의 사회복지 입법은 사회보험에 관련되는 법들이 많이 제정되었으며 제도적 측면에서 사회복지의 골격을 갖추었다고 할 수 있겠다. 그러나 제4공화국 초반에 나타난 정책 결정자들의 복지관은 1960년대의 복지관을 탈피하지 못하고 있으며 사회정책을 철저히 경제개발의 부속물로 생각하고 체제 유지에 급급한 나머지 이전 시기보다 더 사회통제적인 복지관을 보여주었다.

한편 제4공화국 후반 개정 의료보험법 및 의료보호법 제정을 통해 나타난 정책 결정자들의 복지관은 사회통제적 요소를 내포하고 있긴 하나 산업사회의 도래에 따른 국민의 당면 욕구를 충족시키고 건강을 증진시킴으로써 국가적 이익과 사회적 통합을 가져

온다는 제정 동기에서 합리론적 관점도 엿보인다(신섭중 외, 1999).

제6절 제5공화국의 사회복지 입법

1. 시대적 배경

제5공화국은 정치적, 사회적으로 매우 어려운 시기에 출범하였다. 제5공화국 정부는 정통성 시비, 군사 정부 이래 지속되어 온 선성장·후분배 정책에 따른 소득분배의 불평등, 빈부 소득 격차, 상대적 박탈, 지역 간 개발 격차, 산업화·도시화에 따른 가족·아동·청소년·장애인·노인 문제 등 다양한 새로운 사회문제 대두, 산업재해, 환경오염, 가치관의 분열, 광주 민주화 운동에 따른 후유증, 각종 유언비어, 학생·재야 세력의 지속적인 반정부 투쟁, 노조운동, 정부 불신 등이 상호 작용하면서 국민적 통합을 이루지 못하고 체제 유지에만 급급한 실정이었다(김만두, 1991).

이러한 시대적인 격변과 도전에 대응하기 위하여 제5공화국은 출범과 함께 '복지사회의 건설'을 위한 민주주의의 토착화, 복지사회의 건설, 정의사회 구현, 교육 혁신과 문화 창달 등을 국정 지표로 설정하였다. 건국 이래 사회복지에 대한 논의가 가장 고조되었던 시기로 제5공화국 정부는 이전까지 경제개발에 치중하던 정책을 지양하고 경제와 사회가 균형적인 발전을 이룩하여야 한다는 인식 하에 제5차 경제개발계획을 제5차 경제사회개발계획으로 명칭을 변경하여 사회발전도 중시하는 국가목표를 수립하였다.

2. 사회복지 입법

1) 헌법의 생존권 규정 강화

제5공화국은 헌법 제32조 제2항에 "국가는 사회보장·사회복지의 증진에 노력할 의무를 진다"고 규정하여 제3공화국 헌법 제30조 제2항의 "국가는 사회보장의 증진에 노력하여야 한다"는 규정보다 사회복지에 대한 국가의 책임을 더욱 명백히 하였다. 이 규정은 생존권 실현이 소득보장, 의료보장뿐만 아니라 사회복지서비스의 급여도 필요하다는 점을 강조한 것으로 볼 수 있다(신섭중 외, 2001).

2) 사회복지사업기금법

1980년 12월 31일 제정된 이 법은 사회복지사업을 효과적으로 수행하기 위하여 사회복지사업기금을 설치·운영할 뿐만 아니라 필요한 경우에 기부금 등을 모금할 수 있는 기관을 지정할 수도 있게 하여(동법 제7조) 좀 더 적극적 태도로 국민복지증진에 이바지할 수 있게 하였다.

3) 아동복지법

1961년 아동복리법을 전면 개정해 1981년 4월 13일 제정했다. 종래의 요보호 아동을 포함하여 모든 아동들이 건강하고 행복하게 육성되도록 아동의 복지를 증진하는 데 목적을 두고 있다.

4) 심신장애자복지법

1981년 6월 5일 제정된 이 법은 심신장애자의 재활 및 보호에 필요한 사항을 규정함으로써 심신장애자의 복지증진에 기여함을 목적으로 하였다. 국제연합은 1981년을 '세계 장애자의 해'로 정하여 장애자에 대한 깊은 이해와 노력을 촉구하였다.

5) 노인복지법

심신장애자복지법과 함께 1981년 6월 5일 제정된 이 법은 노인의 심신의 건강 유지 및 생활 안정을 위하여 필요한 조치를 강구함으로써 노인의 복지증진에 기여함을 목적으로 하였다. 또한 노인복지법과 관련하여 1982년 5월 8일에 경로헌장이 발표되기도 하였다(신섭중 외, 1999).

6) 사회복지사업법 개정

1983년 5월 21일 사회복지사업법이 전면 개정되어 복지증진의 책임이 국가와 지방자치단체에 있음을 명문화하였으며, 종래의 사회복지사 자격을 '사회복지사'로 그 명칭을 바꾸고 그 자격도 1급에서 3급까지로 구분하였다.

7) 생활보호법 개정

1961년 제정되었던 생활보호법을 1983년 12월 30일 전면 개정하여 구법에서 규정한 네 가지의 보호 종류를 자활보호와 교육보호를 추가하여 여섯 가지로 확대하였다. 또한 구법의 생활 무능력자에 대한 보호 규정을 확대하여 근로 능력이 있으면서 가난한 자의 자활을 보호하는 내용을 추가하였다는 점이다.

8) 갱생보호법 개정

1961년 제정된 갱생보호법을 1986년 12월 23일 개정하여 갱생보호대상자의 보호를 강화하였다.

9) 국민연금법

1973년 제정되었던 국민복지연금법이 여러 가지 사정으로 시행이 유보되다가 1986년 12월 전면 개정되어 명칭을 국민연금법으로 바꾸고 1988년 1월 1일부터 시행하였다. 본 법은 국민의 노령, 폐질 또는 사망에 대하여 연금급여를 실시함으로써 국민의 생활안정과 복지증진에 기여함을 목적으로 제정되었다.

10) 최저임금법

1986년 12월에 제정되어 1988년 1월 1일 시행된 이 법은 노동자에 대하여 최저임금수준을 보장하고 근로자의 생활안정과 노동력의 질적 향상을 기함으로써 국민경제의 건전한 발전에 이바지함을 목적으로 하고 있다.

11) 농어촌 지역의료보험 실시

1963년 제정되어 1976년 개정된 의료보험법에서 농어촌 지역 주민의 보험 가입이 유보되어 왔으나 1988년 1월 1일부터 의료보험에 가입하여 급여 혜택을 받게 되었다. 우선적으로 의료보험급여를 받아야 할 취약 계층인 농어촌 지역 주민이 의료보험제도에서 제외됨으로써 국민의 건강 증진이라는 의료보험의 이념에 대한 논란이 끊임없이 제기되어 왔으나 마침내 이들 농어촌 지역 주민의 의료가 보장됨으로써 전국민 의료보험

시대의 개막을 알리게 되었다.

3. 입법상의 특징

제5공화국의 사회복지 입법의 특징은 사회복지서비스법 분야의 제정과 개정이 있었다는 것이다. 즉, 심신장애자복지법, 노인복지법의 제정과 아동복지법의 명칭 변경과 전면 개정이 가장 두드러진 특징이라 할 수 있다(신섭중 외, 2001). 한편, 이전의 공화국들과 비교해서 진일보한 측면을 보이고 있기는 하지만 아직도 그와 같은 법체계로는 법의 보호대상자들의 자립, 건전한 육성, 치료, 예방, 자활, 고용촉진, 생활보장 등의 목적을 달성할 수 없음은 물론 국민생활의 안정, 계층 간 갈등 해소 및 융화 등에도 큰 역할을 할 수 없었다고 지적되고 있다(황인옥, 2006).

제7절 제6공화국의 사회복지 입법

1. 시대적 배경

제5공화국에 이어 1988년 2월 25일 노태우 후보가 제13대 대통령으로 취임하여 제6공화국이 출범하였고, 1993년 2월 25일 김영삼 정부(14대)가 들어섰으며, 1998년 2월 25일 정부 수립 50년 만에 여야 정권 교체에 의한 김대중 정부(제15대)가 출범하였으며, 2003년 2월 25일 노무현 정부(16대)가 들어섰다. 제6공화국에서는 13대에서 16대에 이르기까지 세 번에 걸친 정권 교체가 되는 동안 지방자치제가 실시되었고, 정치적 민주화는 많은 진전을 이루었으나 경제적으로는 고금리·저성장시대, IMF 위기와 기업의 구조 조정과 실업자의 증가, 노숙자의 문제, 가정파탄, 자살, 알코올중독, 과로사, 생활범죄 등으로 많은 어려움을 겪었으며, 사회적으로는 시민단체의 활동이 돋보인 시기라고 할 수 있다.

이렇듯 제6공화국 시기는 경제적으로는 1989년부터 수출경쟁력과 경제성장력을 상실하게 되어 장기적 경기침체 현상을 보였고 사회적으로는 인구의 급속한 증가와 노인인구의 급상승, 핵가족화와 도시화에 따른 범죄의 증가, 특히 청소년 비행문제, 산업화에 따른 환경문제, 지역간·계층간·세대간 갈등문제 등 다양한 사회문제가 부각되었다 (신섭중 외, 2001).

제6공화국의 사회복지정책에서 주목할 만한 점은 첫째, 김영삼 대통령의 문민정부 가 1994년에 21세기위원회에서 사회복지정책의 발전 전략을 제시하고, 보건사회부를 보건복지부로 개칭하였으며, '삶의 질 세계화'를 위한 사회복지개혁안을 국민에게 제 시하는 등 사회복지에 대한 노력을 경주하였던 것에서 찾아볼 수 있다. 둘째, 김대중 대 통령의 국민의 정부는 IMF 위기에서 탈출하는 과정에서 생산적 복지, 적극적 노동시장 정책 등을 국가의 주요 정책 방향으로 채택하여 실질적 사회복지정책의 확대를 꾀하였 다. 의약분업 실시와 의료보험제도의 통합, 국민기초생활보장제도의 전면 실시 등이 좋은 예가 될 것이다. 셋째, 노무현 대통령의 참여정부는 '노·사·정 사회협약' 등 국민 참여에 바탕을 둔 복지를 강조하고 있다(황인옥, 2006).

2. 사회복지 입법

1) 보호관찰법

1988년 12월 31일 제정되어 1989년 7월 1일 시행된 이 법은 그동안 시범 실시되어 온 동 제도를 입법하여 재범 방지와 체계적 사회 내 처우를 실시하도록 하였다. 그리하여 범죄자의 건전한 사회복귀를 촉진하고 개인 및 공공의 복리를 촉진함과 동시에 사회보 호를 목적으로 하였다(신섭중 외, 1999).

2) 모자복지법

1989년 4월 1일 제정된 이 법은 모자가정이 건강하고 문화적 생활을 영위할 수 있게 함으로써 모자가정의 생활안정과 복지증진에 기여함을 목적으로 하고 있다. 이 법은 2002년 12월 18일 모·부자복지법으로 개정되어 부자가정도 모자가정과 같은 복지 혜택 을 받을 수 있게 되었다.

3) 의료보험법 개정(도시지역의료보험 시행)

1977년 의료보험이 시행된 이후 1988년 1월 1일 농어촌지역주민을 적용대상에 포함하였고, 1989년 7월 1일부터는 도시 지역 주민을 제도권 내에 포함시킴으로써 의료보험법 시행 12년 만에 전국민 의료보험화를 이루게 되었다. 1989년 10월 1일부터는 약국에서도 의료보험이 실시되었다.

4) 장애인고용촉진 등에 관한 법률

1989년 12월 16일 제정되어 1991년 1월 1일부터 시행된 동법에서는 100인 이상의 근로자를 사용하는 사업주는 근로자 총수의 1/100에서 5/100(잠정 방침 2/100)에 해당하는 장애인을 의무적으로 고용할 것을 명시하고 있다.

5) 장애인복지법 개정

종전의 심신장애자복지법이 1989년 12월 30일과 1999년 2월 8일 개정되어, 장애인복지에 관한 종합시책을 추진할 것을 도모하며 장애인의 생활안정과 복지증진에 기여함을 목적으로 하고 있다.

6) 영유아보육법

1991년 1월 14일 제정된 이 법은 영유아 심신의 보호와 건전한 교육을 통하여 건강한 사회성원으로 육성함과 아울러 보호자의 경제적·사회적 활동을 원활하게 함으로써 가정복지 증진에 기여함을 목적으로 하고 있다.

7) 사내근로복지기금법

1991년 8월 10일 제정된 이 법은 근로자의 재산 형성과 생활안정의 지원 및 복지증진에 이바지하기 위하여 사업주가 사업 이익의 일부를 출원하여 사내근로복지기금을 설치할 수 있도록 하고, 기금의 효율적 관리·운영을 목적으로 한다.

8) 청소년기본법

1991년 12월 31일에 제정된 이 법은 청소년의 권리 및 책임과 가정·사회·국가 및 지방자치단체의 청소년에 대한 책임을 정하고, 청소년육성정책에 관한 기본 사항을 규정함을 목적으로 하고 있다(신섭중 외, 1999).

9) 사회복지사업법 개정

1991년 12월 개정된 이 법은 사회복지 행정의 전문성과 효율성을 높이기 위하여 일선 행정기관에 사회복지전담공무원을 두고 시·군·구에 사회복지사무 전담 기구를 설치할 수 있도록 하는 규정과 사회복지사업의 범위를 조정하는 규정을 내용으로 하고 있다. 이 법에 의하여 우리나라 사회복지사업은 생활보호법, 아동복지법, 노인복지법, 장애인복지법, 모자복지법, 영유아보육법, 윤락행위 등 방지법을 포함하게 되었다(신섭중 외, 1999).

10) 고령자고용촉진법

1991년 12월 31일 제정된 이 법은 고령자가 그 능력에 적합한 직업에 취업하는 것을 지원·촉진함으로써 고령자의 고용안정과 국민경제의 발전에 이바지함을 목적으로 한다.

11) 일제하 일본군 위안부에 대한 생활안정지원법

1993년 6월 11일 제정된 이 법은 일제에 의하여 강제 동원되어 일본군 위안부의 생활을 강요당한 자에 대하여 국가가 인도주의 정신에 입각하여 이들을 보호하고 지원함을 목적으로 한다.

12) 고용보험법

1993년 12월 27일 제정되어 1995년 7월 1일 시행된 이 법은 고용보험의 시행을 통하여 실업의 예방, 고용의 촉진 및 근로자의 직업 능력의 개발·향상을 도모하고, 국가의 직업지도·직업소개 기능을 강화하여 근로자가 실직한 경우 생활에 필요한 급여를 실시함으로써 근로자의 생활의 안정과 구직활동을 촉진하여 경제, 사회발전에 이바지함을 목적으로 하고 있다.

13) 성폭력 범죄의 처벌 및 피해자 보호 등에 관한 법률

1994년 1월 5일 제정된 이 법은 성폭력 범죄를 예방하고 그 피해자를 보호하며, 성폭력 범죄의 처벌 및 그 절차에 관한 특례를 규정함으로써 국민의 인권 신장과 건강한 사회질서의 확립에 이바지함을 목적으로 한다. 이후 이 법은 2003년 12월 11일 일부 개정을 통해, 성폭력 피해자에 대한 수사 및 재판 과정에서 이들의 인권이 침해받는 일이 없도록 하고, 수사기관이 성폭력 피해자의 진술을 청취할 경우 진술 과정을 영상물에 의하여 녹화하게 하는 등 제도의 운영상 나타난 일부 미비점을 개선, 보완하였다.

14) 보호관찰 등에 관한 법률

1995년 1월 5일 제정된 이 법은 보호관찰법의 개정에 의해 그간 분리되어 운영되었던 보호관찰법과 갱생보호법이 통합되었으며, 보호관찰소 선도조건부 기소유예제도가 신설되었고 성인범까지지도 보호관찰의 적용 대상에 포함시키는 등 보다 포괄적이고 체계적인 보호관찰제도를 수행할 수 있는 법적 근거를 마련하게 되었다.

15) 국민연금법 개정(농어민연금의 시행)

1995년 1월 5일 개정되어, 5인 이상 사업장을 대상으로 실시되던 국민연금제도를 1995년 7월 1일부터 농어촌 지역 자영자 및 농어민에게까지 확대 적용하게 하였다.

16) 사회보장기본법

1995년 12월 30일 제정된 이 법은 사회보장에 관한 국민의 권리와 국가 및 지방자치단체의 책임을 정하고 사회보장제도에 관한 기본 사항을 규정함으로써 국민의 복지증진에 기여함을 목적으로 하고 있다. 이 법이 제정됨으로써 1963년에 제정된「사회보장에 관한 법률」은 폐기되었다.

17) 정신보건법

1995년 12월 30일 제정된 이 법은 정신질환의 예방하고 정신질환자에 대한 효율적인 의료 및 사회복귀를 위하여 필요한 사항을 정함으로써 국민의 정신건강증진에 이바지함을 목적으로 한다.

18) 사회복지공동모금법

1997년 3월 27일 제정되어 1998년 7월 1일 시행된 이 법은 사회복지사업을 지원하기 위하여 국민의 자발적 성금으로 공동 모금한 재원을 효율적으로 관리, 운용함으로써 사회복지증진에 이바지함을 목적으로 한다.

19) 청소년보호법

1997년 3월 7일 제정된 이 법은 청소년에게 유해한 매체물과 약물 등이 청소년에게 유통되는 것과 청소년이 유해한 업소에 출입하는 것 등을 규제함으로써 청소년을 유해한 각종 사회환경으로부터 보호·구제하고 나아가 이들을 건전한 인격체로 성장할 수 있도록 함을 목적으로 한다.

20) 장애인·노인·임산부 등의 편의 증진 보장에 관한 법률

1997년 4월 10일 제정된 동법은 장애인과 노인 및 임산부 등이 생활을 할 때 다른 사람의 도움이 없이도 안전하고 편리하게 공공시설 및 설비를 이용하고 정보에 접근할 수 있도록 보장함으로써 이들의 사회활동 참여와 복지증진에 이바지하고자 하는 목적을 가지고 있다.

21) 사회복지사업법 개정

1997년 8월 22일 사회복지사업법이 개정되어 동법의 범위가 이전의 7법에서 13법으로 확대되었으며, 사회복지사의 전문성을 제고하기 위하여 사회복지사 1급은 국가시험(2003년부터 시행)에 합격한 자로 하고, 사회복지시설 설치·운영에 대한 허가제를 신고제로 변경하여 동 시설의 설치·운영을 용이하게 하였다. 또한 개인도 동 시설을 설치·운영할 수 있도록 하고, 사회복지법인과 시설 운영의 투명성을 보장할 수 있도록 제도적 장치를 강화하며, 자원봉사활동을 지원할 수 있는 법적 근거를 마련하는 등 기타 미비한 사항을 정비, 보완하여 사회복지사업을 활성화하고자 전문 개정하였다. 이후 동법은 1999년 4월 30일 일부 개정을 통해, 복지사업의 범위를 기존 13개 법에서 「가정폭력 및 피해자 보호 등에 관한 법률」을 추가하여 14개 법으로 하였고, 2004년 1월 29일에 「농어촌 주민의 보건복지증진을 위한 특별법」을 추가 신설하여 현재 15법으로 확대되었다(황인옥 외, 2006).

22) 노인복지법 개정

1997년 8월 22일 전문 개정된 이 법의 개정 이유는 인구의 고령화 추세에 따라 증가하고 있는 치매 등 만성 퇴행성 노인질환에 보다 효과적으로 대처하고, 노인생활의 안정을 위하여 전국민 연금이 실시되어도 연금 적용 대상에서 제외되는 65세 이상 노인 중 경제적으로 생활이 어려운 노인에 대한 국가의 적극적 소득 지원과 노인취업 활성화를 도모하며, 노인복지시설 이용 및 운영체계 개편 등을 통하여 노인복건복지증진을 도모하려는 데 있었다.

23) 가정폭력 방지 및 피해자 보호 등에 관한 법률

1997년 12월 31일 제정되어 1998년 7월 1일부터 시행된 이 법은 가정폭력을 예방하고 가정폭력의 피해자를 보호함으로써 건전한 가정 육성을 목적으로 한다.

24) 국민의료보험법(의료보험제도의 통합)

1997년 12월 31일 제정되어 1998년 10월 1일부터 시행된 이 법은 국민의 질병, 부상, 분만, 사망 등에 대하여 보험급여를 실시함으로써 국민건강을 향상시키고 사회보장의 증진을 도모함을 목적으로 한다. 국민의료보험법의 시행으로 직장의료보험조합을 제외하고 227개의 지역의료보험조합과 공무원·교직원 의료보험관리공단이 하나의 단일한 기구로 통합되었다. 이 후 이 법은 1999년 2월 8일 「국민건강보험법」이 제정되면서 폐기되었다.

25) 국민연금법 개정(전국민 연금 시행)

1998년 12월 31일 개정되어 1999년 4월 1일 시행된 이 법은 도시 지역의 전 주민에게 확대 적용되었다. 그 결과 전국민 연금 시대가 개막되는 기틀이 마련되었다.

26) 국민건강보험법

1999년 2월 8일 제정되어 2000년 7월 1일 시행된 이 법은 국민의 질병, 부상에 대한 예방, 진단, 치료, 재활과 출산, 사망 및 건강 증진에 대하여 보험급여를 실시함으로써 국민보건을 향상시키고 사회보장을 증진함을 목적으로 한다. 이 법이 제정과 동시에 「의료보험법」과 「국민의료보험법」은 폐기되었다.

27) 국민기초생활보장법

1999년 9월 7일 제정되어 2000년 10월 1일 시행된 이 법은 생활이 어려운 자에게 필요한 급여를 행하여 이들의 최저생활을 보장하고 자활을 조성하는 것을 목적으로 한다. 이 법의 제정으로 1961년 제정되었던 「생활보호법」은 폐기되었다.

28) 장애인고용촉진 및 직업재활법

장애인고용촉진 등에 관한 법률을 2000년 1월 12일 전문 개정하여 만들어진 이 법은 장애인이 그 능력에 맞는 직업생활을 통하여 인간다운 생활을 할 수 있도록 장애인의 고용촉진 및 직업재활을 도모함을 목적으로 한다. 이 법에서는 장애인의 직업재활을 새로이 포함시켰고, 장애인고용에 관한 실태 조사를 실행할 수 있는 근거를 마련하였으며, 국가나 지방자치단체의 장애인고용의 권장 사항을 의무 사항으로 변경하고 장애인고용장려금을 최저임금의 60% 수준으로 현실화하는 등의 내용이 포함되게 되었다.

29) 아동복지법 개정

2000년 1월 12일 전문 개정된 이 법은 우리 사회의 아동복지 수요에 능동적으로 대응하고 최근 심각한 사회문제로 지적된 바 있는 학대아동에 대한 보호 및 아동 안전에 대한 제도적 지원을 공고히 하기 위하여 아동복지지도원을 별정직 공무원에서 사회복지 전담공무원으로 그 신분을 변경하고, 아동학대에 대한 정의와 금지 유형을 명확히 규정하며, 아동학대에 대한 신고를 의무화하는 등 기타 현행 규정의 운영상 나타난 일부 미비점을 개선, 보완하게 되었다.

30) 정신보건법 개정

2000년 1월 12일 정신보건법이 현실적으로 운영 실적이 없는 시·도지사의 정신의료기관지정제도를 폐지하는 등 제도의 운영상의 문제점을 개선하고 보완하기 위하여 개정 되었다.

31) 사내복지기금법 개정

2001년 3월 28일 개정된 사내근로복지기금법은 사업의 폐지로 기금 해산 시 잔여 재산 처리 방법, 기업의 합병과 분할에 따른 기금의 처리 방법 등 일부 제도적으로 미비한 점을 수정·보완하였다.

32) 사회복지공동모금회법 개정

2001년 5월 24일 개정된 동법은 기부 문화의 활성화 및 사회복지공동모금사업의 재원을 안정적으로 확보하고 이를 통한 민간복지지원체계의 발전을 도모하기 위하여 사회복지공동모금회로 하여금 복권을 발행할 수 있도록 하였다.

33) 청소년보호법 개정

2001년 5월 24일 개정된 청소년보호법은 사회통념상 성인으로 간주되는 대학생과 근로 청소년들이 자유롭게 활동할 수 있도록 보호대상의 청소년의 연령을 19세 미만으로 조정하고, 유해업소 업주는 종업원을 고용할 때 반드시 종업원의 연령을 확인하도록 하는 등의 일부 미비점을 개선하고 보완하였다.

34) 의료급여법

2001년 5월 24일에 제정되어 2001년 10월 1일 시행된 이 법은 생활이 어려운 자에게 의료급여를 실시함으로써, 국민보건 향상과 사회복지증진에 이바지함을 목적으로 하고 있다. 이로써, 1977년 12월 31일에 제정되어 시행되어 오던 종전의 「의료보호법」은 폐기되었다.

35) 일제하 일본군 위안부 피해자에 대한 생활안정지원 및 기념사업 등에 관한 법률

2002년 12월 11일에 제정된 「일제하 일본군 위안부 피해자에 대한 생활안정지원 및 기념사업 등에 관한 법」은 일본군 위안부를 피해자로 인식함과 동시에 이들의 생활안정은 물론이고 기념사업의 수행과 올바른 역사관의 정립과 인권 증진에 기여한다고 명시하여 법률의 목적을 포괄적으로 규정하고 있다. 이로써 1993년 6월 11일에 제정된 「

일제하 일본군 위안부에 대한 생활안정지원법」은 폐기되었다.

36) 모·부자복지법

2002년 12월 18일에 제정되어 2003년 6월 18일 시행된 이 법은 기존의 모자가정에 대한 생활안정과 복지증진의 내용을 부자가정에도 적용할 수 있도록 명시하였고 부자가정도 모자가정과 같은 복지 혜택을 받을 수 있게 되었고, 부자보호시설과 부자자립시설에 추가하여 저소득층 부자가정을 위한 시설도 신설되었다. 이로써, 1989년 4월 1일 제정된 「모자복지법」은 폐기되었다.

37) 고령자고용촉진법 개정

2002년 12월 30일 동법은 일부 개정되었다. 개정 이유는 우리 사회의 급속한 고령화로 인하여 고령 인구의 경제활동 참여 확대와 이를 통한 산업인력의 안정적 확보가 사회·경제적 과제로 대두되고 있어 고령자의 고용촉진 기반 구축이 긴요한 실정이므로, 고령자 등임을 이유로 정당한 이유 없이 차별을 하지 못하도록 하고, 정년퇴직자의 고용안정에 필요한 조치를 하는 경우 장려금 지급 등 필요한 지원을 할 수 있도록 하는 등 고령자고용 기반 및 사업주 지원제도를 확대하여 고령자의 고용안정 및 고용촉진을 도모하기 위한 제도를 개선, 보완하려는 것이다.

38) 고용보험법 개정

2002년 12월 30일 일부 개정된 이 법은 개정 이유로, 고용보험의 사각지대에 놓여 있는 일용근로자에 대하여 고용보험의 혜택을 받도록 하고, 실업급여와 재취업과의 연계를 강화하기 위하여 조기재취업수당 제도를 개선하는 등 실업에 대한 사회안전망을 확충하는 방향으로 제도를 개선, 보완하려는 것을 명시하고 있다.

39) 사회복지사업법 개정

2003년 7월 30일 개정한 사회복지사업법에서는 3개 장을 신설하였다. 첫째, 시·군·구의 기초자치단체에 지역사회복지협의체를 두고, 기초자치단체장은 지역사회복지계획을 수립하고 시행하며, 상부기관에 의해 평가받을 수 있도록 규정하였다. 둘째, 사회복지서비스의 실시에 관하여 신청과 조사와 결정 및 실시에 관하여 규정하였다. 셋째, 재가복지서비스에 관하여 가정봉사서비스와 주간·단기보호서비스에 관하여 규정하였다.

40) 장애인복지법 개정

2003년 9월 29일 동법은 장애인의 국민기초생활보장법에 의한 생계급여의 수급자 중 중증장애인에 대하여만 장애수당을 지급할 수 있다는 종전의 규정을 수정하여 국민기초생활보장법에 의한 생계급여의 수급자에 해당하는 장애인 모두를 장애수당의 의무 지급 대상자로 하여 그 지급 대상을 확대하기 위하여 개정되었다.

41) 청소년복지지원법

2003년 12월 30일 제정된 청소년복지지원법에서 국가는 청소년의 복지증진 정책을 수립, 시행하고 국가와 지방자치단체는 기초생활보장과 직업재활훈련, 청소년활동지원 등의 시책을 추진함에 있어 청소년을 우선적으로 배려하도록 하고 있다.

42) 청소년활동진흥법

2003년 12월 30일 제정된 이 법에서 청소년활동진흥을 위해 청소년행정기관 및 활동시설은 매년 연초 연간계획 작성 지원, 활동거리 개발 등 학교 및 교육청과의 연계를 강화하였다.

43) 영유아보육법 개정

2004년 1월 29일 개정된 이 법에서는 보육의 국가책임을 인정하여 만 5세아 및 장애아에 대한 무상보육을 단계적으로 실시하고, 보육료의 차등 지급을 신설하며, 시설 설치를 신고제에서 인가제로 전환하며, 보육시설평가인정제를 도입하고 보육교사의 국가자격증제도를 실시할 것을 명시하였다.

44) 농어촌 주민의 보건복지증진을 위한 특별법

2004년 1월 29일 제정된 이 법의 입법 배경은 WTO와 DDA(Doha Development Agenda)

로 대표되는 세계무역시장의 자유화와 우리나라 농업시장의 개방으로 인하여 예상되는 농어촌의 위기를 타개하기 위하여 보건복지서비스에 대한 대책이 필요하다는 인식에서 출발했다. 그러므로 이 법의 목적 또한 농어촌에 보건의료 및 사회복지시설을 확충함으로써 농어촌 주민의 인간다운 삶을 보장하는 데 있다.

45) 장애인고용촉진 및 직업재활법 개정

이 법은 2004년 1월 29일 일부 개정되어 종전에는 상시 300인 이상의 근로자를 고용하는 사업주에게 장애인고용 의무가 부과되었으나 앞으로는 상시 50인 이상의 근로자를 고용하는 사업주에게도 의무고용에 관한 규정이 적용되었다. 이후 이 법은 2005년 3월 31일 한 차례 더 개정하였으며, 주요 내용으로는 노동부 장관은 장애인의 창업을 지원하는 한편, 장애인의 고용을 촉진하기 위해 사업주에게 지급하는 장애인고용장려금을 부정 수급의 사례가 발생하지 않도록 하는 내용을 포함하였다.

46) 노인복지법의 개정

2004년 1월 29일 동법은 일부 개정을 통해, 노인학대를 방지하고 학대받는 노인을 보호할 수 있도록 긴급전화 및 노인보호전문기관을 설치하도록 하였다. 이는 노인학대에 대한 신고 의무와 조치 사항을 규정하는 등 노인학대의 예방과 학대받는 노인의 보호를 위한 제도적 장치를 강화하려는 목적을 지니고 있다.

47) 학교폭력 예방 및 대책에 관한 법률

2004년 1월 29일 제정되어 2005년 3월 24일 한 번의 개정을 통해 시행되고 있는 이 법은 학교폭력의 예방과 대책에 관하여 필요한 사항을 규정함으로써 피해 학생의 보호, 가해학생의 선도, 교육 및 피해 학생과 가해 학생 간의 분쟁 조정을 통하여 학생의 인권을 보호하고 학생을 건전한 사회구성원으로 육성함을 목적으로 한다.

48) 건강가정기본법

2004년 2월 9일 제정되어 1년간의 시범사업을 거쳐 2005년 1월 1일 시행된 동법은 건강한 가정생활의 영위와 가족의 유지 및 발전을 위하여 국민의 권리와 의무, 국가 및 지

방자치단체의 책임을 명백히 하고, 가정문제의 적절한 해결 방안을 강구하며, 가족구
성원의 복지증진에 이바지할 수 있는 지원정책을 강화함으로써, 건강가정 구현에 기여
함을 목적으로 하고 있다.

49) 국민기초생활보장법 개정

2004년 3월 5일 법을 개정하여 부양 의무자의 범위를 "1촌의 직계혈족 및 그 배우자,
생계를 같이 하는 2촌 이내의 혈족"으로 하고 최저생계비를 결정함에 있어 수급권자의
가구 유형 등 생활 실태를 고려하도록 하고, 예산이 확정되기 전에 수급자를 결정하도
록 하기 위하여 최저생계비 공표 시한을 종전 매년 12월 1일에서 9월 1일로 변경하며, 정
확한 생활 실태가 반영될 수 있도록 최저생계비 계측 조사 주기를 종전 5년에서 3년으로
단축하였다.

50) 의료급여법 개정

2004년 2월 9일 법 개정으로 국내에 입양된 18세 미만의 아동이라면 장애아동, 비장
애아동을 구별하지 않고 의료급여를 실시한다.

51) 입양촉진 및 절차에 관한 특례법 개정

2004년 3월 5일 법 개정으로 입양아동에 대한 양육수당, 중개 수수료 등 기타 양육보
조금을 지급할 수 있는 근거를 신설하고 공포 후 6월이 경과한 날로부터 시행하도록 하
였다. 이후 2005년 3월 31일 일부 개정된 것을 법조문에서, 국내입양을 활성화하기 위하
여 5월 11일을 입양의 날로 하며, 국가 및 지방자치단체는 양친이 될 자에게 입양 알선에
소요된 비용을 보조할 수 있도록 하는 조항이 신설되기도 하였다.

52) 성매매 방지 및 피해자 보호 등에 관한 법률

2004년 3월 22일 제정된 이 법의 의의는 성매매를 개인의 윤리적 타락에서 기인한 문
제로 보기보다는 사회구조적 문제로 인식하게 되었고, 성매매가 범죄 행위라는 사실을
명시하였으며, 성매매 피해자의 개념을 도입하여 이들에 대한 인권보호 측면에서의 정
책 시행이 가능하도록 법적 근거를 마련하였다는 데 있다.

53) 성매매 알선 등 행위의 처벌에 관한 법률

2004년 3월 22일 성매매 방지 및 피해자 보호 등에 관한 법률의 제정에 이어 탄생한 이 법은 성매매 공급자와 중간 매개체를 차단하기 위하여 성매매 목적의 인신매매를 처벌하고, 성매매 알선 등 행위로부터 취득한 금품, 그 밖의 재산상 이익은 몰수, 추진하도록 하는 등 성매매 알선 등의 행위와 성매매의 근절을 위한 제도적 장치를 마련하려는 것에 제정 배경을 찾을 수 있다.

54) 사회보장기본법의 개정

2005년 1월 29일 동법은 다양한 방면으로 확대되고 있는 국민의 복지 욕구에 대응하기 위하여 사회보장과 관련된 주요 시책을 심의하는 사회보장심의위원회의 위원에 관련 부처의 참여를 확대하고, 중앙행정기관 및 시·도의 사회보장과 관련된 주요 시책의 추진 실적을 정기적으로 평가하게 함으로써 사회보장시책이 현실성 있고 체계적으로 추진될 수 있도록 하기 위해 개정되었다.

55) 고용보험법 개정

2005년 5월 31일 개정 공포된 이 법에서는 노동부 장관은 피보험자가 산전후휴가를 받은 경우뿐만 아니라 유산·사산휴가를 받은 경우에도 급여를 지급하도록 하고, 산전후휴가 및 유산·사산휴가를 받은 경우에 지급하는 급여의 지급을 종전에는 산전후휴가 기간 중 60일을 초과한 일수에 대하여 30일을 한도로 하도록 하였으나 앞으로는 근로자 수 등이 일정 기준에 해당하는 기업의 피보험자에 대하여는 전체 휴가 기간에 대하여 하도록 하려는 것이다.

56) 아동복지법 개정

2005년 7월 13일 개정 공포된 이 법에서는 보호를 필요로 하는 아동에 대한 가정위탁보호를 활성화할 수 있도록 가정위탁지원센터 등을 두고, 아동학대를 근절하기 위하여 현재 아동학대 신고 의무자로 되어 있는 교원, 의료인, 아동복지시설 종사자 등의 자격 취득 교육과정에 관계 중앙행정기관의 장으로 하여금 아동학대 예방 및 신고와 관련된 교육내용을 포함시키도록 규정하고 있다.

57) 국민건강보험법 개정

2005년 7월 13일 개정 공포된 이 법은 보험 가입자가 현역병 등으로 군입대를 하거나 교도소 등에 수감되는 경우 자격 변동 사항이 신속하게 통보되어 건강보험 자격 관리가 원활하게 이루어지도록 하기 위하여 변동일로부터 1월 이내에 법무부 장관 및 국방부 장관이 보험자에게 통지하도록 하고, 교도소 등에 수용되어 있는 자에 대하여 현역병 등과 마찬가지로 요양급여비용을 국가가 부담하여 요양급여를 실시하도록 하는 한편, 그 밖에 현행 제도의 운영상 나타난 일부 미비점을 개선, 보완하기 위한 것을 개정 이유로 밝히고 있다.

58) 노인복지법 개정

2005년 7월 13일 개정 공포된 이 법에 의하면, 평균 수명의 증가에 따라 노인 인구는 급격하게 증가하고 있으나 정년 단축 및 조기퇴직 등으로 근로 능력 있는 노인들의 근로 기회는 오히려 감소하고 있어 노인부양을 위한 공적·사적 부담이 증가하고 있으므로, 이를 해결하기 위하여 국가 또는 지방자치단체가 노인의 능력과 적성에 맞는 일자리의 개발, 보급과 교육훈련 등을 전담할 기관을 설치·운영하거나 그 운영을 법인, 단체 등에 위탁할 수 있게 되었다.

3. 입법상의 특징

제6공화국의 사회복지 입법이 가지는 의의는 기존의 사회복지법의 틀을 유지하면서 도 시대적 변화와 다양하게 표출되고 있는 클라이언트의 욕구를 반영하는 임상적이고 전문적인 법률이 많이 제정되게 된 시기라고 볼 수 있다. 이를 바탕으로 한 제6공화국의 두드러진 사회복지 입법의 특징을 서술하면 다음과 같다(황인옥 외, 2006).

첫째, 사회보험과 관련하여 실시가 유보된 법률의 실시와 그 적용 대상이 확대되었다. 즉, 국민연금법의 시행 및 전 국민으로 확대 실시와 의료보험법 또한 그 적용범위가 확대되어 전국민 의료보험화를 이루게 되었으며, 2000년 7월 1일부터는 국민건강보험법으로 새롭게 출발하였다.

둘째, 사회보장기본법의 제정으로 사회복지 관계법률 등의 체계화를 달성할 수 있게 되었다. 사회보장기본법은 1963년에 제정된 사회보장에 관한 법률의 문제점을 어느 정도 극복하고 구체성이 결여된 기본법을 구체화, 체계화하였다는 점에서 큰 의의가 있다.

셋째, 사회복지사업법의 개정으로 사회복지서비스 전달체계가 구축됨으로써 전문성을 가진 공무원이 전문적 기구를 통하여 효과적인 사회복지서비스를 전달할 수 있게 되었다.

넷째, 고용보험법(1995)이 실시되어 형식적 사회보장제도를 다 갖추었다고 할 수 있다. 고용보험은 다른 나라에 비해 늦게 도입되었지만 실업자에 대한 사회복지수급권의 인정이라는 측면에서 그 의의를 갖는다.

다섯째, 국민기초생활보장법(2000)이 시행되어 국민의 기초생활을 보장하고 생산적 복지의 기반을 마련하였으며, 빈민법적 속성을 가진 생활보호법이 폐기되었다. 이러한 입법이 가지는 가장 큰 변화는 생활보호급여가 하나의 권리로 파악되고 있다는 것이다.

여섯째, 여권 신장의 결과 여성복지를 포함한 가족복지에 대한 내용이 입법화한 것을 찾을 수 있다. 영유아보육법 제정, 성폭력 범죄의 처벌 및 피해자 보호 등에 관한 법률의 제정, 가정폭력 방지 및 피해자 보호 등에 관한 법률과 모자복지법을 모·부자복지법으로 전환하는 등의 노력은 이러한 맥락에서 이해될 수 있다.

일곱째, 장애인복지법과 정신보건법의 제·개정을 통해 정신질환자를 포함한 장애인에 대한 국가와 지방자치단체의 책임을 명확히 하고 있고, 이들의 복지증진을 위한 장기적이고 종합적인 정책을 세울 수 있는 계기가 되었다.

여덟째, 1997년 공동모금회의 제정으로 인하여, 그간 산발적이고 무계획적으로 운영되어 오던 공동모금을 효율적으로 관리하고 운영하게 됨으로써, 사회복지증진에 이바지할 수 있는 계기를 마련하게 되었다.

아홉째, 1991년 고령자고용촉진법의 제정으로, 고령자가 자신의 능력에 맞는 직업에 취업할 수 있도록 국가와 지방자치단체가 지원을 할 수 있게 되어, 고령자도 사회의 일원으로서 역할과 소임을 다하고, 고령사회에 대비하여 우리 사회의 노인들이 취업을 통해 자신들의 삶의 질을 높일 수 있는 보다 많은 기회를 가질 수 있게 되었고, 이들의 사회활동 참여와 복지증진에 이바지할 수 있게 되었다.

끝으로, 사회복지 관련법들의 제정과 개정을 통해, 우리나라 사회복지법 체계가 지속적으로 확대되고 있고, 사회복지 관련법에 대한 정책 결정 또한 정부의 고위관료에 의한 엘리트주의적 정책 결정에서 다수의 요구자에 의한 다원주의적 정책 결정으로 변화하고 있다(현외성, 2005). 이는 앞서 시대적 배경에서도 밝힌 바와 같이, 시민 사회의 성숙과 시민단체의 활동이 활발해지고, 클라이언트 또한 그간 수동적 자세에서 적극적이고 능동적 자세로 입법 활동에 참여하게 됨으로써 나타나게 된 주요한 변화라고 볼 수 있다.

제8절 사회복지 입법의 특성과 과제

우리나라 사회복지 입법의 역사적인 전개과정을 근대 이전부터 오늘날에 이르기까지 정치체제의 변동을 중심으로 시대적 배경과 더불어 구체적 입법 내용을 중심으로 살펴보았다. 이를 바탕으로 우리나라 사회복지 입법의 특성을 살펴보면 다음과 같다(신섭중 외, 1999).

첫째, 우리나라 사회복지법의 제정은 정치적 동기와 밀접한 관련이 있다는 것이다. 이는 여러 사회복지 관련법들이 대통령선거를 앞둔 시점에서 제정되거나 정치적으로 불안한 시기에 형식적인 성격으로 입법되었다. 예컨대, 1960년대의 5·16 이래 정치적 목적을 위해 명분은 있으나 실질적인 내용이 약한 사회복지 입법이 제정되어 형식적 체계는 갖추었으나, 내용면에서는 임의조항과 "예산의 범위 내에서"라는 단서 조항이 존재하여, 실질적인 효과를 보이는 데에는 한계가 있었다.

둘째, 적용 대상은 선별주의(selectivism) 접근에서 점차 보편주의(universalism) 접근으로 확대되어 가는 경향을 띠고 있다. 사회복지제도를 적용하는 데 있어서 명분과 이념도 중요하지만 현실적으로 적용 가능한 계층부터 시작하여 점차로 그 범위를 확대·적용시켜 왔다. 예컨대, 사회보험의 경우 의료보험, 국민연금, 산재보험 등이 이러한 특성을 나타내고 있다. 의료보험의 경우 1977년 도시지역만을 대상으로 실시하여 1989년에 전 국민을 대상으로 한 의료보험제도가 정착되었다.

셋째, 입법화 과정에서 당위성과 명분만을 앞세워 여건 및 제도에 대한 사전의 조사 연구 없이 졸속으로 처리되어 장기간 시행되지 못하고 사문화된 법률이 있었다. 예컨대, 선원보험법(1962), 국민복지연금법(1973-1987), 의료보험법(1963-1977) 등이 있다.

넷째, 사회복지 개별법들이 독자적으로 제정됨으로써 각 제도간에 직·간접적으로 관련되는 법률간의 상호연계성과 통합조정이 이루어지지 않고 있다. 예컨대, 사회보험료 징수기준을 볼 때, 노동부가 주관하는 산재보험과 고용보험은 근로기준법에 의한 평균임금을 기준으로 하고 있으며 보건복지부가 주관하는 국민연금과 건강보험의 경우 국민연금은 평균소득월액을 기준으로 보험료를 일정하게 납부하도록 되어 있는 반면, 건강보험료는 매월 지급액을 기준으로 정해진 요율만큼 납부해야 하므로 매월 보험료가 달라지는 등 매우 복잡하고 통합조정이 이루어지지 않고 있다. 또한 건강보험은 통합 운영되고 있으나 연금에 있어서는 제정시기가 달랐다는 이유로 특수직역연금(공무원 연금, 군인연금, 사립학교교직원 연금)이 통합되지 못하고 분리되어 있는 실정이다.

다섯째, 사회복지법의 형성 과정에서 관련 시민이나 단체의 적극적 활동이 1990년대부터 점진적으로 활성화되고 있으며, 또한 소위 법적 쟁송과 같은 사법적 권리구제활동이 두드러진다. 이는 한국의 시민운동이 1990년대를 기점으로 활성화되었다는 사실과 관련해 사회복지 부문에서도 시민운동과 연대하여, 또는 시민운동의 한 영역으로 사회복지운동이 활발해지고 있다는 증거이다. 국민연금법, 국민건강보험법, 국민기초생활보장법, 노인복지법 등의 법적 규정을 둘러싼 사법적 쟁송은 그것 자체로도 의미 있는 일이지만, 또 다른 측면으로 사회복지권 혹은 사회복지에 관한 국민의 의식을 고양시키는 학습 효과를 가져오는 것으로 이해할 수 있다(현외성, 2004).

사회복지 입법의 역사적 전개 과정에서 나타난 특징을 사회 경제적 배경과 관련해서는 다음과 같이 요약할 수 있다. 일제와 미군정 시기에 나타난 사회복지 입법의 특징은 응급적이고 임시방편적인 성격의 구호시책, 제1·2공화국은 한국전쟁에 따른 긴급구호와 외국 원조의 시기, 제3공화국은 공공부조와 관련된 사회복지 관계법의 대량 입법화 시기, 제4공화국에서는 사회통제적 요소를 내포하고 있지만 산업화에 따른 계층간, 지역간의 불평등을 해소하기 위하여 선별적인 사회보험의 입법화 실시, 제5공화국에서는 상대적 빈곤감 해소와 사회적 통합을 위하여 사회복지법 체계상 사회복지사업법의 제정에 역점, 그리고 제6공화국에서는 4대 사회보험과 관련하여 이전에 제정된 법률의 시행과 그 적용 대상의 확대 및 분립된 제도의 통합화에 그 역점이 주어졌다고 할 수 있겠다(신섭중, 1999).

이상으로 우리나라의 사회복지 입법에 대한 역사적 전개과정의 특성을 살펴보았는

데, 앞으로 국민의 복지 요구 수렴, 사회정의 실현, 분배의 공정화라는 측면에서 선진국의 사회복지 입법 체계와 관련해 볼 때 우리나라는 아직도 많은 과제들이 남아 있다. 예를 들면, 관계법들의 수정, 보완, 상호연계 체계와 통합화 및 정보화가 이루어져야 할 것이며(신섭중 외, 1999), 각종의 사회복지법상에 규정된 임의 규정을 강제 규정으로 바꾸는 작업, 그리고 사회복지법상의 권리구제나 수급권을 확보하기 위하여 사회보장절차법으로써 사회보장소송 관련법 혹은 사회복지법 관련 소송법의 입법화, 그리고 국제적 사회보장 관계법의 확대와 체계적 연구 및 법제화 등이 이루어져야 할 것이다. 또한 장래에 닥칠 통일에 대비하여 각종 사회복지법을 장·단기적으로 어떻게 조정, 보완할 것인지를 연구하고 대비하여야 할 것이다(현외성, 2004). 특히 2000년대에 접어들면서 저출산·고령화 사회를 맞이했고, 앞으로 20여 년 뒤에는 고령사회에 접어들 전망이므로 이에 대비하는 것이 시급한 과제가 되고 있다.

〈표 2-1〉 우리나라 사회복지 입법의 연도별 도입 현황

정부	제정 연도	사회보험	공공부조	사회복지서비스	기타
제1·2공 화국	1960 이전		·후생시설 설치령 ('50.2.27) ·후생시설운영요령 ('52.10.4)		·근로기준법 ('53.5.10)
군사 정부	1960		·갱생보호법 ('61.9.30) ·군사원호보상법 ('61.11.1) ·생활보호법 ('61.12.30)	·윤락행위등방지 법 ('61.11.9) ·아동복리법 ('61.12.30)	
	1962	·선원보험법 ('62.1.10)	·재해보호법 ('62.3.30) ·국가유공자특별원호 법 ('62.4.16)		
제3 공화국	1963	·국민연금법('63.1.18) ·산업재해보상보험 법('63.11.5) ·의료보험법 ('63.12.16) 미실시			·사회보장에 관 한 법률('63.11.5)
	1968			·자활지도사업임 시조치법('68.7.23)	
	1970		·재해구제로인한의사 상자구호법 ('70.8.24)	·사회복지사업법 ('70.1.1)	

공화국	연도				
제4 공화국	1973	·국민복지연금법 ('73.12.24) 미실시 ·사립학교교원연금 법 ('73.12.30)			
	1976	·개정의료보험법 ('76.12.22)		·입양특례법 ('76.12.31)	
	1977	·공무원 및 사립학교 교원 의료보험법 ('77.12.31)	·의료보호법 ('77.12.31)		·특수교육진흥법 ('77.12.31)
	1980			·사회복지사업기 금법 ('80.12.31)	
제5 공화국	1981			·심신장애자복지 법 ('81.6.5) ·노인복지법 ('81.6.5) ·아동복지법 ('81.12.31) 개정	
	1982	·공무원연금법 ('82.12.28) 개정	·생활보호법 ('82.12.30) 개정	·유아교육진흥법 ('82.12.31)	
	1983		·생활보호법 ('83.12.30) 개정	·사회복지사업법 ('83.5.21) 개정	
	1984		·국가유공자예우등에 관한 법률 ('84.8.2)		
	1986	·국민연금법 ('86.12.31)	·갱생보호법 ('86.12.31) 개정		·최저임금법 ('86.12.31)
제6 공화국	1988	·국민연금법 ('88.1.1) 시행 ·농어촌지역의료보 험 ('88.1.1) 시행		·보호관찰법 ('88.12.31)	·최저임금제 ('88.1.1) 시행
	1989	·도시지역의료보험 ('89.7.1)		·모자법지법 ('89.4.1) ·장애인복지법 ('89.12.20) 개정 ·장애인고용촉진 등에관한법률 ('89.12.16)	

제6 공화국	1991	·사내근로복지기금법('91.8.10)		·영유아보육법('91.1.14)	·청소년기본법('91.12.31) ·고령자고용촉진법('91.12.31)
	1992			·사회복지사업법('92.7.20) 개정	
	1993	·고용보험법('93.12.27)	·일제하일본군위안부에대한생활안정지원법('93.6.11)		
	1994	·산업재해보상보험('94.12.22) 개정		·성폭력범죄의처벌및피해자보호등에관한 법률('94.1.5)	
	1995	·고용보험법('95.7.1) 시행 ·국민연금법('95.7.1) 개정		·정신보건법('95.12.30) ·보호관찰 등에 관한 법률('95.1.5)	·사회보장기본법('95.12.30)
`제6 공화국	1997	·국민의료보험법('97.12.31)		·청소년보호법('97.3.7) ·사회복지공동모금법('97.3.27) ·장애인·노인·임산부 등의 편의증진보장에 관한 법률('97.4.10) ·가정폭력방지및피해자보호등에관한법률('97.12.31) ·사회복지사업법('97.8.22) 개정	
	1998	·국민연금법('98.12.31) 개정 ·고용보험법('98.9.17) 개정			
	1999	·국민건강보험법('99.2.8) ·도시주민연금('99.4.1) 시행 ·산업재해보상보험법('99.12.31) 개정	·국민기초생활보장법('99.9.7)	·사회복지사업법('99.4.30)	

제6 공화국	2000	·국민건강보험법 ('00.7.1) 시행 ·국민기본연금액산정방식의조정과기금운용방식의개선 ('00.12.23)	·국민기초생활보장법 ('00.10.1) 시행	·장애인고용촉진 및 직업재활법 ('00.1.12) ·정신보건법('00.1.12) 개정	
	2001	·사내근로복지기금법 ('01.3.28) ·사회복지공동금회법 ('00.5.24)	·의료급여법 ('01.5.24) ('00.10.1) 시행	·청소년보호법 ('01.5.24) 개정	
	2002	·국민건강보험법 ('02.1.19) 개정		·모·부자복지법 ('01.5.24)	
	2003			·사회복지사업법 ('03.7.30) 개정 ·청소년복지지원법 ('03.12.30) ·모·부자복지법 ('03.6.18) 시행	
	2004			·영유아보육법 ('04.1.8) ·농어촌주민의료보건복지증진을위한특별법 ('04.1.29) ·입양촉진 및 절차에 관한 특례법 ('04.2.29) ·성매매방지 및 피해자보호등에 관한 법률 ('04.3.22)	·건강가정기본법 ('04.2.9)

3

사회복지법의 법원

제1절 서설(序說)

사회복지법의 법원은 사회복지에 관한 실정법의 인식 근거 내지 그 존재형식을 말하는 것으로 법학상 법원의 의의는 여러 갈래로 나누어 생각할 수 있다.

그 중에서도 가장 중요한 것은, 첫째 법이 법으로서 성립하는 기초 내지 근본 이유의 의미이며, 둘째 법의 존재형식, 즉 법이 법으로서 발현(發顯)하는 형식의 의미이다. 여기서 말하는 법원은 일반적으로 쓰이고 있는 바와 마찬가지로 후자의 의미이다. 이러한 의미상에서 법원으로서 문제가 되는 것은 일반적으로 제정된 사회복지법 외에 관습법, 판례, 국제조약, 조리 등이 있다. 법 일반에 있어서의 법원론(法源論)과 특수성을 고려하면서 사회복지법의 제 법원(諸 法源)에 관하여 살펴보고자 한다.

제2절 성문법

성문법이란 일정 형식의 문장에 의해서 표현되는 법규범이다. 제정법이라고 불리기도 한다. 사회복지법의 법원으로서 제일 먼저 들 수 있는 것이 모든 법의 모법인 헌법과 성문사회복지법이다. 현행 성문법으로서는 국회의 의결과 국민투표에 의해 제정된 헌법, 국회의 의결을 거쳐 제정된 법률을 비롯하여 국회의 의결을 거치지 않고 행정기관에 제정한 (법규)명령, 행정규칙과 지방자치단체가 제정한 자치법규, 그리고 국회가 비준한 국제조약과 일반적으로 승인된 국제법규 등을 들 수 있다.

1. 헌법

헌법은 국가적 공동체의 존재형태와 기본적 가치질서에 관한 국민적 합의를 법규범적인 논리체계로 정립한 국가의 기본법(권영성, 2007: 3)으로서 국민의 권리와 의무, 국가의 근본조직, 통치기구 및 통치 작용 등을 규정한 근본법으로서 전문과 10장 130개 조항으로 구성되어 있다. 헌법은 국가의 모든 법의 모법이며 기본법으로 최상위의 법규범으로서, 전문의 국민생활의 균등한 향상과 제10조 인간의 존엄과 가치·행복추구권을 비롯하여 평등권(제11조), 인간다운 생활을 할 권리(제34조), 균등교육을 받을 권리(31조), 근로의 권리(제32조), 근로3권(제33조), 환경권(제35조), 혼인·가족생활과 모성의 보호와 보건권(제36조), 이러한 기본권이 침해되었을 경우의 재판청구권(제27조), 국가배상청구권(제29조), 행정심판청구권(제107조), 위헌법률심판 및 헌법소원심판청구권(제111조) 등의 규정은 사회복지법의 법원이 된다.

헌법과 국제조약이 충돌할 경우, 일반적으로 승인된 국제법규는 국내법과 같은 효력을 가진다는 헌법 제6조제1항의 규정에 의하여 국제법이 비로소 국내법으로 인정된 것이므로 국제조약은 헌법의 하위에 있다 할 것이다. 그러나 제2차 세계대전 후 헌법과 국제조약과의 형식적 효력에 관해서는 헌법우위설과 조약우위설이 꾸준히 대립되고 있는 상태이다

2. 법률

법률은 국회의 의결에 의하여 성립하고, 관보에 공포된 법을 말한다. 법률은 헌법의 하위법이지만 명령이나 자치법규의 상위법이다. 사회복지와 관련된 모든 법 또는 법률도 이에 해당한다. 사회보장기본법, 사회복지사업법, 국민연금법·국민건강보험법, 고용보험법, 상업재해보상보험법, 국민기초생활보장법, 의료급여법, 노인복지법 등 국

회의 의결로 이루어진 법률들은 중요한 법원이 된다.

국내법과 국제조약(법규)이 충돌할 경우, 국내법과 국제조약은 이원론과 일원론의 대립이 있고 일원론은 다시 국제법 우위설, 국내법 우위설, 동위설로 나뉜다. 입법사항에 관한 국제조약·국제법규는 법률과 동등한 효력을 가지며, 입법사항과 관계없는 국제조약은 명령(행정입법)과 동등한 효력을 갖는다고 볼 것이다. 이는 헌법이 입법사항에 관한 조약을 체결하는 때에는 국회의 동의를 얻도록 하고(헌법 제60조) 있기 때문이다. 국제조약(법규)이 그와 동위의 효력을 가지는 국내법률 또는 명령과 충돌할 경우에는 신법우선의 원칙·특별법우선의 원칙이 적용된다.

3. 명령

명령이라 함은 국회의 의결을 거치지 않고 행정관청에 의하여 법 형식으로 제정된 행정입법이다. 행정관청이 제정하는 일반적, 추상적 규정에는 명령과 행정규칙이 있다. 명령에는 위임명령과 집행명령이 있다. 집행명령은 단순히 법률을 집행하는 내용을 정한 것일 뿐 새로운 법규사항을 담을 수 없는 명령인데, 보통 명령이라 할 때 주로 위임명령을 의미한다. 위임명령은 헌법이나 법률에서 위임한 범위 내에서 새로운 법규사항을 제정한 것이다. 명령은 법규적 효력을 가지고 있기 때문에 행정기관은 물론 일반국민, 법원과 같은 국가기관에 대해서도 구속력을 가지고 있고 재판규범이 된다. 명령은 헌법이나 법률의 하위법이지만 자치법규의 상위법이다. 시행령은 시행규칙의 상위법이다.

위임명령은 제정권자를 표준으로 대통령령, 총리령, 부령으로 나누는데, 대통령령은 시행령이라 하여 법률 다음으로 효력이 있고, 총리령과 부령은 시행규칙이라 하여 시행령의 다음으로 효력이 있다. 따라서 시행령과 시행규칙은 제1조의 목적에서 공통적으로 상위 법령에서 위임된 사항을 규정한다고 하는 명문규정을 두고 있다. 국민기초생활보장법시행령·국민기초생활보장법시행규칙, 사회복지사업법시행령·사회복지사업법시행규칙 등이 그 예이다.

그러나 명령 중에도 헌법 제76조의 규정에 의한 긴급재정·경제명령 및 긴급명령은 법률과 대등한 효력을 가지고 있다. 이러한 명령을 법률대위명령이라 할 때, 위임명령이나 집행명령은 법률종속명령이라고 한다.

행정규칙이라 함은 명령이나 자치법규 이외에 행정관청이 법률의 수권 없이 그의 권한 범위 내에서 발하는 일반·추상적 규율을 발하는 규칙이다. 일반·추상적 규율인 점에서는 법규명령과 같으나 법령의 수권 없이 발하고 행정조직 내부에서만 구속력을 가진다는 점에서 명령과 다르며 법원성을 인정하지 아니하여 재판규범이 되지 아니한다. 대법원 판례는 행정관청이 최종적 권위 있는 법의 해석을 할 수 없기 때문에 그 법원성(法源性)을 부인하고 있다(대판 1990, 1, 25 89누 3654).

4. 자치법규

지방자치단체가 법령을 위반하지 않는 범위 안에서 제정하는 자치에 관한 규정을 말하는 것으로서, 조례와 규칙이 있다. 조례는 각각의 지방의회의 의결에 의해서 제정되는 것이며, 규칙은 법령 및 조례의 범위 안에서 지방자치단체의 장이 그 권한에 속하는 사항을 규정한 것이다. 사회복지전담기구 설치 및 전담공무원에 관한 사항이 주로 조례로 제정된다.

5. 국제조약

조약은 협약, 협정, 약정, 의정서 등 그 명칭에 관계없이 국가와 국가 사이 또는 국가와 국제기구 사이의 문서에 의한 합의를 말한다. 조약과 일반적으로 승인된 국제법규는 국내법과 같은 효력을 가지므로, 그것이 사회복지에 관한 사항을 포함하고 있을 때에는 그 범위 안에서 사회복지법의 법원이 된다. 헌법 제60조는 헌법에 의하여 체결 공포된 조약과 일반적으로 승인된 국제법규는 국내법과 같은 효력을 지닌다고 규정하고 있다. 일반적으로 승인된 국제법규란 우리나라가 당사국이 아닌 조약으로서 국제사회에서 일반적으로 규범성이 승인된 것과 국제관습법을 말한다. 예컨대 ILO의 사회보장의 최저기준의 원칙에 관한 제102협약은 비준여부에 상관없이 국제적 기준의 법규가 되는 것이다. 이 외에도 모성의 보호에 관한 ILO의 103호 협약이나, 우리나라가 비준한 차별금지에 관한 제111호 ILO협약 등은 국제법규로 사회복지법의 법원이 된다.

제3절 불문법

불문법이란 일반사람들의 법적 확신에 의해서 지탱되고 있으나 문장형태를 취하지 않는 법규범이다.

1. 관습법

일상 일어나는 모든 현상에 대하여 성문법을 정비한다는 것은 불가능하므로 관습법이 성문법의 간격을 메우는 중요한 법원인 것은 말할 필요도 없다. 관습법은 오랜 기간에 걸쳐서 자연적으로 형성되어 사회적 관행으로 준수되어온 사회생활의 규범이 법적 확신을 얻고 국가에 의해 불문의 형태로 승인되어 강행되어 온 것으로 영·미에서는 이 관습적 불문법이 주종을 이룰 정도이다. 성문법이 발달하기 전에는 이 관습법이 중요한 역할을 하였다. 민법 제1조에서도 민사에 관하여 규정이 없으면 관습법에 의하고 관습법이 없으면 조리에 의한다는 규정을 두고 있다. 따라서 사회복지수급권과 관련된 민사분쟁이 있을 경우의 법원이 된다 할 것이다.

2. 판례법

판례의 누적으로 일관해서 견출되는 원리적인 것을 법원으로 인정했을 때 이를 판례법이라 한다. 판례법은 그것으로서 성문법, 불문법과는 별종의 것으로 하는 것이 적당한 것이다. 성문법의 규정은 추상적, 일반적으로 규정되기 쉽다. 사회복지법의 경우에서도 예외가 아니다. 때문에 판례에 의하여 그 규정을 구체적 사건에 대해 적용함으로써 그 추상적인 내용이 명백해진다. 판례사회복지법은 대법원 판례와 헌법재판소 판례가 중심이 되며, 이미 나온 판례가 똑 같은 경우에는 매우 드물지만 같은 예의 경우에 법원은 그 판례에 따르게 된다. 여기서 일정한 법칙이 생기며 그것을 법원으로 보는 것이다.

3. 조리

조리는 성문의 법규가 없고 관습이나 판례도 없을 경우에 보충적으로 채용되는 것으로 사회통념, 신의성실의 원칙, 선량한 풍속, 공정론, 합리성, 도리 등으로 불리는 것으로 건전한 이성과 양심을 말한다. 예컨대 신의 성실의 원칙은 민법 제2조1항에서, 선량한 풍속은 민법 제103조에서 규정하고 있다. 이상과 같은 조리 및 법원칙은 헌법 및 헌법을 지배하는 기본원리에서 유래하는 것으로 볼 수 있으므로 이 원칙을 벗어나거나 위반한 주관적 조리는 위헌, 위법이 될 것이다. 최저생활보장원리, 소득재분배원리, 보편주의원리, 형평성의 원리, 효율성의 원리, 용이성의 원리 등은 사회복지 관련의 조리법으로 인정된다 할 것이다.

4

사회복지 급여 수급권

제1절 사회복지 급여 수급권의 의의

1. 개념

사회복지수급권이란 생존권의 실현을 위한 권리로서, 사회복지법상 사회복지서비스를 받을 권리를 말한다. 사회복지서비스를 받을 권리란, 금전적·비금전적 방법에 의하여 최저한도의 생활보장, 자립을 목적으로 하는 생활보호, 재활, 생활안정과 복지의 증진을 목적으로 하는 사회복지서비스에 대한 통합적인 급여청구권을 말한다(신섭중 외, 2001). 사회복지수급권은 시민법 이후 노동법, 사회보장법, 사회복지서비스법이 입법되면서 권리성으로 인정받게 되었다. 사회복지서비스가 단순히 국가 행정행위의 반사적 이익이거나 구빈(救貧)의 관점에서 시혜적인 것이라고 한다면 사회복지수급권은 인정되지 않을 것이다. 그러나 자유권을 중심으로 하는 시민법체계에 대한 수정의 원리로, 시민의 권리로서 생존권이 중요시되는 상황에서 사회복지서비스의 권리적 성격은 명백해졌다(김훈, 2006).

〈표 4-1〉 시민사회의 발달과 성숙에 따른 사회복지 관련 부문의 변화

이념·사상	자유주의, 자유방임주의	집단주의, 사회민주주의
경제체제	자본주의 초기(상업, 산업자본주의)	독점자본주의, 수정자본주의
법체제	시민법, 사법 중심	공법, 사회법 중심
법적 인간상	추상적 인격	구체적 생활인
개인의 권리	자유권 중심	사회권(생존권, 복지권) 중심
국가의 형태	자유방임주의국가, 야경국가	복지국가, 행정국가, 사회국가
생활문제, 사회문제의 성격	선택성과 개별성	보편성, 사회성
사회복지	구빈법적, 억압적 특성	권리로서 인식
사회복지대상	소수의 빈민, 취약계층	국민 전체

자료: 현외성(2004: 143).

2. 법적 성격

사회복지 급여 수급권에 대하여 사회보장기본법 제9조는 "모든 국민은 사회보장에 관한 관계법령이 정하는 바에 의하여 사회보장의 급여를 받을 권리를 가진다"고 규정하여 법적 권리성을 의미하고 있다.

오늘날 생존권을 구체적 권리로 인정하는 추세임을 감안하여 볼 때, 사회복지법상의 사회복지 급여 수급권도 헌법상의 생존권과 인간다운 생활을 할 권리에 따라 파생된 권리로서 구체적 권리의 성격으로 이해하여야 할 것이다.

세계 각국의 헌법상에 규정된 생존권적 기본권은 그 내용과 성격이 다양하지만 그 목적은 개인의 생존을 보장하기 위해 국가가 적극적으로 개인생활에 개입하며 그 구체적 내용은 공공정책이나 사회복지정책을 통해서 실천하게 된다는 것이다. 따라서 그 구체적 생존권의 보장방식은 헌법의 하위법인 각종 법률이나 명령(시행령, 시행규칙) 등에 의거한 행정행위에 달려 있다.

그러나 헌법상에 규정된 생존권 조항의 법적 효력, 즉 헌법상에 생존권 조항이 갖는 하위법령들과의 관계와 그 내용은 생존권의 실현에 관건이 되므로 그 성격을 규명하는 작업이 매우 중요한 일이다. 헌법상의 생존권 조항을 둘러싼 법적 성격 논쟁은 크게 프로그램 규정설과 법적 권리설로 나누며, 다시 법적 권리설은 추상적 권리설과 구체적 권리설로 구분하여 설명되고 있다(현외성, 2004).

1) 프로그램 규정설

프로그램 규정설에 따르면, 생존권은 국가의 사회정책적 목표와 강령을 선언한 것에 불과하므로 국가가 그 권리의 실현에 필요한 입법이라든가 시설을 하지 않는 한 그에 관한 헌법 규정만으로는 국가에 대한 구체적 청구권이 인정되지 아니하며, 그 입법의 태만을 헌법위반이라 하여 법원의 법령심사권을 통하여 시정할 수 없다고 한다. 요컨대, 프로그램 규정설의 논거는 다음과 같은 두 가지로 요약된다.

첫째, 생존권은 국가의 사회적·경제적 제력(諸力), 특히 그 재정적·예산상의 능력에 의존하는 것이므로, 헌법에서 생존권을 규정하고 있는 경우에도, 현실적으로 국가와 국민 전체의 경제력이 이에 도달하지 아니하면, 그것은 단지 사회정책의 기본 방침이나 사회국가적 원리로서 장래에 대한 정치적 공약을 선언한 것에 불과하다고 한다.

둘째, 생존권에 관한 헌법규정은 생존권을 법적 권리가 되게 하는 데 필요한 구체적 입법, 즉 누가, 어떠한 조건하에서, 어떤 내용을, 어떤 경우에, 어떠한 절차와 방법에 따라 요구할 수 있는가 하는 점이 명확하게 규정되어 있지 않기 때문에, 단지 프로그램 규정에 지나지 않는다고 한다.

2) 법적 권리설

(1) 추상적 권리설

추상적 권리설은 첫째, 생존권과 같이 처음부터 정비된 법 체제를 가지지 아니한 권리가 그에 관한 헌법 규정만으로 사법상의 권리와 동일한 의미의 구체적 권리가 될 수 없음은 당연하지만 그렇다고 해서 생존권에 관한 규정을 곧 프로그램 규정이라고 하는 것은 비약이고, 둘째 자본주의 경제가 반드시 생존권을 권리가 아니라고 부정할 근거는 되지 않으며, 셋째 생존권의 경우 그 보장 수단이 없다는 점은 생존권이 권리로서 불완전하다는 것을 시사하는 것이라고 할 수 있으나, 그러한 사정은 비단 생존권에 한하는 것이 아니고 그 실현을 위하여 국가의 행위를 필요로 하는 모든 권리(예컨대, 재판청구권, 청원권 등)에도 해당하는 것이므로 특히 생존권에 관하여 권리를 부정할 이유가 되지 않는다고 한다. 요컨대, 추상적 권리설은 생존권은 비록 추상적일지라도 법적 권리이며 또 국가의 의무 이행이 재판에 의하여 강제될 수 없을지라도 국가의 생존권 보장의 의무는 헌법에 의거한 법적 의무라고 한다. 이 추상적 권리설은 현재 우리나라의 다수설이다.

(2) 구체적 권리설

법적 권리설 중 구체적 권리설에 따르면 생존권에 관한 헌법 규정은 그 규정을 구체화하는 입법이 존재하지 않는 경우에도 현실적 효력을 갖는 규정이고, 완전한 권리로써 생존권을 보장하는 것이라고 한다. 따라서 국가의 생존권 실현에 관한 부작위는 현실적·구체적 권리의 침해가 되어, 국민은 국가의 '부작위 위헌 확인 소송' 또는 '작위 의무화 소송(의무이행소송)'을 제기할 수 있다고 한다. 이러한 유형의 헌법소송이 현실적으로 가능한가에 관해서는 견해가 갈리고 있다. 그 하나는 이러한 종류의 헌법소송이 현행법상 존재하는 소송 유형에는 없기 때문에, '이러한 헌법소송을 인정하기 위해서는 절차법으로서 헌법사건소송법을 제정할 필요가 있다'고 보는 견해이다. 또 하나는 '헌법상 보장되고 있는 권리가 절차법이라는 하위법의 흠결 때문에 보장될 수 없다는 것은 논리적으로 역이며', '기본적 인권의 구체적·현실적 침해에 대해서는 반드시 법적 구제가 부여되어야 하기 때문에', 그것은 무명항고소송에 해당하는 것이라고 하는 견해이다.

우리나라 제6공화국 헌법의 경우 생존권 조항은 헌법 전문(기회의 균등 및 생존권 보장), 제10조 인간의 존엄성 확보와 행복을 추구할 권리, 제31조 교육을 받을 권리, 제32조 근로의 권리·의무, 제33조 근로자의 노동기본권, 제34조 인간다운 생활권, 제35조 환경권 및 주거권, 제36조 혼인과 가족 및 보건에 관한 권리 등이다. 이 중에서 복지권에 속하는 제34조 인간다운 생활권과 사회복지법상의 수급권은 어떤 관계에 있는가 하는 점이 매우 중요하다.

헌법 제34조는 "① 모든 국민은 인간다운 생활을 할 권리를 가진다. ② 국가는 사회보장·사회복지의 증진에 노력할 의무를 지닌다. ③ 국가는 여자의 복지와 권익의 향상을 위하여 노력하여야 한다. ④ 국가는 노인과 청소년의 복지향상을 위한 정책을 실시할 의무를 진다. ⑤ 신체장애자 및 질병·노령, 기타의 이유로 생활능력이 없는 국민은 법률이 정하는 바에 의하여 국가의 보호를 받는다. ⑥ 국가는 재해를 예방하고 그 위험으로부터 국민을 보호하기 위하여 노력하여야 한다"고 되어 있다.

앞서 생존권 조항 전체에 관한 법적 성격 논쟁은 제34조에도 그대로 적용된다. 특히 제34조 규정은 모든 국민이 인간다운 생활을 영위할 수 있도록 국가가 사회보장·사회복지의 증진에 노력할 의무를 진다고 명시하고 있다. 따라서 이러한 헌법상의 규정은 결국은 국가나 지방자치단체의 사회보장·사회복지의 실천목표가 모든 국민의 인간다운 생활을 보장하는 것이며, 그 방법이 사회보장·사회복지라는 점을 명시하고 있다. 이때 과연 사회보장·사회복지의 수준이 인간다운 생활을 보장한 것인지, 혹은 어디까지 그 수준을 유지해야 하는지는 정치적·경제적·사회적·문화적 상황에 따라 차이가 있을 수 있다. 그리고 사회보장·사회복지방법의 구체적인 표현은 헌법의 하위법인 사회복지법령 전체를 통하여 실천되고 있다. 그러므로 모든 사회복지법에 규정되어 있는 사회복지서비스를 받을 권리, 즉 수급권은 헌법에 명시되어 있는 생존권, 혹은 협의의 복지권을 실현함으로써 궁극적으로는 현대 자본주의 사회에서 스스로 자신의 생활을 유지하지 못하는 사회적 취약계층을 포함하여 모든 국민이 인간다운 생활을 보장하게 하는 수단이라고 할 수 있다. 이런 점에서 사회복지법상의 수급권과 헌법상의 생존권은 내적으로 상호 연결되어 있다.

제2절 사회복지 급여 수급권의 규범적 구조

사회복지법상 규범적 구조란 수급권의 내용과 형식을 체계적으로 정리하는 것을 의미한다. 사회복지 급여 수급권은 국가의 발달 정도나 정치·경제·사회·문화적 성숙도 등 시대적인 조건에 따라 내용과 형식을 달리하고 있는데 그 이유는, 첫째 수익자의 요구 강도와 투쟁 정도의 차이, 둘째 재정적 역량 여하에 따라 영향을 받음, 셋째 도시화, 산업화에 따른 복지 욕구의 다양화 및 욕구의 질적 변화, 넷째 사회복지서비스에 대한 행정 행위의 재량 증대 등이다. 한마디로, 국가의 발전 정도가 앞선 나라일수록 수급권의 내용과 구조 또한 발전하고 다양하다는 사실이다. 따라서 역사적으로 특정 수급권의 내용과 실현방식이 다르다고 볼 수 있으며, 시간이 흐름에 따라 계속해서 수급권의 구조와 형식이 발전해 가고 있다고 할 수 있다(현외성 외, 2004).

이와 같이 사회복지수급권의 구조는 유동적이기 때문에 여러 학자들이 설명하고자 하는 목적에 따라 제시하는 내용이 서로 다르지만 <그림 4-1>과 같이 체계화 할 수 있다.

<그림 4-1> 사회복지 급여 수급권의 규범적 구조

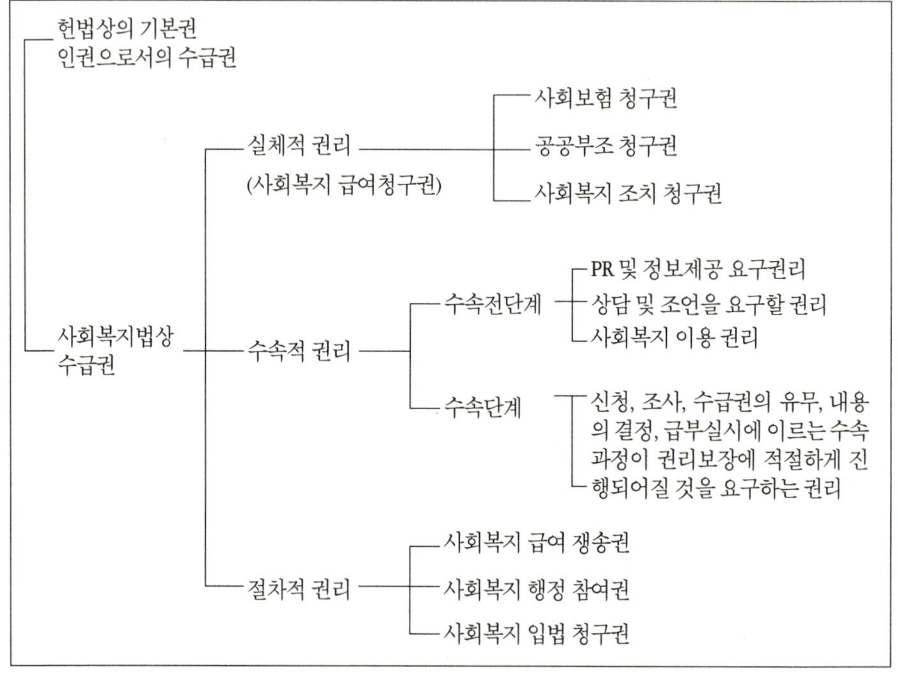

자료: 현외성(2004: 133).

1. 실체적 권리

실체적 권리란 헌법상의 생존권 규정을 이어 받아 이를 실현시키려는 구체적 사회복지법이 제정되었을 때 국민이 이 법에 근거하여 실제적 사회복지 급여를 청구할 수 있는 구체적 권리를 말한다. 이에 포함되는 내용은 수급 요건(자격), 수급권자, 급여수준, 수급기준, 급여의 종류, 재정 조달, 전달체계, 수급권의 보호와 제한 등이다. 사회복지 급여청구권은 <그림 4-1>에 나타난 바와 같이 3가지 청구권으로 구성된다.

① 각종 보험법률에 따른 사회보험청구권

② 공공부조법률에 따른 공공부조청구권
③ 사회복지서비스법에 의거한 사회복지조치청구권

2. 수속적 권리

수속적 권리란 사회복지 급여를 받기 위해 적절한 절차에 참가하는 권리, 불평등하게 취급당하지 않을 권리, 하자 없는 재량 행사를 청구하는 권리 등을 의미한다. 즉 사회복지 급여청구권 실현을 위한 수속 과정이 수급권 보장의 목적에 맞도록 진행될 것을 요구하는 권리를 말한다. 수속적 권리의 내용은 편의상 수속 전 단계와 수속 단계로 나누어서 살펴볼 수 있다. 수속 전 단계에서의 권리는 3가지로 구성된다.

① 사회복지법률에 의한 권리와 의무에 대해 국민들을 깨우치기 위해 그 수단으로서 TV, 라디오, 광고지, 신문, 포스터, 영화 등에 의한 PR 등의 정보 제공 등을 요구할 수 있는 권리
② 상담 및 조언을 요구할 수 있는 권리
③ 그 수단으로서 각종 사회복지기관을 이용할 수 있는 권리 등이 포함된다. 그러므로 국가나 지방자치단체는 이러한 내용의 의무를 성실하게 수행해야 할 의무를 지닌다고 볼 수 있다.

수속 단계에서의 권리는 이 단계를 다시 신청 단계, 조사 단계, 결정 단계, 실시 단계로 세분하고 각 단계 과정마다 인간의 존엄성, 생명, 자유, 행복추구의 권리, 사생활존중 등의 권리를 포함하여 사회복지대상자가 적절하게 취급되어야 하는 권리를 말한다.

3. 절차적 권리

절차적 권리란 실체적 권리를 보장하고 실현하거나 이것과 연관된 의무의 이행 또는 강제를 구체적으로 실현하는 절차와 관계되는 권리를 말함이다. 절차적 권리에 속하는 수급권의 내용에는 사회복지 급여 쟁송권, 사회복지 행정 참여권, 사회복지 입법 청구권 등이 포함된다.

① 사회복지 급여 쟁송권
② 사회복지 행정 참여권
③ 사회복지 입법 청구권

사회복지 급여 쟁송권이란 실체적 권리인 사회복지 급여 청구권이 위법 또는 부당한 행정기관의 조치에 의해서 침해되었을 때 이의 구제를 신청하는 권리를 의미한다. 사회복지 급여 쟁송권은 행정심판의 행정적 구제와 행정소송을 통한 사법적 구제가 있다. 흔히 사회복지 급여의 수준에 대한 것이라든지 사회복지 급여 자격요건과 관련하여 사회복지 행정기관의 조치에 대해 불복하여 이의를 하거나 심사요청을 하는 것은 전자의 행정구제와 연관되는 것이라 하겠다. 또한 행정기관의 사회복지급부 부작위에 대해서 제기할 수 있는 부작위 위법 확인 소송 등은 후자에 속한다.

사회복지 행정 참여권이란 사회복지 행정 과정에 사회복지 대상자나 국민이 참여할 권리를 의미한다. 복지 행정은 전문적·기술적이며 그 급여 내용이 금전적인 것뿐만 아니라 비금전적인 것이 포함되므로 사회복지 행정기관의 재량의 여지가 그만큼 많다. 따라서 사회복지 행정 과정에 국민의 참여로 행정기관의 재량권 남용 방지와 욕구 충족에 기여하는 사회복지 급여를 기할 수 있다는 데 의의가 있다. 우리나라의 국민건강보험법상 건강보험심의조정위원회의 구성에 피보험자를 대표하는 노동조합이 추천한 자, 지역가입자 등이 포함되어야 한다는 규정이 그 예이다.

마지막으로 사회복지 입법 청구권이란 생존권 보장을 위한 사회복지급부를 제공하는 구체적인 법률이 제정되지 않았거나, 또는 제정되었더라도 그 법률이 생존권 실현에 불충분한 경우에 사회복지 입법을 추진하거나 그 개정을 청구할 수 있는 권리를 말한다. 물론 당해 사회복지법률이 어느 정도로 생존권을 실현하고 있으며 새로운 입법이 필요하거나 기존 법률의 개정이 요구된다는 등의 요청은 시간의 흐름과 특정 국가의 사회·경제적 역량, 개개인의 가치관과 판단에 따라 다를 수 있어, 전체 국민의 합의가 요구된다고 할 것이다.

제3절 사회복지 급여 수급권자의 권리와 의무

사회복지수급권은 권리로서의 성격을 가지지만 급여수급권자의 의무도 또한 중요한 문제이다.

1. 사회복지 급여 수급권자의 권리

사회복지 급여 수급권자의 권리에는 사회복지 급여청구권과 상담·조언요구권이 있다.

1) 사회복지 급여청구권

사회복지 급여청구권이란 생존권적 기본권과 마찬가지로 사회복지법률에 의하여 보장되는 법률상의 권리인데, 이를 권리로 인정하는 가장 중요한 이유는, 첫째 인간다운 생활의 보장이 현대사회 복지국가의 존립의 근거가 되고 있다는 점, 둘째 현대사회에 있어서의 국민 전체의 생존권 보장은 보편적·기본적 가치가 되고 있다는 점, 셋째 국민 전체의 경제적·사회적 생활보장은 사적 부양의 범위를 벗어난 사회적 책임이라는 현대사회의 특징을 반영하고 있다는 점이다.

2) 상담조언 요구권

상담·조언 요구권이란 사회급여의 내용 및 자기가 부담하고 있는 의무의 내용 등에 관하여 정확한 지식과 정보가 부족할 때 전문 지식을 가지고 있는 관리 운영 주체의 직원에게 그에 관하여 문의하거나 조언을 요청할 수 있는 권리로서, 전문 지식과 정보의 부족에 의한 수급권 대상자의 불이익을 방지할 수 있는 기대와 필요성이 있기 때문이다.

2. 사회복지 급여 수급권자의 의무

사회복지 급여를 받게 된 자, 신청한 자, 이미 받고 있는 자는 사회복지 급여의 지급과 관련하여 여러 가지 의무를 부담하고 있다. 이러한 의무는 관리 운영 주체로 하여금 급여 업무의 올바른 수행을 통하여 사회복지의 목적을 달성할 수 있도록 하는 데 입법의 목적이 있다.

수급권자의 의무에는 신고의 의무, 질문 등에 응할 의무, 협조의 의무 등이 있는데, 이러한 의무 이행은 강제적 성격을 가지고 있다는 점과 의무 위반 시 사회복지 급여의 제한을 수반한다는 점 때문에 매우 중요한 규정이라 할 수 있다.

첫째, 신고의 의무란 수급권자는 사용자나 관리 운영 주체에 수급권의 기초가 되는 사항, 즉 성별, 주소, 혼인관계, 일정액 이상의 소득관계, 취업관계, 건강 상태 등을 성실하게 신고하여야 할 의무를 말한다. 사회복지 급여와 직접적 관련이 있는 사항의 신고 불이행은 사회복지 급여의 정지 및 취소나 부당 이득으로 판단된 금액의 전부 또는 일부를 반환하는 경우도 있다.

둘째, 질문 등에 응할 의무란 수급권자는 관리 운영 주체의 요구가 있으면 사회복지 급여 지급에 관련된 문서나 물건 등의 제공 또는 관계인의 질문에 답변할 의무가 있다. 다만 수급권을 확정하는 데 필요한 최소한의 요구나 질문으로 수급권자의 권리 침해 및 부당한 대우를 방지해야 한다.

셋째, 협조의 의무란 수급권자는 관리 운영 주체가 사회복지법규에 의해 특별한 지시를 하면 이에 따를 의무를 말한다. 예컨대 진단, 검사, 요양 행위를 받을 의무나 직업재교육을 위한 조치에 따를 의무 등이다. 특히 진단검사나 요양 행위 지시에 따른 의무의 불이행은 사회복지 급여의 제한(거부 또는 박탈)을 초래할 수 있는 강제성을 수반하고 있다. 다만 수급권자에 대한 과도한 의무 이행 요구는 개인의 기본권을 침해할 우려가 있어 의무의 한계를 분명히 해야 한다.

제4절 사회복지 급여 수급권의 보호와 제한

사회복지수급권은 그 권리실현이 취약하다. 그 이유는 사회복지서비스의 실현이 비금전적이고 전문기술적인 급여에 의해서 이루어지는 점이 강하기 때문에 그 권리실현을 계량화한다거나 표준화하기가 곤란하기 때문이다. 또한 사회복지법의 발달에서도 나타나는 것처럼 사회복지법은 공법적 성격과 사법적 성격을 가지고 있다. 사회복지법의 사법적 성격은 개인 간의 계약관계에 관한 사적 자치가 중요하다. 이 사적 자치의 측면에서 사회복지수급권을 바라보게 되면 권리성이 약화될 수밖에 없다. 또한 대부분의 사회복지서비스가 국가행정기관에 의해서 집행되거나 위탁에 의하여 민간이 제공하는데, 국가의 행정행위의 법적 효과에 관한 반사적 이익의 법리로 인해 권리성이 약화되기도 하며, 생존권과 관련한 실정법상의 임의 규정과 사회복지 전달체계의 미비점 때문에 그 권리성이 취약하기도 하다. 이처럼 권리성 약화의 위험 때문에 수급자의 권리를 보호할 필요가 있고, 따라서 사회복지법에서는 침해당한 권리를 구제하기 위한 다양한 방법을 규정하고 있다(김훈, 2006).

그러나 이러한 취약성이 제기되고 있다 하여도 생존권과 인간다운 생활의 보장을 위한 법률적·제도적 장치를 마련하여 그 권리성을 강화하여야 할 것이다.

1. 사회복지 급여 수급권의 보호

생존권적 기본권의 보장 차원에서 대부분의 국가는 사회복지 급여 수급권을 권리로 인정하고 있다. 이를 권리로서 보호하기 위한 내용에는 다음과 같은 것이 있다(우종모 외, 2006).

1) 사회복지 급여 수급권의 처분·압류·상계의 금지

사회복지 급여 수급권자는 자기가 가지고 있는 수급권을 타인에게 양도하거나 담보로 제공할 수 없으며, 사회복지수급권자의 채권자는 자기 채무자의 사회복지 급여 수급권을 압류할 수도 없으며 또한 수급권자에 대한 자기의 채무와 상계할 수도 없다.

일반적으로 민법상의 채권은 법률 행위에 의하여 양도할 수 있음에 반하여 공법상의 권리는 법률 행위에 의하여 양도할 수 없다. 공법상의 권리는 일신전속성(一身專屬性)에 기인하기 때문에 양도할 수 없는 것이다. 따라서 사회복지 급여 수급권도 공법상의 권리이기 때문에 수급권의 처분(양도·담보 제공), 압류 및 상계를 사회복지법에서 금지하고 있다. 국민연금법 제54조(수급권의 보호), 국민건강보험법 제54조(수급권의 보호), 산재보험법 제55조(수급권의 보호), 국민기초생활보장법 제35조(압류 금지) 및 제36조(양도 금지), 군인연금법 제7조(권리의 보호) 등이 그 예이다.

2) 조세, 기타 공과의 금지

각종 사회복지 급여에 대하여 각국의 사회복지 입법 예에서는 거의 공통적으로 조세나 기타의 공과금 부과를 금지하고 있다. 이는 사회복지 급여를 통한 최소한의 인간다운 삶을 영위하게 하는 데 목적이 있기 때문이다. 우리나라의 사회복지법에서도 이러한 금지규정으로 국민연금법 제55조가 있다.

3) 불이익 변경의 금지

사회복지 급여가 결정된 경우, 그것은 일종의 기득권적인 성격을 지니므로 정당한 이유 없이 불이익하게 변경될 수 없다. 이러한 규정은 피보호자인 수급권자를 보호하기 위한 것으로 볼 수 있으며, 국민기초생활보장법 제34조(급여 변경의 금지)의 규정이 있다.

2. 사회복지 급여 수급권의 제한

사회복지 급여 수급권은 스스로 사회생활을 유지할 수 없는 상태에 처한 사회적 약자에게 인간다운 생활을 영위할 수 있도록 사회가 보호하는 것으로서 사회복지법의 목적이다. 그러나 이러한 사회복지 급여가 마땅히 필요한 상태, 즉 사회적 요보호 상태가 수급권자(요보호자)의 귀책사유로 인하여 발생하거나 또는 그로 인하여 그 상태가 악화되거나 호전되는 것을 방해할 때 또는 사회복지 급여에 필요한 여러 가지 협조 의무에 응하지 않는 경우에도 사회적 보호만을 고려하여 그에게 사회복지 급여를 지급하여야 하는가의 문제가 대두된다.

이와 같이 사회복지 급여 수급권의 제한은 여러 가지 사정이 있을 경우, 수급을 받을 권리가 타당하고 정의로움에 반대된다는 인식을 하게 될 때 형식적으로 수급 요건이 있다고 보이는 경우에도 급여를 행하지 않는 것을 의미한다(현외성, 2004). 사회복지법상 수급권의 제한 규정은 다음과 같다.

1) 과잉 사회복지 급여의 금지

사회복지 급여는 수급권자의 자립을 영위할 수 있도록 하는 데 목적을 두고 있으므로 수급권자가 자립에 이르면 급여 지급을 정지한다. 이는 사회복지 급여가 최저한의 생활 보장이고, 보충성의 원리에 따라 제공되는 사회보장이므로 개인의 존엄성이나 자활 의지를 손상시켜서는 안 되기 때문이다. 따라서 사회복지 급여 수준과 내용은 수급권자의 자립에 기여할 수 있는 적정한 것이어야 한다. 즉 과잉이나 과소의 사회복지 급여는 바람직하지 않으며 중복급여도 지양되어야 한다.

2) 사회복지 급여의 남용 금지

사회복지 급여는 국민의 세금이나 사회보험 기여금 등에 의존하고 있으므로 이러한 사회공동체의 다른 구성원들에게 부당하게 불이익을 주어서는 안 된다. 따라서 사회복지 급여의 남용 행위는 수급권의 제한을 받게 되는데, 첫째, 사회복지 급여 사유가 발생하지 않았는데도 불구하고 발생한 것과 같이 하여 사회복지 급여를 지급받는 행위, 둘째, 낮은 정도의 급여 사유가 발행하였음에도 높은 정도의 급여 사유가 발행한 것처럼 하여 부당하게 사회복지 급여를 지급받는 행위, 셋째, 사회복지 급여의 지급을 부당하게 장기화시키는 행위 등이 이에 해당된다(장동일, 2003).

3) 사회복지 급여의 악용 금지

사회복지 급여를 지급받기 위해 고의로 지급 사유를 발생시킨 경우, 고의의 범죄 행위에 의하여 지급 사유를 발생시킨 경우, 중과실의 경우에는 사회복지 급여가 금지된다. 이러한 행위는 사회적 위험 공동체의 다른 구성원의 이익에 배치되는 것으로 그의 제한 또는 금지가 다른 구성원의 이익만이 아니라 사회복지 급여 수급권자에게도 유익하다고 판단되기 때문이다.

사회복지 급여 수급권 제한의 구체적 사유로는 고의적 행위로서 ① 목적 있는 자해행위, ② 고의의 범죄 행위, ③ 과실 있는 행위, ④ 부정 급여자에 대한 제한과 사회복지 급여의 병급 지급 금지 또는 조정이 있다.

제5절 사회복지 급여 수급권의 전망과 과제

현대사회의 급격한 변화와 국민의 사회복지 욕구의 다양성 및 복잡성은 사회복지 급여 수급권의 내용과 구조에도 영향을 주고 있다. 따라서 국민의 사회복지에 대한 인식이 고조되고, 사회적 욕구도 다양화되며, 사회복지 수요도 급격히 증가할 것으로 예상된다. 이와 같은 사회복지 수요에 능동적으로 대응하며 각종 사회복지 욕구 충족을 위한 법적 장치가 마련되어야 한다. 특히 헌법상의 생존권 보장과 사회복지법상의 사회복지 급여 수급권을 구체적·실체적 권리로의 강화, 전문적이고 체계적으로 사회복지서비스 전달을 위한 체계의 확립과 사회복지 전문인력의 확충, 그리고 시대에 부응하는 사회복지법의 제정 및 개선을 위한 지속적인 연구와 노력이 있어야 한다.

5

사회복지법의 체계와 법적 효력

제1절 사회복지법의 분류 체계

사회복지법의 체계란 사회복지법이 다른 영역의 법들과 구별될 수 있는 특징적인 기준, 즉 원리나 원칙에 의해 인식되는 것을 말한다. 사회복지법이 다른 많은 종류의 법들과 구별될 수 있는 기준은 법적인 지도원리에 의해서이다. 따라서 사회복지 법의 지도원리 및 개념 범주를 바로 사회복지법 체계라 할 수 있다(윤찬영, 1998).

각국의 사회복지법규의 체계는 그 나라의 사회복지의 수준, 사회복지의 범위, 사회복지의 이념 등과 밀접한 관계를 지니고 있다. 그러므로 어떠한 형식으로 사회복지법규의 체계를 구성하느냐 하는 것은 매우 중요한 문제라 할 수 있다.

사회복지법의 분류와 체계화는 초기에 법학자들에 의해 시도되었지만, 최근에 와서는 사회복지학자들에 의해 사회복지적 입장에서 사회복지법의 체계화가 이루어지고 있으며, 학자들마다 사회복지법규의 체계를 관점에 따라 각각 다르게 분류하고 제시하여 사회복지법의 체계화를 시도하고 있다.

1. 김유성의 사회복지법 분류체계 : 독일식의 체계론

김유성은 독일과 일본의 체계에 따라 사회복지법을 좁은 의미로 보고 그 상위개념으로서 사회보장법을 보장제도를 기준으로 한 체계와 보장급여를 기준으로 한 체계로 나누고 있다. 그 중 보장제도를 기준으로 한 사회복지법 체계를 따르고 있다(김유성, 1997)

〈표 5-1〉 김유성의 사회복지법 분류

구 분		사회보장법
보장제도를 기준으로 한 체계	사회보험법	국민연금법, 국민건강보험, 공무원연금법, 군인연금법, 사립학교 교직원연금법, 산업재해보상보험법, 고용보험법, 선원보험법(미실시)
	공적부조법	국민기초생활보장법, 의료급여법
	사회복지법	아동복지법, 모·부자보지법, 노인복지법, 장애인복지법
보장급여를 기준으로 한 체계	소득보장급여법	공무원연금법, 군인연금법, 군민보험법, 사립학교 교직원연금법, 국민연금법, 국민기초생활보장법, 선원보험법(미실시)
	의료보장급여법	국민건강보험, 재해보상보험법, 의료급여법, 모·부자보건법, 아동복지법, 노인복지법, 장애인복지법, 선원보험법(미실시)

2. 전광석의 사회복지법 분류체계 : 급여의 원인관계 및 입법목적 기준체계론

전광석은 사회보장법을 사회복지법 개념보다는 선호하고 있고, 사회보장법이나 사회복지법 모두 넓은 개념과 좁은 개념 등 다양한 개념이 있다는 점을 인정한다. 전광석은 사회보장법이나 사회복지법은 이들보다 넓은 개념인 사회정책의 실천을 위해 요청되는 것으로 이해하고 있다. 또 사회복지법은 추상적 개념이므로 사회보장법을 주된 연구대상으로 하는 것 같다. 그는 이러한 배경에서 사회보장법의 체계화를 급여의 원인관계 및 입법 목적을 기준으로 시도하여 사회보험법체계, 사회보장법체계, 사회부조법체계 및 사회복지 관련법 체계로 나누고 있다(전광석, 1999).

〈표 5-2〉 전광석의 사회복지법 분류

구 분	사회복지법
사회보험법 체계	의료보험법, 국민연금법, 공무원연금법, 사립학교교원연금법, 군인연금법, 산업재해보상보험법, 고용보험법
사회 보상법 체계	국가유공자등예우및지원에관한법률, 범죄피해자구조법
사회부조법 체계	국민기초생활보장법, 의료보호법
사회복지 관련법 체계	아동복지법, 노인복지법, 장애인복지법

3. 김만두의 사회복지법 분류체계 : 일본식 체계론

김만두는 사회복지법의 대상과 범위를 좁은 의미로 포착하고 있는데, 그 이유로서 현행 한국의 사회복지관계법이 일본을 모델로 하고 있기 때문이라고 하였다. 뿐만 아니라 현행 실정법 역시 좁은 의미로 사회복지법을 파악하고 있기 때문이라고 하였다. 그리하여 김만두는 사회복지법이란, 생활상의 곤란자 혹은 장애인, 즉 아동, 장애인, 노인, 모자 등으로 하여금 그 능력을 발휘할 수 있게 필요한 보호, 지도, 치료, 재활 등을 시행하기 위한 조직, 서비스, 재정, 권리 실현 등에 대한 법률이라고 정의하고 있다. 이를 <표 5-3>과 같이 체계화하였다(김만두, 1985).

〈표 5-3〉 김만두의 사회복지법 분류

구 분	사회복지법
사회복지의 조직에 관한 법	보건복지부 조직법, 지방자치법 중 관계규정, 사회복지사업법, 관계부처 법 중 사회복지조직에 관한 법
사회복지의 급부내용에 관한 법	아동복지법, 장애인복지법 노인복지법, 모·부자복지법, 윤락행위등방지법, 국민기초생활보장법, 보호관찰등에관한법률, 재해구호법, 의료급여법, 관계법 중 복지서비스에 관한 법
사회복지의 재정에 관한 법	지방재정법, 보조금관리법, 복지법 중 비용에 관한 규정. 사회복지사업기금법, 각종 조세법률 중 관계규정
사회복지의 권리 구제에 관한 법	복지법 중 심사청구에 관한 규정, 행정소송법 소원법, 법률구조법

이 외에도 박석돈(법전에 따른 체계론), 신섭중 외 5인(제도적 체계론), 박능후(가치기준의 체계론), 김근조(입법목적에 따른 체계론), 윤찬영(수평·수직체계론) 등의 사회복지법 분류체계가 있다. 본서에서는 사회보장기본법에 따른 사회복지법에 대한 정의를 기준으로 한 실정법상의 분류를 하고자 한다.

4. 본서의 사회복지법 분류체계

1) 사회보장기본법

사회보장기본법에서 사회보장이란 질병·장애·노령·실업·사망 등 각종 사회적 위험으로부터 모든 국민을 보호하고 빈곤을 해소하여 국민생활의 질을 향상시키기 위하여 제공되는 사회보험, 공공부조, 사회복지서비스 및 관련 복지제도를 말한다(제3조)

따라서 사회복지의 기본법이라고 할 수 있는 사회보장기본법은, 첫째 사회보장에 관한 국민의 권리, 둘째 국가 및 지방자치단체의 책임을 정하는 것, 셋째 사회보장제도에 관한 기본적인 사항을 규정함으로써 국민의 복지증진에 기여함을 목적으로 천명하고 있다(제1조).

2) 사회보험법

사회보험은 국민에게 발생하는 사회적 위험을 보험방식에 의하여 대처함으로써 국민건강과 소득을 보장하는 제도를 말한다(사회보장기본법 제3조).

이는 질병·장애·노령·실업·사망 등의 사회적 위험을 당하여 경제적 부담이 되는 상황이 발생한 경우에 그 위험부담을 사회적인 방법으로 변화시킨 것이다. 즉, 국가 보험제도를 통하여 다수인에게 위험을 분산(risksharing)시킴으로써, 경제적·사회적 약자의 인간다운 생활을 보장하기 위한 제도로서 공공부조나 사회복지서비스와는 달리 강제적인 비용부담을 전제로 하고 있다. 따라서 사회적인 방법이란 가입의 강제성과 이를 통한 소득의 재분배 효과를 의미한다. 사회보험의 종류로는 일반적으로 국민건강보험법, 국민연금법, 고용보험법, 산업재해보상보험법을 4대 보험이라 하고 이 밖에 공무원연금법, 사립학교교원연금법, 군인연금법 등이 있다.

3) 공공부조법

공공부조란 사회보장제도의 하나로서 모든 국민이 인간다운 생활을 영위하도록 하기 위해 국가 및 지방자치단체의 책임 하에 생활유지능력이 없거나 생활이 어려운 국민의 최저생활을 보장하고 자립을 지원하는 제도를 말한다.

공공부조는 사회보장제도의 한 축을 이루고 있는 제도로서 우리나라의 사회보장 기본법에 따르면 사회보장은 사회보험, 공공부조, 사회복지서비스로 구성된다. 사회보험이 1차적 사회안전망이라면 공공부조는 2차적 사회안전망으로 국가 또는 지방자치단체가 예산으로 국민의 최저생활을 보장하기 위한 가장 기본적인 제도이다. 따라서 공공부조는 자기기여를 전제로 하는 사회보험과 다르고, 우리나라 공공부조의 대표적인 법률로는 국민기초생활보장제도와 의료급여제도가 있다.

4) 사회복지서비스법

사회복지서비스는 국가·지방자치단체 및 민간부문의 도움을 필요로 하는 모든 국민에게 상담·재활·직업소개 및 지도, 사회복지시설이용 등을 제공하여 정상적인 사회생활이 가능하도록 제도적으로 지원하는 것을 말한다(사회보장기본법 제3조제4항). 사회복지서비스 역시 공공부조와 마찬가지로 국가 또는 지방자치단체의 예산으로 급여를 제공하며, 급여내용이 주로 현물, 시설, 대인서비스 급여이기 때문에 수혜자와의 직접적인 접촉이 따르게 된다. 사회복지서비스에 관한 법으로는 일반법으로서 사회복지사업법이 있고 개별법으로서 아동복지법, 노인복지법, 장애인복지법, 모·부자복지법, 영유아보육법, 장애인·노인·임산부 등의 편의증진보장에 관한 법률, 성매매방지 및 피해자보호 등에 관한 법률, 정신보건법, 성폭력범죄의 처벌 및 피해자보호 등에 관한 법률, 입양촉진 및 절차에 관한 특례법, 가정폭력범죄의 처벌 및 피해자보호 등에 관한 법률, 농어촌주민의보건복지증진을 위한 특별법 등이 있다(이종엽, 2005)

〈표 5-4〉 사회복지법 분류

구 분		사 회 복 지 법
사회복지일반에 관한 법률		사회보장기본법
사회보험관련법		국민연금법, 국민건강보험법, 산업재해보상보험법, 고용보험법, 공무원연금법, 사립학교교직원연금법, 국민연금법, 선원보험법(미실시)
공공부조관련법		국민기초생활보장법, 의료급여법, 재해구호법, 의사상자예우에관한법률, 이탈주민의보호및정착에관한법률, 일제하일본군의안부에관한생활안정지원및기념사업등에관한법률, 긴급복지지원법, 기초노령연금법
사회복지서비스 관련법	일반법	사회복지사업법
	아동복지	아동복지법, 영유아보육법, 입양촉진및절차에관한특례법
	가족복지	모·부자복지법, 가정폭력방지및피해자보호등에관한법률, 가정폭력범죄의처벌등에관한특례법, 저출산·고령사회기본법
	청소년복지	청소년기본법, 청소년보호법, 청소년활동진흥법, 청소년복지지원법, 청소년성보호에관한법률, 학교폭력예방및대책에관한법률
	여성복지	여성발전기본법, 성매매방지및피해자보호등에관한법률, 성폭력범죄의처벌및피해자보호등에관한법률, 장애인·노인·임산부등의편의증진보장에관한법률
	장애인복지	장애인복지법, 장애인고용촉진및직업재활법, 장애인·노인·임산부등의편의증진보장에관한법률, 교통약자의이동편의증진법
	노인복지	노인복지법, 고령자고용촉진법, 장애인·노인·임산부등의편의증진보장에관한법률, 저출산·고령사회기본법
	정신보건	정신보건법
	지역복지	사회공동모금회법, 농어촌주민의보건복지증진을위한특별법, 자원봉사활동기본법, 식품기부활성화에관한법률
	교정복지	보호관찰등에관한법률, 소년법, 소년원법, 행형법
관련 복지제도에 관한 법		주택법, 대한적십자조직법, 국가유공자예우등에관한법률, 근로기준법, 최저임금법

제2절 사회복지법의 법적 효력

1. 시간적 효력

법은 시행일(효력 발생일)로부터 폐지일까지 효력을 갖는다(이중엽, 2005: 64-66). 이 기간을 법의 시행기간이라고 한다. 법은 제정과 동시에 효력을 발생하는 것이 아니라 공포를 함으로써 효력이 발생하는 바 여기에는 다시 공포와 동시에 효력이 발생하는 경우(공포시 설), 공포한 날로부터 20일을 경과함으로써 효력이 발생하는 경우(20일 경과시 설), 국민의 자유와 권리를 제약하거나 새로운 의무를 과하는 법률을 공포한 경우에는 공포한 날로부터 30일을 경과함으로써 효력이 발생하고(30일 경과시 설), 부칙 제1조에 시행일을 명시한 경우에는 그에 따라 발생하게 되는 등 효력 발생시기가 달라질 수 있다. 그리고 공포 후 20일 또는 30일, 아니면 시행일이 더 긴 경우에는 그 기간 동안을 주지기간이라 하여 일반 국민에게 법률 제정과 그에 따른 시행을 널리 알리기 위한 시간적 간격을 둔다. 법은 시행 후에 생긴 사항에 대해서만 적용되며, 시행 전에 생긴 사항에 대해서는 소급하여 적용되지 않는 것이 원칙인데 이를 법률불소급의 원칙(소급입법금지의 원칙)이라 한다. 그러나 법규 시행 당시에 진행 중인 사실이나 국민의 기득권을 침해하지 않거나 국민에게 권리이익을 부여하는 경우에는 소급시행도 가능하다.

2. 인적 효력

법의 인적 효력은 법의 효력이 누구에 대하여 미치는가 하는 것으로 여기에는 속인주의(혈통주의)와 속지주의(출생지주의)가 있다. 속인주의는 자기 나라의 국적을 가진 국민을 표준으로 하여 자국민에 대해서는 그들이 자국 내에 있거나 외국에 있거나를 불문하고 자국법을 적용하여 효력이 미치도록 하는 것을 말하고, 속지주의는 영역(영토)을 표준으로 하여 특정 영역 내에 있는 사람은 내국인이건 외국인이건 불문하고 모두 그 나라의 법이 적용된다는 것을 말한다. 우리나라를 포함한 대륙법계 국가들은 속인주의를, 영국이나 미국과 같은 영미법계 국가들은 속지주의를 채택하고 있다. 사회복지법규는 대부분 속인주의를 택하고 있으나 예외적으로 속지주의가 채택되는 예도 있다.[1]

한편 치외법권자(외교사절, 영사, 국가원수, 외국에 나가있는 군함 등)는 주재국가의 법의 적용을 받지 아니하고 본국법(자국법)에 따라 법의 적용을 받게 되는 국제법상의 외교특권을 가진다. 대통령의 형사상 특권이나 국회의원의 불체포특권·면책특권도 법의 인적 효력에 대한 예외이다. 또한 국가공무원법은 국가공무원에게만 효력을 미치고, 고등교육법은 고등교육기관에 종사하는 자에게만 효력을 미치며, 근로기준법은 근로자에게만 효력을 미치는 등 그 대상에 따라 법의 효력범위가 다를 수 있다.

3. 장소적 효력

법의 장소적 효력은 법이 실제로 적용되는 영역적 범위에 관한 문제이다. 한 나라의 법은 그 나라의 전 영역에 걸쳐 그 효력이 미친다. 따라서 자국민이건 외국인이건 그 영역 내에 있는 사람 전체에 적용되는 것이 원칙이다. 그러나 지방자치단체가 제정한 조례와 규칙은 그 지방자치단체 내에서만 효력이 있다. 또한 재해구호법에 의해 재난지역으로 선포된 경우에도 그 재난지역 내에서만 그 법의 효력이 발생한다.

---

1) 이주근로자들에 대한 산업재해보상보험의 적용이나 미국·영국·캐나다 등과의 사회보장협약의 체결로 이주국의 사회복지법규가 적용되는 사례가 늘고 있어 속지주의가 일부 채택되고 있다.

6

사회복지 주체와 법률관계

　법률관계는 국가권력에 의해 보장되는 법률에 의하여 규율되는 사회생활 관계로써 보통 법률행위의 주체와 객체 간의 권리·의무관계를 말한다. 사회복지 분야에서 사회복지 주체는 주로 복지다원주의(welfare pluralism), 복지의 혼합경제(mixed economy of social welfare), 복지지도론(welfare map) 등을 통해 설명된다. 즉, 사회복지의 주체가 단일하지 않고 국가, 지방자치단체, 공공기관, 법인, 종교단체, 개인 등 다양하게 구성되어 있다. 이 사회복지 주체들이 행하는 사회복지는 국민의 인간다운 생활을 보장한다는 취지에 따라 공공성이 매우 높은 영역이기 때문에, 그 운영은 공정하게 이루어져야 한다. 따라서 사회복지의 법률관계를 수행하는 사회복지 주체에 관한 논의는 국민들의 인간다운 생활을 보장함에 있어 큰 의미가 있다(김기원, 2004).

　사회복지법에서는 사회복지의 주체를 크게 공적 사회복지 주체와 민간 사회복지 주체로 구분할 수 있다.

제1절 공적 사회복지 주체

1. 공적 사회복지 주체의 의의

사회복지법의 법률관계에 있어서 복지 행정권을 행사하고, 그의 법적 효과가 궁극적으로 귀속되는 당사자를 공적 사회복지 주체 또는 사회복지 행정권의 주체라고 한다. 일반적으로 공적 사회복지 주체는 국가와 공공단체가 되며, 예외적으로 사인도 공적 사회복지 주체가 되기도 한다. 공공단체는 일반적으로 지방자치단체, 공공조합, 공법상의 사단법인, 영조물법인, 공재단 등을 포함한다.

공적 사회복지 주체는 행정권을 행사하는 지위에 있으므로 보통 상대방인 일반국민보다 우월한 지위에 선다. 경우에 따라서는 공적 사회복지 주체가 상대방과 대등한 입장에서 사법관계의 당사자가 되는 경우도 있다. 예를 들면, 국가가 민간기관과 외부계약(contract-out)을 맺어 민간기관으로 하여금 복지서비스를 제공하는 경우에 국가는 민간기관과 대등한 입장에서 사법관계의 당사자가 된다.

사회복지의 공적인 법률관계는 주로 국가나 지방자치단체 또는 공공단체가 법률관계의 주체로써 사회복지와 관련하여 국민과 갖게 되는 권리·의무의 관계이다. 공적 사회복지 주체는 사회복지 행정의 주체로서 역할을 수행한다. 따라서 행정주체에 관한 이론을 원용하여 공적 사회복지 주체를 논의함이 타당할 것이다(김광병 외, 2007).

2. 공적 사회복지 주체의 종류

1) 국가

국가란 공식적인 통치조직을 가지고 일정한 영토에 거주하는 다수인으로 이루어진 단체를 말한다. 국가는 법률상 하나의 인격을 가지는 것으로 간주된다. 다시 말하면, 국가는 하나의 법인으로서 법률관계에서의 주체가 되는 것이다. 국가가 행정주체가 되는 경우, 그 권한은 대통령을 정점으로 하는 국가 행정조직을 통해 행사된다. 그리고 국가를 위해 실제로 행정업무를 담당·수행하는 역할을 하는 것이 행정기관이며, 이 행정기관은 어떠한 권한을 행사하느냐에 따라 행정관청·집행기관·의결기관·자문기관·보조기관 등으로 분류된다.

첫째, 행정관청은 행정에 관한 국가의 의사를 결정·표시·집행하는 권한을 가진 행정기관이다. 행정기관 가운데 보건복지부, 행정자치부, 노동부와 같이 그 권한이 전국에 미치는 것을 중앙관청이라고 하고, 광역자치단체기관 등과 같이 특정 지역에 미치는 것을 지방관청이라고 한다.

둘째, 집행기관은 주어진 권한 내에서 행정의사를 결정할 뿐만 아니라 그것을 외부에 표시하여 집행하는 권한까지 가진 기관을 말한다. 집행기관은 의결기관 또는 의사기관에 대하여 그 의결 또는 의사결정을 집행하는 기관이나 행정기관 그리고 채권자의 신청에 의하여 강제집행을 실시할 직무를 가진 국가기관이다. 집행기관은 일반적으로 행정기관과 지방자치단체를 의미한다. 사회복지의 주된 집행기관으로 보건복지부가 있고, 그 밖에 여성가족부, 노동부, 행정자치부, 교육인적자원부 등도 집행기관으로서 사회복지와 관련된 권한을 일부 수행하고 있다.

셋째, 의결기관은 어떤 단체의 의사를 결정하는 합의제 기관으로, 그 결정이 법률상 해당 행정관청을 기속(羈束)하는 힘을 가진 기관을 말한다. 의결기관은 그 단체의 의사를 결정하는 것이므로 의사기관(意思機關)이라고도 한다. 공법상 공법인인 국가나 지방자치단체의 의결기관은 국회와 지방의회이다. 의결기관은 내부적으로 국가·공공단체의 의사를 결정할 수 있을 뿐, 그것으로써 외부에 대하여 국가·공공단체를 대표할 수 없다는 점에서 행정관청과 구별된다.

넷째, 자문기관은 조직체에서 집행기관이 집행할 안의 내용과 방법, 기타 문제의 자문에 대하여 답신하는 기관으로 집행기관(행정관청)이나 의결기관에 대응하는 개념이다. 자문기관은 당해 집행기관의 요구가 있을 때 또는 자진하여 어떤 사항에 대한 의견을 제출하는 기관을 말한다. 자문기관은 자신은 행정의사를 결정하거나 이를 표시·집행하는 권한이 없고, 오직 참고의견을 제출할 수 있을 뿐이므로, 그 의견의 채택 여부는 전적으로 당해 집행기관에 달려 있다. 자문기관은 헌법이나 법률 또는 대통령령으로 둘 수 있으나, 법률에 직접 규정된 복지 관련 자문기관으로는 각종 심의위원회를 들 수 있다. 사회복지법상 심의위원회로는 사회보장기본법 제16조에 사회보장심의위원회, 국민연금법상 국민연금심의위원회, 국민건강보험법상 건강보험심의위원회, 최저임금법상 최저임금심의위원회 등이 있다.

다섯째, 보조기관이란 국가 또는 공공단체의 의사를 결정·표시할 수 있는 권한을 가지는 행정관청을 보좌하는 기관이다. 보조기관은 행정관청에 예속하여 자기의 의사를 결정하고 선고하는 권리나 능력은 없고, 다만 관청의 의사결정에 대하여 준비하고 또는 이미 결정된 의사를 실현함에 그치는 기관을 말한다. 예를 들면, 보건복지부의 경우 보건복지부차관, 연금보험국장, 사회복지정책실장, 보건정책국장 등이 보조기관이다. 보조기관은 국가나 공공단체의 의사를 결정하여 외부에 표시할 수 있는 권한을 가지지 못하는 것이 원칙이나, 예외적으로 권한의 위임을 받은 범위 내에서는 관청의 지위에 서는 경우가 있다(정부조직법 제5조제2항).

그러나 국가는 모든 행정을 스스로 행하지 않고 그로부터 독립한 공법인을 설치하여 그로 하여금 일정한 범위의 행정을 행하게 하기도 한다. 예를 들면, 국민연금관리공단, 국민건강보험공단, 근로복지공단, 장애인고용촉진공단 등을 들 수 있다.

2) 지방자치단체

지방자치단체는 국민기초생활보장제도와 같은 공공부조나 사회복지서비스를 직접 국민들의 삶의 현장에서 집행하는 데 중요한 역할을 하고 있다. 지방자치가 발전되어가면서 오늘날 공적 사회복지 주체로서 지방자치단체는 그 역할이 점차 증가하고 있다.

지방자치단체는 국가 영토의 일부를 자기 구역으로 하여 그 구역 내의 모든 주민에 대하여 법률이 정하는 범위 내에서 지배권을 행사하는 단체이다. 지방자치단체는 그의 지배권이 지방자치단체에 고유한 것이 아니고, 국가로부터 부여된다는 점에서 국가와 구별되고, 일정한 구역에 대한 지배권을 가지는 지역단체인 점에서 다른 공법인과 구별된다.

지방자치단체는 자치행정의 주체로서 국가로부터 행정권의 일부를 부여받은 공공단체이며 공법인(公法人)이다. 공적 사회복지 주체로서의 지방자치단체에는 보통지방자치단체(서울특별시, 광역시, 도, 시, 군, 구)와 특별지방자치단체(지방자치단체조합)가 있다. 전자가 전형적인 지방자치단체이고, 후자는 특별한 목적을 위해 설치되는 특수한 지방자치단체이다. 지방자치단체의 기관에는 의결기관인 지방의회가 있고, 집행기관으로 지방자치단체의 장, 보조기관(부지사, 부시장, 부군수, 부구청장, 행정기구), 소속행정기관(직속기관, 사업소, 출장소, 합의제 행정기관), 하부행정기관(구청장, 읍장, 면장, 동장)이 있다.

지방자치법 제8조에는 사무처리의 기본원칙을 규정하고 있다. 지방자치단체는 그 사무를 처리함에 있어서 주민의 편의 및 복리증진을 위하여 노력하고, 조직 및 운영의 합리화와 그 규모의 적정화를 도모하며, 법령이나 상급지방자치단체의 조례에 위반되지 않아야 한다. 이 법 제9조에는 지방자치단체는 그 관할구역의 자치사무와 법령에 의하여 지방자치단체에 속하는 사무를 처리한다고 규정하고 있다.

3) 공공조합(공법상의 사단법인)

공공조합은 일정한 자격을 가진 사람(조합원)에 의해 구성된 공법상의 사단법인이다. 지방자치단체와 같이 일반적인 공공사무를 처리함을 목적으로 하는 것이 아니라, 한정된 특수한 사업을 수행함을 목적으로 한다. 공공조합이 일정한 지역을 기반으로 구성되기도 하나, 그 지역의 요소는 자격요건에 지나지 않으며, 지방자치단체에서와 같은 필수적인 구성요소가 아니다. 협의로는 공공조합만을 공공단체라고 한다.

공공조합의 설치목적은 동업자의 이익을 도모하는 것, 보험과 같은 공제사업을 위한 것 등 여러 가지가 있으며, 그들 사업을 하기 위해 여러 가지 국가적 공권을 행사하기도 하나, 그 정도는 각 단체에 따라 일정하지가 않다.

공공조합의 예를 들면 과거 의료보험법상의 의료보험조합을 들 수 있다. 의료보험조합은 국가가 해야 할 의료보험사업을 대신 행하는 것을 목적으로 하므로 공적인 성격을 지니는 특수법인이다.

4) 영조물법인

영조물(營造物)이란 국가 및 공공단체 또는 그로부터 특허를 받은 자가 특정한 공공목적을 위하여 계속적으로 봉사하도록 정해진 인적·물적 시설을 말한다. 영조물법인은 영조물이 독립된 법인격을 취득한 공공단체로 국·공립학교나 병원·도서관·박물관·극장·고아원·양로원·우편·전신·전화·철도·교도소 등이다.

영조물법인은 독립채산제를 지향하고 있으나, 기업으로서의 영리보다는 공익적인 사업을 목적으로 하는 데에 특징이 있다. 영조물에는 이용자는 있으나 구성원은 없으며, 영조물의 운영자 내지는 직원 역시 구성원은 아니다. 이와 같이 구성원이 없는 점이 영조물과 공공조합이 다른 점이다.

사회복지 분야의 영조물법인의 예로는 서울대학교 부설 국가중앙병원인 서울대학교병원, 대한적십자에서 경영하는 적십자병원, 그리고 소년법 및 소년원법에 따라 가정법원 및 지방법원 소년부의 보호처분에 의해 송치된 소년을 수용하여 교정교육을 목적으로 설립된 법무부 산하 특수교육기관인 소년원 등이 있다.

5) 공재단(공법상 재단)

공법상 재단은 재단설립자에 의해 출연된 재산(기금, 물건 등)을 관리하기 위해 설립된 공공단체이다. 공재단에도 그의 운영자 내지 직원 및 수혜자는 있으나 구성원은 없기 때문에 자치단체로 부를 수 없다. 한국학술진흥재단과 한국정신문화연구원이 이에 속한다.

사회복지 분야에서 공재단의 예를 들면 고용보험, 산재보험 등 노동관계 문제를 체계적으로 연구·분석하여 합리적인 노동정책 개발과 노동문제에 관한 국민의 인식을 제고하기 위하여 설립한 한국노동연구원이나 국민보건의료, 국민연금, 건강보험, 사회복지 및 사회정책과 관련된 제 부분의 정책과제를 현실적으로 체계적으로 연구 분석하고 주요 정책과제에 대한 국민의 의견수렴과 이해증진을 위한 활동을 수행함으로써 국가의 장단기 보건의료사회복지정책의 수립에 이바지하기 위해 설립된 한국보건사회연구원 등을 들 수 있다.

6) 무자산특수공법인

국가가 공익을 목적으로 특별법을 제정하여 비영리로 운영되는 법인이다. 재산을 전제로 하여 설립되는 공재단과는 달리 '무자산'으로 설립되는 것이 특징이다. 설립 이후 운영과정에서 해당법의 목적에 따라 기금을 조성하거나 자산을 취득·운영하는 것이 일반적이다. 예를 들면, 국민건강보험공단, 국민연금공단, 근로복지공단, 한국산업인력공단, 한국보훈복지의료공단이 이에 해당된다(김광병 외, 2007).

7) 공무수탁사인

사회복지관련 공무수탁사인(公務受託私人)도 공적 사회복지 주체가 될 수 있다(김기원, 2004). 사인이라 함은 자연인은 물론이고 사법인 내지는 법인격이 없는 단체를 말한다. 보통의 경우 사인(私人)은 사회복지법 관계에 있어서 복지 행정 주체의 상대방인 행정 객체로서의 지위를 가진다. 그러나 때로는 사회복지 분야에서 사인이 국가적 공권을 부여받아 행정 주체로서의 지위를 가지는 경우가 있는데 사인 또는 사업인이 그의 직원으로부터 국민연금보험료, 사립학교교직원연금보험료, 국민건강보험료, 고용보험료를 원천징수하는 경우가 이에 해당된다.

또한 고용보험사무조합이나 산재보험사무조합도 공무수탁사인으로서 공적 사회복지 주체가 될 수 있다. 고용보험 및 산재보험사무조합은 주무관청에 신고된 사업주 단체나 인사, 노무, 회계 등의 위탁을 받아 보험사무를 대행할 수 있는 자를 구성원으로 하는 단체가 근로복지공단 지역본부장의 인가를 받은 경우, 희망 사업주의 위탁을 받아 개개의 사업주 대리인으로서 당해 사업주의 보험료보고, 피보험자 자격취득 신고 등 각종 보험사무를 대행할 수 있다. 이러한 경우 고용보험 및 산재보험사무조합은 국가적 공권을 부여받아 사업주의 대리인으로서 보험사무 처리를 대행해주고, 보험혜택에 대한 상담을 제공함으로써 실질적으로 공적 사회복지 주체로서 역할을 수행한다.

3. 공적 사회복지 주체의 법률관계

공적 사회복지 주체의 법률관계는 주로 복지 행정상 법률관계로 나타난다. 본래 법률관계란 권리·의무 관계를 의미한다. 따라서 복지 행정상의 법률관계는 복지 행정과 관련된 당사자간의 권리·의무관계를 의미한다. 행정상의 법률관계는 공법의 규율을 받는가, 사법의 규율을 받는가에 따라 행정상의 공법관계와 행정상의 사법관계로 나누어진다. 공법과 사법의 구분에 대해서는 여러 학설이 존재하지만, 우리나라의 경우 복수기준설이 통설로 되어 있다. 즉, 공법과 사법의 구분은 어느 하나의 기준을 통해서가 아니라 복수의 기준을 통해서 양자를 구별한다는 것이다. 행정주체와 사인 간의 권력적 지배복종 관계를 규율하는 법(권력적 공법)과 행정 주체의 비권력적인 공공복리 실현 관계에 관한 특수한 법(공익적 법)이 공법이고, 이에 대하여 사법은 사인 상호간의 이익 조절을 목적으로 하는 법이다. 또한 공법은 법률관계의 당사자의 한 쪽에 공권력의 행사와 그에 따르는 특수한 효력을 인정하거나 공익추구를 위하여 특수한 규율을 하는 법이다.

4. 복지 행정상 법률관계의 종류

복지 행정상 법률관계는 영역 및 성질에 따라 <그림 6-1>과 같이 구분된다.

〈그림 6-1〉 복지 행정상 법률관계

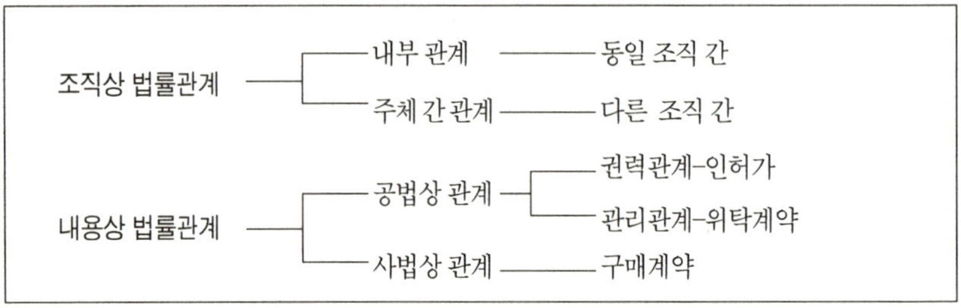

```
                        ┌─── 내부 관계 ──────── 동일 조직 간
        조직상 법률관계 ─┤
                        └─── 주체 간 관계 ──── 다른 조직 간

                        ┌─── 공법상 관계 ─┬── 권력관계-인허가
        내용상 법률관계 ─┤                 └── 관리관계-위탁계약
                        └─── 사법상 관계 ──── 구매계약
```

자료: 김기원(2004: 169)

1) 복지 행정조직상의 관계

복지 행정조직법관계는 복지 행정조직 내부관계와 행정주체 상호간의 관계로 나눈다.

첫째, 복지 행정조직 내부관계는 상급청과 하급청 간의 관계(권한의 위임, 지휘, 감독권), 대등행정청 간의 관계(행정청간의 협의, 사무의 위탁), 기관위임사무에 관한 주무장관과 지방자치단체의 장과의 관계가 행정조직 내부관계를 이룬다. 이 관계는 권리주체 간의 관계, 즉 권리·의무의 관계가 아니라 직무권한·기관권한의 행사관계로서의 성질을 가진다. 이들 관계에서 일어나는 분쟁은 원칙으로 법률상의 쟁송에 해당되지 않는다. 예를 들면, 국민기초생활보장제도의 경우 보건복지부는 전반적인 사업계획을 수립하고 행정자치부에 국민기초생활보장법상 서비스전달에 관한 사무를 위탁하며, 행정자치부는 하급 행정청인 기초지방자치단체에 기초생활보장사무를 위임하고 지휘감독을 행한다. 이때 보건복지부와 행정자치부 간에는 권리·의무관계가 발생하는 것이 아니라 직무권한 행사관계가 발생한다.

둘째, 복지 행정주체 간의 관계는 국가의 지방자치단체에 대한 인·허가 등 감독관계, 보조금·교부금의 교부 등 원조 관계, 지방자치단체 상호간에 행하여지는 협의, 사무의 위탁, 조합의 설립 등이 여기서 말하는 행정주체상호 간의 관계에 해당한다. 예컨대, 서울특별시가 용지구입에 어려움이 있으므로 다른 지방자치단체에 서울특별시 주민이 이용할 수 있는 사회복지시설을 설립해 운영하도록 하고, 그 대신 시설의 설립·운영과 관련된 비용을 보조금으로 지급할 때, 서울특별시는 시설이용권과 보조금지급 의무를, 그리고 다른 지방자치단체는 시설제공 의무와 보조금청구권을 갖게 되어 양자 간에는 일정한 관리·의무관계가 발생한다. 대등한 지위의 행정청 간에 이루어지는 이러한 형태의 보조금을 수평적 보조금(horizontal subsidy)이라고 부른다.

2) 복지 행정상의 공법(公法)관계

대등한 당사자 간의 관계를 규율하는 사법이 배제되고, 행정주체에 대해 사인에게는 원칙적으로 인정되지 않는 특수한 지위가 인정되는, 공법이 규율하는 관계가 공법관계이다. 그런데 이러한 공법관계는 권력관계와 관리관계로 나누어진다.

첫째, 권력관계(지배관계)란 행정주체가 개인에 대해 일방적으로 법률관계를 형성, 변경, 소멸하는 등 개인에게는 인정되지 않는 우월적 지위가 인정되는 관계이다. 그리고 행정주체의 이러한 지위에서의 행위는 법에 의해 공정력, 집행력, 불가쟁력 등 특수한 효력(구속력)이 인정됨이 보통이다. 복지 행정에서 권력관계의 예로는 사회보험갹출금을 부과하고 징수하거나 사회복지시설을 인허가하는 경우를 들 수 있다.

둘째, 관리관계란 행정주체가 공익을 실현하며, 국민의 생활을 배려함에 있어서 법이 행정주체에 우선적 지위를 인정하며, 혹은 공익우선의 견지에서 대등한 당사자 간의 관계를 수정·보완하는 관계를 말한다. 예를 들면, 자체적으로 설립비용을 부담하고 민영교도소를 설립한 민간법인은 국가와 교도소운영에 관해 10년 이상 20년 미만의 장기위탁계약을 맺게 되는데, 국가는 계약기간 도중 민간법인과 체결한 위탁계약관계를 임의적으로 해제할 수 없다. 이는 일종의 관리관계이다.

3) 복지 행정상의 사법(私法)관계

국가 또는 공공단체 등의 행정주체가 당사자인 경우에도 그 성질상 사인(私人)과 동일한 입장에 서는 경우가 있다. 예를 들면 국가나 지방자치단체가 복지시설운영에 필요한 물품구매를 위한 계약, 사회복지시설 건축을 위해서 건설회사와 공사청부 계약을 맺는 경우이다. 이러한 경우에 행정주체의 행위는 사인과 같은 사법상의 행위로써 민법이나 상법 등에 의한 규율을 받는다. 복지 행정의 주체가 계약을 체결함에 있어, 예산회계법, 국유재산법 등에 의한 제약을 받고, 상급기관의 승인을 요하는 등 일정한 제한을 받지만, 이것은 행정주체의 내부사정이기 때문에, 행위의 사법적(私法的) 성질 그 자체를 변경하는 것은 아니다. 예를 들면, 근로복지공단이 공단 내 수영장 운영을 민간과 위탁계약을 체결하여 위탁한 경우, 근로복지공단은 사인과 동일한 입장에 서게 되고, 따라서 사법관계를 규율하는 법률의 지배를 받는다.

제2절 민간 사회복지 주체

복지다원주의하에서 사회복지법인이나 각종 비영리법인들도 사회복지의 주체로서 역할을 하고 있다. 따라서 이들 사회복지법인이나 각종 비영리법인의 법리적 구조를 파악해 볼 필요가 있다. 여기에서는 먼저 법인 일반에 대한 내용을 검토하고, 다음으로 민간 사회복지 주체의 중심이 되는 사회복지법인과 비영리법인에 대해서 살펴본다.

1. 법인

1) 법인의 의의

법인(法人, artificial person, juridical person, corporation)이란 자연인 이외로서 법률상의 권리·의무의 주체가 되는 것이다. 법인이란 일정한 목적에 의해 결합된 사람의 집단 또는 재산에 대하여 법인격이 부여된 것을 말한다. 권리의 주체로서 사람인 자연인이 있다. 사람은 사회생활을 하면서 일정한 공동목적의 달성을 위해 단체를 결성할 수 있다. 그런데 단체의 구성원 모두를 권리·의무의 주체로 삼는 것도 생각할 수 있지만, 이것은 거래관계에서 매우 불편하다. 그래서 구성원과는 독립된 주체로서 단체 자체를 인정하고, 여기에 권리·의무의 주체로서의 지위를 부여하는 것이 법인제도이다. 그것은 법에 의하여 비로소 창출되었다는 점에서 또 의인화(擬人化)한 점에서, 자연인에 대비하여 법인이라고 부른다. 그러나 양자는 권리·의무의 주체라는 점에서는 아무 차이가 없으므로 공통으로 인격(人格)을 가진다.

단체에는 그 단체가 구성원과 어느 정도로 독립되어 있느냐에 따라 사단(社團)과 조합(組合)의 두 종류가 있다. 전자는 구성원과는 독립하여 단체 자체가 그 주체가 되는 데 비해, 후자는 구성원의 집합으로서 구성원 모두가 그 주체가 된다는 데에 근본적인 차이가 있다. 그래서 민법은 조합을 법인제도로써 규율하지 않는다.

한편, 사회복지사업이나 장학사업과 같이 일정한 목적에 바쳐진 재산도 독립적인 법인격을 가질 필요성이 있다. 이와 같이 어느 재산을 일정한 목적을 위하여 출연(出捐)하여 이를 바탕으로 일정한 조직을 갖추어 그 목적을 영위하는 경우 법인격을 가진 결합된 재산의 집단을 재단(財團)이라고 한다. 일반적으로 재단은 어떤 공익적·사회적 목적을 위하여 출연(出捐)된 재산(이른바 목적재산)이 그 목적을 위하여 통일적으로 관리되는 경우이다. 이는 실질적으로 개인적인 소유를 이탈한 재산이나 그것은 무주물(無主物)인 재산이 아니고, 그 관리를 위한 형식적인 주체(主體)를 필요로 한다.

일정한 단체가 법률에 의해 인격을 승인받아 권리·의무의 주체가 된다는 데에는 세 가지 의미를 갖는다. 첫째, 법인은 권리·의무의 주체가 될 수 있지만, 자연인처럼 스스로 행동할 수는 없기 때문에, 대표이사와 같은 기관을 설정하고, 기관의 행위는 곧 법인의 행위로 간주하는 방식을 취한다. 둘째, 법인은 구성원의 가입·탈퇴가 있더라도 그에 영향을 받지 않고 그 동일성이 유지된다. 셋째, 법인의 재산은 구성원의 재산과는 독립된 법인 자체의 재산이라는 점이다.

2) 법인제도의 목적

법인격을 취득할 수 있는 단체로는 사단(社團)과 재단(財團)이 있다. 사회복지법은 물론 민법 전반의 분야에서 사단 또는 재단에 법인격을 부여하는 목적은 법률관계의 처리와 책임의 분리를 위해서이다(김준호, 2003). 첫째, 법률관계의 처리를 편리하게 하기 위해서이다. 사회복지 분야에서 법률관계의 명확성을 기하기 위해서는 권리·의무 당사자가 누구인지를 명확히 하고, 또 그 법률관계가 계속적으로 유지되어야 할 필요가 있기 때문에, 단체의 구성원과는 독립하여 단체 자체가 그 주체가 되는 것이 요청된다. 둘째, 책임의 분리이다. 법인격이 인정되는 경우에는 구성원의 개인재산과는 구별되는 단체 자체의 재산이 인정된다. 단체 주체의 이름으로 재산을 가지고 부동산의 경우에는 등기를 할 수 있다. 단체에 대한 채권자는 단체의 재산에 대해서만 집행할 수 있고 구성원의 개인재산에 대하여는 할 수 없다. 또 구성원 개인에 대한 채권자가 단체의 재산에 대해 집행할 수 없음도 물론이다.

3) 법인의 종류

법인의 종류는 기준에 따라 몇 가지로 나눈다. 사회복지와 관련된 법인은 공법인과 사법인 가운데 비영리법인(재단법인과 사단법인)이 있고, 사회복지사업법상 사회복지법인으로 특정되어 있는 경우도 있다. 상당수의 법인들이 민법상 재단법인과 사단법인으로 설립되었다가 사회복지법인으로 법인격을 변경하였다.

〈그림 6-2〉 법인의 유형

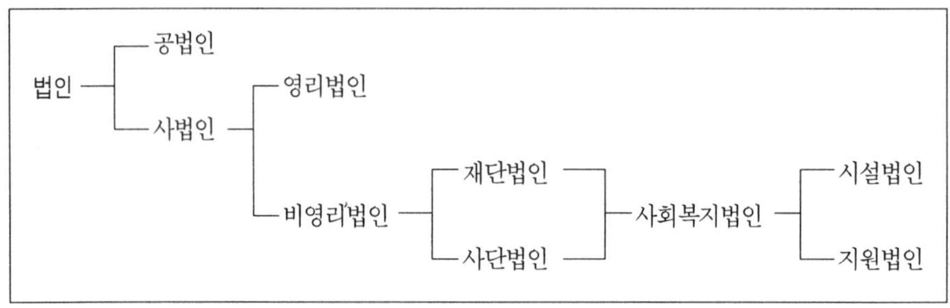

자료: 김기원(2004: 174)

(1) 국내법인과 외국법인

한국법에 준거하여 설립된 법인이 내국법인이고, 외국법에 준거하여 설립된 법인이 외국법인이다. 우리나라의 사회복지사업법에서 규정하고 있는 사회복지법인이나 민법에서 규정하고 있는 비영리법인이나 공익법인은 내국법인에 대해서만 규정하고 있다. 그러나 최근 WTO의 시장개방 요구 이후 외국병원과 외국의 사회복지법인들이 국내에 유입될 가능성이 있어 우리나라의 사회복지사업법의 사회복지법인이나 민법의 비영리법인이나 공익법인 부분의 개정이 예상된다.

(2) 공법인과 사법인

특정한 공공목적을 위하여 특별한 법적 근거에 따라서 설립된 법인을 공법인(公法人)이라 한다. 그 결과 공법인은 사법인(私法人)과는 달리 보통 그 목적이 법률로써 정해져 있고, 목적 달성에 필요한 한도에서 행정권이 부여되고, 여러 특혜가 인정되며, 또한 국가의 특별한 지도감독을 받고 있다. 공법인은 광으로는 국가와 공공단체를 모두 포함하고, 협의로는 공공단체와 같은 의미로 사용되고, 최협의로는 지방자치단체를 제외한 공공단체를 의미한다. 다양한 공법인이 존재하며, 그 가운데는 사법인과 명확히 구별하기 어려운 것도 있다.

사법인(私法人)은 사법에 의하여 설립되고 규율되는 법인이다. 민법상의 비영리사단법인과 비영리재단법인 그리고 상법상의 영리법인이 대표적이며, 그 내부의 법률관계에 국가 또는 공공단체의 강제적 권력 작용이 가해지지 않는 법인을 가리킨다. 사단법인은 내부조직의 차이에 따라 사단법인과 재단법인으로 나누어지고, 그 목적에 따라 비영리법인과 영리법인으로 나누어진다. 사회복지 분야에서 국민연금관리공단, 국민건강보험공단, 근로복지공단, 한국장애인고용촉진공단 등은 공법인이며, 한국이웃사랑회, 한국사회복지사협회, 한국복지재단 등과 같은 사회복지사업법상 사회복지법인은 사법인이다.

(3) 영리법인과 비영리법인

사법인 중에서도 상법상의 법인은 영리법인이고, 민법상의 법인은 비영리법인이다. 영리법인은 사원의 경제적 이익을 도모함을 궁극적 목적으로 하여 설립된 법인으로 사단법인만이 영리법인이 될 수 있고, 재단법인은 영리법인이 될 수 없다. 반면 공익을 위한 사업이나 학술, 종교, 자선, 기예, 사교, 기타 영리가 아닌 사업을 목적으로 하는 법인을 비영리법인이라 한다. 대부분의 사회복지기관이나 시설인 사회복지법인은 비영리법인이지만 유료노인복지시설인 실버사업과 같은 이용시설의 경우 영리법인이 될 수 있다.

(4) 사단법인과 재단법인

민법은 비영리법인으로서 사단법인과 재단법인의 두 가지만을 인정한다. 사단법인은 일정한 목적을 위하여 결합한 사람의 단체(社團)에 법인격이 부여된 것인 반면, 재단법인은 일정한 목적에 바쳐진 재산이라는 실체(財團)에 법인격이 부여된 것이다. 전자는 단체의사에 의하여 자율적으로 활동하는 데 대하여, 후자는 설립자의 의사에 의하여 타율적으로 운영되는 점이 다르다. 이러한 본질적 차이에서, 설립행위, 정관변경, 기관의 종류, 해산사유 등에서 차이를 보이고 있다.

사회복지법인은 사단법인과 재단법인 모두를 포함하고 있다. 사회복지법인 가운데

사단법인의 예로는 한국사회복지사협회를 들 수 있으며, 재단법인의 예로는 홀트아동
복지, 한국복지재단, 한민족복지재단, 삼성복지재단 등을 들 수 있다.

4) 법인의 능력

(1) 법인의 능력 일반

법인도 권리의 주체이므로, 자연인과 마찬가지로 권리능력, 행위능력, 불법행위능
력을 갖는다. 그러나 법인에는 자연인과 같이 행위무능력자나 책임무능력자는 없다.
법인의 경우에는, 법인에 어떠한 범위의 권리·의무를 인정할 것인가(권리능력)를 전제
로 하여, 그것을 향유하기 위하여 어떠한 종류의 행위를 누가 어떠한 형식으로 하여야
하는가(행위능력), 누구나 어떠한 불법행위에 대하여 법인 자신이 배상책임을 부담하
는가(불법행위능력)라는 관점에서 다루어진다.

(2) 권리능력

권리능력이란 법률상 권리·의무의 주체가 될 수 있는 지위 또는 자격을 말한다. 이를
법적 인격이라고도 한다. 즉 법인이 권리·의무의 주체가 되어 법률적 행위를 스스로 현
실적으로 할 수 있는 능력을 말한다. 민법 제34조는 "법인은 법률의 규정에 좇아 정관으
로 정한 목적의 범위 내에서 권리와 의무의 주체가 된다"고 규정하고 있다. 법인의 권리
능력은 성질, 법률, 정관상의 목적에 의해 제한을 받게 된다. ⅰ) 성질에 의한 제한으로
자연인을 전제로 하는 권리, 즉 생명권·호주승계권·상속권·친권·정조권·육체상의 자
유권 등은 법인이 가질 수 없다. 그러나 일반의 재산권·명예권·성명권·신용권·정신적
자유권은 가질 수 있고, 그 밖에 유증을 받을 수도 있다. 법인은 이사가 될 수 없다, ⅱ) 법
인격은 법률에 의하여 부여되는 것이므로, ⅲ) 목적에 의한 제한으로 법인은 정관으로
정한 목적의 범위 내에서 권리능력을 가진다.

(3) 행위능력

행위능력이란 단독으로 완전하고 유효한 법률행위를 할 수 있는 지위나 자격을 말한
다. 행위능력이 없는 자를 행위무능력자라고 한다. 법인은 행위능력자이다. 법인은 그

권리능력의 범위에 속하는 권리를 현실로 취득하거나 이미 취득한 권리를 관리·처분하기 위해서는 일정한 행위를 하여야 한다.

법인의 행위는 현실적으로 자연인을 통해 할 수밖에 없다. 이때의 자연인을 '대표기관'이라고 부르는데, 대표기관의 행위는 자연인으로서의 행위가 아니라 법인의 행위로 간주된다. 대표기관이 될 수 있는 자로는 이사, 임시이사, 특별대리인, 청산인이 있다.

대표기관은 법인을 대표하여 법인의 행위를 한다. 즉 대표기관의 행위는 법인 스스로가 행위를 한 것으로 간주된다. 행위의 범위는 권리능력의 범위에서 행위능력을 가진다. 대표기관이 권리능력의 범위를 넘어 행위를 한 경우에는 그것은 법인의 행위로 간주될 수 없고, 대표기관 개인의 행위로 볼 수밖에 없다.

(4) 불법행위능력

불법행위능력이란 법률상의 책임을 부담할 능력으로 책임능력이라고도 한다. 법인은 이사, 임시이사, 특별 대리인, 청산인, 기타 대표자가 그 직무에 관하여 타인에게 가한 손해를 배상할 책임이 있다. 법인이 불법행위 책임을 지는 것은 이사나 기타 대표자의 불법행위에 대해서이다. 따라서 법인의 이사가 책임능력이 있어야 하고, 고의 또는 과실이 있어야 하며, 가해행위가 위법하여야 하고, 피해자가 손해를 입어야 한다. 법인의 불법행위의 요건이 갖추어지면, 법인은 피해자에게 그 손해를 배상하여야 한다.

법인의 불법행위의 성립 여부는 직무관련성을 기준으로 결정된다. 법인의 대표기관이 그 대표권의 범위 내에서 한 행위는 설사 그것이 법인을 위한 것이 아니라 자기 또는 제3자의 이익을 위해 한 경우라도 행위의 외형상 법인의 대표자의 직무행위라고 인정할 수 있는 것이며, 즉 대표권을 남용한 경우에도 법인의 행위로 된다. 법인이 피해자에게 배상하면 법인은 기관, 개인에 대하여 구상권(求償權)을 행사할 수 있다.

5) 법인의 기관, 주소, 정관변경, 법인소멸, 법인감독 등

(1) 법인의 기관

법인은 독립된 권리주체이기는 하지만 자연인처럼 그 자체가 활동할 수는 없다. 법인의 의사를 결정하고, 또 그 의사를 집행하기 위해서는 일정한 조직을 필요로 하는데,

이 조직을 이루는 것이 법인의 기관이다.

민법은 법인의 기관으로 의사결정기관인 사원총회, 의사집행기관인 이사, 감독기관인 감사의 3가지를 인정하는데, 사원총회는 사단법인에만 있고, 사원이 없는 재단법인에는 없다. 이사는 사단법인과 재단법인 어느 법인이든 반드시 있어야 하는 필수기관이지만, 감사는 어느 법인이든 임의기관으로 되어 있다.

① 이사(理事)

이사는 대외적으로 법인을 대표하고 대내적으로 법인의 사무를 집행하는 상설적 필요기관으로서 사단법인이든 재단법인이든 반드시 이사를 두어야 한다. 이사의 수와 그 임기는 특별한 제한이 없으며, 정관에서 임의로 정할 수 있다. 이사가 될 수 있는 자는 자연인에 한하지만, 자격상실 내지 자격정지의 형을 받은 자는 이사가 될 수 없다.

이사의 선임, 해임, 퇴임에 관한 규정은 사단법인이나 재단법인이나 정관의 필요적 기재사항으로 정관에 의해 정해진다. 이사의 성명과 주소는 등기사항으로 이를 등기하지 않은 때에는 제3자에게 대항할 수 없다.

이사의 직무권한에는 법인대표와 사무집행의 두 가지가 있다. 이사는 선량한 관리자의 주의로 그 직무를 행하여야 한다고 하며, 이사가 그 임무를 태만히 한 때에는 그 이사는 법인에 대하여 연대하여 손해배상책임을 지는 것으로 규정한다.

- 법인대표 : 이사는 법인의 사무에 관하여 각자 법인을 대표한다. 즉 이사가 여러 사람 있어도 각자 법인을 대표하므로, '각자 대표'가 원칙이다. 법인과 이사의 이익이 상반하는 사항에 관하여는 이사가 대표권이 없으며, 이 경우에는 이해관계인 또는 검사의 청구에 의하여 법원이 선임하는 특별대리인이 법인을 대표한다.
- 사무집행 : 이사는 법인의 모든 사무를 집행한다. 이사가 여러 사람인 경우에는 정관에 다른 규정이 없으면 이사의 과반수로써 결정한다. 이사가 집행할 주요 사무로는 재산목록의 작성, 사원명부의 작성(사단법인 이사의 경우), 사원총회의 소집(사단법인 이사의 경우), 사원총회의 총회의사록 작성(사단법인 이사의 경우), 법인이 채무를 완제하지 못한 경우 파산신청, 법인 해산시 청산인, 법인의 등기 등이 있다.

② 임시이사, 특별대리인

임시이사는 법인의 이사가 없거나 결원이 있는 경우에 이로 인해 손해가 생길 염려가 있는 때에는 이해관계인이나 검사의 청구에 의하여 법원이 선임하여 임시로 직무를 수행시키는 이사를 말한다.

특별대리인은 법인과 이사의 이익이 상반하는 사항에 관하여는 이사는 대표권이 없기 때문에 이 경우에 법원은 이해관계인이나 검사의 청구에 의하여 선임하여 직무를 수행하도록 하는 대리인을 말한다.

③ 감사

감사(監事)는 법인의 내부에서 법인의 재산상태나 이사의 업무집행을 감사(監事)하는 기관이다. 감사는 사단법인에서나 재단법인에서나 공익법에서는 이사처럼 필수기관이 아니라, 정관이나 총회의 결의로 둘 수 있는 임의기관이다.

감사의 주요 직무권한으로는 법인의 재산상황을 감사하는 일, 이사의 업무집행의 상황을 감사하는 일, 재산상황 또는 업무집행에 관하여 부정·불비한 것이 있음을 발견한 때에는 이를 총회 또는 주무관청에 보고하는 일, 그 보고를 하기 위하여 필요한 때에는 총회를 소집하는 일 등이다.

④ 사원총회(社員總會)

사원총회는 사단법인에만 있는 기관으로서, 사원으로 구성하는 최고의 의사결정기관이며 또는 필수기관이다. 총회의 종류로는 통상총회와 임시총회가 있다. 일부 법인에서는 이를 대의원총회라 부르고 있다. 사단법인의 이사는 매년 1회 이상 통상총회를 소집하여야 한다. 임시총회는 이사가 필요하다고 인정한 때, 감사가 감사 결과를 보고하기 위해 필요하다고 인정한 때, 총사원의 1/5 이상이 청구하는 때(소수사원권 보장)이다. 총회의 소집은 1주간 전에 그 회의의 목적사항을 기재한 통지를 발송하고 기타 정관에 정한 방법에 의하여야 한다.

사단법인의 사무는 정관으로 이사 또는 기타 임원에게 위임한 사항 이외에는 총회의 결의에 의하여야 한다. 특히 정관변경과 임의해산은 사원총회의 전속권한에 속한다. 총회는 정관에 다른 규정이 없으면 통지한 사항에 관하여만 결의할 수 있다. 각 사원의 결의권은 평등하며, 이것은 서면이나 대리인을 통해 행사할 수 있다.

총회의 결의는 민법 또는 정관에 다른 규정이 없으면 사원 과반수의 출석과 출석사원의 과반수로써 결의한다. 사원은 사단법인의 구성요소이나 기관은 아니다. 사원은 법인의 사업에 참여함에 있어서 각종의 권리와 의무를 갖게 되는데, 이것을 총괄한 사원의 지위를 '사원권(社員權)'이라고 한다. 사원권은 크게 공익권(결의권, 소수사원권, 사무집행권, 감독권 등)과 자익권(이익배당권, 잔여재산분배청구권, 시설이용권 등)으로 나누어진다. 비영리법인에서는 공익권이, 영리법인에서는 자익권이 중심을 이룬다.

6) 법인설립 일반

(1) 법인성립의 준칙 : 법인법정주의

민법 제31조와 제33조는 법인성립의 준칙과 법인설립의 등기에 관해서 "법인은 법률의 규정에 의함이 아니면 성립하지 못한다" 그리고 "법인은 그 주된 사무소의 소재지에서 설립등기를 함으로써 성립한다"고 규정함으로써 민법의 적용을 받는 비영리법인의 성립에 관해 법인법정주의(法人法政主義)를 취하고 있으며, 비영리법인의 성립요건으로 '주무관청의 허가'와 '설립등기'를 요구하고 있다.

사회복지사업법 제16조 법인의 설립허가 조항에서도 "사회복지법인을 설립하고자 하는 자는 대통령령이 정하는 바에 의하여 보건복지부장관의 허가를 받아야 한다"고 규정하고, "설립된 법인은 주된 사무소의 소개지에서 설립등기를 하여야 한다"고 규정함으로써 민법의 법인법정주의를 기반으로 주무관청인 보건복지부장관의 허가와 설립등기를 요구하고 있다.

(2) 법인설립에 관한 입법주의

법률의 규정에 따른 법인의 성립요건에는 여러 이론이 있다. 우리나라는 사회복지법인을 비롯한 비영리법인에 관하여는 허가주의를 취하고 있고, 회사에 관하여는 준칙주의를 취하고 있다.

① 자유설립주의

자유설립주의는 법인의 설립에 관해 아무런 제한을 하지 않는 것으로 사회복지사업법이나 민법은 이 주의를 취하지 않고 있다.

② 준칙주의

준칙주의는 법률이 법인설립에 관한 요건을 미리 정해놓고, 그 요건만 충족되면 당연히 법인의 설립을 인정하는 주의로 주로 각종 영리법인이나 노동조합 등의 설립이 이 주의에 속한다. 준칙주의에서는 법인설립에 관해 관청의 인가를 받을 필요가 없고, 다만 그 조직과 내용을 공시(公示)하기 위한 등기나 등록을 법인의 성립요건으로 하고 있다. 최근 확산되고 있는 사회복지노동조합의 설립도 일정한 설립요건을 갖춘 후 광역자치단체장이나 노동부장관에 신고하도록 되어 있어 준칙주의의 적용을 받는다.

③ 허가주의

허가주의(許可主義)는 법인의 설립에 관하여 행정관청의 자유재량에 의한 허가를 필요로 하는 주의이다. 이 주의는 법인의 설립이 행정관청의 재량에 의해 제한되는 점에서 자유설립주의나 준칙주의에 비하여 법인설립이 자유롭지 못하다. 우리나라의 사회복지법인과 기타 비영리법인의 경우 허가주의를 채택하고 있다. 사회복지법인의 설립은 보건복지부장관의 허가를 받아야 하며, 비영리법인의 설립은 주무관청의 허가를 받아야 한다.

사회복지사업법 제16조 법인의 설립허가 조항에서도 "사회복지법인을 설립하고자 하는 자는 대통령령이 정하는 바에 의하여 보건복지부장관의 허가를 받아야 한다"고 규정하고 있어 주무관청인 보건복지부장관의 허가를 요구하고 있다. 또한 민법 제32조는 "학술·종교·자선·기예·사교·기타 영리 아닌 사업을 목적으로 하는 사단 또는 재단은 주무관청의 허가를 얻어 이를 법인으로 할 수 있다"고 규정함으로써, 비영리법인의 설립에 관하여도 주무관청의 허가를 요하고 있다.

④ 인가주의

인가주의(認可主義)는 법률이 정한 요건을 갖추고 행정관청의 인가(허가와는 달리 그 요건을 갖추면 반드시 인가를 해주어야 함)를 얻음으로써 법인으로 성립하는 것으로서, 각종의 협동조합 등이 이에 속한다. 인가는 제3자의 법률행위를 보충하여 그 법률상 효력을 완성시켜 완전히 유효하게 만들어 주는 행정주체의 동의행위로서, 허가와는 달리 법률이 정한 요건을 갖추면 반드시 인가를 해주어야 한다. 인가는 일종의 보충행위로 타인을 위한 행정행위에 속한다.

사회복지 분야에서 인가주의를 취하고 있는 예를 들면, 고용보험사무조합과 산재보험사무조합을 들 수 있다. 이들 사무조합은 주무관청에 신고된 사업주 단체나 인사, 노무, 회계 등의 위탁을 받아 보험사무를 대행할 수 있는 자를 구성원으로 하는 단체가 인가를 받아 운영하고 있다.

고용보험법 제64조에는 고용보험사무조합에 관해서 "사업주 등을 구성원으로 하는 단체로서 특별법에 의하여 설립된 단체 또는 민법 제32조 규정에 의하여 노동부장관의 허가를 받아 설립된 단체, 기타 대통령령이 정하는 기준에 해당하는 단체는 사업주의 위임을 받아 피보험자에 관한 신고, 사업주가 납부하여야 할 보험료, 기타 이 법에 의한 징수금의 납부와 기타 보험에 관한 사무를 행할 수 있으며, 이들 단체가 이 규정에 의하여 보험사무를 행하고자 하는 경우에는 대통령령이 정하는 바에 따라 노동부장관의 인가(認可)를 받아야 한다"고 규정함으로써 고용보험사무조합의 설립은 인가주의를 취하고 있다. 산재보험사무조합도 고용보험사무조합과 마찬가지로 인가주의를 택하고 있다.

산업재해보상보험 제58조에는 산업재해보상보험사무조합에 관해 "보험가입자를 구성원으로 하는 단체로서 특별법에 의하여 설립된 단체 또는 민법의 규정에 의하여 노동부장관의 허가를 받아 설립된 법인은 보험가입자의 위탁을 받아 보험가입자가 납부하여야 할 보험료, 기타 이 법에 의한 징수금의 납부와 기타 보험에 관한 사무를 행할 수 있다. 이 경우 보험사무를 위탁할 수 있는 보험가입자의 범위는 대통령령으로 정한다. 사업주단체 등이 보험사무를 행하고자 할 때에는 대통령령이 정하는 바에 의하여 공단의 인가를 받아야 한다. 인가받은 사항을 변경하고자 할 때에도 또한 같다"고 규정하고 있어 산업재해보상보험사무조합의 설립도 인가주의를 취하고 있다.

⑤ **특허주의**

특허주의란 법인을 설립할 때에 특별한 법률의 제정을 필요로 하는 것으로서, 각종의 공법인이나 국책은행이나 공사가 이에 속한다. 여기서 특허란 특정의 상대방을 위하여 능력을 설정하는 행위를 말한다.

사회복지 분야에서 특허주의를 취하고 있는 예를 들면, 사회보험 관리를 위한 공단을 특수 공법인으로 설립하는 경우를 들 수 있다.

국민연금법 제22조에는 국민연금관리공단의 설립에 대하여 보건복지부장관의 위탁을 받아 국민연금사업을 효율적으로 수행하기 위하여 국민연금관리공단을 설립한다고 규정하고, 이 법 제24조에서는 공단은 법인으로 한다고 규정하고 있다. 산업재해보상보험법 제13조는 근로복지공단의 설립에 관하여 노동부장관의 위탁을 받아 산재보험사업을 효율적으로 수행하기 위하여 근로복지공단을 설립한다고 규정하고, 이 법 제15조에서 공단은 법인으로 한다고 규정하고 있다. 국민건강보험법 제12조에서는 건강보험의 보험자는 국민건강보험공단으로 한다고 규정하고, 이 법 제14조에서 공단은 법인으로 한다고 규정하고 있다.

⑥ 강제주의

법인의 설립을 국가가 강제하는 것으로서, 변호사회, 약사회 등이 이에 속한다. 강제주의가 사회복지 분야에서 취해진 예를 들면, 한국사회복지사협회를 들 수 있다. 한국사회복지사협회는 사회복지에 관한 전문지식과 기술을 개발·보급하고 사회복지사의 자질 향상을 위한 교육훈련 및 사회복지사의 복지증진을 도모하기 위하여 설립된 법인이다.

2. 사회복지법인

1) 사회복지법인의 의의

사회복지법인이란 사회복지사업을 행할 목적으로 설립된 법인을 말한다. 사회복지법인은 사회복지사업법에서 규정한 사회복지사업을 수행하기 위하여 설립된 비영리·공익·특수법인을 말한다. 사회복지사업이란 사회복지사업법에서 규정한 16개 법률에 의한 보호·선도 또는 복지에 관한 사업과 사회복지상담, 부랑인보호, 직업보도, 무료숙박, 지역사회복지, 의료복지, 재가복지, 사회복지관운영, 정신질환자 및 나완치자 사회복귀에 관한 사업 등 각종 복지사업과 이와 관련된 자원봉사활동 및 복지시설의 운영 또는 지원을 목적으로 하는 사업을 말한다. 따라서 사회보험 분야와 관련된 사업을 제외한 공공부조 사회복지서비스 및 사회복지 관련 제도와 관련된 사업을 위해 설립된 법인이다(김광병 외, 2007).

사회복지법인제도는 민간사회복지사업의 공공성과 안정성을 높이기 위한 것으로 사회복지 시설법인과 지원법인으로 구분된다. 시설법인은 시설의 설치 및 운용을 목적으로 하는 법인을 말한다. 또한 사회복지시설은 생활시설과 이용시설로 구분한다. 지원법인이란 시설의 설치 및 운용을 목적으로 하지 아니하고 사회복지사업을 지원하는 것을 목적으로 하는 법인을 말한다.

2) 사회복지법인 관련 법규

사회복지법인에 관한 사항은 '사회복지사업법(제2장)'에서 규정하고 있다. 사회복지사업법에 규정으로 정하고 있지 아니한 사항은 '민법(제32조~제97조)'의 법인에 관한 규정과 "공익법인의 설립·운영에 관한 법률"을 적용한다.

사회복지법인과 관련 법령의 적용관계를 살펴보면 사회복지법인은 원칙적으로 사회복지사업법의 적용을 받음과 동시에 목적사업에 따라 관련 법률의 적용도 받게 된다. 예를 들면, 아동복지사업을 하는 사회복지법인의 경우 사회복지사업법, 아동복지법, 영유아보육법, 입양촉진 및 절차 등에 관한 특별법, 국민기초생활보장법 등의 적용을 받는다. 또한 노인복지사업법을 하는 사회복지법인의 경우 사회복지사업법, 노인복지법, 국민기초생활보장법 등의 적용을 받는다. 이러한 경우 특별법이 있으면 특별법의 법적용의 순위는 사회복지사업 관련 특정 법률, 사회복지사업법, 공익법인의 설립·운영에 관한 법률, 민법 순이다.

그리고 각종 세법에 사회복지법인의 비과세 또는 면세 등에 관하여 규정되어 있으며, 도시계획법에 의하여 사회복지시설의 개발제한구역 내 신축이 금지되고 있다(도시계획법 제21조). 따라서 사회복지법인이 사회복지시설을 설치·운영하는 데 직접·간접으로 관련된 법률도 준수하여야 한다.

3) 사회복지법인의 설립절차

사회복지법인의 설립은 기본재산의 출연과 정관의 작성, 보건복지부장관(또는 시·도지사)의 허가 및 설립등기의 절차를 거쳐 법인으로 유효하게 성립될 수 있다.

(1) 기본 재산

재단법인의 성격을 가진 사회복지법인을 설립하고자 하는 자는 법인설립의 필수적 요건일 뿐만 아니라 기본적인 목적사업의 수행에 필요한 기본재산을 출연하여야 한다.

사회복지법인의 재산은 기본재산과 보통재산으로 구분하며, 기본재산은 목적사업용 기본재산과 수익용 기본재산으로 구분된다. 다만, 사회복지법인이 사회복지시설의 설치운영을 목적으로 하지 아니하고, 일정한 출연재산에서 얻어지는 과실 등으로 다른 시설이나 보호대상자 등 사회복지사업법 제2조 제1항의 규정에서 정한 사회복지사업법을 지원하는 것을 목적(이하에서 '지원법인'이라 한다)으로 하는 경우에는 목적사업용 기본재산과 수익용 기본재산으로 구분하지 아니할 수도 있다.

법인의 기본재산 규모는 사회복지시설의 설치운영을 목적으로 하는 시설법인과 지원법인으로 구분하여 적용하고 있으며 시설운영법인의 경우 목적사업용 기본재산은 개별 사회복지 관계 법령의 규정에서 정하고 있는 시설 종류별 규모 이상의 시설(건물)과 부지를 갖추어야 하며, 원칙적으로 시설을 운영할 수 있는 운영비를 조달할 수 있는 수익용 기본재산을 갖추어야 한다. 지원법인(사회복지 사업법시행규칙 제13조 제2항)의 기본재산의 규모는 법인의 운영경비의 전액을 충당할 수 있는 규모의 기본재산을 갖추도록 하고 있다.

(2) 정관의 작성

법인을 설립하는 경우에는 근본규범이 되는 정관을 서면으로 작성하여야 한다. 정관의 기재사항에는 목적, 명칭, 주된 사업소의 소재지, 사업의 종류, 자산 및 회계에 관한 사항, 임원의 임면에 관한 사항, 회의에 관한 사항, 수익사업에 관한 사항, 정관의 변경에 관한 사항, 존립시기와 해당사유를 정할 때에는 그 시기와 사유 및 잔여재산의 처리방법 등 필요적 기재사항과 기타 임의적 기재사항이 있다. 필요적 기재사항은 그 하나라도 빠지면 정관으로서의 효력이 발생할 수 없다. 그러나 필요적 기재사항과 임의적 기재사항은 일단 정관에 규정되면 그 효력의 차이가 없으며, 그 변경절차도 동일하다.

(3) 설립허가

법인설립 허가 신청은 관할 시장·군수·구청장(자치구에 한함)을 거쳐 시·도지사(법인의 목적사업 범위 2개 이상 시·도에 걸치는 경우에는 보건복지부장관)에게 한다. 보건복지부 장관 또는 시·도지사(이하 '주무관청'이라 한다)는 법인의 자산규모, 정관의 내용, 설립절차의 적법성 등을 심사·검토하여 허가 여부를 결정하게 된다.

민법상 비영리법인의 설립은 주무관청의 허가를 받도록 규정되어 있으며, 이 허가는

재량행위로서 허가를 얻지 못하더라도 행정소송의 대상이 되지 못하는 것으로 보고 있
다.
　　법인설립허가신청시의 첨부서류는 다음과 같다(사회복지사업법 시행규칙 제7조).

　　① 설립취지서 1부
　　② 정관 2부
　　③ 자산에 관한 서류(재산출연증서, 재산출연자의 인감증명서, 재산평가조서, 재산
　　　　수익조서, 등기부등본 등 재산소유증명서류)
　　④ 임원에 관한 서류(임원의 취임승낙서, 이력서 및 신원증명서, 친족이 임원 총수의
　　　　1/5을 초과하지 않음을 입증하는 각서)
　　⑤ 설립 당해 년도와 다음 년도의 사업계획서 및 예산서 각 1부

(4) 설립등기

　　사회복지법인이 주무관청의 설립허가를 받은 경우에는 주된 사무소 소재지의 관할
등기소에 설립등기를 해야 한다. 설립등기는 법인의 성립요건이므로 설립허가 후 소정
기간(3주) 내에 설립등기를 하지 않으면 법인으로서 성립할 수 없다.

4) 사회복지법인의 기관

　　사회복지법인의 기관은 임원으로서 이사와 감사를 두고, 의사결정기관인 이사회를
반드시 두어야 한다. 이사는 내부적으로는 시무를 집행하고, 외부적으로는 법인을 대
표하는 기관이다. 이사는 법인의 필수기관으로서 그 선임방법 등에 관하여는 정관에 정
하여야 한다. 이사의 수는 대표이사를 포함한 5인 이상으로 하며, 그 임기는 3년으로 한
다. 또한 이사는 사회복지사업법 제19조에서 규정한 결격사유가 없어야 되고, 친족 등
은 임원총수의 1/5을 초과할 수 없으며, 주무관청에 취임보고를 하여야 한다.
　　감사는 법인의 재산이나 업무집행상태의 적정 여부를 지도·감독하는 기관이다. 감
사의 선임방법은 정관으로 정한다. 감사의 수는 2인 이상이며, 그 임기는 2년으로 한다.
이사와 마찬가지로 사회복지사업법 제19조에 정하는 결격사유가 없어야 하며, 주무관
청에 보고하고 취임한다.
　　이사회는 법인의 최고의사결정기관으로 필수적 기관이다. 이사회는 이사로 구성되

며, 그 소집방법, 권한 등은 정관에서 구체적으로 정한다. 통상적으로 이사회는 법인의 주요업무에 관하여 심의·결정한다.

5) 사회복지법인의 업무관리

사회복지법인은 사회복지사업을 수행하는 주체로서 공공성과 공익성이 강하며, 사회복지시설을 설치·운영하는 법인의 경우 그 운영비의 약90% 이상을 국민의 납세에 의한 정부보조금으로 조달하고 있으므로 이의 적정한 운영을 도모하기 위해서는 정부의 지도·감독이 필수적이며, 그 중요성이 크다고 볼 수 있다(김광병 외, 2007). 사회복지법인, 국가 또는 지방자치단체 그리고 기타 비영리법인 및 개인은 사회복지사업법 제34조와 동법 시행규칙 제20조의 규정에 의하여 국가 또는 지방자치단체 그리고 사회복지법인, 기타 비영리법인 및 개인은 시장·군수·구청장에게 신고함으로써 사회복지시설을 설치·운영할 수 있다. 다만, 보건복지부령으로 규정한 시설의 경우에는 법인, 기타 비영리법인에 한하여 시설을 설치·운영할 수 있도록 되어 있다.

사회복지사업법 제51조의 규정에 의하여 법인의 지도·감독은 법인의 업무 및 재산운영 전반에 걸쳐 할 수 있도록 되어 있다. 현재 법인 및 시설에 대한 지도감독은 법인의 설립 등 종합계획수립 및 조정의 경우는 보건복지부장관이 하고, 법인의 설립과 정관변경(목적사업의 범위가 2 이상의 시·도에 걸치는 법인은 보건복지부장관), 임원 임면 보고의 접수, 감사의 추천, 임시이사의 선임, 기본재산처분허가, 재산취득보고의 접수, 법인의 합병허가(목적사업의 범위가 2 이상의 시·도에 걸치는 법인은 보건복지부장관) 등 법인의 사후관리는 시·도지사가 한다. 그리고 시설의 설치신고 및 그 사후 관리는 시장, 군수, 구청장이 담당하도록 되어 있다.

(1) 법인업무소관 및 지도감독

사회복지사업법과 동법 시행령에 규정하고 있는 사회복지법인의 업무소관에 관한 구분은 다음과 같다. 법인의 목적사업의 범위가 2개 시·도 이상에 걸치는 사회복지법인에 대해서는 법인설립허가, 법인의 합병 허가, 법인의 설립목적 및 주요목적사업을 변경하는 정관변경의 사항은 보건복지부장관이 관할한다. 그리고 모든 사회복지법인에 대한 설립허가의 취소는 보건복지부장관이 관할한다.

법인의 목적사업의 범위가 1개 시·도인 사회복지법인에 관한 사항으로 임원의 취임

〈표 6-1〉 법인과 시설에 관한 지도감독

종 류	대 상	주 기	실시 기관
·정기감사 —조직운영 및 사업 전반 —회계감사	법인·시설	매 2년마다 1회 연 1회 이상	주무관청 주무관청 및 위임기관
·수시 지도·점검 —입·퇴소실태 등 사업	시설	연 2회 이상	시장·군수·구청장
·특별감사	법인·시설	진정, 투서, 언론보도, 정보내용 등에 의해 감사실이 필요성이 있을 때	보건복지부장관, 시·도지사, 시장·군수·구청장

자료: 김광병 외(2007: 140)

승인과 취임승인의 취소, 임시이사의 선임, 기본재산처분허가, 법인의 설립목적 및 주요 목적 사업회의 회의 정관변경허가, 사회복지시설의 비용수납의 승인의 사항은 시·도지사가 업무처리를 한다. 사회복지시설의 설치신고, 사회복지시설의 개선 또는 사업의 정지 및 시설폐쇄명령(사회복지사업법 제40조)의 경우는 시장·군수·구청장이 관할한다.

주무관청은 자체 지도·감독계획에 따라 법인과 시설에 관한 지도·감독을 다음과 같이 실시토록 되어 있다.

(2) 재무회계 관리

사회복지사업의 수행에 필요한 제 경비는 국민의 세금을 재원으로 하여 국가에서 그 대부분을 보조하고 있다. 그러므로 이 경비를 직접 집행하고 있는 사회복지법인과 시설은 건전하고 적절하게 운영되어야 하며, 국가의 정책 및 사회공익과 관련하여 일정한 책임과 의무가 따른다고 할 수 있다. 따라서 재무회계는 사회복지법인과 시설의 운영상황을 정확히 파악하고 그 결과에 대한 평가를 통하여 점차 개선해 나아갈 뿐 아니라 공익관련자로써 법인·시설의 책임과 의무에 대한 정당성을 확보함에 그 목적이 있다고 볼 수 있다.

비영리법인의 재무회계는 이윤획득을 목적으로 하는 기업의 재무회계와는 달리 사업성과의 판단척도가 손익이 아니고 보호대상자의 복지증진에 있으며, 일부 직업보도시설 등을 제외하고는 재화와 용역의 생산보다는 일반적으로 소비위주의 활동이 회계의 대상이 되고 있다.

1998. 2. 8. 사회복지법인재무회계규칙을 제정하여 사회복지법인 및 시설의 회계처리 기준을 마련하였고, 이를 3차례(1993.12.27, 1999.3.11)에 걸쳐 개정하여 시행하고 있다.

3. 비영리법인

비영리법인의 설립에는 목적의 비영리성, 설립행위(정관 작성), 주무관청의 허가, 설립등기의 4가지 요건을 갖추어야 한다. 설립행위에서 정관작성뿐 아니라 재산출연을 한다는 점에서 비영리사단법인과 비영리재단법인은 동일하다.

1) 목적의 비영리성

민법 제2조에 의하면, "학술·종교·자선·기예·사교·기타 영리 아닌 사업"을 목적으로 하여야 한다. 영리가 아닌 사업이면 되고, 반드시 공익을 목적으로 할 필요는 없다.

2) 설립행위

사단법인을 설립하려면, 설립자가 일정한 사항을 기재한 정관을 작성하여 기명날인하여야 한다. 정관이란 법인의 조직과 활동을 정한 근본 규칙이다. 민법은 그 설립자의 수에 관해 규정하고 있지는 않으나, 사단의 성질상 2인 이상이어야 한다. 그리고 정관의 작성에는 설립자들이 반드시 기명날인을 하여야 한다. 정관의 작성은 사단법인의 설립행위이다.

정관작성은 서면에 의하는 요식행위이며, 장래에 성립할 사단에 법인격 취득의 효과를 발생시키려는 의사표시이다. 정관에는 필요적 기재사항과 임의적 기재사항이 있다. 필요적 기재사항은 목적, 명칭, 사무소의 소재지, 자산에 관한 규정, 이사의 임면에 관한 규정, 사원자격의 득실에 관한 규정, 존립 시기나 해산사유를 정하는 때에는 그 시기 또는 사유가 그것이다. 필요적 기재사항은 정관에 반드시 기재하여야 하고 이것을 빠뜨리면 그 정관은 무효이다. 반면, 임의적 기재사항은 필요적 기재사항 이외의 사항으로 그 내용에 특별한 제한은 없다. 이것도 일단 정관에 기재되면 필요적 기재사항과 마찬가지의 효과를 가지며, 그 변경에는 정관변경의 절차를 거쳐야 한다.

재단법인의 설립자는 일정한 재산을 출연하고, 일정한 사항이 기재된 정관을 작성하여 기명날인하여야 한다. 다만, 재단법인의 경우 사원자격의 득실에 관한 규정, 법인의 존립시기나 해산사유는 필요적 기재사항이 아니다. 그러나 재단법인의 설립자가 필요적 기재사항 중 가장 중요한 목적과 자산만 정하고, 그 밖의 경미한 사항을 정하지 않은 경우 이해관계인이나 검사의 청구에 의해 법원이 이를 정하도록 하고 있다(민법 제44조). 정관의 작성 이외에 재산을 출연하여야 하는 점에서 재단법인 설립행위는 사단법인의 그것과 근본적으로 다르다. 재단법인의 설립행위는 설립자가 일정한 재산을 출연하고 서면으로 정관을 작성하여야 하는 요식행위이며, 그 실질은 재단에 법인격을 주려고 하는 법률행위이고, 그 중에서도 상대방 없는 단독행위이다. 재단법인의 설립자는 1인이라도 좋고, 2인 이상이라도 상관없다.

3) 주무관청의 허가(허가주의)

사단법인의 설립은 주무관청의 허가가 있어야 한다. 즉 허가주의를 취하는데, 현행 민법은 공익사업을 표방하면서 실은 악용하는 사례가 많기 때문에 허가주의를 채택하였다. 주무관청의 허가는 그 본질상 주무관청의 자유재량에 속하는 것으로써, 그 허가 여부에 대해 다툴 수 없다.

4) 설립등기

자연인에 비해 법인의 존재나 내용은 일반 제3자가 알 수 없어 이를 공시할 필요가 있고, 또 법인의 설립과 같이 다수의 이해관계인이 관여하는 경우에 개별적으로 그 선의·악의 또는 대항력의 유무를 판단한다는 것은 원활한 거래에 장애가 되므로 민법 제33조는 "법인은 그 주된 사무소의 소재지에서 설립등기를 함으로써 성립한다"고 정한다. 설립등기의 절차는 비송사건절차법에 의한다. 즉 법인의 사무소 소재지를 관할하는 지방법원 또는 등기소가 관할등기소가 되고, 등기소에는 법인등기부를 비치하여야 하며, 법인을 대표하는 자가 신청서를 정관, 이사의 자격을 증명하는 서면, 주무관청의 허가서, 재산목록을 첨부하여 신청하여야 한다.

7

사회복지사의 법적 지위와 권한

제1절 사회복지사의 의의 및 자격관리

사회복지영역에 있어 효과성과 효율성을 보장하기 위해 전문적인 지식과 기술을 갖춘 인적 자원의 양성이 필요하게 되었으며, 이에 따라 국가는 법률을 통해 사회복지사 자격제도를 갖추어 사회복지사를 관리·육성하고 있다. 사회복지법에서는 사회복지의 자격 및 관리에 대한 규정을 두고 있다.

1. 사회복지사의 정의

사회복지사란 사회복지에 관한 전문지식과 기술을 가진 자로서, 사회복지사업법에 의거하여 보건복지부장관으로부터 자격증을 교부받은 자를 말한다. 사회복지사는 문제나 욕구를 가진 개인이나 집단을 대상으로 그들의 문제를 해결하거나 욕구를 충족시키기 위하여 구체적인 실천계획을 체계적으로 수립·집행·평가·환류하고, 개별적·집단적 상담 등을 통하여 정신적·육체적·경제적 원조를 제공한다(김광병 외, 2007).

2. 사회복지사의 자격

사회복지사 자격제도는 사회복지에 관한 소정의 전문지식과 기술을 가진 자에게 사회복지사 자격을 부여하고, 이들에게 복지업무를 담당토록 함으로써, 아동·청소년·노인·장애인 등 보호가 필요한 사람들에게 전문적이고 체계적인 복지서비스를 제공하기 위해 마련되었다. 사회복지사의 등급 1·2·3급으로 하며, 등급별 자격기준은 서로 다르다. 보건복지부장관은 사회복지에 관한 전문지식과 기술을 가진 자로서 금치산자, 한정치산자 등 대통령령이 정하는 결격사유에 해당되지 아니한 자에게 사회복지사의 자격증을 교부할 수 있다.

사회복지사의 자격에는 일반적 자격기준과 학력을 기준으로 한 등급별 자격기준이 있다.

첫째, 일반적 자격기준이다. 일반적 자격기준은 사회복지사의 등급에 관계없이 모두 적용되는 자격요건이다. 사회복지사업법 및 동법 시행령에 따르면, 한정치산자 또는 금치산자, 파산선고를 받고 복권되지 아니한 자, 금고 이상의 형의 선고를 받고 그 집행이 종료되지 아니하였거나 집행을 받지 아니하기로 확정되지 아니한 자, 법률 또는 법원의 판결에 의하여 자격이 상실 또는 정지된 자는 사회복지사가 될 수 없다. 한국사회복지사협회에서는 자격증을 교부할 때 별도로 신원조회를 하여 사회복지사 자격 결격사유에 해당되는지 여부를 파악해야 한다.

둘째, 학력을 기준으로 한 등급별 자격기준이다. 사회복지사는 사회복지에 관한 전문지식과 기술을 갖추어야 한다. 이와 관련하여 1998년 사회복지사업법을 개정하였다. 개정법령에서 사회복지사의 전문성을 높이기 위하여 2003년부터 사회복지사 1급은 국가시험에 합격한 자에게 부여하며 학부제, 복수전공제 등 교육제도의 변화에 따라 사회복지사 자격요건을 학과 중심에서 이수교과목 중심으로 조정하였다.

2003년 이후 적용되는 학력 기준으로 한 등급별 자격기준의 주요 내용은 <표 7-1>과 같다.

〈표 7-1〉 사회복지사의 등급별 자격기준

등급	자 격 기 준
1급	법 제11조 제3항의 규정에 의한 국가시험에 합격한 자
2급	가. 고등교육법에 의한 대학원에서 사회복지학 또는 사회사업학을 전공하고 석사학위 또는 박사학위를 취득한 자. 다만, 대학에서 사회복지학 또는 사회사업학을 전공하지 아니하고 동 석사학위를 취득한 자는 보건복지부령이 정하는 사회복지학 전공교과목과 사회복지관련 교과목 중 필수6과목 이상(대학에서 이수한 교과목을 포함하되, 대학원에서 4과목 이상을 이수하여야 한다), 선택과목 2과목 이상을 각각 이수한 때에 한하여 사회복지사 자격을 인정한다. 나. 고등교육법에 의한 대학에서 보건복지부령이 정하는 사회복지학 전공교과목과 사회복지관련 교과목을 이수하고 학사학위를 취득한 자. 다. 법령에서 고등교육법에 의한 대학을 졸업한 자와 동등 이상의 학력이 있다고 인정하는 자로서 보건복지부령이 정하는 사회복지학 전공과목과 사회복지관련 교과목을 이수한 자. 라. 고등교육법에 의한 전문대학에서 보건복지부령이 정하는 사회복지학 전공교과목과 사회복지 관련 교과목을 이수하고 졸업한 자. 마. 법령에서 고등교육법에 의한 전문대학을 졸업한 자와 동등이상의 학력이 있다고 인정하는 자로서 보건복지부령이 정하는 사회복지학 전공교과목과 사회복지관련 교과목을 이수한 자. 바. 고등교육법에 의한 대학을 졸업하거나 이와 동등 이상의 학력이 있는 자로서 보건복지부장관이 지정하는 교육 훈련기관에서 12주 이상 사회복지사업에 관한 교육훈련을 이수한 자. 사. 사회복지사 3급 자격증 소지자로서 3년 이상 사회복지사업의 실무경험이 있는 자.
3급	가. 고등교육법에 의한 전문대학을 졸업한 자 또는 법령에서 이와 동등 이상의 학력이 있다고 인정하는 자로서 보건복지부장관이 지정하는 교육훈련기관에서 12주 이상 사회복지사업에 관한 교육훈련을 이수한 자. 나. 고등학교를 졸업하거나 이와 동등 이상의 학력이 있는 자로서 보건복지부장관이 지정하는 교육훈련기관에서 24주 이상 사회복지사업에 관한 교육훈련을 이수한 자. 다. 3년 이상 사회복지사업의 실무경험이 있는 자로서 보건복지부장관이 지정하는 교육훈련 기관에서 24주 이상 사회복지사업에 관한 교육훈련을 이수한 자. 라. 법 제2조 제1항의 규정에 의한 업무에 8급 이상 또는 8급 상당 이상으로 3년 이상 종사한 공무원으로서 보건복지부장관이 지정하는 교육기관에서 4주 이상 사회복지사업에 관한 교육훈련을 이수한 자.

비고: 외국의 대학 또는 대학원에서 사회복지학 또는 사회사업학을 전공하고 학사 학위 이상의 학위를 취득한 자로서 등급별 자격기준과 동등한 학력이 있다고 보건복지부장관이 인정하는 경우에는 해당 등급의 사회복지사 자격증을 교부할 수 있다.

3. 사회복지사 1급 국가시험

2003년부터 사회복지사 1급의 자격증을 교부받고자 하는 자는 국가시험에 합격하여야 한다. 국가시험은 보건복지부장관이 매년 1회 이상 시행하되, 시험의 관리는 대통령령이 정하는 바에 의하여 시험관리능력이 있다고 인정되는 관계전문기관에 위탁할 수 있다. 현재는 사단법인 한국사회복지사협회가 국가시험을 위탁받아 관리하고 있다.

보건복지부장관은 국가시험의 관리를 위탁한 때에는 그에 소요되는 비용을 예산의 범위 안에서 보조할 수 있으며, 시험의 관리를 위탁받은 기관은 보건복지부령이 정하는 금액을 응시수수료로 징수할 수 있다. 시험의 과목·응시자격 등 시험 실시에 관하여 필요한 사항은 대통령령으로 정한다.

1) 응시자격

(1) 고등교육법에 의한 대학원에서 사회복지학 또는 사회사업학을 전공하고 석사학위 또는 박사학위를 취득한 자. 다만, 대학에서 사회복지학 또는 사회사업학을 전공하지 아니하고 동 석사학위를 취득한 자는 보건복지부령이 정하는 사회복지학 전공교과목과 사회복지 관련 교과목 중 사회복지현장실습을 포함한 필수과목 6과목 이상(대학에서 이수한 교과목을 포함하되, 대학원에서 4과목 이상을 이수하여야 한다), 선택과목 2과목 이상을 각각 이수하여야 한다.

(2) 고등교육법에 의한 대학에서 보건복지부령이 정하는 사회복지학 전공교과목과 사회복지관련 교과목을 이수하고 학사학위를 취득한 자.

(3) 법령에서 고등교육법에 의한 대학을 졸업한 자와 동등 이상의 학력이 있다고 인정하는 자로서 보건복지부령으로 정하는 사회복지학 전공과목과 사회복지관련 교과목을 이수한 자.

(4) 외국의 대학 또는 대학원에서 사회복지학 또는 사회사업학을 전공하고 학사학위 이상을 취득한 자로서 제1호 및 제2호의 자격과 동등하다고 보건복지부장관이 인정하는 자.

(5) 별표 1의 사회복지사 2급 자격기준이란 '라'목 내지 '사'목에 해당하는 자로서 시험일 현재 1년 이상 사회복지사업의 실무경험이 있는 자.

2) 시험방법·시험과목·시험위원·합격자 결정

(1) 시험방법

시험관리기관의 장은 제1항의 규정에 의한 시험을 실시하고자 하는 때에는 미리 보건복지부장관의 승인을 얻어 시험일시·시험장소·시험과목·응시원서의 제출기간, 기타 필요한 사항을 시험일 30일전까지 공고하여야 한다. 시험은 필기시험의 방법에 의하여 실시한다.

(2) 시험과목

사회복지사 1급 국가시험의 과목은 2004. 7. 31. 사회복지사업법시행령의 개정을 통해 2005년에 시행된 제3회 사회복지사 1급 국가시험부터 적용하고 있다. 응시과목, 교과내용 및 문항수는 다음과 같다(김기원, 2004).

〈표 7-2〉국가시험 과목(필수 3과목)

과 목	과목에 포함되는 교과내용	문항수	비 고
사회복지기초	인간행동과 사회환경 사회복지조사론	60개	※모든 응시과목에서 사회복지 각 분야론의 응용문제를 반영하여 출제한다. ※시험시간은 총 240분으로 한다.
사회복지실천	사회복지실천론 사회복지실천기술론 지역사회복지론	90개	
사회복지정책과 제도	사회복지정책론 사회복지행정론 사회복지법제론	90개	
총 문항수		240개	

(3) 시험위원

시험관리기관장은 시험을 시행하고자 하는 때에는 시험과목별로 전문지식을 갖춘 자 중에서 시험위원을 위촉한다.

(4) 합격자 결정

합격자는 매과목 4할 이상, 전과목 6할 이상을 득점한 자로 한다.

3) 사회복지학 전공교과목과 사회복지 관련 교과목

사회복지사자격증 취득의 전제요건이 되는 보건복지부령이 정하는 사회복지학 전공교과목과 사회복지 관련 교과목은 <표 7-3>과 같으며, 예시된 교과목의 명칭이 동일하지 않더라도 교과목의 내용이 동일하다고 보건복지부장관이 인정하는 경우 동일 교과목으로 본다.

<표 7-3> 사회복지학 전공교과목과 사회복지 관련 교과목

필수 과목 (10)	사회복지개론, 인간행동과 사회환경, 사회복지정책론, 사회복지법제론, 사회복지실천론, 사회복지실천기술론, 사회복지조사론, 사회복지행정론, 지역사회복지론, 사회복지현장실습
선택 과목 (4)	아동복지론, 청소년복지론, 노인복지론, 장애인복지론, 여성복지론, 가족복지론, 산업복지론, 의료사회사업론, 학교사회사업론, 정신건강론, 교정복지론, 사회보장론, 사회문제론, 자원봉사론, 프로그램개발과 평가, 사회복지발달사, 사회복지윤리와 철학 중 4과목 이상

4. 사회복지사의 결격사유

결격사유(缺格事由)란 법률상 어떠한 자격을 상실하게 되는 사유로 일반적으로 법률에 결격사유로써 명시적으로 규정되고, 그 사유에 해당되는 사람은 당연히 그 자격을 상실하도록 되어 있기 때문에 이를 소극적 요건이라고 한다(김기원, 2004).

사회복지사업법 시행령 제1조에 의하면, 사회복지사가 법률상 자격을 상실하게 되는 결격사유로 다음과 같은 사유를 들고 있다. 첫째, 금치산자(禁治産者) 또는 한정치산자(限定治産者)이다. 금치산자는 심신상실(心神喪失)의 상태에 있는 사람으로서 법원으로부터 재산의 처분을 금지하는 금치산의 선고를 받은 사람이다. 심신상실의 상태에 있다는 것은 정신에 장애가 있어서 때로는 정상으로 돌아가는 일이 있다 하더라도 대체로 정상의 판단능력을 잃은 상태에 있음을 말한다. 금치산자는 법률행위를 할 수 없으며, 법률행위를 했다 하더라도 언제든지 취소할 수 있다. 한정치산자는 심신(心神)이 박약(薄弱)하거나, 재산의 낭비로 자기나 가족의 생활을 궁박(窮迫)하게 할 염려가 있는 자로서 법원으로부터 재산관리행위능력을 제한하는 한정치산의 선고를 받은 자이다. 한정치산자의 행위능력은 미성년자의 그것과 동일하여, 법률행위를 하려면 원칙적으로 법정대리인인 후견인의 동의를 얻어야 하며, 동의 없이 한 경우에는 그 행위를 취소할 수 있다.

둘째, 파산선고를 받고 복권되지 아니한 자이다. 파산(破産)이란 채무자가 경제적으로 파탄상태에 빠졌을 때 그 총재산으로 총채권자에게 공평한 만족을 주는 재판상 절차로 파산원인이 있다고 인정되면 법원은 파산선고를 한다.

셋째, 금고(禁錮) 이상의 실형의 선고를 받고 그 집행이 종료되지 아니하였거나 그 집행을 받지 아니하기로 확정되지 아니한 자이다. 금고 이상의 형벌이란 수형자에게 정역, 즉 강제노역을 과하지 않고 수형자를 형무소에 구금하는 금고, 수형자를 형무소 내에 구치하여 정역에 복무하게 하는 징역(懲役), 사형을 의미한다.

넷째, 법률 또는 법원의 판결에 의하여 자격이 상실 또는 정지된 자이다.

5. 사회복지사 채용

사회복지사의 채용은 민간복지 분야와 공공복지 분야로 나뉜다.

1) 민간 복지 분야의 사회복지사 채용

(1) 의무채용

사회복지사업법 개정 이전의 구법에서는 사회복지시설 종사자 총수의 1/3 이상을 사회복지사로 채용하도록 하는 의무규정을 두었으나, 제3차 개정에서는 직무내용에 따라 사회복지사를 채용하도록 규정하고 있다. 사회복지법인 및 사회복지시설을 설치 운영하는 자는 당해 법인 또는 시설에서 i) 사회복지프로그램의 개발 및 운영업무, ii) 시설 거주자의 생활지도업무, iii) 사회복지를 필요로 하는 사람에 대한 상담업무에 종사하는 자는 사회복지사로 채용하여야 한다. 만일 이 규정을 위반하는 자는 300만원 이하의 벌금에 처한다(사회복지사업법 제55조).

(2) 의무채용 예외

의무채용에 대해서 대통령령이 정하는 사회복지시설은 예외를 두고 있다. '대통령령이 정하는 사회복지시설'은 노인복지법에 의한 노인 여가복지시설(노인복지회관은 제외), 장애인복지법에 의한 점자도서관 점서 및 녹음서 출판시설, 영유아보육법에 의한 보육시설, 유락행위등방지법에 의한 여성복지상담소 일시보호소 및 자립자활시설,

정신보건법에 의한 정신질환자사회복귀시설 및 정신요양시설, 성폭력범죄의 처벌 및 피해자보호 등에 관한 법률에 의한 성폭력피해상담소를 포함한다.

2) 공공복지 분야의 사회복지사 채용 : 사회복지전담공무원

사회복지사업에 관한 업무를 담당하게 하기 위하여 시·도, 시·군·구 및 읍·면·동 또는 복지사무전담기구에 사회복지전담공무원을 둘 수 있다. 사회복지전담공무원은 사회복지사의 자격을 가진 자로 하며, 그 임용 등 기타 필요한 사항은 지방공무원임용령으로 정한다. 사회복지전담공무원은 그 관할지역 안의 사회복지를 필요로 하는 사람 등에 대하여 항상 그 생활실태 및 가정환경 등을 파악하고, 사회복지에 관하여 필요한 상담과 지도를 행한다.

제2절 사회복지사의 법적 지위

사회복지사의 법적 지위 또는 신분은 공공기관의 사회복지사와 민간기관의 사회복지사로 구분하여 규정하여야 한다(김기원, 2004).

1. 공공기관 사회복지사(사회복지전담공무원)의 법적 지위

공공기관에 근무하는 사회복지사는 주로 사회복지전담공무원을 의미한다. 사회복지전담공무원에 대한 법적 신분에 대해 현행법에서는 별도로 직접 규정한 내용은 없다. 다만 지방공무원법 제2조 및 지방공무원법 제2조의 공무원 구분에 따르면, 공무원 경력직 공무원과 특수경력직 공무원으로 나누는데, 사회복지전담공무원은 이 가운데 경력직 공무원에 속한다. ① 경력직 공무원은 실적과 자격에 의하여 임용되고, 그 신분이 보장되며, 평생토록 공무원으로 근무할 것이 예정되는 공무원을 말한다. 경력직 공무원은 ㉮ 기술·연구 또는 행정 일반에 대한 업무를 담당하며, 직군·직렬로 분류되는 공무원인 일반직 공무원, ㉯ 법관·검사·외무공무원·경찰공무원·소방공무원·교육공무원·군인·군무원 및 국가정보원장의 직원과 특수 분야의 업무를 담당하는 공무원으로서 다른 법률이 특정직 공무원으로 지정하는 공무원인 특정직공무원, ㉰기능적인 업무를 담당하며, 그 기능별로 분류되는 공무원인 기능직 공무원으로 구분된다. ② 특수경력직 공무원은 경력직공무원 이외의 공무원으로 정무직 공무원, 별정직 공무원, 계약직 공무원, 고용직 공무원으로 나눈다.[2]

경력직 공무원과 특수경력직 공무원은 채용조건, 임용절차 등이 다르기 때문에 법적 지위도 다르다.

사회복지 전담공무원은 이 가운데 경력직 공무원에 속한다. 경력직 공무원 가운데 일반직 공무원에 속하며, 일반직 공무원 가운데 사회복지직렬에 속한다. 또한 일반직 공무원 가운데 국가공무원, 즉 중앙공무원이 아니라 지방공무원에 속한다. 국가공무원은 행정자치부 국가직 시험에 임용되어 각급 국가(중앙)산하 기관에서 근무하는 공무원을 말하며, 반면 지방공무원은 지방자치단체, 즉 특별시·광역시 및 도청에서 주관하여 임용된 자로 지방사무를 담당하는 공무원을 말한다.

국가직 공무원과 지방직 공무원의 차이는 시험을 시행하는 기관이 다르며, 근무하는 곳이 다를 뿐 업무 면에서나 보수 면에서는 별다른 차이가 없다.

사회복지전담공무원은 우선 경력직 공무원으로서 법적 지위를 갖는다. 경력직 공무원이란 실적과 자격에 의하여 임용되고 그 신분이 보장되어, 평생토록 공무원으로 근무할 수 있음이 예정되는 공무원을 말한다.

---

2) 1. 정무직 공무원
    가. 선거에 의하여 취임하거나 임명에 있어서 국회의 동의를 요하는 공무원
    나. 감사원의 원장·감사위원 및 사무총장, 국회의 사무총장·차장·도서관장 및 의정연수원장, 헌법재판소 의 재판관·사무처장 및 차장, 중앙선거관리위원회의 상임위원·사무총장 및 차장
    다. 국무총리, 국무위원, 처의 처장, 각 부의 차관, 청장(통계청장·기상청장·문화재청장·경찰청장 및 해양 경찰청장과 중앙행정기관이 아닌 청의 장을 제외한다), 국무조정실장, 차관급 상당 이상의 보수를 받는 비서관
    라. 국가정보원의 원장 및 차장, 국가과학기술자문회의의 위원장, 중앙인사위원회의 위원장
    마. 기타 다른 법령이 정무직으로 지정하는 공무원
  2. 별정직 공무원
    가. 국회수석전문위원
    나. 감사원 사무차장 및 특별시·광역시·도선거관리위원회의 상임위원
    다. 국가정보원장, 기획조정실장, 각급 노동위원회 상임위원, 해양안전심판원의 원장 및 심판관
    라. 비서관·비서, 기타 다른 법령이 별정직으로 지정하는 공무원
  3. 계약직 공무원 : 국가와 채용계약에 의하여 일정한 기간 전문지식이 요구되는 업무에 종사하는 공무원
  4. 고용직 공무원 : 단순한 노무에 종사하는 공무원

〈그림 7-1〉 공무원 구분과 사회복지전담공무원

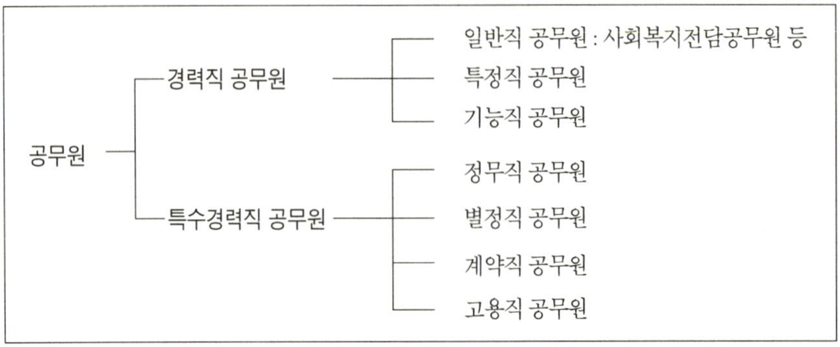

```
                              ┌─ 일반직 공무원 : 사회복지전담공무원 등
         ┌─ 경력직 공무원 ─────┼─ 특정직 공무원
         │                    └─ 기능직 공무원
공무원 ──┤
         │                    ┌─ 정무직 공무원
         └─ 특수경력직 공무원 ─┼─ 별정직 공무원
                              ├─ 계약직 공무원
                              └─ 고용직 공무원
```

자료: 김기원(2004: 202)

공무원의 지위와 신분에 대하여 헌법은 "공무원은 국민 전체에 대한 봉사자이며, 국민에 대하여 책임을 진다. 공무원의 신분과 정치적 중립성은 법률이 정하는 바에 의하여 보장된다(헌법 제7조)."고 규정하고 있다. 사회복지전담공무원은 경력직 공무원으로서 그 자격·임용·보수·연수 및 신분보장에 관하여 지방공무원법의 적용을 받게 된다.

2. 민간기관에 종사하는 사회복지사의 법적 지위

민간기관에 종사하는 사회복지사의 법적 지위는 근로자로서 갖는 지위와 전문가로서 갖는 지위로 나눌 수 있다.

1) 근로자로서 사회복지사

민간기관에 종사하는 사회복지사는 무보수로 봉사하는 자원봉사자와는 달리 사회복지 관련 민간사업장에서 임금을 목적으로 근로를 제공하는 근로자이다. 사회복지사는 정신노동에 종사하건 육체적 노동에 종사하건 아니면 양자에 겸하여 종사하건 간에 근로자로서의 법적 지위를 갖는다. 따라서 민간기관에 종사하는 사회복지사는 사용자와 원칙적으로 대등한 관계에서 근로계약을 체결하며, 조직구성원의 지위에서 업무를 수행하며, 공동의사결정에 참여한다.

근로자로서의 사회복지사는 사회복지노동시장에서 노동의 공급자로서 노동의 수요자인 법인이나 기관과 노사관계를 형성한다. 노사관계는 일반적으로 신분적 지배관계에서 사용자 우위단계를 거쳐 노사대등관계에 이르고 나아가 노사협조단계를 거치게 된다. 현재 우리나라의 사회복지현장에서 노사관계는 상당수가 노사대등관계에 있으며, 점차 노사협조단계로 발전하고 있다고 보고 있으나, 실제로 신분적 지배관계나 사용자우위단계에 머물고 있는 사회복지현장도 상당수 있다.

근로자로서 사회복지사도 사용자로서 법인이나 기관과 대등한 관계에서 동등한 지위를 누리고, 더 나아가 노사 간에 서로의 존재를 존중하는 노사협조단계로 나아갈 때 근로자로서 사회복지사의 지위는 향상될 것이다.

2) 전문가로서 사회복지사

민간사회복지기관에 종사하는 사회복지사는 사회복지에 관한 윤리와 철학, 전문지식과 기술을 갖추고, 보건복지부장관으로부터 자격증을 교부받은 자를 말한다. 사회복지사는 국가가 공인한 전문가이다. 따라서 사회복지사는 국가가 인정한 전문가로서 지위를 누린다.

사회복지사업법에서도 사회복지법인이나 시설의 일정 업무는 반드시 사회복지사로 하여금 전문성을 발휘하도록 하고 있다(사회복지사업법 제13조 및 동법시행령 제6조).

제3절 사회복지사의 권한과 책임

사회복지사의 법적 권한과 책임은 공공기관에 근무하는 사회복지전담공무원과 민간복지기관이나 시설에 근무하는 사회복지사 간에 차이가 있다(유지태, 2001).

1. 사회복지전담공무원의 법적 권한

공무원 가운데서도 사회복지전담공무원의 경우 경력직 공무원으로서 실적과 자격에 의하여 임용되고 그 신분이 보장되어, 평생토록 공무원으로 근무할 수 있음이 예정되는 공무원으로, 그에 따른 법적 권리에 준하고 있으며, 크게 신분상의 권리, 직무집행과 관련되는 권리와 재산상의 권리로 나눌 수 있다.

1) 신분상의 권리

사회복지전담공무원은 공공기관에서 사회복지사의 신분을 가지고 복지관련 업무에 근무함으로써 인정되는 신분상의 권리들이 있다. 대표적인 것이 직업공무원제도하에서의 신분보장이다. 직업공무원제도의 확립을 위해서는 공무원의 신분보장은 필수불가결한 사항이다. 헌법 제7조에는 "공무원의 신분과 정치적 중립성은 법률이 정하는 바에 의하여 보장 된다"고 규정하고 있다. 따라서 사회복지전담공무원의 신분은 헌법과 지방공무원법, 국가공무원법 등 관련 법률이 정하는 바에 따라 보장된다. 국가공무원법 제68조는 "형의 선고, 징계처분 또는 이 법에 정하는 사유에 의하지 아니하고는 그 의사에 반하여 휴직, 강임 또는 면직을 당하지 아니 한다"고 규정하고 있다. 이러한 보장은 공무원의 직무수행의 영속성을 확보하고 책임 있는 행정수행을 보장하기 위한 것으로 인정된다.

신분보장에 관한 권리의 개별적 내용으로서 공무원의 신분보장에 영향을 주는 처분에 대해서 공무원에게 인정되는 권리를 들 수 있다.

첫째, 공무원의 신분변동에 관한 처분은 법으로 정한 사유에 의해서만 가능하다.

둘째, 처분 시에는 그 사유를 기재한 처분 사유 설명서를 교부하여야 한다. 징계처분, 강임, 휴직, 직위해제 또는 면직처분을 행할 때에는 해당 공무원에게 처분의 사유를 기재한 설명서를 교부하여야 한다(국가공무원법 제75조).

셋째, 소청(所請)을 제기할 수 있는 권리이다. 소청이란 국가 또는 지방자치단체의 위법한 명령이나 처분에 의하여 불이익을 입은 자가 소청심사위원회에 심사를 청구하는 것이다.

넷째, 소송제기권(訴訟提起權)이다. 공무원의 신분에 관한 위법한 처분이 행해지는 때에는 행정소송을 제기할 수 있는 권리를 갖게 된다.

이와 같은 내용의 신분보장이 인정되는 공무원은 주로 경력직 공무원이며, 특수경력직 공무원은 이에서 제외된다. 경력직 공무원 중에서 1급 공무원은 대통령령의 정치적 판단에 의해 직권면직이 가능하도록 하고 있으며, 시보임용(試補任用) 중에 있는 공무원에 대해서도 이러한 신분보장이 인정되지 않는다. 사회복지전담공무원의 경우 경력직 공무원이기 때문에 이와 같은 신분보장이 인정된다.

2) 직무집행과 관련되는 권리

사회복지전담공무원이 직무집행과 관련하여 갖는 권리는 다음과 같다.

(1) 직무수행권

사회복지전담공무원은 그 관할 지역 안의 사회복지를 필요로 하는 사람 등에 대하여 항상 그 생활실태 및 가정환경 등을 파악하여, 사회복지에 관하여 필요한 상담과 지도를 행하는 업무를 수행한다.

사회복지전담공무원이 공무원으로서의 신분을 가지고 직무를 수행하는 경우에는 그 직무의 공익적 성격으로 인해 자신의 직무를 집행할 정당한 권리를 갖게 된다. 따라서 당해 직무집행을 방해하는 경우에는 형법상의 공무집행방해죄를 구성하게 된다.

(2) 직위보유권

직위보유권은 자신에게 적합한 일정한 직위를 부여받을 권리와, 자기에게 부여된 직위가 법이 정한 일정한 이유와 절차에 의하지 아니하고는 박탈당하지 않을 권리이다. 일반적으로 직위부여는 당해 공무원의 능력과 적성에 맞게 부여되는 것이 바람직하나, 각 부서의 인적 사정이나 국가 전체의 공무원수급계획 등에 의해 현실적으로 제약을 받게 될 수가 있다. 사회복지사업법 제14조에서는 시·도, 시·군·구 및 읍·면·동 또는 복지사무전담기구에서 사회복지사업에 관한 업무를 사회복지전담공무원이 담당하도록 하고 있다.

3) 재산상의 권리

공무원으로서의 사회복지사는 다음과 같은 보수청구권, 연금청구권, 실비변상을 받을 권리 등 경제적 의미의 권리를 갖는다.

(1) 보수청구권

공무원이 국가나 지방자치단체에 대해서 청구할 수 있는 보수는 봉급과 기타 각종 수당을 합산한 금액을 말한다. 이때의 보수는 제공된 직무수행의 대가로서의 성질과 생활보장적인 성질 그리고 공무수행의 공정성 확보 모두를 포함하고 있다. 따라서 보수를 결정함에 있어서는 '일반의 표준생계비, 민간의 임금, 기타 사정을 고려하여' 결정하게 되며(국가공무원법 제46조), 다른 한편으로 현실에 있어서 직무집행의 공정성과 성실한 직무수행을 보장하는 기능을 하게 됨도 간과할 수 없다.

공무원의 보수는 봉급과 수당으로 나누어진다. 봉급은 공무원에게 지급되는 기본급여로서 직무의 곤란성, 책임의 정도 및 재직기간 등에 따라 계급별, 호봉별로 지급된다. 수당은 예산의 범위 안에서 공무원에게 지급되는 봉급 이외의 보수로서, 이에는 직무수당, 상여수당, 특수근무지수당, 특수근무수당, 명예퇴직수당 등이 있다. 또한 근무성적이 우수한 공무원에 대하여는 특별상여수당을 지급할 수 있도록 하고 있다.

사회복지전담공무원은 자신의 직무수행의 대가로 국가를 상대로 보수를 청구할 권리를 갖는다. 보수청구권은 공무원법 관계에서 발생하는 공권이므로 이에 관한 소송유형은 행정소송으로써 공법상의 당사자 소송에 의하여야 하지만 소송실무상은 민사소송에 의하고 있다.

보수청구권은 생활보장적 성격을 가지므로 민사소송상의 압류에 있어서 1/2을 넘는 액수는 압류가 제한된다. 보수청구권은 국가에 대한 권리로써 금전의 급부를 목적으로 하는 것이므로 그 소멸시효는 예산회계법 규정에 의하여 5년의 소멸시효에 해당한다.

(2) 연금청구권

사회복지전담공무원은 공무원연금을 청구할 권리를 갖는다. 사회복지전담공무원은 재직기간 동안 기여금을 납부하고, 기여에 상응하여 구체적 권리로서 연금청구권을 갖는다.

공무원연금급여를 받을 권리는 이를 양도, 압류하거나 담보에 제공할 수 없다. 다만, 연금급여를 받을 권리는 이를 대통령령이 정하는 금융기관에 담보로 제공할 수 있고, 국세징수법·지방세법·기타 법률에 의한 체납처분의 대상으로 할 수 있다.

(3) 실비변상을 받을 권리

사회복지전담공무원은 보수를 받는 이외에 규칙 또는 대통령령이 정하는 바에 따라 직무수행에 소요되는 실비를 변상 받을 권리가 있다. 이러한 실비로는 직무수행을 위한 회의참석수당, 자가운전수당, 여비규정에 의한 운임, 숙박료, 식비 등을 지급받는 경우를 들 수 있다.

4) 기타 권리

(1) 교육을 받을 권리

사회복지전담공무원은 전문가로서의 자질을 향상시키기 위하여 필요한 지도와 훈련을 받을 권리가 있다. 이 권리는 구체적 권리라기보다는 프로그램규정적 권리로서 보건복지부의 예산이 허락하는 범위 내에서 누릴 수 있는 권리이다.

(2) 사생활의 비밀과 자유의 권리

사회복지전담공무원은 헌법상 보장된 사생활의 비밀과 자유를 침해받지 아니할 권리를 갖는다. 사회복지전담공무원은 상명하복의 관료제조직 내에서 근무를 하지만, 사생활의 내용을 침해받지 아니하고, 자신이 원하는 대로 자유로운 활동과 생활을 영위할 권리를 갖는다.

5) 사회복지전담공무원의 법적 권한의 제한

사회복지전담공무원의 법적 권한은 국가안전보장·질서유지 또는 공공복리를 위하여 필요한 경우에 한하여 법률로써 제한할 수 있으며, 제한하는 경우에도 자유와 권리의 본질적인 내용은 침해할 수 없다.

사회복지전담공무원은 헌법상 보장된 근로3권(단결권, 단체교섭권, 단체행동권)또는 근로기본권을 제한을 받는다. 헌법 제33조에는 공무원이 근로자는 법률이 정하는 자에 한하여 단결권·단체교섭권 및 단체행동권을 가진다고 규정하고 있어 사회복지전담공무원의 근로3권을 제한하고 있다.

사회복지전담공무원의 지원자격이 사회복지사자격증 소지자에 한정되므로, 사회

복지사업법 시행령 제1조 제2항의 사회복지사 결격사유에 해당할 경우 사회복지전담
공무원은 그 자격을 상실하게 된다.

2. 민간사회복지기관 사회복지사의 법적 권한

민간사회복지기관에 종사하는 사회복지사의 법적 권한은 국가의 법으로 명확히 규
정되어 있지 않으며, 대부분 각 복지기관의 정관이나 기관운영규정에 의해 부여받고 있
다. 또한 이는 개별적으로 사회복지사가 법인이나 시설과 맺은 근로계약의 내용에 따라
서도 차이가 있다. 따라서 일반적으로 이들의 법적 권한을 규정하기 어렵다. 다만 이들
모두가 근로자이기 때문에 근로자로서 근로기준법에 보장된 법적 권한과 사회복지전
담공무원이 갖고 있는 법적 권한 등을 참고하여 이들의 법적 권한을 논할 수 있다.

1) 신분상의 권리

(1) 신분보장과 관련되는 권리

민간사회복지기관에 종사하는 사회복지사의 신분보장은 공무원인 사회복지전담공
무원이 국가공무원이나 지방공무원법과 같이 국법에 의해 보장받는 것과는 달리 주로
법인의 정관에 따라 신분보장을 받는다. 민간사회복지기관에 종사하는 사회복지사의
신분보장을 위한 권리로는, 첫째 자신의 의사에 반하여 신분조치를 받지 않을 권리, 둘
째 일정 기일 전에 사전에 면직예고를 받을 권리, 셋째 사회복지사가 직권면직, 직권휴
직, 징계처분 등 본인의 의사에 반하여 불리한 처분을 받을 경우에는 이의신청을 하고
심사결과를 통보받을 권리 등이 있다.

(2) 직무집행과 관련되는 권리

사회복지사는 자신에게 적합한 일정한 직무와 책임을 부여받을 권리를 가지며, 부여
된 직무를 수행할 권리를 가진다. 단 직무수행능력이 부족하거나 근무성적이 극히 불량
하거나 직원으로서의 근무태도가 심히 불성실한 경우에는 직위를 부여하지 않을 수 있
다.

2) 재산상의 권리

사회복지사는 자신이 제공한 직무수행의 대가로 보수를 청구할 권리를 갖는다. 보수는 직무수행의 대가로서만이 아니라 생활보장적인 성격과 공무수행의 공정성 확보라는 차원에서 고려되어야 한다.

사회복지사는 연금청구권을 가지며, 국민연금을 청구할 권리를 갖는다. 사회복지사는 국민연금에 당연가입하고, 재직기간 동안 기여금을 납부한 후 기여에 상응하여 구체적 권리로써 연금을 청구할 권한을 갖는다.

사회복지사는 보수를 받는 이외에 기관운영규정에 따라 직무수행에 소요되는 실비를 변상 받을 권리가 있다. 이러한 실비로는 직무수행을 위한 회의참석수당, 자가운전수당, 여비규정에 의한 운임, 숙박료, 식비 등을 지급받는 경우를 들 수 있다.

3) 근로3권

민간복지기관에 근무하는 사회복지사는 헌법상 보장된 근로3권을 갖는다. 헌법 제33조는 근로자는 근로조건의 향상을 위하여 자주적인 단결권, 단체교섭권, 그리고 단체행동권을 가진다고 규정하고 있다. 노동조합 및 노동관계조정법 제1조에서도 근로자의 단결권·단체교섭권 및 단체행동권을 보장함을 명시하고 있다.

4) 사생활의 비밀과 자유의 권리

사회복지사는 사생활의 비밀과 자유를 향유할 수 있는 권리를 갖는다. 사회복지사는 헌법상 보장된 사생활의 비밀과 자유를 침해받지 아니할 권리를 갖는다.

3. 사회복지사의 법적 권한의 한계

사회복지사의 법적 권한은 국가안전보장 질서유지 또는 공공복리를 위하여 필요한 경우에 한하여 법률로써 제한할 수 있으며, 제한하는 경우에도 자유와 권리의 본질적인 내용은 침해할 수 없다. 기관에 종사하는 사회복지사에게 사회복지사로서의 결격사유가 발생할 경우 사회복지사로서의 법적권한은 상실하게 된다.

4. 사회복지사의 법적 의무

1) 사회복지사업법상 사회복지사의 의무

사회복지업무에 종사하는 사람은 그 업무를 행함에 있어서 사회복지를 필요로 하는 사람을 위하여 차별 없이 최대로 봉사하여야 한다는 최대봉사의 원칙을 규정하고 있다(사회복지사업법 제5조). 또한 비밀누설금지를 의무화하고 있다. 사회복지사업 또는 사회복지업무에 종사하였거나 종사하고 있는 자는 그 업무수행의 과정에서 알게 된 다른 사람의 비밀을 누설하여서는 아니 될 의무가 있다(사회복지사업법 제47조).

2) 사회복지전담공무원의 의무

사회복지전담공무원은 공무원으로서 부여된 의무가 있다. 이는 크게 일반적 의무와 직무상 의무로 나뉜다.

(1) 일반적 의무

사회복지전담공무원의 일반적 의무에는 선서의무, 성실의무, 품위유지의무, 그리고 청렴의무 등이 있다.

① 선서의무

사회복지공무원은 취임할 때에 소속기관장 앞에서 대통령령이나 규칙이 정하는 바에 따라 선서를 하여야 한다.

<table>
<tr><td>

선서문

선서
본인은 공직자로서 긍지와 보람을 가지고 국가와 국민을 위하여 신명을 바칠 것을 다짐하면서 다음과 같이 선서합니다.

1. 본인은 법령을 준수하고 상사의 직무상 명령에 복종한다.
1. 본인은 국민의 편에 서서 정직과 성실로 직무에 전념한다.
1. 본인은 창의적인 노력과 능동적인 자세로 소임을 완수한다.
1. 본인은 재직 중은 물론 퇴직 후에라도 직무상 알게 된 기밀을 절대 누설하지 아니한다.
1. 본인은 정의의 실천자로서 부정의 발본에 앞장선다.

</td></tr>
</table>

자료: 국가공무원복무규정

② 성실의무

사회복지공무원은 성실히 직무를 수행하여야 한다. 이는 자신의 전인격과 양심을 바쳐서 성실히 직무를 수행하여야 하는 것을 의미한다. 이는 구체적인 법적 의무로 위반하면 징계의 사유가 된다.

③ 품위유지의무

사회복지공무원은 직무의 내외를 불문하고 그 품위를 손상하는 행위를 하여서는 안된다. 이때의 품위는 주권자인 국민의 수임자로서 직책을 맡아 수행해나가기에 손색이 없는 인품을 말한다. 예를 들면, 축첩행위, 도박행위, 아편이나 알코올중독행위 등은 품위유지의무 위반이 된다.

④ 청렴의무

사회복지공무원은 직무와 관련하여 직접 또는 간접을 불문하고 사례, 증여 또는 향응을 수수할 수 없으며, 직무상의 관계여하를 불문하고 그 소속상관에게 증여하거나 소속공무원으로부터 증여를 받아서는 안 된다. 이는 품위유지의 경제적 측면에서 강조한 것으로 볼 수 있다.

(2) 직무상 의무

① 법령준수의무

사회복지공무원뿐만 아니라 모든 공무원은 직무집행에 있어서 법령을 준수하여야 한다. 이는 공무원의 직무수행에 있어서 가장 기본적인 의무로서, 위반의 경우에는 내부적으로 징계의 사유가 됨은 물론 외부적으로 손해배상이나 형벌의 효과를 야기하게 된다.

② 복종의무

사회복지공무원은 직무를 수행함에 있어서 소속상관의 직무상의 명령에 복종하여야 한다. 소속상관이란 직무를 지휘, 감독할 권한이 있는 사람을 말하는 것으로서, 직무상의 소속상관을 의미한다. 직무명령이란 소속상관이 직무와 관련하여 당해 공무원에 대하여 발하는 명령을 말한다. 이는 상급공무원이 하급공무원에 대한 명령이라는 점에서, 상급관청이 하급관청에 대하여 발하는 훈령(訓令)과 구별된다.

③ 친절공정의무

사회복지공무원은 국민 전체에 대한 봉사자로서 친절하고 공정하게 집무해야 한다.

④ 직무에 전념을 보장하기 위한 의무들

가. 직장이탈금지의무

공무원은 소속상관의 허가나 정당한 이유 없이 직장을 이탈하지 못한다.

나. 영리업무 및 겸직 금지의무

공무원은 공무 이외의 영리를 목적으로 하는 업무에 종사하지 못하며, 소속기관장의 허가없이 다른 직무를 겸하지 못한다. 이는 당해 직위에 의하여 부여된 공무수행에 영향을 줄 수 있는 영리업무나 다른 겸직을 금지하고자 하는 것이다.

다. 정치운동의 금지의무

사회복지전담공무원의 정치적 중립성을 보장하기 위하여 일정한 내용의 정치운동이 금지된다. 그 내용으로서 i) 정당이나 정치단체의 결성에 관여하거나 가입할 수 없고, ii) 선거에 있어서 특정 정당이나 특정인의 지지나 반대를 하기 위하여 일정한 행위를 하지 못하며, 다른 공무원에게 i)과 ii)의 행위를 하도록 요구하거나 정치적 행위의 보상 또는 보복으로써 이익이나 불이익을 약속할 수 없는 것이다.

라. 집단행위의 금지의무

집단행동은 통상적으로 집단의 이익을 대변하게 되며, 이로 인해 국민 전체의 이익추구에 장애가 될 수 있다. 이에 따라 헌법은 법률로 별도로 정하는 공무원 이외에는 단결권, 단체교섭권 및 단체행동권을 행사하지 못하도록 하고 있으며, 이를 좇아 국가공무원법은 원칙적으로 공무원의 노동운동, 기타 공무 이외의 일을 위한 집단적 행위를 금지하고 있다. 이때의 집단행위는 공무원으로서 직무에 관한 기강을 저해하거나 기타 그 본분에 배치되는 등 공무의 본질을 해치는 특정 목적을 위한 다수인의 행위로서, 단체의 결성단계에는 이르지 아니하는 상태에서의 행위를 의미한다.

마. 비밀엄수의무

사회복지공무원은 재직 중은 물론 퇴직 후에도 직무상 지득(知得)한 비밀을 엄수하여야 한다. 이때의 비밀의 내용은 사회복지공무원 본인이 취급한 직무에 관한 비밀뿐 아니라 직무와 관련하여 알게 된 비밀도 포함된다.

바. 전문성 개발의무

사회복지전담공무원은 수급권자에게 최상의 서비스를 제공하기 위해, 지식과 기술을 개발하는 데 최선을 다하며, 이를 활용하고 전파할 의무가 있다.

3) 민간사회복지기관의 사회복지사 의무

민간사회복지기관 사회복지사의 의무도 사회복지전담공무원의 의무와 유사하나 일부 차이가 있다. 민간사회복지기관에 종사하는 사회복지사도 성실의 의무, 품위유지의 의무, 청렴의무와 같은 일반적 의무가 있으며, 사회복지공무원과 같이 선서의무도 있으나 그 내용은 차이가 있다.

직무상 의무로 법령준수의무, 복종의무, 친절공정의무, 직장이탈금지의무, 정치운동금지의무, 비밀엄수의무가 있으나 근로3권이 보장되므로 집단행위금지의무는 없다. 민간사회복지기관에 종사하는 사회복지사의 책임은 한국사회복지사협회에서 공포한 사회복지사 윤리강령(2001.12.15 개정 공포)에 나타나 있다.

사회복지사 윤리강령

전　　문

　사회복지사는 인본주의·평등주의 사사에 기초하여, 모든 인간의 존엄성과 가치를 존중하고 천부의 자유권과 생존권의 보장활동에 헌신한다. 특히 사회적·경제적 약자들의 편에 서서 사회정의와 평등·자유와 민주주의 가치를 실현하는 데 앞장선다. 또한 도움을 필요로 하는 사람들의 사회적 지위와 기능을 향상시키기 위해 저들과 함께 일하며, 사회제도 개선과 관련된 제반 활동에 주도적으로 참여한다.
　사회복지사는 개인의 주체성과 자기결정권을 보장하는 데 최선을 다하고, 어떠한 여건에서도 개인이 부당하게 희생되는 일이 없도록 한다. 이러한 사명을 실천하기 위하여 전문적 지식과 기술을 개발하고, 사회적 가치를 실현하는 전문가로서의 능력과 품위를 유지하기 위해 노력한다.
　이에 우리는 클라이언트·동료·기관 그리고 지역사회 및 전체 사회와 관련된 사회복지사의 행위와 활동을 판단·평가하며 인도하는 윤리기준을 다음과 같이 선언하고 이를 준수할 것을 다짐한다.

윤리기준

Ⅰ. 사회복지사의 기본적 윤리기준

1. 전문가로서의 자세
1) 사회복지사는 전문가로서의 품위와 자질을 유지하고, 자신이 맡고 있는 업무에 대해 책임을 진다.
2) 사회복지사는 클라이언트의 종교·인종·성·연령·국적·결혼상태·성 취향·경제 적 지위·정치적 신념·정신, 신체적 장애·기타 개인적 선호, 특징, 조건, 지위를 이 유로 차별대우를 하지 않는다.
3) 사회복지사는 전문가로서 성실하고 공정하게 업무를 수행하며, 이 과정에서 어떠한 부당한 압력에도 타협하지 않는다.
4) 사회복지사는 사회정의 실현과 클라이언트의 복지 증진에 헌신하며, 이를 위한 환경 조성을 국가와 사회에 요구해야 한다.
5) 사회복지사는 전문적 가치와 판단에 따라 업무를 수행함에 있어, 기관 내외로부터 부당한 간섭이나 압력을 받지 않는다.
6) 사회복지사는 전문적 가치와 판단에 따라 업무를 수행함에 있어, 기관 내외로부터 부당한 간섭이나 압력을 받지 않는다.
7) 사회복지사는 한국사회복지사협회 등 전문가단체 활동에 적극 참여하여, 사회정의 실현과 사회복지사의 권익옹호를 위해 노력해야 한다.

2. 전문성 개발을 위한 노력
1) 사회복지사는 클라이언트에게 최상의 서비스를 제공하기 위해, 지식과 기술을 개발하는 데 최선을 다하며, 이를 활용하고 전파할 책임이 있다.
2) 클라이언트를 대상으로 연구하는 사회복지사는 저들의 권리를 보장하기 위해, 자발적 이고 고지된 동의를 얻어야 한다.
3) 연구과정에서 얻은 정보는 비밀보장의 원칙에서 다루어져야 하고, 이 과정에서 클라 이언트는 신체적·정신적 불편이나 위험·위해 등으로부터 보호되어야 한다.
4) 사회복지사는 전문성을 개발하기 위해 노력하되, 이를 이유로 서비스의 제공을 소홀 히 해서는 안 된다.
5) 사회복지사는 한국사회복지사협회 등이 실시하는 제반 교육에 적극 참여하여야 한다.

Ⅱ. 사회복지사의 클라이언트에 대한 윤리기준

1. 클라이언트와의 관계
1) 사회복지사는 클라이언트의 권익옹호를 최우선의 가치로 삼고 행동한다.
2) 사회복지사는 클라이언트에 대하여 인간으로서의 존엄성을 존중해야 하며, 전문적 기술과 능력을 최대한 발휘한다.
3) 사회복지사는 클라이언트가 자기결정권을 최대한 행사할 수 있도록 도와야 하며, 저 들의 이익을 최대한 대변해야 한다.
4) 사회복지사는 클라이언트의 사생활을 존중하고 보호하며, 직무 수행과정에서 얻은 정보에 대해 철저하게 비밀을 유지해야 한다.
5) 사회복지사는 클라이언트가 받는 서비스의 범위와 내용에 대해, 정확하고 충분한 정 보를 제공함으로써 알 권리를 인정하고 존중해야 한다.
6) 사회복지사는 문서·사진·컴퓨터 파일 등의 형태로 된 클라이언트의 정보에 대해 비밀보장의 한계· 정보를 얻어야 하는 목적 및 활용에 구체적으로 알려야 하며, 정보 공개시에는 동의를 얻어야 한다.
7) 사회복지사는 개인적 이익을 위해 클라이언트와의 전문적 관계를 이용하여서는 안 된다.
8) 사회복지사는 어떠한 상황에서도 클라이언트와 부적절한 성적 관계를 가져서는 안 된다.
9) 사회복지사는 사회복지 증진을 위한 환경조성에 클라이언트를 동반자로 인정하고 함께 일해야 한다.

2. 동료의 클라이언트와의 관계
1) 사회복지사는 적법하고도 적절한 논의 없이 동료 혹은, 다른 기관의 클라이언트와 전문적 관계를 맺어서는 안 된다.
2) 사회복지사는 긴급한 사정으로 인해 동료의 클라이언트를 맡게 된 경우, 자신의 의뢰인처럼 관심을 갖고 서비스를 제공한다.

Ⅲ. 사회복지사의 동료에 대한 윤리기준

1. 동료
1) 사회복지사는 존중과 신뢰로써 동료를 대하며, 전문가로서의 지위와 인격을 훼손하는 언행을 하지 않는다.
2) 사회복지사는 사회복지 전문직의 이익과 권익을 증진시키기 위해 동료와 협력해야 한다.
3) 사회복지사는 동료의 윤리적이고 전문적인 행위를 촉진시켜야 하며, 이에 반하는 경우에는 제반 법률규정이나 윤리기준에 따라 대처해야 한다.
4) 사회복지사가 전문적인 판단과 실천이 미흡하여 문제를 야기시켰을 때에는, 적절한 조치를 취하여 클라이언트의 이익을 보호해야 한다.
5) 사회복지사는 전문직 내 다른 구성원이 행한 비윤리적 행위에 대해, 제반 법률규정이나 윤리기준에 따라 조치를 취해야 한다.
6) 사회복지사는 동료 및 타 전문직 동료의 직무 가치와 내용을 인정·이해하며, 상호간에 민주적인 직무 관계를 이루도록 노력해야 한다.

2. 수퍼바이저
1) 수퍼바이저는 개인적인 이익의 추구를 위해 자신의 지위를 이용해서는 안 된다.
2) 수퍼바이저는 전문적 기준에 의해 공정하게 책임을 수행하며, 사회복지사·수련생 및 실습생에 대한 평가는 저들과 공유해야 한다.
3) 사회복지사는 수퍼바이저의 전문적 지도와 조언을 존중해야 하며, 수퍼바이저는 사 회복지사의 전문적 업무수행을 도와야 한다.
4) 수퍼바이저는 사회복지사·수련생 및 실습생에 대해 인격적·성적으로 수치심을 주 는 행위를 해서는 안 된다.

IV. 사회복지사의 사회에 대한 윤리기준

1) 사회복지사는 인권존중과 인간평등을 위해 헌신해야 하며, 사회적 약자를 옹호하고 대변하는 일을 주도해야 한다.
2) 사회복지사는 필요한 사회서비스를 개발하기 위한 사회정책의 수립·발전·입법·집행에 적극적으로 참여하고 지원해야 한다.
3) 사회복지사는 사회환경을 개선하고 사회정의를 증진시키기 위한 사회정책의 수립·발전·입법·집행을 요구하고 옹호해야 한다.
4) 사회복지사는 자신이 일하는 지역사회의 문제를 이해하고, 그것을 해결하는 일에 적극적으로 참여해야 한다.

V. 사회복지사의 기관에 대한 윤리기준

1) 사회복지사는 기관의 정책과 사업 목표의 달성·서비스의 효율성과 효과성의 증진을 위해 노력함으로써, 클라이언트에게 이익이 되도록 해야 한다.
2) 사회복지사는 기관의 부당한 정책이나 요구에 대하여, 전문직의 가치와 지식을 근거로 이에 대응하고 즉시 사회복지윤리위원회에 보고해야 한다.
3) 사회복지사는 소속기관 활동에 적극 참여함으로써, 기관의 성장발전을 위해 노력해 야 한다.

VI. 사회복지윤리위원회의 구성과 운영

1) 한국사회복지사협회는 사회복지윤리위원회를 구성하여, 사회복지 윤리실천의 질적인 향상을 도모하여야 한다.
2) 사회복지윤리위원회는 윤리강령을 위배하거나 침해하는 행위를 접수받아, 공식적인 절차를 통해 대처하여야 한다.
3) 사회복지사는 한국사회복지사협회의 윤리적 권고와 결정을 존중하여야 한다.

사회복지사 선서

나는 모든 사람들이 인간다운 삶을 누릴 수 있도록,
인간존엄성과 사회정의의 신념을 바탕으로,
개인·가족·집단·조직·지역사회·전체사회와 함께 한다.
나는 언제나 소외되고 고통 받는 사람들의 편에 서서,
저들의 인권과 권익을 지키고,
사회의 불의와 부정을 거부하면,
개인이익보다 공공이익을 앞세운다.
나는 사회복지사 윤리강령을 준수함으로써,
도덕성과 책임성을 갖춘 사회복지사로 헌신한다.
나는 나의 자유의지에 따라 명예를 걸고 이를 엄숙하게 선서합니다.

8

국제법과 사회복지

국제법(國際法)은 국가, 국제기구 그리고 특별한 경우에는 예외적으로 회사나 개인의 행동을 국제적으로 규율하는 법률이다. 나라와 나라 사이의 권리의무 관계를 규율하는 국제법은 국제사법과 대비해서 국제공법(國際公法)이라고도 한다. 우리나라에는 만민공법(萬民公法)이라는 이름으로 19세기 말에 최초로 도입되었으며 20세기를 지나면서 국제적인 무역, 갈등, 교류의 증가로 인하여 국제법은 상당히 중요해졌다.

대한민국헌법 제6조 제1항에서는 "헌법에 의하여 체결·공포된 조약과 일반적으로 승인된 국제법규는 국내법과 같은 효력을 가진다"고 규정하고 있으며 제2항에서는 "외국인은 국제법과 조약이 정하는 바에 의하여 그 지위가 보장된다"고 규정하고 있다. 이에 따라 체결·공포된 조약과 일반적으로 승인된 국제법규는 대한민국의 국내법으로서 동일한 법적 효력이 발생하고 개별국가들 간에 사회복지에 관한 협약이 비준된 경우 국가 간 상호주의에 입각하여 자국민에 준하는 사회복지 혜택이 상대국 국민에게도 적용된다.

한국사회복지에 영향을 미치는 국제법의 기능을 하는 규정은 크게 사회복지관련 국제인권규약(A, B), 사회복지에 관한 국제조약 및 선언, 우리나라와 외국과의 사회보장조약을 들 수 있다.

제1절 국제인권규약(A, B)

국제인권규약은 1966년 1월 16일 기본 인권을 국제적으로 보장하기 위하여 제21회 국제연합총회(UN)에서 채택된 조약으로 그 주요내용은 경제적·사회적·문화적 권리에 관한 규약(A규약), 시민적·정치적 권리에 관한 규약(B규약), B규약의 부속선택의정서로 되어 있다. 1948년 12월 10일에 채택된 「세계인권선언」(Universal Declaration of Human Right)이 모든 국가와 국민이 달성해야 할 공통기준으로서 도의적 구속력만 지녔던 것에 반해 국제인권조약은 도덕적인 권위를 아울러 갖춘 조약으로서 규약의 가입국을 법적으로 구속하며 그 실시를 의무화한 것이 특징이다. A·B두 규약은 모두 제1조 민족자결권과 자연의 부 및 자원에 대한 영구적 권리에 관해서 규정해 놓고 있다. 우리나라는 1990년 4월에 A·B규약에 가입하였으며 상소권의 보장, 결사의 자유 사항에 대해서는 가입을 유보하고 있다. 유보 사유는 상소권 보장의 경우 헌법 제110조 4항, 군사법원법 제534조에 의거 비상계엄하의 일정한 범죄에 대하여 사형의 경우를 제외하고는 단심으로 할 수 있게 하여 위 규약과 상충되기 때문이며, 결사의 자유는 헌법 제33조 2항 및 국가공무원법 제66조 등에 의거 공무원의 결사의 자유를 제한하므로 규약과 상충되기 때문이다.

1. 국제인권규약 - A규약

A규약(1976년 1월 발효)은 경제적·사회적·문화적 권리에 관한 규약으로서 생존권적 기본권을 대상으로 노동기본권·사회보장권·생활향상·교육권 등을 각 체약국이 그들의 입법조치로서 실현 달성할 것을 내용으로 하며, 이의 실시상황을 UN에 보고할 것을 의무화하였다.

2. 국제인권규약 - B규약

B규약(1976년 3월 발효)은 시민적·정치적 권리에 관한 규약으로서 자유권적 기본권의 존재를 전제로 하여, 체약국이 이를 존중할 것을 의무화하였으며 이 내용의 실시 확보를 위하여 인권심사위원회와 그리고 필요에 따라 특별조정위원회를 설치할 것과, 선

택의정서 참가국에 대해서는 개인이 인권심사위원회에 직접 청원할 수 있는 길을 열어 놓았다.

3. 국제인권규약 - B규약의 부속선택의정서

B규약의 부속선택의정서(1976년 3월 발효)는 B규약이 정하는 권리침해에 관해 인권 위원회에 제출된 개인의 구제신청을 인정한 의정서로서 B규약 시행의 보장을 위해 인 권침해에 대한 개인의 청원절차를 규정하고 있다.

제2절 사회복지에 관한 국제기관, 국제협약 및 선언

1. 사회복지관련 국제기관

1) 국제연합(The United Nations, UN)

국제연합은 제2차 세계대전 후에 항구적인 국제평화와 안전보장을 목적으로 결성 된, 현재 유일한 범세계적인 국제기관이다. 국제연합은 전쟁을 방지하고 평화를 유지 하며 정치·경제·사회·문화 등 모든 분야에서 국제협력을 증진시키는 역할을 한다. 국 제연합은 총회에서 주요선언이나 권고협약을 채택함으로써 사회복지 분야뿐 아니라 여러 분야에 국제적인 기준을 설정하고 있다.

2) 국제노동기구(International Labour Organization, ILO)

국제노동기구는 1919년 6월 베르사유 평화조약이 조인됨으로써 노동조건을 개선하 여 사회정의를 확립하고 나아가 세계평화에 공헌하기 위하여 설립된 국제기구로, 근로 조건의 국제적 기준을 설정하는 것이 본래의 임무였으나 제2차 대전 후에는 UN의 경제 사회이사회와 협력하여 근로조건뿐만 아니라 사회복지에 대하여도 활발한 활동을 전 개하고 있다.

3) 세계보건기구(World Health Organization, WHO)

세계보건기구는 보건 분야의 유엔전문기구로 1948년 국제보건사업의 지도조정, 회원국정부의 보건 부문 발전을 위한 원조제공, 전염병과 풍토병 및 기타 질병 퇴치활동, 보건관계 단체 간의 협력관계 증진 등을 목적으로 발족되었다. 현재도 전염병이나 기타 질병예방, 환경위생, 영양 등에 대하여 국제적인 조사·보급 활동을 행하고 있고, 약품법의 통일이나 국제위생조약의 채택 뿐 아니라 특히 장애인복지와 관련해 많은 활동을 하고 있다.

4) 국제사회보장협회(International Social Security Association, ISSA)

국제사회보장협회는 1927년에 설립되었으며 사회보장 제도를 관장하는 국제기관이다. 본부는 스위스 로잔에 있으며 질병보험을 확대·강화하기 위해 창설되었다. 사회보장에 관하여 조사·연구를 행하고 국제적 경험교류의 기관으로서 활동하고 있다. ILO와 밀접한 관계를 갖고 협력하여 국제사회보장의 발전을 시도하고 있다.

5) 유럽경제공동체(European Economic Community, EEC)

유럽경제공동체는 1957년 로마 조약에 의해 설립된 서유럽 국가들의 경제협력기구로써 사회보장에 관하여 활발한 조사 및 연구 활동을 하고 있다. 1958년에 「해외이주근로자의 사회보장에 관한 규칙을 제정」하였다.

6) 국제사회복지협의회(International Council of Social Welfare, ICSW)

국제사회복지협의회는 1928년에 창립되었으며 사회복지에 관한 정보교환·경험교류·연구토의와 국제적인 협력관계의 형성을 목적으로 하는 국제적 협의체이다. 본부는 빈에 있으며 주요 사업으로는 2년에 1회씩 열리는 국제사회복지회의·지역회의·세미나의 개최, 각종 정보자료의 간행 등이다. 민간조직이지만 국제연합의 자문기관이다.

7) 경제협력개발기구(Organization for Economic Cooperation and Development, OECD)

경제협력개발기구는 회원국 간의 경제·사회발전을 모색하고 세계 경제 문제에 공동으로 대처하기 위한 정부 간 정책논의 및 협의기구로 OECD는 GATT, ILO, IAEA, WHO 등 각종 국제기구와 밀접한 관계를 구축하면서 고용, 노동, 사회적 문제, 교육, 식품, 통상, 경제정책, 개발협력 등과 같은 경제·사회 분야 정책 전반에 걸쳐 수시 논의 및 협력을 추진하고 있다.

2. 사회복지 관련 국제협약

1) 아동의 권리에 관한 협약(Convention on the Rights of the Child, CRC)

유엔아동권리협약은 1989년 11월 20일 아동의 권리에 관한 국제협약을 제정하고 1990년 9월 2일부터 발효하였다. 우리나라는 1991년 12월 20일부터 이 협약을 적용하기 시작하였다.

유엔아동권리협약은 18세 미만의 모든 아동에게 평등하게 적용되며 아동을 단순한 보호대상이 아닌 존엄성과 권리를 지닌 주체로 보고 이들의 생존, 발달, 보호에 관한 기본 권리를 명시하여 아동의 최선의 이익을 지향하면서도 부모의 지도를 존중한다는 점이 특징이다.

협약내용으로는 아동의 생명권, 발달권, 보호받을 권리, 고문 및 형벌금지, 불법해외 이송 및 성적학대 금지 등의 사항을 규정하고 있으며 협약가입국은 이 협약에서 인정된 권리를 실현하기 위해 최대한의 입법·사법·행정적 조치를 취하도록 의무화하고 있다. 가입국 정부는 가입 뒤 2년 안에, 그 뒤 5년마다 어린이 인권 상황에 대한 국가보고서를 제출해야 한다.

2) 장애인 권리선언(Declaration on the Rights of Disabled Persons)

1975년 12월 9일 제30차 UN총회에서 장애인권리선언이 채택되었다. 장애인들의 권리보호를 위한 공통된 기초와 준거 틀로 사용되도록 국가적·국제적 노력을 요청하기 위한 권리선언의 주요 내용은 다음과 같다.

- '장애인(disabled person)'이라 함은 신체적 혹은 정신적 능력 면에서 선천적이나 후천적 결함으로 인하여 정상적인 개인적 혹은 사회적 생활을 스스로 완전히 혹은 부

분적으로 영위할 수 없는 사람을 의미한다.

- 장애인들은 이 선언에 제시된 모든 권리를 향유할 수 있어야 한다.
- 장애인은 인간으로서 존엄성이 존중받을 권리를 타고 난다.
- 장애인들은 다른 사람과 동등한 시민권과 정치권을 가진다.
- 장애인들은 자립하도록 하기 위해서 만들어진 시책을 활용할 자격을 가지고 있다.
- 장애인들은 필요한 모든 치료, 서비스, 교육, 훈련, 기술적 원조를 받을 권리를 가진다.
- 장애인들은 경제적·사회적 보장을 받을 권리가 있다.
- 장애인들은 국가계획에서 고려될 특별 요구를 가진다.
- 장애인들은 가족생활을 할 권리가 있다.
- 장애인들은 착취와 규제와 처우에서 보호되어야 한다.
- 장애인들은 적절한 법적 원조를 받을 수 있어야 한다.
- 장애인들과 그들이 가족들 및 지역 사회에게 모든 적절한 수단을 통해 이 선언에 포함된 권리를 충분히 알릴 수 있어야 한다.

3) 노인을 위한 유엔원칙(United Nations Principles for Older Persons)

노인을 위한 유엔원칙은 1991년 12월 16일 유엔총회에서 채택되었다. 주요내용은 다음과 같다.

(1) 독립(Independence)

노인은

- 소득의 보장과 가족과 지역사회의 지원 및 자조를 통하여 적절한 식량, 물, 주거, 의복 및 건강의 보호를 받아야 한다.
- 일할 수 있는 기회를 제공받거나, 다른 소득을 얻는 기회를 가져야 한다.
- 직장으로부터 은퇴 또는 퇴직하는 시기의 결정에 참여할 수 있어야 한다.
- 적절한 교육과 훈련 프로그램을 이용할 수 있다.
- 개인의 선택이나 변화하는 능력에 맞추어 안전하고 적합한 환경에서 살 수 있어야 한다.
- 가능한 오랫동안 가정에서 살 수 있도록 해야 한다.

(2) 참여(Participation)

노인은

- 사회적 관계망을 유지해야 하고 노인복지에 직접 영향을 미치는 정책의 형성과 실시에 적극적으로 참여하고 노인의 지식과 기술을 젊은 세대와 함께 공유하여야만 한다.
- 지역사회에 도움이 되는 기회를 찾고 개발하여야 하며, 노인의 관심과 능력에 알맞은 자원봉사자로서 봉사할 수 있어야 한다.
- 노인을 위한 사회운동과 단체를 만들 수 있다.

(3) 보호(Care)

노인은

- 각 사회의 문화적 가치체계에 관한 각 사회의 제도에 따라 가족과 지역사회의 보살핌과 보호를 받아야 한다.
- 신체적·정신적 및 정서적 안녕의 최고 수준을 유지하거나 되찾도록 도와주고 질병을 예방하거나 그 시작을 지연시키는 건강보호를 받을 수 있어야 한다.
- 독립성, 보호를 증진시키는 사회적 법률적인 서비스에 받을 수 있어야 한다.
- 안전한 환경에서 보호나 재활서비스 등의 케어를 받을 수 있어야 하며, 사회적·정신적 격려를 제공하는 적정 수준의 시설보호를 이용할 수 있어야 한다.
- 보호시설이나 치료시설에서 거주할 때도 그들의 존엄, 신념, 욕구와 사생활을 존중 받으며, 자신이 받는 건강보호와 삶의 질을 결정하는 권리도 최대한 존중 받는 것을 포함하여 인권과 기본적인 자유를 누려야 한다.

(4) 자아실현(Self-fulfillment)

노인은

- 자신의 잠재력을 최대한 신장하기 위한 기회를 추구하여야 한다.
- 사회의 교육적·문화적·정신적 그리고 여가에 관한 자원에 이용할 수 있어야 한다.

(5) 존엄(Dignity)

노인은

- 착취와 육체적·정신적 학대로부터 자유로워야하며 존엄을 가지고 안전한 생활을 할 수 있어야 한다.
- 연령, 성별, 인종이나 민족적인 배경, 장애나 또는 그 밖에 지위에 상관없이 공정하게 대우받아야 하며, 경제적인 기여와 관계없이 평가되어져야 한다.

4) 국제노동기구 조약

국제사회복지조약은 국제노동기구(ILO)에 의해 주도되고 있다. ILO는 1944년 소득보장의 권고, 의료보장의 권고, 고용서비스의 권고를 사회보장법 체계의 3대 기본요소로 채택하였다. 1952년 ILO 제35차 총회에서는 '사회보장최저기준조약'을 채택하였는데 이 조약은 전후 각국의 사회보장제도 발전의 일반적 추세에 부응한 것으로, 사회보장 자체를 하나의 것으로 생각하면서도 내부적으로 각 급여와 사고 부문 간의 균형을 취하였으며, 각 부문별로 비준을 허용하였다. 이 조약은 사회보장급여를 의료급여, 질병급여, 실업급여, 노령급여, 업무상재해급여, 가족급여, 출산급여, 폐질급여, 유족급여의 9개로 규정하였다. ILO는 1962년 사회보장내외국인균등대우조약을 채택함으로써 이 조약의 비준국은 사회보장의 적용범위 및 수급권에 있어서 자국의 영토 내에 있는 다른 모든 비준국 국민에 대하여 자국의 사회보장법규에 의하여 자국민에게 주어지는 것과 동등한 대우를 해 줄 것을 규정하고 있다. 이어서 ILO는 1964년에는 업무재해조약을, 1967년에는 질병·노령·유족급여조약을 채택하였다(김기원, 2005).

(1) 국제노동기구(ILO)사회보장관련 조약과 권고사항

- 사회보장 최저기준 조약(1952년, 102호)
- 분만보호조약(개정)(1952년, 103호)
- 치료의 평등에 관한 조약(1962년 118호) : 내국인 및 외국인의 균등한 치료에 관련된 조약
- 직장 상해급여, 조약(1964년, 121호)
- 직장 상해급여, 권고(1964년, 121호)

- 폐질·노령·유족급여 조약(1967년, 128호)
- 폐질·노령·유족급여 권고(1967년, 131호)
- 의료 및 질병급여 조약(1969년, 130호)
- 의료 및 질병급여 권고(1969년, 134호)
- 노령근로자 권고(1980년, 162호)
- 사회보장 수급권 유지에 관한 조약(1982년, 157호)
- 사회보장 수급권 유지에 관한 권고(1983년, 167호)

(2) 사회보장의 최저기준에 관한 조약(제102호 조약)

사회보장 최저기준에 관한 조약은 사회보장의 중심을 이루고 있는 급여의 적용범위 및 급여의 종류와 수준, 보험료 납부자와 수혜자의 권리보호, 사회보장의 비용부담, 관리운영상의 행정관리문제 등에 대해 회원국이 준수해야 할 최저기준을 제시하고 있다.

우리나라는 1991년 12월 9일에 152번째로 ILO 회원국에 가입하였으나 아직 이 조약을 비준하지 않고 있다. 이 조약에서 제시하고 있는 국가가 보장해야 할 사회적 위험들은 다음과 같다.

- 의료 - 의료보호
- 질병 - 상병급여
- 실업 - 실업급여
- 노령 - 노령급여
- 산업재해 - 산업급여
- 자녀양육 - 가족급여
- 직업능력의 상실 - 폐질급여
- 임신과 분만 - 모성급여
- 가장의 사망 - 유족급여

3. 사회복지 관련 국제선언

사회복지에 관련된 국제 선언은 다음과 같다(김기원, 2005).

(1) 인권선언문

1793년 인권선언문은 공공구호는 국가의 신성한 책무이고 그 범위와 적용범위는 법률로 정한다고 선언하였다.

(2) 대서양헌장

1941년 미국의 루스벨트 대통령과 영국의 처칠 수상은 '대서양헌장'을 선언하고 '공포와 결핍으로 부터의 자유'(freedom from fear and want)라는 슬로건을 제시, 서방국가들로 하여금 사회보장에 관한 권리를 국민의 기본권으로 인정하였다.

(3) 필라델피아선언

1944년 필라델피아선언은 국제노동기구(ILO) 필라델피아 총회에서 채택된 ILO의 목적에 관한 선언이다. 필라델피아선언은 사회보장 원칙 및 전쟁에서 생기는 제문제를 심의하여 결과적으로 소득보장에 관한 권고, 의료보호에 관한 권고, 군대 및 전시고용으로부터 풀려난 자에 대한 소득보장 및 의료에 관한 권고를 채택하였다.

(4) 세계인권선언(Universal Declaration of Human Rights)

유엔은 제2차 세계대전이 끝난 후 경제사회이사회 산하 인권위원회의 검토를 거쳐 1948년 12월 10일 총회에서 인권과 기본적 자유가 모든 사람과 모든 곳에서 보장된다는 개인의 자유와 권리에 관한 세계선언을 채택하였다. 이 선언은 법적인 구속력은 없지만 오늘날까지 모든 사람과 모든 국가가 달성해야 할 인권에 관한 상징적인 기준이 되고 있다.

이 선언은 보편적으로 사회보장을 받을 권리를 선언하였고, 보충급여로써 사회보장 방법을 제시하였다. 또한 자신 및 그 가족의 건강과 안녕을 유지함에 충분한 생활수준을 보유할 권리를 가지며, 생활의 곤궁을 받을 때에 생활보장을 받을 권리를 가지며, 모성과 유약은 특별한 보호와 원조를 받을 권리가 있다고 천명하였다.

(5) 사회보장헌장

1961년 세계노동조합연맹(World Federation of Trade Union)이 채택한 '사회보장헌장'

은 전문에서 "사회보장은 모든 노동자의 기본적 권리를 구성하고 있다"고 천명하였다. 또한 사회적 보호는 법률에 의해 보장되는 정치적·경제적 차원의 인권의 표현이라고 하였다. 사회보장에 관한 근로자 무기여 원칙, 의료와 사회화 원칙, 완결성의 원칙, 포괄성의 원칙, 무찰별보장의 원칙 등 사회보장에 관한 기본원칙을 선언하였다.

(6) 유럽사회보장법전

1964년 서유럽의 17개국으로 구성된 유럽협의회(CE)에서 사회보장에 관한 최고기준에 해당하는 유럽적 수준의 사회보장조약을 성립시키고, 각국이 비준을 하였다. 이를 일반적으로 '유럽사회보장법전'이라 부른다.

제3절 우리나라와 외국과의 사회보장협정

사회보장협정은 체약당사국이 사회보장에 관하여 상호주의에 입각하여 사회보장 분야를 규율하는 조약으로써 정부가 주로 입법부의 동의 없이 단독으로 외국정부와 맺는 약정 또는 정부 간의 협정을 말한다. 국제법상 실질적 의의를 갖는 조약의 하나로 협정이 발효되면 국내법과 같은 효력을 유지한다.

사회보장협정은 사회보장보험료의 납부의무에 관하여 협정 당사국 간에 협력할 것을 결의하고 협정체결 양국의 영역 간의 이동이 있을 시 체결된 상대국의 근로자의 복지 증진을 위하여 양국의 국민들이 그들 각자의 사회보장법령에 따라 동등한 권리를 누릴 수 있도록 보장하도록 합의한 것이다.

적용 범위에 따라 '가입기간합산 협정'과 '보험료면제 협정'으로 협정의 유형을 구분한다. 가입기간합산 협정은 협정 체결 양국 간에 이중적용 방지와 가입기간 합산규정을 포함한 포괄적인 사회보장 협정 형태로써 파견근로자와 같이 단기간 협정당사국을 왕래하면서 근로 또는 자영 활동을 하는 경우 그 기간 동안 한 국가의 사회보장제도에만 가입하는 것이다. 만약 연금 가입기간이 양국으로 분리되어 있어 양국 또는 어느 한 국가로부터 연금수급권을 취득하지 못한 경우 양국 가입기간을 합산하여 수혜권을 부여한다.

보험료면제 협정은 협정체결 당사국 간에 가입기간 합산규정을 제외한 사회보장제도 이중적용 방지만을 규정한 협정형태로 파견근로자와 같이 단기간 협정당사국을 왕래하면서 근로 또는 자영 활동을 하는 자들은 그 기간 동안 한 국가의 사회보장제도에만 가입하게 되어 있고 가입기간 합산에 의한 급여수급권 보호, 국민연금 반환일시금 지급 등 급여 관련사항은 미적용한다.

우리나라는 현재 이란을 포함한 12개 국가와 사회보장협정을 체결한 상태이고, 프랑스, 아일랜드, 벨기에, 덴마크 등과 교섭이 이루어지고 있다. 우리나라의 사회보장협정 체결 현황은 <표 8-1>과 같다.

〈표 8-1〉 우리나라의 사회보장협정체결 현황

체결대상국	협정 내용	서명일	발효일
몽골	대한민국정부와 몽골간의 사회보장에 관한 협정 : 국민연금법, 고용보험법, 고용보험 및 산업재해보상보험의 보험료징수등에 관한 법률	2006년 5월6일	2007년 3월1일
헝가리	대한민국정부와 헝가리공화국간의 사회보장에 관한 협정 : 국민연금법, 고용보험법	2006년 5월12일	2007년 3월1일
우즈베키스탄	대한민국정부와 우즈베키스탄공화국간의 사회보장에 관한 협정 : 국민연금법	2005년 5월10일	2006년 5월1일
일본	대한민국정부와 일본국간의 사회보장에 관한협정 : 국민연금법	2004년 2월17일	2005년 4월1일
중국	대한민국정부와 중국인민공화국 정부간의 연금 가입 상호면제를 위한 잠정조치협정에 관한 교환각서	2003년 2월28일	2003년 5월23일
독일	대한민국정부와 독일정부간의 사회보장에 관한협정 : 국민연금법	2000년 3월10일	2003년 1월1일
이탈리아	대한민국정부와 이탈리아정부간의 사회보장에 관한 협정 : 국민연금법 및 시행령, 시행규칙	2000년 3월3일	2005년 4월1일
네덜란드	대한민국정부와 네델란드왕국간의 사회보장에 관한 협정 : 국민연금법	2002년 7월3일	2003년 10월1일
미국	대한민국정부와 미합중국간의 사회보장에 관한 협정 : 국민연금법 및 시행령,시행규칙, 일부산업재해보상 보험법 및 시행령, 시행규칙	2000년 3월13일	2001년 4월1일
영국	대한민국정부와 영국정부간의 사회보장에 관한 협정 : 국민연금법	1999년 4월20일	2000년 8월1일
캐나다	대한민국정부와 캐나다정부간의 사회보장에 관한 협정 : 국민연금법 및 그 시행령과 시행규칙	1997년 1월10일	1999년 5월1일
이란	대한민국정부와 이란정부간의 사회보장에 관한 협정 : 사회보험료 포괄적 면제 협정	1977년 5월11일	1978년 6월10일

자료: 외교통상부(2007), http://www.mofat.go.kr

9

사회보장기본법

제1절 총설

1. 사회보장기본법의 입법배경 및 성격

1) 입법배경

헌법 제10조에서 인간의 존엄성과 행복추구권을 모든 기본권의 총칙적 이념적 목적으로 하면서 ① 제31조의 교육을 받을 권리 ② 제32조의 근로의 권리 ③ 제33조의 근로자의 단결권, 단체교섭권, 단체행동권 ④ 제34조의 인간다운 생활권 및 사회보장수급권 ⑤ 제35조의 환경권 ⑥ 제36조의 혼인, 모성 및 보건권 등 일련의 사회적 기본권을 규정하고 있다.

특히 제34조제1항의 인간다운 생활권은 다른 일련의 사회적 기본권의 이념이며, 인간의 존엄성과 행복추구권을 실현시키려는 생존권의 규정이지만, 헌법상의 규정만으로는 추상적 권리 내지 불완전한 구체적 권리[3](권영성, 2007: 633-634)에 지나지 않는다.

---

3) ① 국가적 성격을 사회국가로 규정하고 국가목적을 사회국가원리의 구현이라고 규정하면서 사회적기본권을 프로그램적 내지 추상적 권리로 이해함은 논리적 모순이다 ② 헌법재판의 방법을 통하여 헌법불합치·입법촉구결정을 하는 것이 헌법규범구조상 반드시 불가능하지 않다

헌법 제34조제2항에서 "국가는 사회보장·사회복지 증진에 노력할 의무를 진다"라고 하는 국가의 책임을 명확히 하고 있기 때문에 국가는 국민의 인간다운 생활권을 확보하기 위한 실천적, 구체적 입법을 하여야 한다.

이러한 논리적 근거에 의하여 사회보장·사회복지에 관한 헌법의 실천적, 구체적 실현을 확보하기 위하여 제정된 법이 사회보장기본법이다. 국민의 인간다운 생활을 도모하기 위한 사회보장제도의 확립과 그 효율적인 증진을 기하려는 목적으로 1963년 11월 5일, 법률 제1437호로 사회보장에관한법률이 제정되어 시행하여 오다가 경제성장에 의한 사회의 발전수준과 국민의 복지욕구에 부합하는 사회보장제도를 확립하여 국민복지의 증진을 도모하기 위한 목적으로 사회보장에관한법률을 전면개정으로 폐지하고, 1995년 12월 30일 법률 제5134호로 사회보장기본법이 제정된 이후 2005년 1월 27일 법률 제7378호로 개정되어 현재에 이르고 있다.

2) 성격

사회보장기본법은 헌법의 하위법인 일반법으로서 사회보장의 이념, 기본원칙, 수급권의 종류와 범위 등을 규정하여 국민의 인간다운 생활권을 보장하기 위한 구체적인 조치를 제도화하기 위한 사회보장 관련의 기본법이다. 따라서 사회보장에 관한 다른 법률을 제정 또는 개정하는 경우에는 사회보장기본법에 부합되도록 하여야 한다(법 제4조), 사회보장기본법은 다른 개별적인 사회복지법에 비해 일반법이 되어 다른 사회복지법들은 사회보장기본법보다 특별법의 지위에 있게 된다.

2. 사회보장기본법의 목적 및 기본이념

1) 목적

사회보장기본법은 사회보장에 관한 국민의 권리와 국가 및 지방자치단체의 책임을 정하고 사회보장제도에 관한 기본적인 사항을 규정함으로써 국민의 복지증진에 기여함을 목적으로 하고 있다.

고 보기 때문에, 사회적기본권은 자유권적기본권처럼 직접효력을 가지는 완전한 의미의 구체적 권리일 수는 없다 할지라도 청구권적기본권이나 정치적기본권의 일부와 동일한 수준의 불완전한 구체적 권리로서의 성격을 가지고 있다고 보아야 할 것이다.

2) 기본이념

모든 국민이 인간다운 생활을 할 수 있도록 최저생활을 보장하고 국민 개개인이 생활의 수준을 향상시킬 수 있도록 제도와 여건을 조성하여, 그 시행에 있어 형평과 효율의 조화를 기함으로써 복지사회를 실현하는 것을 기본이념으로 하고 있다.

3. 사회보장의 정의와 종류

1) 사회보장의 정의

사회보장은 질병·장애·노령·실업·사망 등의 사회적 위험으로부터 모든 국민을 보호하고 빈곤을 해소하며 국민생활의 질을 향상시키기 위하여 제공되는 사회보험·공공부조·사회복지서비스 및 관련복지제도를 말한다.

2) 사회보장의 종류

(1) 사회보험

사회보험은 국민에게 발생하는 사회적 위험을 보험방식에 의하여 대처함으로써 국민건강과 소득을 보장하는 제도를 말한다.

사회보험은 보험원리를 도입한 제도이지만 사(私)보험과는 달리 운영주체가 국가이며 강제가입 방식이라는 특징이 있다. 사회보험은 1차적인 사회안전망 제도로서 국민건강보험법, 국민연금법, 산업재해보상보험법, 고용보험법, 노인장기요양보험법, 기초노령연금법 외에 공무원연금법, 군인연금법, 사립학교교직원연금법, 별정우체국연금법이 있다.

(2) 공공부조

공공부조는 국가 또는 지방자치단체의 책임하에 생활유지능력이 없거나 생활이 어려운 국민의 최저생활을 보장하고 자립을 지원하는 제도를 말한다.

공공부조는 국가와 지방자치단체가 공공부조의 수행주체가 되어 생존권 보장의 원리에 의해 빈곤을 해소하기 위한 최저생활 보장과 자립을 조장하기 위한 목적으로, 보충성의 원리에 의하여 도입한 2차적인 사회안전망 제도이다.

공공부조는 모든 국민이 보호의 대상은 되나 엄격한 자산조사와 실태조사를 거쳐 선별된 자에 한하여 부조의 혜택을 주는 선별주의의 특징이 있다. 국민기초생활보장법과 의료급여법이 이에 해당된다.

(3) 사회복지서비스

사회복지서비스는 국가·지방자치단체 및 민간부문의 도움을 필요로 하는 모든 국민에게 상담·재활·직업소개 및 지도·사회복지시설 이용 등을 제공하여 정상적인 사회생활이 가능하도록 지원하는 제도를 말한다.

사회보험과 공공부조는 현금급여나 현물급여가 주종을 이루며 소득·재산·가입기간 등과 같은 기준에 따른 획일적 처우인데 비하여, 사회복지서비스는 사회복지사업법이 관련되는 16개법[4]에 대한 상담·재활·지도·직업소개 등과 같은 비물질적·비경제적·정신적·심리적·추상적 서비스가 주종을 이루며 개별적 처우를 하는 특징이 있다.

(4) 관련복지제도

관련복지제도는 보건·주거·교육·고용 등의 분야에서 인간다운 생활이 보장될 수 있도록 지원하는 각종 복지제도를 말한다.

사회보험·공공부조·사회복지서비스 이외에도 인간다운 생활보장과 국민생활의 질을 향상시키기 위한 보건 분야(전염병·공해 및 상하수도 등 공중위생), 주거 분야(임대주택 등), 교육 분야(의무교육·특수교육·평생교육 등), 고용 분야(장애인고용촉진·고령자고용촉진·남녀고용평등·최저임금 등)와 보호관찰법·갱생보호법·건강가정기본법·자원봉사활동기본법 등이 관련복지제도의 부문이라 할 수 있다.

---

4) ① 국민기초생활보장법 ② 아동복지법 ③ 노인복지법 ④ 모.부자복지법 ⑤ 영유아보육법 ⑥ 성매매방지및피해자보호등에관한법률 ⑦ 정신보건법 ⑧ 장애인복지법 ⑨ 성폭력범죄의처벌및피해자보호등에관한법률 ⑩ 입양촉진및절차에관한특례법 ⑪ 일제하일본군위안부피해자에대한생활안정지원및기념사업등에관한법률 ⑫ 사회복지공동모금회법 ⑬ 장애인.노인.임산부등의편의증진보장에관한법률 ⑭ 가정폭력방지및피해자보호등에관한법률 ⑮ 농어촌주민의보건복지증진을위한특별법 ⑯ 식품기부활성화에관한법률

4. 사회보장의 주체·책임 및 대상

1) 사회보장의 주체

사회보장기본법에서의 사회보장의 주체는 복지다원주의를 지향하고 있다. 국가 및 지방자치단체가 사회보장의 주된 책임 주체이지만, 개인·법인·가정·지역공동체·민간조직도 사회보장의 주체가 되어 국가발전수준에 부응하는 사회보장제도의 주체적 역할을 하도록 하고 있다.

2) 사회보장의 책임

(1) 국가와 지방자치단체의 책임

국가 및 지방자치단체는 ① 국가발전의 수준에 부응하는 사회보장제도를 확립하고 ② 매년 이에 필요한 재원을 조달하여야 하며 ③ 가정이 건전하게 유지되고 그 기능이 향상되도록 노력하여야 하고 ④ 사회보장제도를 시행함에 있어 가정과 지역공동체의 자발적 복지활동을 촉진하여야 할 뿐만 아니라 ⑤ 사회보장제도를 수립, 시행함에 있어 형평과 효율의 조화를 기하여야 한다(법 제5조, 제6조).

여기서 국가는 주로 사회보장·사회복지를 관장하는 중앙정부를 의미하고 지방자치단체는 특별시·광역시 및 도와 같은 광역자치단체와 시·군·구(자치구)와 같은 기초자치단체를 모두 포함한다.

(2) 국민의 책임

모든 국민은 자신의 능력을 최대한 발휘하여 자립·자활할 수 있도록 노력하고 국가의 사회보장정책에 협력하여야 한다.

국민은 1차적으로 자신의 책임 하에 자신의 능력을 최대한 발휘하여 자기 스스로 독립된 생활을 할 수 있도록 노력하는 것을 원칙으로 한다. 그리고 사회보험·공공부조·사회복지서비스 및 관련복지제도와 같은 사회보장정책을 수립하고 시행함에 필요한 조세부담 등의 협력을 하여야 하며, 정당한 사유 없이 사회복지법인 또는 시설의 설치를 방해하여서는 아니 된다.

국민이 자신의 능력을 최대한 발휘하였음에도 자립·자활할 수 없을 정도의 사회적 위험에 직면하였을 경우에 보충성의 원리에 의한 공공부조와 같은 제도가 마련된 것이다.

3) 사회보장의 대상

(1) 국민

사회보장 수급권의 대상은 대한민국의 모든 국민을 포괄적으로 규정하고 더 나아가 국내에 거주하는 외국인도 포함시키고 있다.

국민은 모두 사회보장의 급여를 받을 권리가 있다는 보편주의를 원칙으로 하고 있으나 공공부조는 자산조사를 통하여 일정 소득수준 이하의 국민에게 선별적으로 혜택을 주는 선별주의를 택하고 있다.

(2) 외국인

국내에 거주하는 외국인에 대한 사회보장제도의 적용은 상호주의 원칙에 의하되 관계법령이 정하는 바에 따른다고 하여 외국인에게까지도 적용범위를 확대하였다.

대한민국은 UN 및 OECD회원국으로서 세계 여러 나라와 국제우호협약을 체결하고 있다. ILO는 1962년 "사회보장에관한내외국인균등처우에관한협약(제118호)"을 채택하여 이를 비준한 국가는 사회보장 부문의 적용범위 및 수급권에 있어서 자국의 영토내에 있는 다른 모든 비준국 국민에 대하여 자국의 사회보장법규에 의하여 자국민에게 주어지는 것과 동등한 대우를 해 줄 것을 규정하고 있다. 법 제8조는 국내에 거주하는 외국인에 대한 사회보장제도의 적용은 상호주의의 원칙에 의하되 관계법령이 정하는 바에 따른다고 규정하고 있다. 따라서 사회보장기본법의 하위 관련법들에서 규정하고 있는 외국인은 상호주의의 원칙에 의한 적용을 하여야 한다.

제2절 사회보장수급권

1. 수급권의 개념 및 종류

사회보장수급권은 국민이 사회보장의 급여를 받을 권리이다. 헌법 제34조제1항의 "인간다운 생활을 할 권리"에 대한 구체적 권리를 실현하기 위하여 사회보장기본법 제9조는 "모든 국민은 사회보장에 관한 관계법령이 정하는 바에 의하여 사회보장의 급여를 가진다"고 규정하였다. 사회보장기본법상의 사회보장은 사회보험·공공부조·사회복지서비스·관련복지제도로 구분되어 있기 때문에 사회보장수급권은 사회보험수급권·공공부조수급권·사회복지서비스수급권 및 관련복지제도 수급권으로 구분된다.

2. 급여의 수준

국가는 모든 국민이 건강하고 문화적인 생활을 유지할 수 있도록 사회보장급여 수준의 향상에 노력하여야 하고, 관계법령이 정하는 바에 의하여 최저생계비를 매년 공표하여야 한다. 국가 또는 지방자치단체는 최저생계비와 최저임금법에 의한 최저임금을 참작하여 사회보장급여의 수준을 결정하여야 한다(법 제10조). 따라서 국가와 지방자치단체는 사회보장급여 수준의 향상에 노력하여야 하는 바, 공공부조제도의 국민기초생활보장법에서 "보호수준은 건강하고 문화적인 최저생활을 유지할 수 있는 것이어야 한다"고 규정함으로써 최저생활보장 원리를 급여수준으로 하고 있다.

3. 급여의 신청

사회보장의 급여를 받고자 하는 자는 관계법령이 정하는 바에 의하여 국가 또는 지방자치단체에 신청하여야 한다. 급여를 신청하는 자가 다른 기관에 신청한 경우에는 당해 기관은 지체 없이 이를 정당한 권한이 있는 기관에 이송하여야 한다. 이 경우 사회보장급여의 신청은 정당한 권한이 있는 기관에 이송된 날에 신청된 것으로 본다(법 제11조).

4. 수급권의 보호

사회보장수급권은 관계법령이 정하는 바에 따라 타인에게 양도하거나 담보로 제공할 수 없으며, 이를 압류할 수 없도록 하여 수급권에 대한 일신전속권적 보호를 하고 있다.

5. 수급권의 제한과 포기

사회보장수급권은 제한되거나 정지될 수 없다. 다만 관계법령이 따로 정하는 경우에는 그 제한 또는 정지의 목적에 필요한 최소한에 그쳐야 한다.

사회보장수급권은 정당한 권한이 있는 기관에 서면으로 통지하여 이를 포기할 수 있으며 포기는 이를 취소할 수 있다. 그러나 사회보장수급권의 포기가 타인에게 피해를 주거나 사회보장에 관한 관계법령에 위반되는 경우에는 이를 포기할 수 없다.

6. 불법행위에 대한 구상권

제3자의 불법행위로 인하여 피해를 입은 국민이 그로 인하여 사회보장수급권을 가지게 된 경우 사회보장제도를 운영하는 자는 불법행위의 책임이 있는 자에 대하여 관계법령이 정하는 바에 의하여 구상권을 행사할 수 있다.

제3절 사회보장심의위원회

1. 설치목적 및 구성

1) 목적

사회보장에 관한 주요시책을 심의하기 위하여 국무총리 소속하에 사회보장에 관한 심의기관으로서의 성격을 가지는 사회보장심의위원회를 둔다(법 제16조).

2) 구성

위원회는 위원장 1인과 부위원장 3인을 포함한 위원 30인 이내로 하며 위원장은 국무총리가 되고 부위원장은 재정경제부장관·교육인적자원부장관·보건복지부장관이 된다. 위원은 관계부처장관5)·근로자를 대표하는 자·사용자를 대표하는 자·사회보장에 관한 학식과 경험이 있는 자·변호사의 자격이 있는 자 중에서 대통령이 위촉한다. 위원장이 부득이한 사유로 직무를 수행할 수 없는 때에는 재정경제부장관 및 보건복지부장관의 순으로 그 직무를 대행한다. 위원의 임기는 2년으로 하되 공무원인 위원의 임기는 그 재임기간으로 한다.

위원회를 효율적으로 운영하고 심의사항을 보다 전문적으로 검토하기 위하여 위원회에 사회보장별 실무위원회를 두도록 하여 사회보험실무위원회와 사회복지실무위원회를 두고 있으며 실무위원회 별로 각각 3인 이내의 전문위원을 둘 수 있도록 규정하고 있다.

2. 위원회의 직무

사회보장심의위원회는 다음과 같은 사항을 심의한다.
① 사회보장 증진을 위한 사회보장 장기발전 방향
② 사회보장제도의 개선
③ 사회보장제도의 도입 또는 확대에 따른 우선순위의 조정
④ 2 이상의 부처에 관련되는 주요 사회보장정책
⑤ 사회보장급여 및 비용부담의 조정
⑥ 국가 및 지방자치단체의 역할 및 비용분담
⑦ 기타 위원장이 심의에 부치는 사항

3. 관계행정기관의 협력

사회보장심의위원회는 관계행정기관에 대하여 사회보장에 관한 자료의 제출과 위

---

5) 법무부장관·행정자치부장관·문화관광부장관·농림부장관·정보통신부장관·환경부장관·노동부장관·여성부장관·건설교통부장관·기획예산처장관 및 국가보훈처장

원회의 업무에 관하여 필요한 협력을 요정할 수 있으며 관계행정기관은 위원회로부터 요청 받은 때에는 이에 응하여야 한다. 그리고 사회보장실무위원회는 그 업무수행에 관하여 필요한 경우에는 관계기관·단체 등에 대하여 필요한 자료를 요청하거나 관계기관·단체 등의 직원 또는 전문가로부터 의견을 들을 수 있다.

4. 장기발전방향의 수립 및 추진

1) 사회보장의 장기발전방향 수립

보건복지부장관은 관계중앙행정기관의 장과 협의하여 사회보장심의위원회의 심의를 거쳐 사회복지증진을 위한 장기발전방향을 5년마다 수립하여야 하되, 다음 사항이 포함되어야 하며, 장기발전방향은 국무회의 심의를 거쳐 확정한다(법 제20조).

① 사회보장에 관한 기본 목표 및 추진방향
② 주요 추진과제 및 추진방법
③ 재원조달 방안
④ 사회보장의 전달체계
⑤ 사회보장에 관한 기금운용 방안
⑥ 기타 사회보장을 위하여 특히 필요하다고 인정되는 사항

2) 공청회

보건복지부장관은 장기발전방향을 수립하고자 하는 경우에는 공청회를 열어 국민 및 관계전문가 등으로부터 의견을 들을 수 있다.

3) 주요시책 추진방안의 수립 및 평가

장기발전방향이 수립되면 보건복지부장관·관계중앙행정기관의 장 및 특별시장·광역시장·도지사는 수립된 장기발전방향을 기초로 하여 사회보장과 관련된 소관 주요시책의 추진방안을 매년 수립·시행하여야 한다.

그리고 관계중앙행정기관의 장 및 시·도지사는 수립한 소관 주요시책의 추진방안 및 전년도 추진실적을 매년 3월 31일까지 보건복지부장관에게 제출하여야 하고, 보건

복지부장관은 제출 받은 추진실적을 종합하여 성과를 평가하고 그 결과를 사회보장심의위원회에 보고하여야 한다. 보건복지부장관은 평가를 효율적으로 시행하기 위하여 이에 필요한 조사·분석 등을 전문기관에 의뢰할 수 있다(법 제22조).

4) 계획수립 등의 협조

보건복지부장관·관계중앙행정기관의 장 및 시·도지사는 장기발전방향과 주요시책추진방향의 수립·시행 및 평가를 위하여 필요한 때에는 관계공공기관·사회단체, 기타 민간기업체의 장에게 협조를 요청할 수 있고, 협조요청을 받은 자는 특별한 사유가 없는 한 이에 응하여야 한다(법 제23조).

제4절 사회보장제도의 운영

1. 운영원칙

사회보장제도의 운영에 관하여 법 제24조는 다음과 같은 기본원칙을 규정하고 있다.

1) 보편성의 원칙

국가 및 지방자치단체는 사회보장제도를 운영함에 있어 이를 필요로 하는 모든 국민에게 적용하여야 한다.

2) 형평성의 원칙

국가 및 지방자치단체는 사회보장제도의 급여수준 및 비용부담 등에 있어서 형평성을 유지하여야 한다. 비용부담의 형평성은 수직적·수평적 형평성이 합리적으로 운영되어야 한다. 수직적 형평성이란 소득이나 자산이 많은 사람은 높은 비율의 부담을 하고 낮은 비율의 급여를 받는 데 비하여, 소득이나 자산이 적은 사람은 낮은 비율의 부담을 하고서도 높은 비율의 급여를 받는 것이다. 수평적 형평성이란 소득이나 자산이 동일한 수준인 사람은 동일한 비용을 부담하고 동일한 수준의 급여를 받는 것을 의미한다.

3) 민주성의 원칙

국가 및 지방자치단체는 사회보장제도의 정책결정 및 시행과정에 공익의 대표자 및 이해관계인 등을 참여시켜 민주성을 확보하여야 한다.

4) 효율성·연계성·전문성의 원칙

국가 및 지방자치단체는 사회보장제도를 운영함에 있어서 국민의 다양한 복지욕구를 효율적으로 충족시키기 위하여 연계성·전문성을 높여야 한다.

2. 역할의 조정

사회보장제도를 운영함에 있어 국가는 지방자치단체와 사회보장에 관한 책임과 역할을 합리적으로 조정하여야 한다. 사회보험은 국가의 책임으로 행함을 원칙으로 하며, 공공부조 및 사회복지서비스는 국가와 지방자치단체의 책임으로 행함을 원칙으로 하되, 국가 및 지방자치단체의 재정형편 등을 감안하여 이를 조정할 수 있어야 한다.

3. 민간의 참여

1) 여건조성

국가 및 지방자치단체는 사회보장에 대한 민간부문의 참여를 조장할 수 있도록 정책을 개발·시행하고 그 여건을 조성하여야 한다.

2) 시책의 수립·시행

사회보장에 대한 민간부문의 참여를 조장할 수 있도록 다음의 사업이 포함된 시책을 수립·시행하여야 한다.

① 국가 또는 지방자치단체의 사회보장정책에 필요한 자원봉사인력의 활용사업

② 사회보장에 관련된 민간의 자원봉사 활성화를 위한 각종 지원사업

③ 그 밖에 사회보장에 관련된 민간의 참여를 조장하는 데 필요한 사항

3) 경비부담 및 지원

국가 및 지방자치단체는 개인·법인 또는 단체의 사회보장에 대한 참여에 소요되는 경비의 전부 또는 일부를 지원하거나 그 업무수행에 필요한 지원을 할 수 있다.

4. 비용의 부담

1) 역할분담에 의한 조정

사회보장 비용의 부담은 각각의 사회보장제도에 대한 역할분담에 따라 국가·지방자치단체 및 민간 부문간 에 합리적으로 조정되어야 한다.

2) 국가 부담

사회보험에 소요되는 비용은 사용자·피용자 및 자영자가 부담하는 것을 원칙으로 하되 관계법령이 정하는 바에 따라 국가가 그 비용의 일부를 부담할 수 있다.

3) 국가 및 지방자치단체의 부담

공공부조 및 관계법령이 정하는 일정 소득수준 이하의 국민에 대한 사회복지서비스에 소요되는 비용의 전부 또는 일부는 국가 및 지방자치단체가 이를 부담한다.

4) 수익자의 부담

부담능력이 있는 국민에 대한 사회복지서비스에 소요되는 비용은 그 수익자가 부담함을 원칙으로 하되, 관계법령이 정하는 바에 따라 국가 및 지방자치단체가 그 비용의 일부를 부담할 수 있다.

5. 사회보장전달체계

1) 지역적 분포 및 기능의 균형성

국가 또는 지방자치단체는 지역적으로 고루 분포되고 기능에 따라 균형이 이루어지도록 사회보장전달체계를 마련하여야 한다.

2) 조정의 원활성

국가 또는 지방자치단체는 사회보장 관련 업무를 수행함에 있어 관계기관과 관계자 간의 조정이 원활하게 이루어지도록 사회보장전달체계를 갖추어야 한다.

3) 용이성(편의성)

국가 또는 지방자치단체는 모든 국민이 쉽게 이용할 수 있도록 사회보장전달체계를 마련하여야 한다.

6. 전문인력의 양성

국가 및 지방자치단체는 사회보장제도의 발전을 위하여 전문인력의 양성·학술조사 및 연구·국제교류의 증진 등에 노력하여야 한다.

7. 정보의 공개

국가 및 지방자치단체는 국민이 사회보장제도에 관하여 필요로 하는 정보를 관계법 령이 정하는 바에 의하여 공개하고 이를 홍보하여야 하며, 사회보장에 관한 정보를 관 리하는 체계를 확립하여야 한다(법 제30조).

8. 상담·설명·통지 등

국가와 지방자치단체는 사회보장에 관한 관계법령에 따라 사회보장에 관한 상담에 응하여야 하고 통지하여야 하며, 권리나 의무를 해당 국민에게 설명하도록 노력하여야 한다(법 제32-34조).

9. 비밀의 보호

사회보장의 업무에 종사하는 자는 사회보장과 관련하여 알게 된 개인·법인 또는 단체의 비밀을 관계법령이 정하는 바에 의하여 보호하여야 한다.

10. 권리의 구제

사회보장과 관련하여 국민이 위법 또는 부당한 처분을 받거나 필요한 처분을 받지 못함으로써 권리 또는 이익의 침해를 받은 국민은 행정심판법 또는 행정소송법의 규정에 의한 심판청구 또는 행정소송을 제기하여 그 처분의 취소 또는 변경을 청구할 수 있다(법 제35조).

10

사회복지사업법

제1절 총설

1. 의의

1970년대 이전의 사회복지서비스는 시대적 상황에 대응하기 위하여 아동복리법·생활보호법·윤락행위등방지법 등과 같이 개별법으로 임시방편적, 단편적으로 실시되었고, 사회복귀를 목적으로 하는 실질적인 사회사업적 방법으로 시행된 것은 아니었다. 이후 경제성장에 의한 사회적 수준과 국민의 사회복지 욕구가 증대하면서 이에 부응하는 사회복지서비스의 개별법을 통합·조정할 기본법이 필요하게 되어 1970년 1월 1일 법률 제2191호로 사회복지사업법이 제정·시행되어 왔다. 이후 1997년 8월 22일 법률 제5368호로 전문개정하여 제정된 때부터 2006년 3월 21일 법률 제7018호로 10차례의 개정을 거치면서 현재에 이르고 있다.

2. 제정 목적

사회복지사업법은 사회복지사업에 관한 기본적 사항을 규정하여 사회복지를 필요로 하는 사람의 인간다운 생활을 할 권리를 보장하고 사회복지의 전문성을 높이며, 사회복지사업의 공정·투명·적정을 기하고, 지역사회복지의 체계를 구축함으로써 사회복지의 증진에 이바지함을 목적으로 한다(법 제1조).

3. 특성

사회복지사업법은 상담·재활·직업소개 및 지도·사회복지시설의 이용 등을 필요로 하는 모든 사람에게 정상적인 사회생활이 가능하도록 지원하기 위한 사회복지서비스의 사회보장을 구체화하기 위하여 제정된 법이다. 그러나 사회복지사업법에서의 사회복지사업은 구체적으로 어떤 법의 어떤 사업 등의 한정적 열거주의 형식으로 정립하고 있기 때문에 사회보장기본법상 사회복지서비스 개념에 들어가는 통념상의 사회복지사업이라 하더라도 열거되지 아니한 법의 사업은 적용되지 아니한다.

따라서 사회복지사업의 정의가 사회복지사업의 종류이며 사회복지사업법의 적용 범위가 된다. 사회보험법이나 공공부조법이 현금이나 현물의 경제적 급여를 목적으로 하는 사회보장제도인데 대하여 사회복지사업법은 경제적 물질적 지원의 급여뿐만이 아니라 비경제적 비물질적 지원의 급여까지도 그 내용으로 하고 있다.

4. 사회복지사업의 정의 및 종류

사회복지사업은 ① 다음의 16개 법률에 의한 보호·선도 또는 복지에 관한 사업과 사회복지상담 ② 부랑인 및 노숙인보호·직업보도·무료숙박·지역사회복지·의료복지·재가복지·사회복지관운영·정신질환자 및 한센병환자·사회복귀에 관한 사업 등 각종 복지사업과 이와 관련된 자원봉사활동 및 ③ 복지시설의 운영 또는 지원을 목적으로 하는 사업을 말한다.

① 국민기초생활보장법
② 아동복지법
③ 노인복지법
④ 장애인복지법

⑤ 모·부자복지법

⑥ 영유아보육법

⑦ 성매매방지및피해자보호등에관한법률

⑧ 정신보건법

⑨ 성폭력범죄의처벌및피해자보호등에관한법률

⑩ 입양촉진및절차에관한특례법

⑪ 일제하일본군위안부피해자에대한생활안정지원및기념사업등에관한법률

⑫ 사회복지공동모금회법

⑬ 장애인·노인·임산부등의편의증진보장에관한법률

⑭ 가정폭력방지및피해자보호등에관한법률

⑮ 농어촌주민의보건복지증진을위한특별법

⑯ 식품기부활성화에관한법률

5. 다른 법률과의 관계

사회복지사업법은 사회복지사업에 관한 기본법이다. 사회복지사업의 내용·절차 등에 관하여 사회복지사업법이 정한 국민기초생활보장법 등 16개법에 특별한 규정이 있는 경우를 제외하고는 사회복지사업법의 규정에 의한다. 즉, 사회복지사업법은 사회복지사업에 관한 일반법으로서 사회복지사업에 관한 다른 특정 법률에 규정이 있는 경우에는 특별법 우선의 원칙에 의하여 특정 법률이 사회복지사업법의 특별법으로서 특정 법률의 규정이 사회복지사업법의 규정에 우선하여 적용된다.

그리고 이 법이 정한 16개법을 개정하는 경우에는 사회복지사업법에 부합하도록 하여야 하기 때문에 16개법의 기본법이라 할 수 있다.

제2절 사회복지사업법의 기본원칙

1. 사회복지증진

1) 국가와 지방자치단체의 책임

국가와 지방자치단체는 사회복지를 증진할 책임을 진다(법 제4조제1항).

2) 사회복지서비스의 연계 제공

국가와 지방자치단체는 사회복지서비스와 보건의료서비스를 함께 필요로 하는 사람들에게 이들 서비스가 연계되어 제공되도록 노력하여야 한다.

2. 사회복지서비스의 실천

국가·지방자치단체, 기타 사회복지사업을 행하는 자는 사회복지를 필요로 하는 자에 대하여 그 사업과 관련한 상담·작업치료 등을 실시하여야 한다.

3. 주민의 복지욕구 조사

국가·지방자치단체, 기타 사회복지사업을 행하는 자는 필요한 경우에는 주민의 복지요구를 조사할 수 있다.

4. 최대봉사의 원칙

사회복지업무에 종사하는 사람은 그 업무를 행함에 있어 사회복지를 필요로 하는 사람을 위하여 차별 없이 최대로 봉사하여야 한다(법 제5조).

5. 시설설치 방해금지

누구든지 정당한 이유 없이 사회복지시설의 설치를 방해하여서는 아니 된다. 그러므로 사회복지사업과 관련이 없는 사람이라 할지라도 정당한 이유없이 사회복지시설의 설치를 방해한 자는 1년 이하의 징역 또는 3백만원 이하의 벌금에 처할 수 있는 벌칙까지 규정하고 있다(법 제6조).

특히 시장·군수·구청장(자치구)은 정당한 이유 없이 사회복지시설의 설치를 지연시키거나 제한하는 조치를 하여서는 아니 된다.

6. 자원봉사활동의 지원육성

국가와 지방자치단체는 사회복지 자원봉사활동을 지원·육성하기 위하여 다음 사항을 실시하여야 하되, 효율적 수행을 위하여 사회복지법인, 기타 비영리법인·단체에 이를 위탁할 수 있다(법 제9조).

① 자원봉사활동의 홍보 및 교육
② 자원봉사활동 프로그램의 개발·보급
③ 자원봉사활동 중의 재해에 대비한 시책의 개발
④ 기타 자원봉사활동의 지원에 필요한 사항

7. 지도훈련

보건복지부장관은 사회복지사업법 등 사회복지관련 법률의 시행에 관한 사무에 종사하는 공무원과 사회복지사업에 종사하는 자의 자질향상을 위하여 필요한 훈련을 행할 수 있다(법 제10조).

8. 사회복지의 날

국가는 국민의 사회복지에 대한 이해를 증진하고 사회복지사업 종사자의 활동을 장려하기 위하여 매년 9월 7일을 사회복지의 날로 하고 사회복지의 날부터 1주간을 사회복지주간으로 한다(법 제15조의2).

9. 비밀누설의 금지

사회복지사업 또는 사회복지 업무에 종사하였거나 종사하고 있는 자는 그 업무수행의 과정에서 알게 된 다른 사람의 비밀을 누설하여서는 아니 된다(법 제47조).

10. 압류금지

이 법에 의하여 지급된 금품과 이를 받을 권리는 압류하지 못한다(법 제48조).

11. 포상

정부는 사회복지사업에 관하여 공로가 현저하거나 모범이 되는 자에 대하여 포상할 수 있다.

12. 지도·감독

수급자의 보호를 위하여 보건복지부장관 또는 시·도지사 또는 시장·군수·구청장은 사회복지사업을 운영하는 자에 대한 소관업무에 관하여 지도·감독을 하며, 필요한 경우 그 업무에 관하여 보고 또는 관계서류의 제출을 명하거나, 소속공무원으로 하여금 법인의 사무소 또는 시설에 출입하여 검사 또는 질문하게 할 수 있다(법 제51조).

13. 동일명칭사용의 금지

사회복지사업법에 의한 사회복지법인이 아닌 자는 사회복지법인이라는 용어를 사용하지 못한다.

14. 다른 법률의 준용

사회복지법인에 관하여 사회복지사업법에 규정된 것을 제외하고는 민법과 공익법인 설립·운영에 관한 법을 준용한다.

제3절 사회복지위원회 및 복지위원

1. 사회복지위원회

사회복지사업에 관한 중요사항과 지역사회복지계획을 심의 또는 건의하기 위하여 특별시·광역시·도에 사회복지위원회를 두되, 조직 및 운영에 관한 사항은 보건복지부령이 정하는 바에 의하여 당해 시·도의 조례로 정하도록 위임되어 있다.

사회복지위원은 다음 각 호의 1에 해당하는 자 중에서 특별시장·광역시장·도지사가 임명 또는 위촉한다.

1. 사회복지 또는 보건의료에 관한 학식과 경험이 풍부한 자
2. 사회복지법인 대표자
3. 사회복지사업을 행하는 비영리법인 또는 단체의 대표자
4. 사회복지를 필요로 하는 사람의 이익을 대표하는 자
5. 지역사회복지협의체의 대표자
6. 공익단체에서(비영리민간단체) 추천한 자
7. 사회복지공동모금지회에서 추천한 자

사회복지위원회는 위원장(위원 중 호선) 1인을 포함한 15인 이상 20인 이하의 위원으로 구성하고 임기는 2년이다.

2. 지역사회복지협의체

관할지역의 사회복지사업에 관한 중요사항과 지역사회복지계획을 심의 또는 건의

하고, 사회복지·보건의료 관련 기관·단체가 제공하는 사회복지서비스 및 보건의료서비스의 연계·협력을 강화하기 위하여 시·군·구에 지역사회복지협의회를 둔다.

지역사회복지협의체 위원은 다음 각 호의 1에 해당하는 자 중에서 시장·군수·구청장이 임명 또는 위촉한다.

1. 사회복지 또는 보건의료에 관한 학식과 경험이 풍부한 자
2. 사회복지사업을 행하는 기관·단체의 대표자
3. 보건의료사업을 행하는 기관·단체의대표자
4. 공익단체에서 추천한 자
5. 사회복지업무 또는 보건의료 업무를 담당하는 공무원

사회복지협의체는 위원장(위원 중 호선) 1인을 포함한 10인 이상 20인 이하의 위원으로 구성되며 임기는 2년으로 하되, 공무원인 위원의 임기는 그 재직기간으로 한다. 지역사회복지협의체는 업무를 효율적으로 수행하기 위하여 산하에 실무협의체를 둘 수 있다.

3. 복지위원

시장·군수·구청장은 읍·면·동의 사회복지사업을 원활하게 수행하도록 하기 위하여 읍·면·동단위에 복지위원을 위촉할 수 있다. 복지위원은 명예직으로 하되, 예산의 범위 안에서 수당을 지급할 수 있다.

제4절 사회복지사

1. 사회복지사의 자격시험

보건복지부장관은 사회복지에 관한 전문지식과 기술을 가진 결격사유가 없는 자에게 사회복지사의 자격증을 교부할 수 있다. 사회복지사의 등급은 1, 2, 3등급으로 하고, 1급의 자격증을 교부받고자 하는 자는 국가시험에 합격하여야 하며, 국가시험은 1년에 1회 이상 실시하여야 한다.

2. 사회복지사의 채용

1) 의무채용

사회복지법인 및 사회복지시설을 설치·운영하는 자는 사회복지사업법시행령이 정하는 다음 업무에 종사하는 자를 사회복지사로 채용하여야 한다(법 제13조).
① 사회복지프로그램의 개발 및 운영업무
② 시설거주자의 생활지도업무
③ 사회복지를 필요로 하는 사람에 대한 상담업무

2) 의무채용 예외

사회복지사업법시행령이 정하는 다음의 사회복지시설인 경우에는 사회복지사를 의무적으로 채용하지 아니하여도 된다(시행령 제6조).
① 노인복지법에 의한 노인여가복지시설(노인복지관은 제외)
② 장애인복지법에 의한 점자도서관과 점서 및 녹음서 출판시설
③ 영유아보육법에 의한 보육시설
④ 윤락행위등방지법에 의한 여성복지상담소·일시보호소 및 자립시설
⑤ 정신보건법에 의한 정신질환자복귀시설 및 정신요양시설
⑥ 성폭력범죄의처벌및피해자보호등에관한법률에 의한 성폭력피해상담소

3) 사회복지전담공무원의 임용

사회복지사업에 관한 업무를 담당하게 하기 위하여 시·도, 시·군·구 및 읍·면·동 또는 복지사무전담기구에 사회복지공무원을 둘 수 있되, 그 사회복지공무원은 사회복지사의 자격을 가진 자(법 제14조) 중에서 임용하여야 한다.

3. 사회복지사의 결격사유

사회복지사의 결격사유에 해당하는 자는 다음과 같다.
① 금치산자 또는 한정치산자

② 파산자로서 복권되지 아니한 자

③ 금고 이상의 형을 선고 받고 그 집행이 종료되지 아니하였거나 그 집행을 받지 아
   니 하기로 확정되지 아니한 자

④ 법령 또는 법원의 판결에 의하여 자격이 상실 또는 정지된 자

4. 사회복지사의 등급별 자격기준

사회복지사의 등급별 자격기준, 1급사회복지사의 국가시험과목 및 응시자격, 사회
복지학 전공교과목과 관련교과목은 사회복지사업법시행규칙 제2조제1항의 별표와
같다.

5. 사회복지사의 권리와 의무

국가로부터 받은 사회복지사의 자격에 의하여 채용되는 직업은 사회복지전담 공무
원으로 종사한 사회복지사의 법적지위와 민간사회복지기관에 종사는 사회복지사의
법적지위로서의 권리와 의무가 다르다.

1) 사회복지전담 공무원으로서의 지위

(1) 권리

가. 신분상의 권리 : ① 신분보유권 ② 직위보유권 ③ 직무수행권 ④ 직명사용권 ⑤ 행
   정구제청구권·고충심사청구권 ⑥ 노동운동권(사실상 노무에 종사하는 공무원
   에 한함)[6] (따라서 사회복지점담공무원을 임용한 국가공무원법이나 지방자치단
   체의 조례에 의하여 노동운동권이 허용되지 않으면 불가한 권리임) ⑦ 공무원직

---

6) 사회복지전담공무원은 지방자치단체에 둘 수 있다(법제14조). 지방공무원으로서의 사실상 노
   무에 종사하는 공무원의 범위는 조례로 정한다(지방공무원법제58조제2항). ❖사실상 노무에 종
   사하는 공무원은 다음에 해당하지 아니하는 자를 말함(국가공무원법복무규정 제28조). ① 서무,
   인사 및 기밀업무에 종사하는 자 ② 결리 및 물품출납사무에 종사하는 자 ③ 노무자의 감독사
   무에 종사하는 자 ④ 보안업무규정에 의한 경비업무에 종사하는 자 ⑤ 승용자동차 및 구급차의
   운전에 종사하는 자

장협의회 설립·운영권 ⑧ 사생활비밀, 자유권

나. 재산상의 권리 : ① 보수청구권 ② 연금청구권 ③ 실비보상수급권 ④ 보상권

(2) 의무

① 선서의무 ② 성실의무 ③ 법령준수의무 ④ 복종의무 ⑤ 직무전념의무 ⑥ 친절공정의무 ⑦ 비밀유지의무 ⑧ 청렴의무 ⑨ 품위유지의무 ⑩ 영예 등의 제한 ⑪ 정치운동의금지 ⑫ 집단행위의 금지 ⑬ 병역사항의 신고(김남진, 2006: 221-239).

2) 민간기관 종사자로서의 지위

(1) 권리

가. 신분상의 권리 : ① 신분보유권 ② 이의신청권 ③ 직무보유권 ④ 사생활비밀·자유권 ⑤ 노동운동권 및 근로3권

나. 재산상의 권리 : ① 보수청구권 ② 연금청구권 ③ 실비보상청구권

(2) 의무

① 최대봉사 ② 비밀엄수 ③ 윤리강령 준수 ④ 성실 ⑤ 법령, 정관 및 규칙준수 ⑥ 청렴⑦ 친절공정 ⑧ 품위유지 ⑨ 협조

제5절 사회복지사협회

1. 설립목적

사회복지에 관한 전문지식과 기술을 개발·보급하고 사회복지사의 자질향상을 위한교육훈련 및 사회복지사의 복지증진을 도모하기 위하여 법인으로 한국사회복지사협회를 설립한다. 사회복지사협회는 강제주의에 의하여 설립된 공익 사단법인이다. 따라서 사회복지사협회에 관하여 사회복지사업법에 규정된 것을 제외하고는 민법의 사단

법인에 관한 규정을 준용한다.

2. 업무

① 사회복지사에 대한 전문지식 및 기술의 개발 보급
② 사회복지사의 전문성 향상을 위한 교육훈련
③ 사회복지사제도에 대한 조사연구·학술대회 개최 및 홍보·출판사업
④ 국제사회복지사단체와의 교류 협력
⑤ 보건복지부장관이 위탁하는 사회복지사업에 관한 업무
⑥ 기타 협회의 목적달성에 필요한 사항

여기서 보건복지부장관이 위탁하는 사회복지사업에 관한 업무 중 현재 사회복지사 협회에 위탁된 업무는 사회복지사 1급의 시험관리 업무와 사회복지사 자격증의 교부 업무 및 신고에 관한 업무를 들 수 있다.

3. 회원

협회 회원은 사회복지사의 자격증을 교부 받은 자로 한다.

제6절 사회복지협의회

1. 목적

사회복지에 관한 조사·연구와 각종 복지사업을 조성하기 위하여 전국단위의 한국사회복지협의회(중앙협의회)와 시·도 단위의 시·도사회복지협의회(시·도협의회)를 두며, 필요한 경우에는 시·군·구 단위의 시·군·구사회복지협의회를 둘 수 있다.

중앙협의회·시·도협의회는 사회복지법인으로 하되, 이 법 제23조제1항(재산의 소유의무)의 규정은 이를 적용하지 아니한다(법 제33조).

2. 업무

1) 중앙협의회의 업무

① 사회복지에 관한 조사연구 및 정책건의 ② 사회복지에 관한 교육훈련

③ 사회복지에 관한 자료수집 및 간행물 발간 ④ 사회복지에 관한 계몽 및 홍보

⑤ 자원봉사활동의 진흥 ⑥ 사회복지사업에 종사하는 자의 교육훈련과 복지증진

⑦ 사회복지에 관한 학술도입과 국제사회복지단체와의 교류

⑧ 보건복지부장관이 위탁하는 사회복지에 관한 업무

⑨ 기타 중앙협의회의 목적달성에 필요하여 정관으로 정하는 사항

3. 회원의 자격

1) 중앙협의회 회원

① 시·도협의회의 장

② 사회복지법인 및 사회복지사업과 관련 있는 비영리법인의 대표자

③ 경제계·언론계·종교계·법조계·문화계 및 보건의료계 등을 대표하는 자

④ 기타 사회복지사업수행에 필요하다고 인정되어 중앙협의회의 장이 추천하는 자

4. 임원 및 이사회

중앙협의회와 시·도협의회의 임원으로 대표이사 1인을 포함한 15인 이상 30인 이하의 이사와 감사 2인을 두고, 시·군·구협의회의 임원으로 대표이사 1인을 포함한 10인 이상 30인 이하의 이사와 감사 2인을 둔다. 이사와 감사의 임기는 3년으로 하되, 각각 연임할 수 있다

각 협의회에 이사로 구성되는 이사회를 두고, 이사회는 정관이 정하는 바에 따라 각 협의회의 업무에 관한 중요사항을 심의·의결한다.

5. 협의회의 운영경비

각 협의회의 운영경비는 회원의 회비·국가 및 지방자치단체의 보조금·사업수입 및 기타 수입으로 충당한다.

제7절 사회복지전담공무원 및 전담기구

1. 사회복지전담공무원

사회복지사업에 관한 업무를 담당하기 위하여 시·도, 시·군·구 및 읍·면·동 또는 시·군·구 및 읍·면·동의 복지사무전담기구에 사회복지전담공무원을 둘 수 있다. 사회복지전담공무원은 사회복지사의 자격을 가진 자 중에서 임용하되 지방공무원임용령이 정하는 바에 의한다. 특별시장·광역시장 또는 도지사는 사회복지전담공무원을 임용·배치하는 경우에는 보건복지부령이 정하는 바에 의하여 보건복지부장관에게 그 사실을 보고하여야 한다.

복지전담공무원은 관할지역 안의 사회복지를 필요로 하는 사람 등에 대하여 항상 그 생활실태 및 가정환경 등을 파악하고 사회복지에 관하여 필요한 상담과 지도를 행하여야 한다. 관계행정기관 및 사회복지시설을 설치·운영하는 자는 복지전담공무원의 업무수행에 협조하여야 한다. 국가는 복지전담공무원의 보수 등에 소요되는 비용의 전부 또는 일부를 보조할 수 있다.

2. 복지사무전담기구 설치

사회복지사업에 관한 사무를 효율적으로 운영하기 위하여 필요한 경우 시·군·구 또는 읍·면·동에 복지사무를 전담하는 기구를 따로 설치할 수 있다. 복지사무전담기구의 사무범위·조직·기타 필요한 사항은 당해 시·군·구의 조례로 정한다.

제8절 지역사회복지계획의 수립과 시행

1. 지역사회복지계획의 수립

시장·군수·구청장은 지역주민 등 이해관계인의 의견을 들은 후 지역사회복지협의체의 심의를 거쳐 당해 시·군·구의 지역사회복지계획을 수립하고 이를 시·도지사에게 제출하되, 지역보건의료계획과 연계되도록 하여야 한다.

시·도지사는 제출받은 시·군·구의 지역사회복지계획을 종합·조정하여 사회복지위원회의 심의를 거쳐 역시 지역보건의료계획과 연계하여 시·도의 지역사회복지계획을 수립하고 이를 보건복지부장관에게 제출하여야 한다. 지역복지계획에는 다음과 같은 사항이 포함되어야 한다.

1. 복지수요의 측정 및 전망에 관한 사항
2. 사회복지시설 및 재가복지에 대한 장·단기 공급대책에 관한 사항
3. 인력·조직·재정 등 복지자원의 조달 및 관리에 관한 사항
4. 사회복지전달체계에 관한 사항
5. 사회복지서비스 및 보건의료서비스의 연계제공 방안에 관한 사항
6. 지역사회복지에 관련된 통계의 수집 및 정리에 관한 사항
7. 그 밖에 대통령령이 정하는 사항

2. 지역복지계획의 시행

시·도지사 또는 시장·군수·구청장은 지역복지계획을 시행함에 있어서 필요하다고 인정하는 경우에는 민간 사회복지관련 단체 등에 대하여 인력·기술 및 재정지원을 할 수 있다.

3. 시행결과의 평가

보건복지부장관 또는 시·도지사는 대통령령이 정하는 바에 의하여 시·도 또는 시·

군·구의 지역복지계획의 시행결과를 평가할 수 있다

제9절 사회복지법인

1. 법인의 의의

1) 법인의 개념

법인이라 함은 자연인에 의하여 목적을 달성하기 어려운 사업을 수행할 수 있게 하기 위하여 사람의 결합이나 특정한 재산에 대하여 자연인과 마찬가지로 법률상의 권리·의무의 주체로서 권리능력, 행위능력, 불법행위능력(책임능력)이 있는 지위를 인정한 것이다. 따라서 ① 법인은 권리·의무의 주체이지만 스스로 행동할 수 없기 때문에 대표이사와 같은 기관을 두도록 하여 그 기관의 행위를 곧 법인의 행위로 간주하는 방식을 취하고 있고 ② 법인은 구성원의 가입, 탈퇴가 있더라도 그에 영향을 받지 않고 그 동일성이 유지되고 ③ 법인의 재산은 구성원의 재산과는 달리 독립된 법인 자체의 재산이 된다.

2) 법인의 본질이론

(1) 법인의제(擬製)설

권리·의무의 주체는 오로지 자연인에 한정되며, 법인은 법률이 자연인에 의제한 것에 지나지 않기 때문에 법인 자체의 독자성을 부인한다. 다만 자연인이 아닌 단체를 권리주체로 인정한 것은 국가 또는 법률이 허가하는 경우에만 예외적으로 성립할 수 있다는 이론으로 허가주의와 특허주의에 의한 법인설립의 근거가 된다.

(2) 법인부인설

법인의 실체는 전혀 없다는 이론이다.

(3) 법인실재(實在)설

자연인만이 법적 주체로 실재하는 것이 아니라 자연인 이외의 일정한 법적 요건을 갖춘 단체도 법적 주체로서 사회에 실재하는데, 법인이 바로 그러한 사회적 실재라고 주장하는 이론이다. 민법제34조에서 "법인은 법률의 규정에 좇아 정관으로 정한 목적의 범위 내에서 권리와 의무의 주체가 된다"고 규정한 것이 법인실재설이다.

3) 법인과 기본권

① 법인에 인정되는 기본권 : 평등권, 직업선택, 거주·이전, 언론출판, 집회결사, 재판청구, 국가배상청구, 청원권
② 법인에 인정되지 않는 기본권 : 인간의 존엄과 가치 및 행복추구권, 생존권적 기본권, 정치적 자유, 신체의 자유, 생명권, 양심의 자유

4) 법인의 종류

(1) 내국법인과 외국법인

내국법인은 대한민국법에, 외국법인은 외국법에 준거하여 설립된 법인이다.

(2) 공법인(公法人)과 사법인(私法人)

공법인은 특정한 공공목적을 위하여 특별한 법적 근거에 의하여 설립된 법인으로서, 설립목적이 법으로 정해져 있고 목적 달성에 필요한 한도에서 행정권이 부여되어 공과금 면제 등의 특례가 주어지는 대신 국가의 특별한 지도·감독을 받는다. 공법인의 광의적 의미는 국가와 공공단체를 모두 포함하고, 협의로는 공공단체를, 최협의로는 지방자치단체 이외의 공공단체만을 의미한다. 국민연금관리공단, 국민건강보험공단, 근로복지공단 등이 그 예이다.

사법인은 사법(私法)에 의하여 설립되고 규율되는 법인이다. 민법상의 법인은 비영리법인으로서 비영리사단법인과 비영리재단법인이 있고, 상법상의 법인은 영리법인이다. 사법인은 그 내부의 법률관계에 국가 또는 공공단체의 강제적 권력작용이 가해지지 않는다.

사회복지사업법에 의하여 설립된 사회복지법인은 설립절차가 사회복지 증진에 이바지하기 위한 공익적 목적으로 제정된 사회복지사업법에 의하여 정관의 기재사항, 임원구성, 재산소유의무 및 관리·지도·감독 및 보조금을 지원하고 있는 성격으로 보아 공익적 비영리 재단법인에 속한다.

(3) 영리법인과 비영리법인

사법인 중에서 민법상의 법인은 비영리법인(비영리사단법인과 비영리재단법인)이고, 상법상의 법인은 영리법인으로 구분된다.

영리법인은 사원의 경제적 이익을 도모함을 궁극적 목적으로 하여 설립된 법인으로서 사단법인만이 영리법인이 될 수 있고, 재단법인은 영리법인이 될 수 없다[7].

비영리법인은 공익을 위한 사업이나 학술, 종교, 자선, 기예, 사교, 기타 영리가 아닌 사업을 목적으로 하는 법인이다. 대부분의 사회복지기관, 시설인 사회복지법인 또는 사립학교가 그 예이다. 하지만, 유료노인복지시설은 개별법인 노인복지법에 의하여 시장·군수·구청장에게 신고하고, 유료노인전문병원은 의료법에 의한 의료기관을 설치할 수 있는 자에 한하여 시·도지사의 허가로 설립되며, 영리법인에 속한다.

(4) 사단법인과 재단법인

민법은 비영리법인으로서 사단법인과 재단법인을 인정하고 있다.

사단법인은 일정한 목적을 위하여 결합한 사람의 단체에 법인격을 부여한 것으로 단체의 의사에 의하여 자율적으로 활동한다. 사람이라고 하는 구성원 단체에 법인격이 부여되어 있지만 구성원과는 독립하여 단체 자체가 그 주체가 된다는 점에서 구성원 모두가 주체가 되는 조합[8]과 구별된다. 전국재해구호협회, 한국변호사회, 의사회 등이 그 예이다.

재단법인은 일정한 목적에 바쳐진 재산이라는 실체에 법인격을 부여한 것으로서 설립자의 의사에 의하여 타율적으로 운영되며 영리법인이 될 수 없다. 홀트아동복지회, 사립학교 등이 그 예이다.

---

7) 민법 제39조 : 영리를 목적으로 하는 사단은 상사회사설립의 조건에 좇아 법인으로 할 수 있다.
8) 사람이라고 하는 구성원 단체임은 사단과 같으나 조합은 구성원 모두가 주체가 된다. 민법은 조합을 법인제도로 규율하지 아니한다.

사단법인의 기관으로는 필수기관으로 의사결정기관인 사원총회, 대표·집행기관인 이사가 있고, 임의기관인 감사가 있다. 재단법인의 기관으로는 필수기관으로 이사가 있고 임의기관으로 감사가 있다. 사단법인은 2명 이상의 사원으로 구성되어 존재하므로, 사원총회를 통하여 단체의사를 결정하여 자율적으로 활동한다. 재단법인은 출연된 재산에 의해 존재하며 설립자의 의사에 구속되어 타율적으로 활동한다. 그러므로 사단법인은 사원총회를 필수기관으로 하여 정관변경이 자유롭고, 사원이 없게 되는 때는 해산사유가 되며, 사원총회의 결의에 의한 해산이 인정되지만, 재단법인은 사원총회가 존재하지 않으며, 정관 변경이 엄격하고, 사원이 없게 되는 때나 사원총회의 결의에 의한 해산이 있을 수 없다. 또한 법인의 설립행위로서 사단법인은 정관을 작성하여야 하는 데 대하여 재단법인은 정관 작성 외에 재산출연이 있어야 한다.

5) 법인설립의 입법주의

(1) 허가주의

법인설립에 관하여 행정관청의 허가를 필요로 하는 제도이다. 허가는 행정관청의 자유재량 행위이다. 주로 비영리법인의 경우에 허가주의를 택하고 있다. 사회복지사업법상의 사회복지법인 설립은 보건복지부장관의 허가를 받아야 한다.

(2) 인가주의

법률이 정한 요건을 갖추고 행정관청의 인가를 얻음으로써 법인이 설립되는 제도이다. 허가는 적법 요건으로서 재량행위인 반면, 인가는 제3자의 법률행위를 보충하여 법률상의 효력을 완성시키는 유효요건으로서 법률이 정한 요건을 갖추면 인가를 해주어야 한다. 농업협동조합과 같은 대부분의 협동조합 등의 설립이 그 예이다.

(3) 준칙주의

법인설립에 관한 요건을 미리 법률로 정해 놓고, 그 요건만 충족되면 당연히 법인의 설립을 인정하는 제도이다. 주로 영리법인이나 노동조합 설립이 그 예이다. 설립요건을 갖춘 후 관계 행정관청에 신고하도록 되어있다.

(4) 특허주의

국가 정책이나 공익적 차원에서 특별한 법률을 제정하여 설립하는 제도로서, 한국은행, 국민건강보험공단, 국민연금관리공단, 근로복지공단 등이 그 예이다.

(5) 강제주의

법인의 설립을 국가가 강제하는 제도로서 변호사회, 약사회, 사회복지사협회 등이 그 예이다.

(6) 자유설립주의

법인설립에 관하여 아무런 제한이 없는 제도이나, 대한민국은 이 제도를 취하지 않고 있다.

6) 법인의 기관

(1) 사원총회

사단법인의 필수기관으로서 사원으로 구성되는 최고의 의사결정기관이다. 총회는 통상총회와 임시총회가 있되, 매년 1회 이상 통상총회를 소집하여야 한다. 정관변경과 임의해산은 사원총회의 전속권한이다.

(2) 이사

이사는 사단법인이나 재단법인의 필수기관으로서 법인의 모든 사무를 집행한다. 이사는 각자 법인을 대표한다. 다만, 법인과 이사의 이익이 상반되는 경우에는 감사나 이해관계인의 청구에 의하여 법원이 선임하는 특별대리인이 법인을 대표한다.

(3) 감사

감사는 이사처럼 필수기관은 아니나, 정관이나 사원총회의 결의로 둘 수 있는 임의감사기관이다. 사회복지사업법상 사회복지법인에는 2명 이상의 감사를 두도록 규정하고 있어 감사는 필수기관이다.

2. 사회복지법인의 정의 및 종류

1) 사회복지법인의 정의

사회복지법상 사회복지법인이라 함은 사회복지사업을 행할 목적으로 설립된 법인을 말한다. 사회복지법인은 사회복지법상 보건복지부장관의 허가를 받고 설립 등기를 함으로써 설립되는 허가주의에 의한 비영리 공익 재단법인이다.

2) 사회복지법인의 적용법규

사회복지법인은 사회복지사업법의 적용을 받는다. 다만, 사회복지사업법에 적용할 규정이 없는 경우에는 공익법인의설립운영에관한법률을 준용하고, 공익법인의설립운영에관한법률에도 준용할 규정이 없을 경우에는 민법의 규정을 준용한다.

3) 사회복지법인의 종류

사회복지법인에는 사회복지시설의 설치·운영을 목적으로 하는 시설법인과 사회복지사업을 지원하는 것을 목적으로 하는 지원법인으로 구분된다. 시설법인은 수용시설과 이용시설로 구분되는데 수용시설은 가정에서 보호·양육할 수 없거나 재활을 필요로 하는 사람들을 보호·수용하여 상담·재활·건강 및 영양관리·숙박관리 등 일상생활의 향상과 자활 등의 서비스를 제공하는 시설을 말한다. 이용시설은 일반 가정에서 생활하고 있는 주민 중 문제가 있거나 사회복지시설의 이용 등의 필요에 따라 전문적인 상담이나 재활·치료 등의 서비스를 제공하는 시설을 말한다. 지원법인은 시설의 설치·운영을 목적으로 하지 아니하고 사회복지사업을 지원하는 것을 목적으로 하는 법인을 말한다.

3. 법인의 설립

1) 설립허가 및 등기

사회복지법인을 설립하고자 하는 자는 보건복지부장관의 허가를 받은 후 주된 사무소의 소재지에서 설립등기를 하여야(법 제16조) 성립한다(민법 제33조). 설립등기는 허가가 있는 때부터 3주간 내에 하여야 한다(민법 제49조). 사회복지법인은 공공성을 가지고 있기 때문에 사회복지의 증진 책임이 있는 국가(보건복지부장관)의 허가를 받도록 한 것이다. 여기서 주된 사무소의 소재지라 함은 법인의 최고 수뇌부가 있는 장소를 말하며, 허가라 함은 부작위 의무를 해제하는 재량행위로서 적법요건이 되며, 등기는 일정한 법률관계를 등기부에 명백히 공시함으로써 거래의 안전을 보호하기위한 제도로서 성립요건이며 제3자에 대한 대항요건이 된다. 따라서 사회복지법인의 법인격 취득시기는 보건복지부장관으로부터 설립허가를 받은 시기가 되나, 선의의 제3자에 대한 대항능력은 등기한 때부터 생긴다.

2) 사회복지법인의 정관

사회복지법의 정관에는 ① 목적, ② 명칭, ③ 주된 사무소의 소재지, ④ 사업의 종류, ⑤ 자산 및 회계에 관한 사항, ⑥ 임원의 임면 등에 관한 사항, ⑦ 회의에 관한 사항, ⑧ 수익을 목적으로 하는 사업이 있는 경우 그에 관한 사항, ⑨ 정관의 변경에 관한 사항, ⑩ 존립시기와 해산사유를 정한 때에는 그 시기와 사유 및 잔여재산의 처리방법, ⑪ 공고 및 그 방법에 관한 사항을 기재하여야 한다.

정관작성은 법인의 설립행위가 되며, 정관작성에는 필히 기명날인을 하여야 한다(민법 제40조).

정관을 변경하고자 할 때에는 보건복지부장관의 인가를 받아야 한다. 이 경우 ① 정관의 변경을 결의한 이사회 회의록사본 1부 ② 정관 변경안 1부 ③ 사업의 변동이 있는 경우에는 사업변경계획서·예산서 각1부 및 재산의 수익조서 1부와 재산의 평가조서 및 재산의 수익조서 각1부를 첨부하여 주무관청에 제출하여야 한다. 다만 정관의 사항 중 "공고 및 그 방법에 관한 사항"의 변경은 경미한 사항이라 인가를 받지 아니 하여도 된다. 인가라 함은 제3자의 행위를 보충하여 법률상의 효력을 완성시키는 행위로서 유효요건이다.

3) 설립절차

사회복지법인을 설립하고자 하는 자는 법인 허가신청서에 다음의 서류를 첨부하여 법인의 주된 사무소의 소재지를 관할하는 시장·군수·구청장 및 시·도지사를 거쳐 보건복지부장관에게 제출하여야 한다. 정관은 반드시 기명날인을 하여야 한다.

① 설립취지서 1부 ② 정관 2부 ③ 재산출연증서 1부

④ 재산출연자의 인감증명서 1부

⑤ 재산의 소유를 증명할 수 있는 서류 1부(부동산의 경우는 등기부등본)

⑥ 재산의 평가조서(지가공시및토지등의평가에관한법률에 의한 감정평가 업자의 감정평가서) 1부

⑦ 재산의 수익조서(수익용 기본재산을 갖춘 경우에 한함)

⑧ 임원의 취임 승낙서(인감증명 첨부) 및 이력서 각 1부

⑨ 임원 상호 간의 관계에 있어 사회복지사업법 제18조 제2항의 규정에 의한 상속세 및 증여세법에 저촉되지 않음을 입증하는 각서 1부

⑩ 설립 당해 연도 및 다음 연도의 사업계획서 및 예산서 각 1부

4. 사회복지법인의 임원

1) 임원의 구성과 자격

임원은 사회복지사업법에 의하여 선임된 이사와 감사를 말한다. 법인은 대표이사를 포함한 이사 5인 이상과 감사 2인 이상을 두어야 한다. 임원의 임기는 이사 3년, 감사 2년으로 하되 연임할 수 있다. 이사회 구성은 대통령령이 정하는 특별한 관계에 있는 자가 이사 현원의 5분의 1을 초과할 수 없고, 외국인 이사는 현원의 2분의 1 미만이어야 한다. 임원을 임면하는 경우에는 보건복지부령이 정하는 바에 의하여 지체 없이 이를 보건복지부장관에게 보고하여야 한다.

감사는 이사와 대통령령(제9조제1항)이 정하는 특별한 관계에 있는 자가 아니어야 하며, 그 중 1인은 대통령령(제10조)이 정하는 바에 의하여 법률과 회계에 관한 지식과 경험이 있는 자 중에서 보건복지부장관이 추천할 수 있다.

이사회 구성의 대통령령이 정하는 특별한 관계에 있는 자

1. 출연자

2. 출연자 또는 이사와 다음 각 목의 1에 해당하는 친족. 다만, 출연자 또는 이사가 출가녀인 경우에는 남편과의 관계에 의한다.

가. 6촌 이내의 부계혈족과 4촌 이내의 부계혈족의 처

나. 3촌 이내의 부계혈족의 남편 및 자녀

다. 3촌 이내의 모계혈족과 그 배우자 및 자녀

라. 처의 3촌 이내의 부계혈족 및 그 배우자

마. 배우자(사실상 혼인관계에 있는 자를 포함한다)

바. 입양자의 생가의 직계존속

사. 출양자 및 그 배우자와 출양자의 양가의 직계비속

아. 혼인 외의 출생자의 생모

자. 2촌 이내의 부계혈족의 배우자의 2촌 이내의 부계혈족

3. 출연자 또는 이사의 사용인 그 밖에 고용관계에 있는 자(출연자 또는 이사가 출자에 의하여 사실상 지배하고 있는 법인의 사용인 그 밖에 고용관계에 있는 자를 포함한다)

4. 출연자 또는 이사의 금전 그 밖의 재산에 의하여 생계를 유지하는 자 및 그와 생계를 함께 하는 자

5. 출연자 또는 이사가 재산을 출연한 다른 법인의 이사

2) 임원의 결격사유

다음 사유에 해당하는 자는 임원으로 선임될 수도 없고, 또 임원이 이에 해당하는 경우에는 임원자격을 상실하게 된다.

① 미성년자 ② 금치산자 또는 한정치산자 ③ 파산선고를 받은 자로서 복권되지 아니한 자 ④ 법원의 판결 또는 다른 법률에 의하여 자격이 상실 또는 정지된 자 ⑤ 금고 이상의 실형을 받고 그 집행이 종료되거나 집행이 면제된 날로부터 3년이 경과되지 아니한 자 ⑥ 금고 이상의 형의 집행유예선고를 받고 그 유예기간 중에 있는 자 ⑦ 앞의 ⑤와 ⑥의 규정에도 불구하고 사회복지사업 또는 그 직무와 관련하여 아동복지법 제40조 또는 제41조, 보조금의예산및관리에관한법률 제40조 내지 42조 또는 형법 제28장·제40장의 죄를 범하거나 이 법을 위반하여 50만원 이상의 벌금형의 선고를 받고 그 형이 확정된 후 5년 또는 형의 집행유예의 선고를 받고 그 형이 확정된 후 7년이 경과하지 아니하거나 징역형의 선고를 받고 그 집행이 종료되거나 집행이 면제된 날부터 7년이 경과되지 아니한 자 ⑧ 보건복지부장관의 해임명령을 받고 해임된 지 5년이 경과되지 아니한 자

3) 임원의 변경보고 및 겸직금지

이사 또는 감사 중에 결원이 생긴 때에는 2월 이내에 보충하여야 하며, 기간 내에 결원 보충을 하지 아니하는 경우에는 보건복지부장관은 지체없이 이해관계인의 청구 또는 직권으로 임시이사를 선임하여야 한다.

이사는 법인이 설치한 사회복지시설의 장을 제외한 당해 시설의 직원을 겸할 수 없다. 감사는 법인의 이사·법인이 설치한 사회복지시설의 장 또는 그 직원을 겸할 수 없다.

4) 임원의 해임명령

보건복지부장관은 임원이 다음 사항의 1에 해당하는 때에는 법인에 대하여 그 임원의 해임을 명할 수 있다.

① 보건복지부장관의 명령을 정당한 이유 없이 이행하지 아니한 때
② 회계부정이나 현저한 불법행위, 기타 부당행위 등이 발견되었을 때
③ 법인의 업무에 관하여 보건복지부장관에게 보고할 사항에 대하여 고의로 보고를 지연하거나 허위보고를 한 때
④ 기타 이 법 또는 이 법에 의한 명령을 위반한 때

5. 사회복지법의 재산

법인은 사회복지사업의 운영에 필요한 재산을 소유하여야 한다(법 제23조). 재산은 기본재산과 보통재산으로 구분하며, 기본재산은 그 목록과 가액을 정관에 기재하여야 한다. 기본재산은 ① 부동산 ② 정관에서 기본재산으로 정한 재산 ③ 이사회의 결의로 기본재산에 편입된 재산이며, 보통재산은 기본재산에 속하지 아니하는 그 밖의 재산이다. 기본재산은 목적사업용재산과 수익용 재산으로 구분하되, 시설의 설치·운영을 목적으로 하지 아니하고 사회복지사업을 지원하는 것을 목적으로 하는 법인은 이를 구분하지 아니할 수 있다.

법인은 기본재산에 관하여 ① 양도·증여·교환·임대·담보제공 또는 용도변경 하고자 할 때 ② 보건복지부령이 정하는 금액 이상을 1년 이상 장기차입하고자 할 때에는 보건복지부장관의 허가를 받아야 한다.

법인이 매수·기부체납·후원 등의 방법으로 재산을 취득한 때에는 지체없이 이를 법인의 재산으로 편입 조치하여야 한다. 이 경우 법인은 그 취득사유·취득재산의 종류·수량 및 가액을 매년 보건복지부장관에게 보고하여야 한다.

6. 수익사업 및 후원금

법인은 목적사업의 경비에 충당하기 위하여 필요한 때에는 법인의 설립목적 수행에 지장이 없는 범위 안에서 수익사업을 할 수 있다. 법인은 수익사업으로부터 생긴 수익을 법인 또는 그가 설치한 사회복지시설의 운영외의 목적에 사용할 수 없고, 수익사업에 관한 회계는 법인의 다른 회계와 구분하여 계리하여야 한다.

법인의 대표이사와 시설의 장은 아무런 대가 없이 무상으로 받은 금품 및 기타의 자산(후원금)의 수입·지출 애용과 관리에 명확성이 확보되도록 하여야 한다.

7. 법인의 설립허가 취소

보건복지부장관은 사회복지법인이 다음 사항에 해당할 때에는 기간을 정하여 시정명령을 하거나 법인설립허가를 취소할 수 있다. 다만 ①항에 해당하는 때에는 설립허가를 취소하여야 한다. 취소를 하고자 할 때에는 청문을 하여야 한다.

① 허위, 기타 부정한 방법으로 설립허가를 받은 때

② 설립허가조건에 위반한 때   ③ 목적달성이 불가능하게 된 때

④ 목적사업 외의 사업을 한 때   ⑤ 공익을 해치는 행위를 한 때

⑥ 정당한 사유 없이 설립허가를 받은 날부터 6월 이내에 목적사업을 개시하지 아니하거나 1년 이상 사업실적이 없을 때

⑦ 기타 사회복지사업법 또는 사회복지사업법에 의한 명령이나 정관에 위반 한 때

법인이 ②항 내지 ⑦항에 해당하여 설립허가를 취소하는 경우는 다른 방법으로 감독목적을 달성할 수 없거나 시정을 명한 후 6월 이내에 법인이 이를 이행하지 아니한 경우에 한한다.

8. 법인의 합병·해산·파산

1) 법인의 합병

　법인은 보건복지부장관의 허가를 받아 사회복지사업법에 의한 다른 법인과 합병할 수 있다. 법인이 합병하는 경우 합병후 존속하는 법인 또는 합병에 의하여 설립된 법인은 합병에 의하여 소멸된 법인의 지위를 승계한다(법 제30조).

2) 법인의 해산

　사회복지법인은 법인의 존립기간의 만료, 법인의 목적달성 또는 달성의 불능, 기타 정관에 정한 해산사유가 발생하거나 파산 또는 설립허가의 취소로 해산된다.

　법인이 파산이 아닌 경우로 해산한 때에는 해산등기를 한 후 지체없이 주무관청(보건복지부장관)에 신고하여야 한다.

3) 법인의 파산

　법인의 파산에 관하여 사회복지사업법상 규정이 없기 때문에 민법의 규정을 준용하여야 한다. 민법은 제79조에서 법인이 채무를 완제하지 못하게 된 때에는 이사는 지체 없이 파산신청을 하여야 한다고 규정하고 있고, 파산법 제1조에서는 파산은 구체적으로 법원의 파산선고로부터 그 효력이 발생한다고 규정하였다. 따라서 사회복지법인이 그의 채무를 완제하지 못하게 된 때에는 그 법인의 이사 또는 채권자의 청구에 의하여 법원이 파산선고를 하게 된다. 파산사유가 생겼을 때에 이사는 파산선고를 신청할 의무가 있고, 법원으로부터 파산선고가 있게 되면 법인은 해산된다.

4) 법인의 소멸

　법인의 소멸은 해산(解散)과 청산(淸算)을 거쳐서 행하여지나, 법인은 해산만으로는 소멸하지 않으며 청산이 사실상 종료됨으로써 소멸한다(민법 제81조).

9. 해산법인의 재산처리

해산한 법인의 잔여재산은 정관이 정하는 바에 의하여 국가 또는 지방자치단체에 귀속된다. 국가 또는 지방자치단체에 귀속된 재산은 사회복지사업에 사용하거나 유사한 목적을 가진 법인에게 무상으로 대부하거나 무상으로 사용·수익하게 할 수 있다. 다만, 해산한 법인의 이사 본인 및 그와 대통령령이 정하는 특별한 관계에 있는 자가 이사로 있는 법인에 대하여는 그러하지 아니하다(법 제27조).

10. 동일명칭 사용금지

사회복지법인이 아닌 자는 사회복지법인이라는 용어를 사용하지 못한다.

11. 다른 법률의 준용

사회복지법인에 관하여 이 법에 규정된 것을 제외하고는 민법과 공익법인의설립·운영에관한법률을 준용한다(법 제32조). 즉, 사회복지사업과 관련된 법 적용의 우선순위는 ① 특정 개별 사회복지법 ② 사회복지사업법 ③ 공익법인의설립·운영에관한법률 ④ 민법의 순으로 적용한다.

제10절 사회복지서비스의 실시

1. 사회복지서비스의 신청

사회복지서비스를 필요로 하는 자("보호대상자")와 그 친족, 그 밖의 관계인은 관할 시장·군수·구청장에게 보호대상자에 대한 사회복지서비스의 제공("보호")을 신청할 수 있다. 시·군·구의 복지전담공무원은 사회복지사업법에 의한 보호대상자가 누락되지 아니하도록 하기 위하여 관할지역 안에 거주하는 보호대상자의 보호를 직권으로 신청할 수 있다. 이 경우 보호대상자의 동의를 얻어야 하며 동의를 얻은 경우에는 보호대상자가 신청한 것으로 본다(법 제33조의2).

2. 복지요구 조사

시장·군수·구청장은 보호신청이 있는 경우 복지전담공무원에게 다음의 사항을 조사하게 한다.
① 신청인의 복지요구와 관련된 사항
② 보호대상자 및 그 부양의무자(국민기초생활보장법에 의한 부양의무자)의 소득·재산·근로능력 및 취업상태에 관한 사항
③ 그 밖에 보호실시 여부를 결정하기 위하여 필요하다고 인정하는 사항
시장·군수·구청장은 복지요구 조사의 목적으로 자료를 확보하기 위하여 신청인 또는 보호대상자와 그 부양의무자에게 필요한 자료의 제출을 요구할 수 있다.

3. 보호의 결정

시장·군수·구청장은 복지요구의 조사를 한 때에는 보호의 실시여부와 그 유형을 결정하여야 하며, 그 결정을 하고자 하는 때에는 보호대상자 및 그 친족·복지전담공무원 및 지역 안의 사회복지·보건의료사업 관계기관·단체의 의견을 들을 수 있다. 그리고 실시여부와 그 유형을 결정한 때에는 서면으로 신청인에게 통지하여야 한다.

4. 보호계획의 수립

시장·군수·구청장은 보호대상자에 대하여 보호의 실시를 결정한 때에는 필요한 경우 지역사회복지협의체의 의견을 들어 ① 사회복지서비스의 유형·방법·수량 및 제공기간, ② 사회복지서비스를 제공하는 기관 및 단체, ③ 그 밖의 보호에 필요한 사항이 포함된 보호대상자별 보호계획을 작성하여야 한다. 그리고 보호대상자의 사회복지서비스의 실시결과를 정기적으로 평가하고 필요한 경우 보호대상자별 보호계획을 변경할 수 있다. 보호대상자별 보호계획을 작성하는 때에는 보호대상자의 경제상황, 가정상

황, 건강상황을 종합적으로 고려하여 사회복지 및 보건의료서비스가 제공될 수 있도록 하여야 한다.

5. 보호의 실시

시장·군수·구청장은 보호대상자별 보호계획에 따라 보호를 실시하여야 한다. 보호의 실시가 긴급을 요하는 등 보건복지부장관이 인정하는 경우 절차의 일부를 생략할 수 있다.

6. 보호의 방법

보호대상자에 대한 보호는 현물로 제공함을 원칙으로 한다. 시장·군수·구청장은 국가 또는 지방자치단체 외의 자로 하여금 보호를 실시하게 하는 경우에는 보호대상자에게 사회복지서비스이용권을 지급하여 국가 또는 지방자치단체 외의 자로부터 그 이용권으로 보호를 받게 할 수 있다(법 제33조의7).

제11절 사회복지시설

1. 사회복지시설의 의의

사회복지사업법상 사회복지시설이라 함은 사회복지사업을 행할 목적으로 설치된 시설을 말한다. 사회복지시설은 스스로 자신의 삶을 영위하기 어려운 사회적 약자들에게 국가나 지방자치단체가 가정을 대신하여 도움을 제공하는 사회복지서비스적 장치이다.

2. 사회복지시설의 설치

1) 국가 및 지방자치단체

국가 또는 지방자치단체는 사회복지시설을 설치·운영할 수 있다.

2) 국가 또는 지방자치단체 외의 자

국가 또는 지방자치단체 외의 자가 시설을 설치·운영하고자 하는 때에는 시장·군수·구청장에게 신고하여야 한다. 다만, 시설의 폐쇄명령을 받고 1년이 경과되지 아니한 자는 시설의 설치·운영 신고를 할 수 없다(법 제34조). 사회복지시설의 설치·운영 신고서에는 다음 서류(전자문서 포함)를 첨부하여야 한다(시행규칙 제20조).

① 법인의 정관(법인에 한함) 1부 ② 시설운영에 필요한 재산목록 1부
③ 사업계획서 및 예산서 각 1부   ④ 시설의 평면도와 건물의 배치도 각 1부

신고서 제출을 받은 시장·군수·구청장은 사회복지시설신고필증을 교부하여야 하며, 사회복지시설신고관리대장을 작성, 관리하여야 한다. 여기서 국가 또는 지방자치단체 외의 자는 사회복지법인, 비영리법인 및 개인이라 할 수 있기 때문에 사회복지시설을 설치할 수 있는 자는 국가·지방자치단체·사회복지법인·비영리법인 및 개인이라고 할 수 있다. 그러나 정신요양시설, 아동보호치료시설 및 교호시설 등은 시설생활자의 권익보호를 위하여 반드시 사회복지법인 또는 비영리법인에 한하여 설치·운영할 수 있도록 제한하고 있으므로 개인은 운영할 수 없다.

3. 위탁

국가 또는 지방자치단체가 설치한 시설은 필요한 경우 보건복지부령이 정하는 바에 따라 사회복지법인 또는 비영리법인에게 위탁하여 운영하게 할 수 있다(법 제34조제5항). 위탁계약기간은 5년 이내로 하되 위탁자가 필요하다고 인정하는 때에는 그 계약기간을 갱신할 수 있다.

4. 사회복지시설의 설치 및 운영

1) 시설의 대상

국가 또는 지방자치단체 외의 자가 설치·운영하는 시설 중 사회복지관·부랑인 및 노숙인 보호를 위한 시설의 설치·운영에 관한 사항과 부랑인 및 노숙인 보호를 위한 시설의 입·퇴소의 기준·절차 및 직업전보 등에 관하여 필요한 사항은 보건복지부령으로 다음과 같이 정한다(법 제34조제4항).

2) 사회복지관의 설치기준

사회복지관을 설치할 때에는 시설입구 등 일반이 보기 쉬운 곳에 사회복지관의 명칭을 부착하여야 하고, 사회복지관에는 강당 또는 회의실과 방음설비를 갖춘 상담실을 갖추어야 하며 업무수행에 필요한 공간을 확보하여야 한다(시행규칙 제21조).

3) 사회복지관의 운영기준

(1) 업무 분야

사회복지관에는 사무 분야, 가족복지 분야, 지역사회보호 분야, 지역사회조직 분야, 교육 및 문화 분야, 자활 분야 등으로 업무 분야를 나누어 이를 수행할 수 있는 직원을 각각 두거나 겸임할 수 있도록 하되, 직원의 수는 사회복지관의 규모 및 수행하는 사업을 고려하여 정하여야 한다.

(2) 책임자의 자격

사회복지관의 각 분야별 책임자는 다음의 자격을 갖춘 자로 하여야 한다.

① 관장 : 2급 이상의 사회복지사자격증 소지자 또는 이와 동등한 자격이 있다고 법 제36조의 규정에 의한 운영위원회에서 인정한 자

② 사무 분야의 책임자 : 3급 이상의 사회복지사자격증 소지자 또는 이와 동등한 자격이 있다고 운영위원회에서 인정한 자

③ 그 밖의 업무 분야의 책임자 : 해당 분야의 자격증 소지자

(3) 사회복지관의 사업내용

관장은 시행규칙 제22조제3항의 규정에 해당하는 사업 중 지역사회의 특성과 지역
주민의 복지욕구를 고려한 사업을 선택하여 복지사업을 수행하여야 한다.

사회복지관의 사업내용(시행규칙 제22조제3항 관련)

사업 분야	단위사업명	사 업 내 용
1. 가족복지사업	(1) 가족관계 증진사업	• 가족원간의 의사소통을 원활히 하고 각자의 역할을 수행함으로써 이상적인 가족관계를 유지함과 동시에 가족의 능력을 개발·강화하는 사업(가족문제 예방프로그램 포함) -교육 및 훈련 프로그램 : 가족교육, 부모교육, 가족역할훈련, 대인관계 훈련, 의사소통향상교육 등 -상담 및 검사 : 부부상담, 부모상담, 가족상담 등(법률·의료상담, 심리검사 등 포함)
	(2) 가족기능 보완사업	• 사회구조 변화로 부족한 가족기능, 특히 부모의 역할을 보완하기 위하여 주로 아동·청소년을 대상으로 실시되는 사업 -아동 대상 프로그램 : 방과후 아동보호 및 보육 -청소년 대상 프로그램 : 공부방 및 도서관 운영(학습 및 독서지도 포함), 사회성 향상, 감성교육, 심성발달 프로그램, 진로탐색 및 지도, 학교사회사업
	(3) 가정문제 해결·치료 사업	• 문제가 발생한 가족에 대한 진단·치료·사회복귀 지원사업 -신체적 장애 관련프로그램 : 장애아동 조기교육, 음악·놀이·미술 등 특수치료, 장애인 사회적응 프로그램 등 -정신적 장애 관련프로그램 : 정신보건서비스, 알콜 및 약물중독 치료, 정신장애인, 정신지체인, 발달장애인 서비스 등 -청소년 프로그램 : 청소년 범죄예방 사업, 학교부적응 또는 징계학생을 위한 지도 프로그램 등 -위기가정 문제 : 이혼가정, 해체위기가정 등 -폭력·학대 : 아동학대 및 방임, 노인학대, 성폭력, 가정폭력
	(4) 부양가족 지원사업	• 보호대상 가족을 돌보는 가족원의 부양부담을 줄여주고 관련정보를 공유하는 등 부양가족 대상 지원사업 -치매노인 가족지원, 장애인 가정지원, 만성질환자 부양가족모임, 장애아동 부모상담 그 밖에 부양가족 지원사업
2. 지역사회 보호사업	(1) 급식서비스	• 지역사회에 거주하는 보호대상 노인이나 결식아동 등을 위한 식사제공 사업 -식사 배달, 밑반찬 배달, 경로식당운영, 무료급식
	(2) 보건의료 서비스	• 노인, 장애인, 저소득층 등 재가복지사업 대상자를 위한 보건·의료 관련사업 -의료서비스(통원 및 방문진료), 간병서비스, 물리치료, 재활치료, 보건교육, 방문간호(보건기관 연계), 영양서비스(영양지도 및 상담)

2. 지역사회 보호사업	(3) 경제적 지원	• 경제적으로 어려운 지역사회 주민을 대상으로 생활에 필요한 현금 및 물품 등을 지원하는 사업 -의료비·교육비·생활비 등 지원, 후원품 제공, 생활용품 지원 등
	(4) 일상생활 지원	• 독립적인 생활능력이 떨어지는 보호대상자가 사회복지시설이 아닌 곳에서 자립적인 생활을 하도록 하기 위하여 필요한 기초적인 일상생활 지원사업 -청소·세탁·장보기·취사 등 가사서비스, 목욕, 이·미용, 심부름, 차량지원, 주거환경개선 등
	(5) 정서지원 서비스	• 지역사회에 거주하는 독거노인이나 소년소녀가정 등 부양가족이 없는 보호대상자들을 위한 비물질적인 지원사업 -말벗, 안부전화 등 노인 정서지원, 의형제·의부모 관계 맺기
	(6) 일시보호 서비스	• 독립적인 생활이 불가능한 노인이나 장애인 또는 일시적인 보호가 필요한 실직자·노숙자 등을 위한 보호사업 -노인 주간·단기보호, 치매노인센터, 장애인 주간·단기보호, 실직자 쉼터, 노숙인 쉼터, 공동생활가정
3. 지역사회 조직사업	(1) 지역사회 복지를 위한 주민조직 강화 및 교육	• 주민이 지역사회문제에 스스로 참여하고 공동체의식을 갖도록 주민조직의 육성을 지원하고, 이러한 주민협력강화에 필요한 주민의식을 높이기 위한 교육을 실시하는 사업 -주민조직체 형성·운영 : 주민모임, 주민동아리 등 -지역주민이 주체가 되어 지역문제를 해결하는 사업 : 환경운동, 소비자고발운동, 쓰레기재활용운동 등 -주민의식교육 : 주민지도자교육, 사회복지교육, 환경교육, 소비자교육 등
	(2) 복지네트워크구축	• 지역내 복지기관·시설들과 네트워크를 구축함으로써 복지서비스 공급의 효율성을 재고하고, 지역복지의 중심으로서 사회복지관의 역할을 강화하는 사업 -네트워크구축 : 지역사회복지협의체 활동, 지역 내 복지시설과의 연계사업 등 -지역복지 중심기관 역할 : 지역복지 대변자로서의 활동, 지역문제의 발굴 등
	(3) 주민복지 증진사업	• 지역단위 행사 또는 주민편의시설 운영을 통하여 주민복지를 증진하고 공동체 의식을 높이는 사업 -지역행사 : 경로잔치, 절기행사, 마을잔치 등 지역주민행사 -시설개방 : 시설대여, 경로당 운영, 주민사랑방 운영 -정보제공 : 일상생활 및 복지 관련정보제공
	(4) 자원봉사자 양성 및 후원자 발굴	• 지역사회 내에서 취약계층을 돕고자 하는 자원봉사자를 모집·양성하는 사업 -자원봉사자가 희망하는 복지사업 분야에서 활동할 수 있도록 연계·관리 • 지역사회에서 복지사업에 관심이 있는 주민 또는 기업 등을 후원자로 개발·조직하는 사업 -정기적 또는 비정기적으로 제공하는 후원금품을 노인, 장애인, 청소년 등 취약계층에게 직접 전달하거나 관련 복지사업비 등으로 사용

4. 교육문화 사업	(1) 아동·청소년 방과 후 교육	• 아동 및 청소년을 대상으로 하는 공부방 및 기능교실운영사업 -주거환경이 열악하여 가정에서 학습하기 곤란하거나 경제적 이유 등 으로 학원 등 타기관의 활용이 어려운 아동·청소년에게 필요한 경우 학습내용 등에 대하여 지도하거나 각종 기능교육(컴퓨터, 피아노, 미 술, 태권도, 서예 등) 실시
	(2) 성인기능 교실	• 기능습득을 목적으로 하는 성인사회교육사업(저소득층을 위한 직업 훈련 및 일반주민을 위한 단순기능교육을 포함) -조리사, 이용·미용, 양재(洋裁), 포장, 제과·제빵, 도배사, 에어로빅강 사 등 기능교육 및 자격증 취득을 위한 교육 -교양강좌 : 꽃꽂이, 서예, 독서지도, 종이접기 등
	(3) 노인여가· 문화	• 노인을 대상으로 제공되는 각종 사회교육 및 취미교실운영사업 -건강운동교실 : 체조교실, 생활체육, 단전호흡, 수영교실 등 -여가프로그램 : 노래교실, 춤교실 등 -교양교육프로그램 : 노인대학, 컴퓨터, 한글교육 등 -경로당 지원사업
	(4) 문화복지 사업	• 일반주민을 위한 여가·오락프로그램, 문화소외집단을 위한 문화프로 그램 그 밖에 각종 지역문화행사사업 -일반주민 여가 프로그램 -소외집단 대상 프로그램 : 청소년 캠프, 청소년 동아리, 장애인 문화체 험 등 -주민문화행사 : 영화상영, 춤축제, 음악회 등
5. 자활사업	(1) 직업기능 훈련	• 저소득층의 자립능력배양과 가계소득에 기여할 수 있는 기능훈련을 실시하여 창업 또는 취업을 하도록 지원하는 사업 -봉제, 이용·미용, 조리, 컴퓨터훈련, 공예품제작, 창업교실, 건축관련 세부기술, 서비스교육
	(2) 취업알선	• 직업훈련 이수자, 기타 취업희망자를 대상으로 취업에 관한 정보제공 및 알선사업 -가사도우미·산모도우미·간병인·경비직·조리원·사무원·일용직 등 의 알선 -취업·부업안내센터, 창업정보센터, 창업지도, 고령자취업센터
	(3) 직업능력 개발	• 근로의욕 및 동기가 낮은 주민의 취업욕구 증대와 재취업을 위한 심리· 사회적인 지원프로그램 실시사업 -지역봉사자를 위한 전문지도, 재활프로그램, 근로의욕 고취 프로그램
	(4) 자활공동 체 육성	• 비슷한 경험과 능력을 소지한 저소득층이 공동창업방식을 통하여 서 비스 제공 또는 제품의 생산으로 자립할 수 있도록 지원하는 사업 -자활공동체, 공동작업장, 노인부업실, 장애인자립작업장 등

(4) 복지계획 수립

사회복지관의 관장은 지역주민의 복지욕구에 대한 조사, 관계행정기관 및 단체의 의견을 수렴하여 매년도의 사회복지관 복지사업계획을 수립하여야 한다.

(5) 우선적 사업대상

관장은 복지사업을 행함에 있어서 지역주민을 대상으로 실시하되, 다음에 해당하는 주민이 우선적인 대상이 되도록 하여야 한다.
① 국민기초생활보장법에 의한 수급자 등 저소득 주민
② 장애인·노인·모·부자가정 등 취약계층 주민
③ 직업·부업훈련 및 취업알선이 필요한 주민
④ 유아·아동 또는 청소년의 보호 및 교육이 필요한 주민

(6) 현황보고서 제출

사회복지관의 관장은 사회복지관 현황 보고서를 매년 1월 말까지 시장·군수·구청장 및 시·도지사를 거쳐 보건복지부장관에게 제출하여야 한다.

5. 보험가입 의무

시설의 운영자는 화재로 인한 손해배상책임의 이행을 위하여 손해보험사가 영위하는 책임보험에 가입하여야 한다. 국가 또는 지방자치단체는 예산의 범위 안에서 책임보험에 소요되는 비용의 전부 또는 일부를 보조할 수 있다. 손해책임보험에 가입하여야 할 시설의 범위는 대통령령으로 정한다.

6. 시설의 안전점검

시설의 장은 시설에 대하여 정기 및 임시안전점검을 실시하여야 하며, 그 결과를 시장·군수·구청장에게 제출하여야 한다. 시설의 안전점검 결과를 제출 받은 시장·군수·구청장은 필요한 경우 시설의 운영자로 하여금 시설의 보완 또는 개·보수를 요구할 수

있고 이 경우 시설의 운영자는 이에 응하여야 한다. 국가 또는 지방자치단체는 예산의 범위 안에서 안전점검·시설의 보완 및 시설의 개·보수에 소요되는 비용의 전부 또는 일부를 보조할 수 있다. 정기 또는 임시 안전점검을 받아야 하는 시설의 범위 및 시기·안전점검기관과 그 절차는 대통령령으로 정한다.

7. 시설의 장

시설의 장은 상근하여야 한다. 다음에 해당하는 자는 시설장이 될 수 없다.
① 미성년자 ② 금치산자 또는 한정치산자
③ 파산선고를 받은 자로서 복권되지 아니한 자
④ 법원의 판결 또는 다른 법률에 의하여 자격이 상실 또는 정지된 자
⑤ 금고 이상의 실형의 선고를 받고 그 집행이 종료되거나 집행이 면제된 날부터3년이 경과 되지 아니한 자
⑥ 금고 이상의 형의 집행유예선고를 받고 그 유예기간 중에 있는 자
⑦ 앞의 ⑤와 ⑥의 규정에 불구하고 사회복지사업 또는 그 직무와 관련하여 아동복지법 제40조 또는 제41조, 보조금의예산및관리에관한법률 제40조 내지 42조 또는 형법 제28장·제40장의 죄를 범하거나 이 법에 위반하여 50만원 이상의 벌금형의 선고를 받고 그 형이 확정된 후 5년 또는 형의 집행유예의 선고를 받고 그 형이 확정된 후 7년이 경과하지 아니하거나 징역형의 선고를 받고 그 집행이 종료되거나 집행이 면제된 날부터 7년이 경과되지 아니한 자
⑧ 보건복지부장관의 해임명령을 받고 해임된 지 5년이 경과되지 아니한 자

8. 비치서류

시설의 장은 후원금품대장 등 다음의 서류를 시설 내에 비치하여야 한다.
① 후원금품대장   ② 법인의 정관(법인에 한함)
③ 법인설립허가증 사본(법인에 한함) ④ 시설거주자 및 퇴소자의 명부
⑤ 시설거주자 및 퇴소자의 상담기록부 ⑥ 시설의 운영계획서 및 예산·결산서
⑦ 시설의 건축물관리대장   ⑧ 시설의 장과 종사자의 명부

9. 운영위원회

1) 심의기관

시설의 운영에 관한 다음 사항을 심의하기 위하여 운영위원회를 둔다(법 제36조).
① 시설운영계획의 수립·평가에 관한 사항
② 사회복지프로그램의 개발·평가에 관한 사항
③ 시설종사자의 근무환경 개선에 관한 사항
④ 시설거주자의 생활환경 개선 및 고충처리 등에 관한 사항
⑤ 시설과 지역사회와의 협력에 관한 사항
⑥ 그 밖에 시설의 장이 부의하는 사항

2) 구성

위원회의 위원은 위원장 및 시설장을 포함하여 5인 이상 10인 이하의 위원으로 구성한다. 위원회 위원은 다음 사항에 해당하는 자 중에서 시설의 장의 추천을 받아 관할 시장·군수·구청장이 임명 또는 위촉한다. 다만, 관계공무원인 위원은 시설장의 추천을 받지 아니한다. 위원장은 위원 중에서 호선하며 위원의 임기는 3년으로 한다.
① 시설거주자 또는 시설거주자의 보호자 대표 ② 지역주민 ③ 후원자 대표
④ 관계공무원 ⑤ 기타 시설운영에 관하여 전문적인 지식과 경험이 풍부한 자

10. 시설의 평가

보건복지부장관 및 시·도지사는 보건복지부령이 정하는 바에 따라 다음의 평가기준에 의하여 시설을 3년마다 1회 이상 정기적으로 평가하여야 하며, 이를 시설의 감독 또는 지원 등에 반영하거나 시설거주자를 다른 시설로 보내는 등의 조치를 할 수 있다(법 제43조).
① 입소 정원의 적절성 ② 종사자의 전문성 ③ 시설의 환경
④ 시설거주자에 대한 서비스의 만족도 ⑤ 기타 시설의 운영개선에 필요한 사항

11. 시설의 개선·재개·폐지신고 등

1) 신고에 의한 휴지·재개·폐지

국가 또는 지방자치단체 외의 자로서 시설설치를 신고하여 운영하는 자는 그 운영을 휴지하거나 재개 또는 시설을 폐지하고자 하는 때에는 시장·군수·구청장에게 신고하여야 하고, 신고를 접수한 시장·군수·구청장은 시설운영의 휴지 및 폐지의 경우 시설거주지를 다른 시설로 보내는 등 시설거주자의 권익을 보호하기 위한 조치를 취하여야 한다(법 제38조).

2) 직권에 의한 개선·정지·폐쇄

보건복지부장관, 시·도지사 또는 시장·군수·구청장은 시설이 다음 사항에 해당할 때에는 그 시설의 개선, 사업의 정지, 시설의 장의 교체를 명하거나 시설의 폐쇄를 명할 수 있다. 시설의 폐쇄를 하고자 할 때에는 청문을 하여야 한다(법 제40조).
① 시설이 설치기준에 미달하게 된 때
② 사회복지법인 또는 비영리법인이 설치·운영하는 시설의 경우 그 사회복지법인 또는 비영리법인의 설립허가가 취소된 때
③ 설치목적의 달성, 기타의 사유로 계속하여 운영될 필요가 없다고 인정할 때
④ 회계부정이나 불법행위, 기타 부당행위 등이 발견된 때
⑤ 기타 이 법 또는 이 법에 의한 명령을 위반한 때

12. 시설의 수용인원

사회복지시설의 수용인원은 300인을 초과할 수 없다(법 제41조). 다만 ① 노인복지법에 의한 노인주거복지시설 중 유료양로시설과 유료노인복지주택 ② 노인복지법에 의한 노인의료복지시설 중 유료노인요양시설과 유료노인전문요양시설은 수용인원 300인을 초과할 수 있다(시행령 제19조).

제12절 재가복지

1. 의의

사회복지서비스의 욕구 대상은 다양하다. 사회복지시설에 수용되어 장기적인 보호를 필요로 하기보다는, 가정에서 보호하거나 서비스를 제공 받을 수밖에 없는 상황에 놓인 보호대상자 들이 날로 늘어감에 따라 재가복지서비스의 실효성이 증가하고 있다.

2. 재가복지 서비스의 종류

국가 또는 지방자치단체는 보호대상자가 다음 사항에 해당하는 재가복지서비스를 제공 받도록 할 수 있다(법 제41조의2).
①가정봉사서비스: 가사 및 개인활동을 지원하거나 정서활동을 지원하는 서비스
②주간·단기보호서비스: 주간·단기보호시설에서 급식 및 치료 등 일상생활의 편의를 낮 동안 또는 단기간 동안 제공하거나 가족에 대한 교육 및 상담을 지원하는 서비스

3. 국가 및 지방자치단체의 책무

1) 사회복지서비스의 우선제공
시장·군수·구청장은 보호대상자별 보호계획에 따라 보호대상자에게 사회복지서비스를 제공하는 경우 시설에의 입소에 우선하여 재가복지서비스를 제공하도록 하여야 한다(법 제41조의2제2항).

2) 보호대상자의 보호자에 대한 지원
국가 또는 지방자치단체는 보호가 결정된 보호대상자를 자신의 가정에서 돌보는 자에게 그 보호자의 부담을 경감하기 위한 상담을 실시하거나 금전적 지원을 할 수 있다(법 제41조의3).

3) 가정봉사원의 양성

국가 또는 지방자치단체는 재가복지서비스를 필요로 하는 가정 또는 시설에서 보호대상자가 일상생활을 영위하기 위하여 필요한 각종 편의를 제공하는 자원봉사원을 양성하도록 노력하여야 한다.

제13절 사회복지사업의 재원지원

1. 의의

사회복지사업의 운영에 필요한 경비는 원칙적으로 사회복지 증진의 책임이 있는 국가와 지방자치단체가 부담하는 것이 원칙이다. 국민의 생활수준이 향상되면서 복지욕구의 수준과 질도 높아지고 있는 만큼 이에 상응하는 사회복지사업의 운영 경비도 증가할 수밖에 없으나 국가 재정은 한정 된 것이다. 따라서 소득수준에 따른 무료복지·실비복지 및 유료복지 등의 형평성을 고려하여 여러 가지 형태의 재원조달을 하여야 하기 때문에 사회복지사업법상의 재원조달은 주로 무료복지 내지 실비복지 지원에 대한 규정을 하고 있다.

2. 보조금

1) 보조금의 지원대상

국가 또는 지방자치단체는 사회복지사업을 수행하는 자 중 다음 사항에 해당하는 자에 대하여 필요한 비용의 전부 또는 일부를 보조할 수 있다(법 제42조).

① 사회복지법인　　②사회복지사업을 수행하는 비영리법인

③ 사회복지시설 보호대상자를 수용하거나 보육·상담 및 자립지원을 하기 위하여 사회복지시설을 설치·운영하는 개인

2) 보조금의 용도

보조금은 그 목적 이외의 용도에 사용할 수 없으며, 보조금을 받은 자가 다음 사항에 해당될 때에는 이미 교부한 보조금의 전부 또는 일부의 반환을 명할 수 있다.
①거짓, 기타 부정한 방법으로 보조금을 교부받은 때
②사업목적 외의 용도에 보조금을 사용한 때
③사회복지사업법 또는 동법의 명령에 위반한 때

3. 비용의 징수

사회복지사업법에 의한 복지조치에 필요한 비용을 부담한 지방자치단체의 장, 기타 시설을 운영하는 자는 그 혜택을 받은 본인 또는 그 부양의무자에게 산출근거를 명시한 서면으로 통지하여 그가 부담한 비용의 전부 또는 일부를 징수할 수 있다. 다만 그 혜택을 받은 본인이 국민기초생활보장법에 의한 수급자인 경우에는 그 비용을 징수하지 아니한다.

4. 후원금

1) 후원금의 범위

①사회복지법인의 대표이사와 시설의 장이 아무런 대가 없이 무상으로 받은 금품, 기타의 자산
②시설거주자가 받은 개인연결후원금을 해당인이 정신질환, 기타 이에 준하는 사유로 관리능력이 없어 시설의 장이 이를 관리하게 되는 경우

2) 후원금의 관리

사회복지법인의 대표이사와 시설의 장은 후원금의 수입, 지출 내용과 관리에 명확성이 확보되도록 하여야 한다. 후원금에 관한 영수증교부, 수입 및 사용결과 보고 등 기타 후원금관리에 필요한 사항은 사회복지법인재무·회계규칙 제41조의4 내지 7까지의 규정에 의하여 다음과 같이 관리하여야 한다.

법인의 대표이사와 시설의 장은

① 후원금을 받은 때에는 시장·군수·구청장이 부여한 일련번호가 기재된 서식의 후원금 영수증을 후원자에게 즉시 교부한다.

② 금융기관 또는 체신관서의 계좌입금을 통하여 후원금을 받은 때에는 법인명의 후원금 전용계좌나 시설의 명칭이 부기된 시설장 명의의 계좌를 사용하고, 이 경우 후원자가 영수증 발급을 원하는 경우를 제외하고는 영수증교부를 생략할 수 있다.

③ 연 1회 이상 해당 후원금의 수입 및 사용내용을 후원금을 낸 법인·단체 또는 개인에게 통보하되, 정기간행물·홍보지 등을 이용하여 일괄통보할 수 있다.

④ 매 반기 종료 후 10일 이내에 후원금 수입 및 사용결과 보고서(전산파일 포함)를 시장·군수·구청장에게 제출하여야 한다.

⑤ 후원금을 후원자가 지정한 사용용도 외의 용도로 사용하지 못한다.

⑥ 후원금의 수입 및 지출은 예산의 편성 및 확정절차에 따라 세입·세출예산에 편성하여 사용하여야한다.

제14절 수급자의 권리보호

1. 비밀누설의 금지

사회복지사업 또는 사회복지업무에 종사하였거나 종사하고 있는 자는 그 업무수행의 과정에서 알게 된 다른 사람의 비밀을 누설하여서는 아니 된다.

2. 압류금지

사회복지사업법에 의하여 지급된 금품과 이를 받을 권리는 압류하지 못한다.

3. 지도·감독

수급자의 보호를 위하여 보건복지부장관 또는 시·도지사 또는 시장·군수·구청장은 사회복지사업을 운영하는 자에 대한 소관업무에 관하여 지도·감독을 하며, 필요한 경우 그 업무에 관하여 보고 또는 관계서류의 제출을 명하거나, 소속 공무원으로 하여금 법인의 사무소 또는 시설에 출입하여 검사 또는 질문하게 할 수 있다(법 제51조).

11

공공부조법

제1절 공공부조법

1. 공공부조법의 정의

공공부조(公共扶助 : public assistance)는 생활유지 능력이 없거나 생활이 어려운 자에게 국가 및 지방자치단체가 건강하고 문화적인 생활의 최저한도를 보장하고 자립을 지원함으로써 궁극적으로 모든 국민이 인간다운 생활을 영위할 수 있도록 하는 공적인 구빈제도이다. 사회보장에 관한 국민의 권리와 국가 및 지방자치단체의 책임 있는 원조를 의미하는 공공부조는 그 의미와 표현이 국제적으로 통일되어 있지 않고 그 해석도 다양하기 때문에 명확한 정의를 내리기는 쉽지 않다. 우선 학자들의 정의를 보면, 김상규는 "공공부조는 공적 책임, 특히 국가의 직접 책임 하에서 공비부담으로 생활 곤궁자에 대하여 행하는 경제적 부조제도로서 사회보험과 함께 사회보장의 2대 지류를 형성하고 있으며, 사회보험의 영향이 미치지 않는 분야에서 발생하는 곤궁자에 대하여 그 욕구에 따라서 개별적으로 생계의 유지를 가능하게 한다는 점에서 그 존재 의의가 있다"고 하였다(김상규, 1987).

장인협은 "공공부조란 국가 책임 하에 도움을 요청하는 사람들에게 무기여급여

(noncontributory benefit)를 제공하는 제도"라고 정의하고 있다(장인협, 1992).

최일섭과 이인재는 "공적부조는 사회보험과 함께 국민의 건강하고 문화적인 최저생활에 대한 보장을 목적으로 하며, 더욱이 생활능력을 상실한 자들과 일정한 생활수준에 미달한 자들에 대하여 국가가 그들의 최저생활과 자립촉진을 목적으로 하여 수립한 가장 직접적이며, 최종적인 경제적 보호제도"라고 정의하고 있다(최일섭·이인재, 1996).

DiNitto와 Dye는 "공공부조 프로그램은 가난한 사람, 노인, 시각장애인, 다른 장애를 가진 사람 등과 같이 도움을 받아 마땅한 가난한 사람들과 아동을 양육하는 편모 또는 편부 가정들이 각자 현재의 상황이 개선될 것 같지 않고, 또한 다른 원조 수단도 이용할 수 없을 때 이러한 사람들에게 도움을 주기 위해 제공되는 공공 프로그램"이라고 정의하였다.

또한 공공부조는 나라마다 상이한 표현을 쓰고 있는데 일본·미국에서는 공공부조 또는 공적부조(Public Assistance)로, 영국에서는 국가부조(National Assistance)로, 프랑스에서는 사회부조(Social Assistance)로 표현하고 있다.

우리나라 사회보장기본법 제3조제3호에서는 공공부조라 표현하고 있는데 공공부조는 "국가 및 지방자치단체의 책임 하에 생활유지 능력이 없거나 생활이 어려운 국민의 최저생활을 보장하고 자립을 지원하는 제도를 의미한다"고 정의하고 있다.

상기의 정의들을 기초하여 볼 때, 공공부조법은 "노동의 능력이 없거나 생활이 어려운 자가 국가 및 지방자치단체의 책임 하에 최저한도의 건강하고 문화적인 생활을 할 수 있도록 하는 권리를 보장해 주는 법과 제도"라 할 수 있다.

공공부조법은 헌법 제34조 "모든 국민은 인간다운 생활을 할 권리를 가진다"는 국민생존권보장 이념에 근거하고 있으며 "누구나 가지고 있는 기본적 인권을 존중한다"는 민주주의의 기본이념을 바탕으로 한다.

공공부조법의 기본원리로는 생활이 곤궁한 모든 국민의 최저생활보장의 책임은 국가에 있다는 국가책임의 원리, 생활능력을 상실한 사람에 대해 국가가 생존권을 보장하여야 한다는 생존권 보장의 원리, 수급권자가 어떤 인종·성별·종교 및 사회적 신분이든지 여하의 차별함 없이 법의 요건을 충족하는 한 급여는 평등하게 행하여져야 한다는 무차별평등의 원리, 모든 국민이 건강하고 문화적인 최저생활을 유지할 수 있도록 돕는다는 최저생활보장의 원리, 수급권자는 국가에 의한 보호를 받기 전에 자기생활책임원칙에 따라서 본인이 보유한 재산이나 근로능력·소득을 최대한 활용하여야 하며 부양의무자가 있을 때에는 부양의무자로부터 최대한 부양을 받도록 하되 이렇게 한 후에도 최저생활을 유지할 수 없을 상태가 되었을 때 국가가 최종적인 방법으로 보충적인 지원을 한다는 보충성의 원리, 수급권자가 의존상태에서 빠져 나와 생존능력을 갖추고 자력으로 정상인의 사회생활이 가능하도록 원조하여 잠재능력을 개발하고 주체적인 삶을 살아갈 수 있도록 하는 자립보장의 원리가 있다.

공공부조법에서의 생활보호는 국가최저(national minimum) 또는 사회최저(social minimum) 원칙에 의거하여 최저한의 수준에 그쳐야 하며, 공공부조법의 대표적인 법률로는 국민기초생활보장법과 의료급여법이 있고, 재해구호법과 기초노령연금법도 공공부조법이라 할 수 있다.

2. 공공부조법의 특징

공공부조법의 가장 큰 특징은 사회적 취약계층에 대한 최종적인 소득보장제도라는 것과 빈곤에 대한 최후의 국가적 대응책이라는 것이다. 공공부조법은 국가나 지방자치단체를 공공부조프로그램의 수행 주체로 하며 프로그램 수행을 위한 필요 재원은 일반조세를 통하여 조달되도록 규정하고 있다. 공공부조법은 대상자를 선정함에 있어 보충성의 원리에 따라 엄격한 자산조사(means test)와 상태조사(status test)를 실시하고 이를 통하여 선별된 대상자에게만 선택적으로 원조를 제공하는 '선별주의'에 입각하고 있다. 따라서 공공부조의 혜택을 받기 위해서는 공공기관이 수혜자격 여부를 판정하기 위하여 실시하는 조사에 응해야 한다. 이렇게 선별된 수혜자들은 소수의 빈곤층이 주 대상인데 공공부조 급여를 받기 위해 별도의 경제적 기여를 하지 않아도 일방적으로 소득의 이전을 제공받게 된다. 이로써 소득의 수직적 재분배적 기능이 도모되어, 결국 중상류 계층과 저소득층, 빈곤층 간의 소득의 불평등을 완화시킬 수 있는 효과를 가져올 수 있다.

3. 공공부조법의 기본 원칙

공공부조법의 기본적인 준거가 되는 여섯 가지 기본 원칙은 다음과 같다(신섭중 외, 1996).

첫째, 신청보호의 원칙이 있다. 이것은 공공부조와 관련된 사업을 실시하는 기관의 직권에 의해 보호가 시작되는 것이 아니라, 보호가 필요한 사람의 신청에 의해 보호가 시작되는 원칙을 말한다.

둘째, 기준 및 정도(程度)의 원칙이 있다. 이 원칙은 어느 국민이 스스로의 힘으로 생활할 수 없는 경우에 이 사람의 생활이 어렵다는 것을 나타내는 기준을 결정하는 원칙을 말한다. 그러나 생활이 어려운 것을 판단하는 기준과 더불어, 자산의 범위와 관련된 기준도 함께 있어야 한다.

셋째, 필요 즉응(卽應)의 원칙이 있다. 이 원칙은 빈곤선이 보호를 제공하는 기준이기는 하지만, 구체적으로 제공하는 보호는 보호가 실제로 필요한 정도에 따라 개별화시키는 원칙을 말한다.

넷째, 세대단위의 원칙이 있다. 이 원칙은 보호가 필요한지 여부와 보호가 필요한 정도를 세대를 단위로 해서 결정하는 원칙을 말한다. 이 원칙은 생활의 단위를 이루는 것이 현실적으로 세대라는 점에 근거하고 있다.

다섯째, 금전부조(金錢扶助)의 원칙이 있다. 현물급여에 비해서 현금급여는 여러 가지 장점을 가지기 때문에, 여러 국가에서는 이 원칙을 공공부조와 관련된 법의 실천방법상 원칙으로 정하고 있다.

여섯째, 거택(居宅)보호의 원칙이 있다. 이 원칙은 보호가 필요한 사람이 거주하는 곳에서 보호를 제공하는 원칙을 말한다.

제2절 국민기초생활보장법

(일부개정 2006.12.28 법률 제8112호)

1. 국민기초생활보장법의 총설

1) 목적 및 의의

국민기초생활보장법은 헌법에 보장된 인간다운 생활을 할 권리, 생존권, 사회권, 복지권 내지 사회보장수급권 보장을 규정한 법으로서 공공부조수급권을 구체적으로 보장하기 위한 법률이다(남일재, 2005). 이 법은 생활이 어려운 자에게 빈곤의 정도에 따라 필요한 급여를 행하여 이들의 최저생활을 보장하고 자활을 조성하는 것을 목적으로 한다(동법 제1조).

최저생활 보장에 관한 헌법상의 권리를 실체적으로 규정한 법률로써 과거 생활보호법과는 달리 시혜적이 아닌 국민의 권리와 국가의 의무로써 법적 권리를 강조하고 있다. 종전의 생활보호법에서는 수급요건을 인구학적 기준(demogrant)으로 하여 급여를 제공하였으나 국민기초생활보장법에서는 이를 철폐하고 국가의 보호를 필요로 하는 빈곤선 이하의 국민은 누구나 국가로부터 지원을 받을 수 있도록 함으로써 수급요건을 ‘빈곤’으로 단순화하였다.

국민기초생활보장법에서는 시장·군수·구청장은 규정에 의하여 수급권자나 기타 관계인이 급여를 신청한 후 생활보장의 여부가 결정되기 전이라 하더라도 수급권자에게 급여를 하여야 할 긴급한 필요가 있다고 인정될 때에는 급여의 일부를 행할 수 있다고 명시하고 있어 필요시 긴급급여를 지급받을 수 있는 긴급구호제도를 신설하였다.

또한 근로능력이 있는 수급자에게는 기초생활을 권리로써 보장하되 근로와 연계하여 근로조건부로 급여를 제공함으로써 노동의 기회를 부여하고 개인의 능력을 최대한 발휘할 수 있도록 구직활동과 직업훈련 등 체계적인 자활지원서비스가 제공되어 적극적 자활정책을 수행함과 동시에 생산적 복지를 구현하고 있다.

국민기초생활보장법에 의한 급여의 핵심적인 내용은 생계유지와 생활보호에 있으며 재정은 일반조세로 충당된다. 국민기초생활보장법은 공공부조의 근간을 이루는 것으로써 국민의 최저생계보장뿐만 아니라 스스로 독립된 사회인으로서 자립·자활을 함양할 수 있도록 책임을 명시하고 있다는 점에서 종합적 빈곤대책으로써의 의의가 있다.

2) 국민기초생활보장법의 제정 배경

우리나라에서 빈곤이 개인보다는 국가의 책임이라는 차원으로 시행된 근대적 구빈 정책은 1944년 3월 1일 「조선구호령」이 공포·실시된 이후부터였다. 하지만 당시 우리나라는 일본의 통치하에 있었기 때문에 자력으로 실시되었다고 볼 수 없다. 이 법이 공포되고 1년 후 해방이 되었고 미군정시대와 정부수립 그리고 6·25를 거치는 동안 생활보호는 형식적으로만 시행되어 왔다. 그럼에도 급증하는 빈곤으로 인한 사회적 요구를 빈약한 국가재정으로는 도저히 감당할 수 없었기 때문에 대부분 외국원조와 민간시설에 의존하지 않을 수 없었다. 그러다가 5·16 군사혁명 후 비로소 우리 정부에 의하여 생활보호법(1961. 12. 31. 제정)이 제정되었다.

1961년에 제정된 생활보호법은 근대적 의미의 공공부조의 법적 근거 마련과 생활보호제도의 형태는 확립되었지만 사회·경제적 변화에 적절하게 대응하지 못하고 단순한 생계보호에 머물렀다. 이 후 1982년 12월 31일에 1차 법 개정이 이루어졌고 1997년 8월 22일에 2차 개정이 이루어졌으나 생활보호법이 공공부조법의 기본법으로 기능하기에는 보호대상의 인구학적 제한으로 인하여 한계가 있었다.

더불어 1997년 IMF 외환 위기가 찾아왔고 이로 인한 경제 불황과 대량의 실업자 발생, 가족해체, 노숙자 증가, 빈부격차의 심화, 자살 등 빈곤으로 인한 다양한 사회문제가 발생하였다. 이러한 문제점을 해결하기 위하여 정부는 생계유지가 어려운 생활보호대상자 및 저소득 실직자 등을 한시적 생활보호대상자로 선정하여 생계비, 의료비, 자녀학비 등을 지원함으로써 저소득층의 생활안정을 지원하였으나 단순한 시혜차원이었던 기존의 생활보호 제도로는 이를 해결할 수 없었으므로 기존의 생활보호법을 전면적으로 개정할 필요성이 대두되었다. 따라서 개정 법률을 제대로 시행해 보지도 못하고 정부는 생산적 복지 이념을 바탕으로 하여 1999년 9월 7일에 국민기초생활보장법을 제정하였고 2000년 10월 1일을 기하여 시행하게 되었다.

3) 국민기초생활보장법의 연혁

· 1961. 12 생활보호법 제정
· 1982. 12 1차 법 개정

· 1997. 8 2차 법 개정
· 1998. 7 45개 시민단체가 '국민기초생활보장법 제정·추진연대회의'를 구성하여
　　　　　제정 청원
· 1998. 10 국민기초생활보장법 발의(국민회의 이성재의원 외 102인)
· 1996. 6 대통령이 '생산적 복지'에 기초한 국민기초생활보장법의 제정 방침을 밝
　　　　　힘
· 1999. 7 국민기본생활보장법 발의(한나라당 김홍신의원 외 131인)
· 1999. 8 국회 본회의 의결
· 1999. 9 국민기초생활보장법 제정(법률 제6,024호)
· 2000. 10 국민기초생활보장법 시행(법률 제6,024호)

2.국민기초생활보장법의 내용

1) 목적

국민기초생활보장법은 생활이 어려운 자에게 빈곤의 정도에 따라 필요한 급여를 행하여 이들의 최저생활을 보장하고 자활을 조성하는 것을 목적으로 한다(동법 제1조).

2) 용어의 정의

이 법에서 사용되는 용어의 정의는 다음과 같다(동법 제2조).
① "수급권자"는 이 법에 의한 급여를 받을 수 있는 자격을 가진 자를 말한다.
② "수급자"는 이 법에 의한 급여를 받는 자를 말한다.
③ "수급품"은 이 법에 의하여 수급자에게 급여하거나 대여하는 금전 또는 는 물품을 말한다.
④ "보장기관"은 이 법에 의한 급여를 행하는 국가 또는 지방자치단체를 말한다.
⑤ "부양의무자"는 수급권자를 부양할 책임이 있는 자로서 수급권자의 1촌의 직계혈족9) 및 그 배우자를 말한다.
⑥ "최저생계비"는 국민이 건강하고 문화적인 생활을 유지하기 위하여 소요되는 최

---

9) 1촌의 직계혈족 : 직계존속(부모), 직계비속(자녀)을 말함.

소한의 비용으로서 보건복지부장관이 공표하는 금액을 말한다.

⑦ "개별가구"는 이 법에 따른 급여를 받거나 이 법에 따른 자격요건 부합여부에 관한 조사를 받는 기본단위로서 수급자 및 수급권자로 구성된 가구를 말한다. 이 경우 개별가구의 범위 등 구체적인 사항은 대통령령으로 정한다.

⑧ "소득인정액"은 개별가구의 소득평가액과 재산의 소득환산액을 합산한 금액을 말한다. 소득인정액 산정방식은 <표 11-1>과 같다.

〈표 11-1〉 소득인정액 산정방식

소득인정액 산정방식 = 소득평가액 + 재산의 소득환산액
* 소득평가액 = 실제소득 - 가구특성별지출비용 - 근로소득공제 *재산의 소득환산액 = (재산 - 기초공제액 - 부채) × 소득환산율
소득평가액 및 재산의 소득환산액이(-)인 경우는 0원으로 처리

3) 수급권자의 범위

국민기초생활보장법에서 수급권자는 부양의무자가 없거나, 부양의무자가 있어도 부양능력이 없거나 부양을 받을 수 없는 자로서 소득인정액이 최저생계비 이하인 자로 한다. 위 규정에 의한 수급권자에 해당하지 아니하여도 생활이 어려운 자로서 일정 기간동안 이 법이 정하는 급여의 전부 또는 일부가 필요하다고 보건복지부장관이 정하는 자는 수급권자로 본다. 부양의무자가 있어도 부양능력이 없거나 부양을 받을 수 없는 경우는 대통령령으로 정하고 외국인에 대한 특례는 국내에 체류하고 있는 외국인 중 대한민국 국민과 혼인하여 대한민국 국적의 미성년 자녀를 양육하고 있는 사람으로서 대통령령이 정하는 사람이 "수급권자의 범위"에 해당하는 경우에는 수급권자가 된다(동법 제5조).

4) 최저생계비의 결정

보건복지부장관은 국민의 소득·지출수준과 수급권자의 가구유형 등 생활실태, 물가 상승률 등을 고려하여 최저생계비를 결정하여야 한다. 보건복지부장관은 매년 9월

1일까지 중앙생활보장위원회의 심의·의결을 거쳐 다음 연도의 최저생계비를 공표하여야 한다. 보건복지부장관은 최저생계비를 결정하기 위하여 필요한 계측조사를 3년마다 실시하며, 이에 필요한 사항은 보건복지부령으로 정한다(동법 제6조).

〈표11-2〉 2007년도 가구규모별 최저생계비　　　　　　　　　단위 : 원/월

1인	2인	3인	4인	5인	6인
435,921	734,412	972,866	1,205,535	1,405,412	1,609,630

* 7인 이상 가구: 1인 증가시마다 204,218원씩 증가(7인 가구: 1,813,848원)
자료: 보건복지부(2007), http://www.mohw.go.kr

5) 급여

(1) 급여의 기본원칙

국민기초생활보장법의 급여는 수급자가 자신의 생활의 유지·향상을 위하여 그 소득·재산·근로능력 등을 활용하여 최대한 노력하는 것을 전제로 이를 보충·발전시키는 것을 기본원칙으로 한다. 부양의무자의 부양과 다른 법령에 의한 보호는 이 법에 의한 급여에 우선하여 행하여지는 것으로 한다. 다만, 다른 법령에 의한 보호의 수준이 이 법에서 정하는 수준에 이르지 아니하는 경우에는 나머지 부분에 관하여 이 법에 의한 급여를 받을 권리를 잃지 아니한다(동법 제3조).

(2) 급여의 기준

국민기초생활보장법에 의한 급여는 건강하고 문화적인 최저생활을 유지할 수 있는 것이어야 한다. 이 법에 의한 급여의 기준은 보건복지부장관이 수급자의 연령·가구규모·거주지역, 기타 생활여건 등을 고려하여 급여의 종류별로 정한다. 보장기관은 이 법에 의한 급여를 개별가구를 단위로 하여 행하되, 특히 필요하다고 인정하는 경우에는 개인을 단위로 하여 행할 수 있다(동법 제4조).

(3) 급여의 종류

급여의 종류에는 생계급여, 주거급여, 의료급여, 교육급여, 해산급여, 장제급여, 자활급여가 있다. 수급권자에 대한 급여는 수급자의 소득인정액을 포함하여 최저생계비 이상이 되도록 하여야 한다.

① 생계급여

생계급여는 수급자에게 의복·음식물 및 연료비와 기타 일상생활에 기본적으로 필요한 금품을 지급하여 그 생계를 유지하게 하는 것으로 한다(동법 제8조).

생계급여의 방법은 금전으로 지급하고 경우에 따라 물품을 지급할 수 있다. 수급품은 대통령령이 정하는 바에 따라 매월 정기적으로 지급하여야 하며, 다만 특별한 사정이 있는 경우에는 그 지급방법을 다르게 정하여 지급할 수 있다.

수급품은 수급자에게 직접 지급하고 생계급여는 보건복지부장관이 정하는 바에 따라 수급자의 소득인정액 등을 감안하여 차등지급할 수 있다. 보장기관은 대통령령이 정하는 바에 따라 근로능력이 있는 수급자에게 자활에 필요한 사업에 참가할 것을 조건으로 하여 생계급여를 지급할 수 있다. 이 경우 보장기관은 제28조의 규정에 의한 자활지원계획을 감안하여 조건을 제시하여야 한다(동법 제9조).

생계급여의 장소는 수급자의 주거에서 행한다. 다만, 수급자가 그 주거가 없거나 주거가 있어도 그곳에서는 급여의 목적을 달성할 수 없는 경우 또는 수급자가 희망하는 경우에는 보장시설이나 타인의 가정에 위탁하여 급여를 행할 수 있다. 수급자에 대한 생계급여를 타인의 가정에 위탁하여 행하는 경우에는 거실의 임차료, 기타 거실의 유지에 필요한 비용은 이를 수급품에 가산하여 지급한다. 이 경우 주거급여가 행하여진 것으로 본다(동법 제10조).

② 주거급여

주거급여는 수급자에게 주거안정에 필요한 임차료, 유지수선비, 기타 대통령령이 정하는 수급품을 지급하는 것으로 한다. 주거급여의 기준 및 지급절차 등에 관하여 필요한 사항은 보건복지부령으로 정한다(동법 제11조).

③ **교육급여**

교육급여는 수급자에게 입학금·수업료·학용품비, 기타 수급품을 지원하는 것으로 하되, 학교의 종류·범위 등에 관하여 필요한 사항은 대통령령으로 정한다. 교육급여는 금전 또는 물품을 수급자 또는 수급자의 친권자나 후견인에게 지급함으로써 행하고 다만, 보장기관이 필요하다고 인정하는 경우에는 수급자가 재학하는 학교의 장에게 수급품을 지급할 수 있다(동법 제12조).

④ **해산급여**

해산급여는 수급자에게 조산, 분만전과 분만후의 필요한 조치와 보호에 대한 급여를 행하는 것으로 한다. 해산급여는 보건복지부령이 정하는 바에 따라 보장기관이 지정하는 의료기관에 위탁하여 행할 수 있다. 해산급여에 필요한 수급품은 보건복지부령이 정하는 바에 따라 수급자나 그 세대주 또는 세대주에 준하는 자에게 지급한다. 다만, 그 급여를 의료기관에 위탁하는 경우에는 수급품을 그 의료기관에 지급할 수 있다(동법 제13조).

⑤ **장제급여**

장제급여는 수급자가 사망한 경우 사체의 검안·운반·화장 또는 매장, 기타 장제조치를 행하는 것으로 한다. 장제급여는 보건복지부령이 정하는 바에 따라 실제로 장제를 행하는 자에게 장제에 필요한 비용을 지급함으로써 행한다. 다만, 이에 의할 수 없거나 이에 의하는 것이 적당하지 아니하다고 인정하는 경우에는 물품을 지급함으로써 행할 수 있다(동법 제14조). 장제급여를 행함에 있어 사망자에게 부양의무자가 없는 때에는 시장·군수·구청장은 사망자가 유류한 금전 또는 유가증권으로 그 비용에 충당하고, 그 부족액에 대하여는 유류물품의 매각대금으로 이를 충당할 수 있다(동법 제45조).

⑥ **자활급여**

자활급여는 수급자의 자활을 조성하기 위하여 자활에 필요한 금품의 지급 또는 대여, 자활에 필요한 근로능력의 향상 및 기능습득의 지원, 취업알선 등 정보의 제공, 자활을 위한 근로기회의 제공, 자활에 필요한 시설 및 장비의 대여, 창업교육, 기능훈련 및 기술·경영지도 등 창업지원, 자활에 필요한 자산형성지원, 기타 대통령령이 정하는 자활조성을 위한 각종 지원의 급여를 행하는 것으로 한다. 자활급여는 관련 공공기관·비영리 법인·시설 그 밖에 대통령령이 정하는 기관에 위탁하여 이를 행할 수 있다. 이 경우 그에 소요되는 비용은 보장기관이 이를 부담한다(동법 제15조).

(4) 급여의 실시

① 급여의 신청

수급권자와 그 친족, 기타 관계인은 관할 시장·군수·구청장에게 수급권자에 대한 급여를 신청할 수 있다. 사회복지전담공무원은 이 법에 의한 급여를 필요로 하는 자가 누락되지 아니하도록 하기 위하여 관할지역내에 거주하는 수급권자에 대한 급여를 직권으로 신청할 수 있다. 이 경우 수급권자의 동의를 구하여야 하며 이를 수급권자의 신청으로 볼 수 있다. 급여의 신청방법 및 절차 등에 관하여 필요한 사항은 보건복지부령으로 정한다(동법 제21조).

② 신청에 의한 조사

시장·군수·구청장은 제21조의 규정에 의한 급여신청이 있는 경우에는 사회복지전담공무원으로 하여금 급여의 결정 및 실시 등에 필요한 부양의무자의 유무 및 부양능력 등 부양의무자와 관련된 사항, 수급권자 및 부양의무자의 소득·재산에 관한 사항, 수급권자의 근로능력·취업상태·자활욕구 등 자활지원계획수립에 필요한 사항, 기타 수급권자의 건강상태·가구특성 등 생활실태에 관한 사항을 조사하게 하거나 수급권자에게 보장기관이 지정하는 의료기관에서 검진을 받게 할 수 있다. 보장기관은 수급권자 또는 부양의무자가 제1항의 규정에 의한 조사를 거부·방해 또는 기피하거나 검진지시에 따르지 아니한 때에는 급여신청을 각하할 수 있다.

③ 확인조사

시장·군수·구청장은 수급자 및 수급자에 대한 급여의 적정성을 확인하기 위하여 매년 연간조사계획을 수립하고 관할구역안의 수급자를 대상으로 관련 사항을 매년 1회 이상 정기적으로 조사를 실시하여야 하며, 특히 필요하다고 인정하는 경우에는 보장기관이 지정하는 의료기관에서 검진을 받게 할 수 있다. 다만, 보건복지부장관이 정하는 사항은 분기마다 조사를 실시하여야 한다. 보장기관은 수급자 또는 부양의무자가 조사를 거부·방해 또는 기피하거나 검진지시에 따르지 아니한 때에는 수급자의 급여결정을 취소하거나 급여를 정지 또는 중지할 수 있다(동법 제23조).

④ 차상위계층에 의한 조사

시장·군수·구청장은 최저생계비의 변경 등에 의하여 수급권자의 범위가 변동함에 따라 다음 연도에 이 법에 의한 급여가 필요할 것으로 예측되는 수급권자의 규모를 조사하기 위하여 보건복지부령이 정하는 바에 따라 차상위계층에 대하여 조사를 실시할 수 있다. 시장·군수·구청장은 상기의 규정에 의한 조사를 실시하고자 하는 경우 조사대상자의 동의를 얻어야 한다. 이 경우 조사대상자의 동의는 다음 년도의 급여신청으로 본다(동법 제24조). 시장·군수·구청장이 수급권자·수급자·부양의무자 및 차상위계층을 조사한 때에는 보건복지부령이 정하는 바에 따라 관할 시·도지사에게 보고하여야 하며 보고를 받은 시·도지사는 이를 보건복지부장관에게 보고하여야 한다. 시·도지사가 조사한 때에도 또한 같다(동법 제25조).

⑤ 급여의 결정 및 통지

시장·군수·구청장은 신청에 의하여 조사를 한 때에는 지체 없이 급여 실시의 여부와 급여의 내용을 결정하여야 하며 차상위계층을 조사한 경우에는 급여 개시일이 속하는 월에 급여실시 여부와 급여내용을 결정하여야 한다.

시장·군수·구청장은 급여 실시 여부와 급여내용을 결정한 때에는 그 결정의 요지, 급여의 종류·방법 및 급여의 개시시기 등을 서면으로 수급권자 또는 신청인에게 통지하여야 한다. 신청인에 대한 통지는 신청일로부터 14일 이내에 하여야 하며, 다만 부양의무자의 소득·재산 등의 조사에 시일을 요하는 특별한 사유가 있는 경우에는 신청일로부터 30일 이내에 통지할 수 있다. 이 경우 통지서에 그 사유를 명시하여야 한다(동법 제26조).

⑥ 급여의 실시 등

급여실시 및 내용이 결정된 수급자에 대한 급여는 급여의 신청일부터 개시한다. 다만, 보건복지부장관이 매년 결정·공표하는 최저생계비의 변경으로 인하여 매년 1월에 새로이 수급자로 결정되는 자에 대한 급여는 해당연도의 1월 1일을 그 급여개시일로 한다. 그러나 시장·군수·구청장은 급여실시 여부의 결정전이라도 수급권자에게 급여를 하여야 할 긴급한 필요가 있다고 인정될 때에는 급여의 일부를 행할 수 있다(동법 제27조).

⑦ 자활지원계획의 수립

시장·군수·구청장은 수급자의 자활을 체계적으로 지원하기 위하여 보건복지부장관이 정하는 바에 따라 수급자 가구별로 자활지원계획을 수립하고 그에 따라 이 법에 의한 급여를 실시하여야 한다. 보장기관은 수급자의 자활을 위하여 필요한 경우에는 「사회복지사업법」 등 다른 법률에 따라 보장기관이 제공할 수 있는 급여가 있거나 민간기관 등이 후원을 제공하는 경우 자활지원계획에 따라 급여를 지급하거나 후원을 연계할 수 있다. 또한 수급자의 자활여건변화와 급여실시결과를 정기적으로 평가하고 필요한 경우 자활지원계획을 변경할 수 있다(동법 제28조).

⑧ 급여의 변경

보장기관은 수급자의 소득·재산·근로능력 등에 변동이 있는 경우에는 직권 또는 수급자나 그 친족, 기타 관계인의 신청에 의하여 그에 대한 급여의 종류·방법 등을 변경할 수 있다. 급여의 변경은 서면으로 그 이유를 명시하여 수급자에게 통지하여야 한다(동법 제29조).

⑨ 급여의 중지

보장기관은 수급자가 수급자에 대한 급여의 전부 또는 일부가 필요 없게 된 때, 수급자가 급여의 전부 또는 일부를 거부한 때, 근로능력이 있는 수급자가 조건을 이행하지 않는 경우 조건을 이행할 때까지 근로능력이 있는 수급자 본인의 생계급여의 전부 또는 일부를 지급하지 아니할 수 있다(동법 제30조).

6) 자활지원

(1) 중앙자활센터

수급자 및 차상위자의 자활촉진에 필요한 자활지원을 위한 조사·연구·교육 및 홍보사업, 자활지원을 위한 사업의 개발 및 평가, 지역자활센터 및 자활공동체의 기술·경영지도 및 평가, 자활 관련 기관간의 협력체계 및 정보네트워크 구축·운영, 그 밖에 자활촉진에 필요한 사업으로서 보건복지부장관이 정하는 사업을 수행하기 위하여 중앙자활센터를 둘 수 있다. 중앙자활센터는 법인으로 하며 정부는 중앙자활센터의 설치 및 운영에 필요한 경비의 전부 또는 일부를 보조할 수 있다. 중앙자활센터의 설치 및 운영 등에 관하여 필요한 사항은 대통령령으로 정한다(동법 제 15조의 2).

(2) 지역자활센터

보장기관은 수급자 및 차상위자의 자활의 촉진에 필요한 자활의욕 고취를 위한 교육, 자활을 위한 정보제공·상담·직업교육 및 취업알선, 생업을 위한 자금융자 알선, 자영창업 지원 및 기술·경영지도, 자활공동체의 설립·운영지원, 기타 자활을 위한 각종 사업을 수행하게 하기 위하여 사회복지법인 등 비영리법인과 단체(이하 "법인 등"이라 한다)를 법인 등의 신청을 받아 지역자활센터로 지정할 수 있다. 이 경우 보장기관은 법인 등의 지역사회복지사업 및 자활지원사업의 수행능력·경험 등을 고려하여야 한다. 보장기관은 상기의 규정에 의하여 지정을 받은 지역자활센터에 대하여 지역자활센터의 설립·운영비용 또는 제1항 각호의 사업수행 비용의 전부 또는 일부, 국·공유재산의 무상임대, 보장기관이 실시하는 사업의 우선 위탁에 지원을 행할 수 있다. 보장기관은 지역자활센터에 대하여 정기적으로 사업실적 및 운영 실태를 평가하고 수급자의 자활촉진을 달성하지 못하는 지역자활센터에 대하여는 그 지정을 취소할 수 있다. 지역자활센터는 수급자 및 차상위자에 대한 효과적인 자활지원과 지역자활센터의 발전을 공동으로 도모하기 위하여 지역자활센터협회를 설립할 수 있다. 지역자활센터의 신청·지정 및 취소절차와 평가, 기타 운영 등에 관하여 필요한 사항은 보건복지부령으로 정한다(동법 제16조).

(3) 자활기관협의체

시장·군수·구청장은 자활지원사업의 효율적인 추진을 위하여 지역자활센터, 직업 안정기관, 사회복지시설의 장 등과 상시적인 협의체계(이하 "자활기관협의체"라 한다)를 구축하여야 한다. 자활기관협의체의 구성 및 운영 등에 관하여 필요한 사항은 보건복지부령으로 정한다(동법 제17조).

(4) 자활공동체

수급자 및 차상위자는 상호 협력하여 자활공동체(이하 "공동체"라 한다)를 설립·운영할 수 있다. 공동체는 조합 또는 「부가가치세법」상의 2인 이상의 사업자로 설립한다. 보장기관은 공동체에게 직접 또는 중앙자활센터 및 지역자활센터를 통하여 자활을 위한 사업자금 융자, 국·공유지 우선 임대, 국가 또는 지방자치단체가 실시하는 사업의 우선 위탁, 국가 또는 지방자치단체의 조달구매 시 공동체 생산품의 우선 구매, 기타 수급자의 자활촉진을 위한 각종 사업의 지원을 할 수 있다. 공동체의 설립·운영 및 지원에 관하여 필요한 사항은 보건복지부령으로 정한다. 보장기관은 수급자의 고용을 촉진하기 위하여 상시근로자의 일정비율 이상을 수급자로 채용하는 기업에 대하여 대통령령이 정하는 바에 따라 자활기금을 적립할 수 있으며 자활지원사업의 효율적 추진을 위하여 필요하다고 인정하는 경우에는 자활기금의 관리·운영을 중앙자활센터 또는 자활지원사업을 수행하는 비영리법인에 위탁할 수 있다. 이 경우 그에 소요되는 비용은 보장기관이 이를 부담한다. 자활기금의 적립에 관하여 필요한 사항은 대통령령으로 정한다(동법 제18조).

7) 보장기관

(1) 보장기관

이 법에 의한 급여는 수급권자 또는 수급자의 거주지를 관할하는 특별시장·광역시장·도지사와 시장·군수·구청장이 행한다. 다만, 주거가 일정하지 아니한 경우에는 수급권자 또는 수급자가 실제 거주하는 지역을 관할하는 시장·군수·구청장이 행한다. 보건복지부장관과 시·도지사는 수급자를 각각 국가 또는 당해 지방자치단체가 경영하는 보장시설에 입소하게 하거나 다른 보장시설에 위탁하여 급여를 행할 수 있다. 수급권자 또는 수급자가 거주지를 변경하는 경우의 처리방법과 보장기관 상호간의 협조, 기타 업무처리에 관하여 필요한 사항은 보건복지부령으로 정한다. 보장기관은 수급권자·수급자·차상위계층에 대한 조사와 수급자 결정 및 급여의 실시 등 이 법에 의한 보장업무를 수행하게 하기 위하여 사회복지전담공무원을 배치하여야 한다. 이 경우 자활급여 업무를 수행하는 사회복지전담공무원은 따로 배치하여야 한다(동법 제19조).

(2) 생활보장위원회

이 법에 의한 생활보장사업의 기획·조사·실시 등에 관한 사항을 심의·의결하기 위하여 보건복지부와 특별시·광역시·도 및 시·군·구에 각각 생활보장위원회를 둔다(동법 제20조).

① 중앙생활보장위원회

보건복지부에 두는 생활보장위원회(이하 "중앙생활보장위원회"라 한다)는 생활보장사업의 기본방향 및 대책 수립, 소득인정액 산정방식의 결정, 급여기준의 결정, 최저생계비의 결정, 자활기금의 적립·관리 및 사용에 관한 지침의 수립, 기타 위원장이 부의하는 사항을 심의·의결한다. 중앙생활보장위원회는 위원장을 포함하여 13인 이내의 위원으로 구성하고 위원은 보건복지부장관이 공공부조 또는 사회복지와 관련된 학문을 전공한 전문가로서 대학의 조교수 이상인 자 또는 연구기관의 연구원으로 재직 중인 자 4인 이내, 공익을 대표하는 자 4인 이내, 관계행정기관소속 3급 이상 공무원 또는 고위공무원단에 속하는 일반직공무원 4인 이내에 해당하는 자 중에서 위촉·지명하며 위원장은 보건복지부장관으로 한다.

② 시·도 및 시·군·구 생활보장위원회

시·도 및 시·군·구 생활보장위원회의 위원은 시·도지사 또는 시장·군수·구청장이 사회보장에 관한 학식과 경험이 있는 자, 공익을 대표하는 자, 관계행정기관소속의 공무원에 해당하는 자 중에서 위촉·지명하며 위원장은 당해 시·도지사 또는 시장·군수·구청장으로 한다.

생활보장위원회는 심의·의결과 관련하여 필요한 경우 보장기관에 대하여 그 소속공무원의 출석이나 자료의 제출을 요청할 수 있다. 이 경우 당해 보장기관은 정당한 사유가 없는 한 이에 응하여야 한다. 시·도 및 시·군·구 생활보장위원회의 기능과 각 생활보장위원회의 구성·운영 등에 관하여 필요한 사항은 대통령령으로 정한다.

8) 비용의 징수

수급자에게 부양능력을 가진 부양의무자가 있음이 확인된 경우에는 보장비용을 지급한 보장기관은 생활보장위원회의 심의·의결을 거쳐 그 비용의 전부 또는 일부를 그 부양의무자로부터 부양의무의 범위 안에서 징수할 수 있다. 허위, 기타 부정한 방법에 의하여 급여를 받거나 타인으로 하여금 급여를 받게 한 경우에는 보장비용을 지급한 보장기관은 그 비용의 전부 또는 일부를 그 급여를 받은 자 또는 급여를 받게 한 자(이하 "부정수급자"라 한다)로부터 징수할 수 있다. 징수할 금액은 각각 부양의무자 또는 부정수급자에게 통지하여 이를 징수하고, 부양의무자 또는 부정수급자가 이에 응하지 아니하는 경우 국세 또는 지방세체납처분의 예에 의하여 이를 징수한다(동법 제46조).

9) 반환명령

보장기관은 급여의 변경 또는 급여의 정지·중지에 따라 수급자에게 이미 지급한 수급품 중 과잉지급분이 발생한 경우에는 즉시 수급자에 대하여 그 전부 또는 일부의 반환을 명하여야 한다. 다만, 이미 이를 소비하였거나 기타 수급자에게 부득이한 사유가 있는 때에는 그 반환을 면제할 수 있다. 또한 시장·군수·구청장이 긴급급여를 실시하였으나 조사결과에 따라 급여를 실시하지 아니하기로 결정한 경우 급여비용의 반환을 명할 수 있다(동법 제47조).

10) 벌칙

보장기관의 공무원 또는 공무원이었던 자가 비밀누설 금지의 규정을 위반하면 3년 이하의 징역 또는 1천만원 이하의 벌금에 처한다. 사위, 기타 부정한 방법에 의하여 급여를 받거나 또는 타인으로 하여금 급여를 받게 한 자는 1년 이하의 징역, 500만원 이하의 벌금, 구류 또는 과료에 처한다. 수급자의 급여위탁을 정당한 사유 없이 거부한 자나 종교상의 행위를 강제한 자는 300만원 이하의 벌금, 구류 또는 과료에 처한다.

11) 양벌규정

법인의 대표자나 법인 또는 개인의 대리인·사용인, 기타 종업원이 그 법인 또는 개인의 업무에 관하여 위반행위를 한 때에는 행위자를 벌하는 외에 그 법인 또는 개인에 대하여도 각 해당조의 벌금 또는 과료의 형을 과한다(동법 제51조).

제3절 의료급여법

(일부개정 2007.8.3 법률 제8609호, 시행일 2008.2.4)

1. 의료급여법의 총설

1) 목적 및 의의

의료급여(醫療給與 : medical care)제도는 국민기초생활보장 대상자와 일정 수준 이하의 저소득층을 대상으로 그들이 자력으로 의료문제를 해결할 수 없는 경우 국가재정으로 의료혜택을 주는 공공부조제도이다(보건복지부, 1998).

의료급여법에 의한 의료급여제도는 공공부조의 원리에 의하여 그 비용을 원칙적으로 국가가 전담하고 의료급여를 실시함으로써 국민보건의 향상과 사회복지의 증진에 이바지함을 목적으로 한다.

의료급여는 국민기초생활보장법에 의한 수급권자 외에도 한해, 풍해, 수해, 화재 등의 재해로 인하여 응급적인 구호가 필요한 자, 공익을 위하여 의로운 행동을 하다가 희생한 의상자와 의사자의 유족, 독립유공자와 국가유공자, 그 가족 및 유족, 중요무형문화재 보유자 및 가족, 북한이탈주민, 광주민주화운동 관련자, 그 밖에 생활유지의 능력이 없거나 생활이 어려운 자로서 대통령령이 정하는 자를 대상자로 한다.

이 제도는 국민건강보험법에 의한 건강보험과 더불어 국민의 건강한 생활을 보장하기 위한 의료보장제도로써 저소득층과 특수집단의 의료복지를 위한 중요한 수단이 되고 있다. 의료보장은 질병의 치료뿐만 아니라 예방과 건강증진 등을 포함하며 건강유지는 정상적인 사회생활을 위해서 필수불가결한 것이기 때문에 사회보장의 핵심적인 요소로 행하여진다. 무엇보다 빈곤층의 의료문제가 해결된다는 것에 의의가 있다. 국민건강보험법에 의한 건강보험은 사회보험 방식에 의하여 재원을 본인이 그 비용의 일부 또는 전부를 부담하며, 의료급여법에 의한 의료급여는 공공부조의 원리에 의하여 재원을 일반조세수입으로 충당하고 국가에 의해 행해진다.

2) 의료급여법의 제정 배경

　의료급여법은 1944년 3월 1일에 규정된 「조선구호령」의 급여내용 가운데 의료부조가 포함된 것에서부터 그 유래를 찾을 수 있으나 1961년 12월 30일에 생활보호법 제정과 함께 동법 제5조 의료보호에 관한 규정을 둠으로써 처음으로 제도화되었다. 이 시기에는 주로 생활 보호자를 대상으로 국·공립 의료기관에서 무료진료를 하는 수준으로 이루어졌고 진료 내용 또한 빈약하여 의료보장으로써의 실효성을 갖추었다고 볼 수 없었다.

　이에 생활보호법상의 의료보호에 관한 미비점을 보완하고자 1976년 9월 전국의료보장 기반 확립을 위한 "의료시혜 확대방안"이 마련되었다. 이어 1977년 1월 4일에 「의료보호에 관한 규칙」이 제정되었고 동년 12월 31일에는 「의료보호법」이 제정되어 생활보호법상의 의료보호에 관한 규정을 생활보호법에서 분리하여 별도의 의료보호법에 의한 본격적인 의료보호사업을 실시하였다.

　그 후 의료보호대상자의 확대와 전국민 의료보호의 실시 등에 따른 여러 가지 의료보장 여건이 변화함에 따라 1991년 3월 9일 종래의 의료보호법을 전면 개정하여 현행 규정의 미비점을 개선·보완하였다. 이후 수차례의 개정을 거친 뒤 국민기초생활보장법의 제정과 함께 2001년 5월 24일에 명칭이 의료보호법에서 의료급여법으로 변경, 개정되었다.

3) 의료급여법의 연혁

- 1961. 12 생활보호법 중 의료보호사업 규정 설치
- 1976. 9 의료시혜 확대방안 마련
- 1977. 1 의료보호에 관한 규칙 제정
- 1977. 12 의료보호법에 관한 독자법 제정
- 1978. 1 의료보호법 시행
- 1999. 9 의료보호법 개정
- 2001. 5 의료급여법으로 전면 개정

4) 의료급여법의 내용

(1) 목적

이 법은 생활이 어려운 자에게 의료급여를 실시함으로써 국민보건의 향상과 사회복지의 증진에 이바지함을 목적으로 한다(동법 제1조).

(2) 용어의 정의

"부양의무자"는 수급권자를 부양할 책임이 있는 자로서 수급권자의 1촌의 직계혈족 및 그 배우자를 말한다(제2조). (국민기초생활보장법의 부양의무자 기준 수정에 따른 개정)

(3) 의료급여수급권자

① 의료급여수급권자
- 「국민기초생활 보장법」에 의한 수급자
- 「재해구호법」에 의한 이재민
- 「의사상자예우에 관한 법률」에 의한 의상자(의상자) 및 의사자(의사자)의 유족
- 「입양촉진 및 절차에 관한 특례법」에 의하여 국내에 입양된 18세 미만의 아동
- 「독립유공자예우에 관한 법률」및 「국가유공자 등 예우 및 지원에 관한 법률」의 적용을 받고 있는 자와 그 가족으로서 국가보훈처장이 의료급여가 필요하다고 요청한 자 중 보건복지부장관이 의료급여가 필요하다고 인정한 자
- 「문화재보호법」에 의하여 지정된 중요무형문화재의 보유자 및 그 가족으로서 문화재청장이 의료급여가 필요하다고 요청한 자 중 보건복지부장관이 의료급여가 필요하다고 인정한 자
- 「북한이탈주민의 보호 및 정착지원에 관한 법률」의 적용을 받고 있는 자와 그 가족으로서 보건복지부장관이 의료급여가 필요하다고 인정한 자
- 「5·18민주화운동 관련자 보상 등에 관한 법률」에 의하여 보상금등을 받은 자와 그 가족으로서 보건복지부장관이 의료급여가 필요하다고 인정하는 자

- 그 밖에 생활유지의 능력이 없거나 생활이 어려운 자로서 대통령령이 정하는 자
- 난민에 대한 특례 「출입국관리법」에 따라 난민의 지위를 인정받은 자로서 「국민기초생활 보장법」 수급권자의 범위에 해당하는 자는 수급권자로 본다.

위의 수급권자에 대하여는 대통령령이 정하는 바에 따라 의료급여의 내용 및 기준을 달리할 수 있다. 그리고 수급권자에 대한 의료급여의 개시일과 수급권자의 선정절차 등에 관하여 필요한 사항은 대통령령으로 정한다(동법 제3조).

③ 적용배제대상자

수급권자가 다른 법령에 따라 의료급여를 받고 있는 경우에는 이 법에 의한 의료급여를 행하지 아니한다.

(4) 의료급여수급권자의 구분

의료급여수급권자는 동법 시행령 제3조의 의거하여 1종 수급권자와 2종 수급권자로 구분된다(<표 11-3>).

(5) 의료급여 보장·심의기관

① 보장기관

의료급여에 관한 업무는 수급권자의 거주지를 관할하는 시장·군수·구청장(자치구의 구청장을 말한다. 이하 같다)이 행한다. 주거가 일정하지 아니한 수급권자에 대하여는 그가 실제 거주하는 지역을 관할하는 시장·군수·구청장이 행한다(동법 제5조).

② 의료급여심의위원회

의료급여사업의 실시에 관한 사항을 심의하기 위하여 보건복지부와 특별시·광역시·도와 시·군·구에 각각 의료급여심의위원회를 둔다.

의료급여심의위원회는 의료급여사업의 기본방향 및 대책 수립에 관한 사항, 의료급여 기준 및 수가에 관한 사항, 그 밖에 보건복지부장관 또는 위원장이 부의하는 사항을 심의한다.

〈표 11-3〉 의료급여수급권자의 구분

1종 수급권자	2종수급권자
• 국민기초생활보장법에 의한 수급자 중 다음에 해당하는 자 -근로능력이 없거나 근로가 곤란하다고 인정하여 보건복지부장관이 정하는 자만으로 구성된 세대의 구성원 ㉠18세 미만인 자 ㉡65세 이상인 자 ㉢장애인고용촉진 및 직업재활법 제2조제2호에 해당하는 중증장애인 ㉣보건복지부장관이 정하는 질병 또는 부상에 해당하지 아니하는 질병·부상 또는 그 후유증으로 인하여 3월 이상의 치료 또는 요양이 필요한 자 ㉤임산부 ㉥병역법에 의한 병역의무를 이행 중인 자 -국민기초생활보장법시행령 보장시설의 규정에 의한 보장시설에서 급여를 받고 있는 자 -국민기초생활보장법 제5조 제2항 규정에 해당하는 자로서 보건복지부장관이 인정하는 자 -보건복지부장관이 정하여 고시하는 희귀난치성질환으로 6월 이상 치료를 받고 있거나 6월 이상 치료를 요하는 자가 속한 세대의 구성원 • 일정한 거소가 없는 자로서 경찰관서에서 무연고자임이 확인된 수급권자 또는 희귀난치성질환으로 6월 이상 치료를 받고 있거나 6월 이상 치료를 요하는 자 • 보건복지부장관이 1종 의료급여가 필요하다고 인정하는 자	• 국민기초생활보장법에 의한 수급자 중 1종 수급권자에 해당하지 아니하는 자 • 보건복지부장관이 정하여 고시하는 희귀 난치성질환으로 6월 이상 치료를 받고 있거나 6월 이상 치료를 요하는 자 외의 질환으로 6월 이상 치료를 받고 있거나 6월 이상 치료를 요하는 자 • 보건복지부장관이 정하는 자로서 보건복지부장관이 2종 의료급여가 필요하다고 인정하는 자

의료급여심의위원회는 위원장을 포함하여 10인 이내의 위원으로 구성하고 위원은 보건복지부장관이 공익을 대표하는 자(의료보장에 관한 전문가로서 대학의 조교수 이상인 자 또는 연구기관의 연구원으로 재직 중인 자), 의약계를 대표하는 자 및 사회복지계를 대표하는 자, 관계 행정기관 소속의 3급 이상 공무원에 해당하는 자 중에서 위촉·지명하며 위원장은 보건복지부차관으로 한다.

시·도 및 시·군·구 의료급여심의위원회의 위원은 특별시장·광역시장·도지사 또는 시장·군수·구청장이 의료보장에 관한 학식과 경험이 있는 자, 공익을 대표하는 자, 관계행정기관소속의 공무원에 해당하는 자 중에서 위촉·지명하며 위원장은 당해 시·도지사 또는 시장·군수·구청장으로 한다. 의료급여심의위원회는 심의와 관련하여 필요한 경우 보장기관에 대하여 그 소속공무원의 출석이나 자료의 제출을 요청할 수 있다.

이 경우 당해 보장기관은 정당한 사유가 없는 한 이에 응하여야 한다. 보건복지부와 시·도 및 시·군·구에 두는 의료급여심의위원회의 기능과 각 의료급여심의위원회의 구성·운영 등에 관하여 필요한 사항은 대통령령으로 정한다.

(6) 의료급여

① 의료급여의 내용

의료보호법에 의한 수급권자의 질병·부상·출산 등에 대한 의료급여의 내용은 다음과 같다.

- 진찰·검사
- 약제·치료재료의 지급
- 처치·수술과 그 밖의 치료
- 예방·재활
- 입원
- 간호
- 이송과 그 밖의 의료목적의 달성을 위한 조치

의료급여의 방법·절차·범위·상한 등 의료급여의 기준에 관하여는 보건복지부령으로 정하고, 의료수가기준과 그 계산방법 등에 관하여는 보건복지부장관이 정한다. 보건복지부장관은 의료급여의 기준을 정함에 있어 업무 또는 일상생활에 지장이 없는 질환 등 보건복지부령이 정하는 사항은 의료급여의 대상에서 제외할 수 있다(동법 제7조).

② 의료급여증

시장·군수·구청장은 수급권자에게 의료급여증을 발급하여야 한다. 의료급여증의 유효기간은 매년 1월 1일부터 12월 31일까지로 하며 의료급여증을 발급받은 자가 다음 해에 다시 수급권자로 선정된 경우에는 사용 중인 의료급여증에 시장·군수·구청장의 재사용 확인을 받아 계속 사용할 수 있다.

③ 의료급여기관

의료급여를 행하는 의료급여기관은 다음과 같다.
- 「의료법」에 따라 개설된 의료기관
- 「지역보건법」에 따라 설치된 보건소·보건의료원 및 보건지소
- 「농어촌 등 보건의료를 위한 특별조치법」에 따라 설치된 보건진료소
- 「약사법」에 따라 등록된 약국 및 동법에 따라 설립된 한국희귀의약품센터

가. 의료급여기관의 구분

의료급여기관은 제1차에서부터 제3차 의료급여기관으로 구분하고 있는데, 제1차 의료급여기관은 주로 통원서비스를 제공하는 기관이며, 제2차 급여기관은 입원서비스, 제3차 기관은 특수진료를 전담하는 기관으로 간주할 수 있다(동법 제9조).

- 제1차 의료급여기관
  - 「의료법」에 따라 시장·군수·구청장에게 개설신고를 한 의료기관
  - 「지역보건법」에 따라 설치된 보건소·보건의료원 및 보건지소
  - 「농어촌 등 보건의료를 위한 특별조치법」에 따라 설치된 보건진료소
  - 「약사법」에 따라 등록된 약국 및 동법에 따라 설립된 한국희귀의약품센터

- 제2차 의료급여기관
  - 「의료법」에 따라 시·도지사가 개설허가를 한 의료기관

- 제3차 의료급여기관
  - 제2차 의료급여기관 중에서 보건복지부장관이 지정하는 의료기관

나. 의료급여기관에서 제외되는 기관
- 의료법 제31조의 규정에 의하여 개설된 부속의료기관
- 의료법 제53조 또는 약사법 제71조 제2항의 규정에 의한 면허자격정지처분을 5년 동안에 2회 이상 받은 의료인 또는 약사가 개설·운영하는 의료기관 또는 약국
- 법 제28조 또는 법 제29조의 규정에 의한 업무정지 또는 과징금 처분을 5년 동안에

2회 이상 받은 의료기관 또는 약국
- 법 제28조의 규정에 의한 업무정지 처분의 절차가 진행 중이거나 업무정지 처분을
  받은 의료급여기관의 개설자가 개설한 의료기관 또는 약국

다. 의료급여기관별 진료범위

수급권자가 의료급여를 받고자 하는 경우에는 제1차 의료급여기관에 의료급여를 신청하여야 하는데, 다음과 같은 경우에는 제2차 의료급여기관 또는 제3차 의료급여기관에 의료급여를 신청할 수 있다.
- 응급환자
- 분만
- 혈우병 환자가 의료급여를 받고자 할 때
- 제2차 의료급여기관 또는 제3차 의료급여기관에서 근무하는 수급권자가 그 근무하는 의료급여기관에서 의료급여를 받고자 할 때
- 등록한 장애인이 장애인 재활보조기구를 지급받고자 할 때

④ 의료급여의 부담

급여비용은 대통령령이 정하는 바에 따라 그 전부 또는 일부를 의료급여기금에서 부담하되, 의료급여기금에서 일부를 부담하는 경우 그 나머지의 비용은 본인이 부담한다(제10조). (2003년 개정법까지는 본인 부담이 없었으나, 2006년 12월 28일 개정된 법은 본인 부담을 하도록 하고 있음).

2종 수급권자는 때에 따라 다르며, 동법시행령13조에서 규정하고 있다. 2종 수급권자에 대한 급여비용의 총액이 해당 규정의 본인부담금보다 적은 경우에는 그 급여비용의 전부를 본인부담금으로 한다.

⑤ 급여비용의 청구와 지급

의료급여기관은 제10조의 규정에 따라 의료급여기금에서 부담하는 급여비용의 지급을 시장·군수·구청장에게 청구할 수 있다. 급여비용의 청구를 하고자 하는 의료급여기관은 급여비용심사기관에 급여비용의 심사청구를 하여야 하며, 심사청구를 받은 급여비용심사기관은 이를 심사한 후 지체 없이 그 내용을 시장·군수·구청장 및 의료급여

기관에 알려야 한다. 또한 심사의 내용을 통보받은 시장·군수·구청장은 지체 없이 그 내용에 따라 급여비용을 의료급여기관에 지급하여야 한다. 이 경우 수급권자가 이미 납부한 본인부담금(제10조의 규정에 따라 수급권자가 부담하여야 하는 급여비용을 말한다. 이하 같다)이 과다한 경우에는 의료급여기관에 지급할 금액에서 그 과다하게 납부된 금액을 공제하여 이를 수급권자에게 반환하여야 한다. 다만, 그 반환하여야 할 금액이 1천원 미만인 경우에는 그러하지 아니한다.

⑥ 요양비

시장·군수·구청장은 수급권자가 보건복지부령이 정하는 긴급하거나 그 밖의 부득이한 사유로 인하여 의료급여기관과 동일한 기능을 수행하는 기관으로서 보건복지부령이 정하는 기관(제28조제1항의 규정에 따라 업무정지처분 기간 중인 의료급여기관을 포함한다)에서 질병·부상·출산 등에 대하여 의료급여를 받거나 의료급여기관 외의 장소에서 출산을 한 때에는 그 의료급여에 상당하는 금액을 보건복지부령이 정하는 바에 따라 수급권자에게 요양비로 지급한다. 의료급여를 실시한 기관은 보건복지부장관이 정하는 요양비명세서 또는 요양의 내역을 기재한 영수증을 요양을 받은 자에게 교부하여야 하며, 요양을 받은 자는 이를 시장·군수·구청장에게 제출하여야 한다.

⑦ 장애인에 대한 특례

시장·군수·구청장은 「장애인복지법」에 따라 등록한 장애인인 수급권자에게 보장구(보장구)에 대하여 급여를 실시할 수 있다. 보장구에 대한 급여의 방법·절차·범위·상한 등에 관하여 필요한 사항은 보건복지부령으로 정한다.

⑧ 건강검진

시장·군수·구청장은 이 법에 의한 수급권자에 대하여 질병의 조기발견과 그에 따른 의료급여를 하기 위하여 건강검진을 할 수 있다. 건강검진의 대상·회수·절차 그 밖의 필요한 사항은 보건복지부장관이 정한다.

⑨ 급여의 제한

다음에 해당하는 수급권자의 경우 이 법에 의한 의료급여를 행하지 아니한다. 다만,

보건복지부장관이 의료급여의 필요가 있다고 인정하는 경우에는 그러하지 아니하다.

- 수급권자가 자신의 고의 또는 중대한 과실로 인한 범죄행위에 기인하거나 고의로 사고를 발생시켜 제7조의 규정에 의한 의료급여가 필요하게 된 경우
- 수급권자가 정당한 이유 없이 이 법의 규정이나 의료급여기관의 진료에 관한 지시에 따르지 아니한 경우

⑩ 급여의 변경

시장·군수·구청장은 수급권자의 소득·재산상황·근로능력 등에 변동이 있는 경우에는 직권 또는 수급권자나 그 친족, 그 밖의 관계인의 신청에 따라 급여의 내용 등을 변경할 수 있다. 또한 급여의 내용 등을 변경한 때에는 서면으로 그 이유를 명시하여 수급권자에게 알려야 한다.

⑪ 급여의 중지

다음에 해당하는 수급권자의 경우에는 의료급여를 중지하여야 한다.

- 수급권자에 대한 의료급여가 필요 없게 된 경우
- 수급권자가 의료급여를 거부한 경우

⑪ 수급권의 보호

의료급여를 받을 권리는 양도 또는 압류할 수 없다.

⑫ 의료급여기금의 설치 및 조성

급여비용의 재원에 충당하기 위하여 시·도에 의료급여기금을 설치한다. 기금은 국고보조금, 지방자치단체의 출연금, 상환 받은 대불금, 부당이득금, 과징금, 기금의 결산상 잉여금 및 그 밖의 수입금 등으로 재원을 조성한다. 국가와 지방자치단체는 기금운영에 필요한 충분한 예산을 확보하여야 하며 급여비용, 급여비용의 대불에 소요되는 비용, 제33조제2항의 규정에 의한 업무위탁 시 소요되는 비용, 그 밖의 의료급여업무에 직접 소요되는 비용으로서 보건복지부령이 정하는 비용에 한하여 이를 사용하여야 한다. 이 법에서 정한 것 외에 기금의 관리·운용에 관하여 필요한 사항은 보건복지부령이 정하는 바에 따라 당해 지방자치단체의 조례로 정한다.

급여비용의 지급업무가 위탁된 경우에 시·도지사는 기금에서 보건복지부령이 정하는 바에 따라 추정급여비용을 급여비용 지급기관에 예탁하여야 하며 지방자치단체출연금 예산이 성립되지 못한 경우 「지방재정법」 제36조의 규정에 불구하고 국고보조금은 즉시 급여비용 지급기관에 예탁하여야 한다.

제4절 기초노령연금법

(일부개정 2007.7.27 법률 제8557호, 시행일 2008.1.1.)

1. 기초노령연금법의 총설

1) 목적 및 의의

기초노령연금은 노후소득보장의 일환으로서 저소득 노인계층의 생활안정을 도모하고 현재 사회문제로 대두되고 있는 공적 노후소득보장의 사각지대를 해소하기 위해 실시되는 제도이다.

기초노령연금은 국가 및 지방자치단체가 각종 소득자료 및 재산자료에 기초하여 65세 이상의 특정 자산규모 이하의 노인을 대상으로 하여 지급하고, 전체노인 중 실제 도움이 필요한 노인 약 60%를 대상으로 기초노령연금을 지급하되 국민기초생활보장수급자 및 차상위 저소득노인은 10만원, 일반노인은 7만원을 2008년 1월 1일부터 시행하여 각각 차등 지급할 예정이다.

기초노령연금법은 기초노령연금에 관한 법으로서 노인이 후손의 양육과 국가 및 사회의 발전에 이바지하여 온 점을 고려하여 생활이 어려운 노인에게 기초노령연금을 지급함으로써 노인의 생활안정을 지원하고 복지를 증진함을 목적으로 한다(동법 제1조).

2) 기초노령연금법의 제정배경

기초노령연금법은 현재 운영되고 있는 국민연금 및 각종 공적연금과 경로연금제도가 현 세대 노인계층을 포괄하지 못하고 그 지급액이 또한 낮아 저소득 노인계층의 생활안정에는 미흡함을 지적하며 2006년 9월 29일 강기정의원 외 77인에 의하여 제안되었다. 이날 강기정의원이 기초노령연금법안을 대표 발의하였으며 2006년 10월 4일 보건복지위원회에 안건이 회부되었고 2006년 11월 2일 상정, 2006년 12월 7일 재적 12인 중 찬성 11인, 기권 1인으로 수정안이 가결되었다. 이후 2007년 4월 2일 제266회 국회본회의에 상정되어 수정가결 되었으며 2007년 4월 25일 기초노령연금법이 제정·공포 2008년 1월 1일에 시행될 예정이다.

3) 연혁

- 2006. 9 강기정의원 외 77인 기초노령연금법안 제안
- 2006. 10 보건복지위원회 안건 회부
- 2006. 12 보건복지위원회 수정안 가결
- 2007. 4 제266회 국회 본회의 상정, 수정 가결
- 2007. 4 기초노령연금법 제정·공포
- 2007. 7 기초노령연금법 일부개정

2. 기초노령연금법의 내용

1) 목적

기초노령연금법은 노인이 후손의 양육과 국가 및 사회의 발전에 이바지하여 온 점을 고려하여 생활이 어려운 노인에게 기초노령연금을 지급함으로써 노인의 생활안정을 지원하고 복지를 증진함을 목적으로 한다.

2) 용어의 정의

- "수급권"이란 이 법에 따른 기초노령연금(이하 "연금"이라 한다)을 받을 권리를 말한다.
- "수급권자"란 수급권을 가진 자를 말한다.
- "수급자"란 이 법에 따라 연금을 지급받는 자를 말한다.
- "소득인정액"이란 「국민기초생활 보장법」 제2조제8호에 따른 소득인정액(본인 및 배우자의 소득인정액에 한한다)을 말한다. 다만, 보건복지부령으로 정하는 바에 따라 그 산출기초가 되는 소득·재산의 범위, 같은 법 제2조제9호에 따른 소득평가액 산정방식 및 같은 조 제10호에 따른 재산의 소득환산액 산정방식을 다르게 정할 수 있다.

3) 연금 지급대상

65세 이상인 자로서 소득인정액이 대통령령으로 정하는 금액 이하인 자에게 연금을

지급한다.

4) 연금액

연금액은 국민연금법 제51조제1항제1호에 따른 금액의 100분의 5에 해당하는 액수로 한다. 다만, 소득인정액과 연금액을 합한 금액이 제3조에 따라 대통령령으로 정하는 금액 이상인 경우에는 대통령령으로 정하는 바에 따라 연금액의 일부를 감액하여 지급할 수 있다. 만일 본인 및 그 배우자가 모두 연금을 지급받는 경우에는 각각의 연금액에 대하여 100분의 20을 감액한다.

5) 연금의 신청

연금을 지급받고자 하는 자(이하 "연금수급희망자"라 한다) 또는 그 친족, 그 밖의 관계인은 보건복지부장관 또는 지방자치단체의 장에게 급여를 신청할 수 있다. 이 경우 보건복지부장관 또는 지방자치단체의 장은 조사 결과에 따라 지체 없이 연금의 지급 여부를 결정하여야 한다. 연금수급희망자와 그 배우자가 신청을 할 때 다음과 같은 자료 또는 정보 제공에 대하여 동의한다는 서면을 제출하여야 한다. 연금의 신청권자·신청 방법·차 및 지급과 동의의 방법·절차 등에 관하여 필요한 사항은 대통령령으로 정한다.

- 「금융실명거래 및 비밀보장에 관한 법률」 제2조제2호 및 제3호에 따른 금융자산 및 금융거래의 내용에 대한 자료 또는 정보 중 예금의 평균잔액과 그 밖에 대통령령으로 정하는 자료 또는 정보(이하 "금융정보"라 한다)
- 「신용정보의 이용 및 보호에 관한 법률」 제2조제1호에 따른 신용정보 중 채무액과 그 밖에 대통령령으로 정하는 자료 또는 정보(이하 "신용정보"라 한다)
- 「보험업법」 제4조제1항 각 호에 따른 보험에 가입하여 납부한 보험료와 그 밖에 대통령령으로 정하는 자료 또는 정보(이하 "보험정보"라 한다)

6) 연금의 지급기간 및 지급시기

연금은 수급권자로 결정된 경우 연금을 신청한 날이 속하는 달부터 수급권이 소멸한 날이 속하는 달까지 매월 정기적으로 지급한다. 연금은 그 지급을 정지하여야 할 사유가 발생한 때에는 그 사유가 발생한 날이 속하는 달의 다음 달부터 그 사유가 소멸한 날이 속하는 달까지는 이를 지급하지 아니한다.

7) 미지급의 연금

수급자가 사망한 경우 수급자에게 지급하여야 할 연금으로서 아직 지급되지 아니한 것이 있을 때에는 수급자의 사망 당시 생계를 같이 한 부양의무자(배우자와 직계비속 및 그 배우자를 말한다)는 미지급 연금을 청구할 수 있다. 이 경우 보건복지부장관 또는 지방자치단체의 장은 지체 없이 그 지급 여부를 결정하여야 한다. 미지급 연금의 청구 절차·방법 및 부양의무자의 인정기준과 지급순위 등에 관하여 필요한 사항은 대통령령으로 정한다.

8) 지급정지

수급자가 금고 이상의 형을 선고받고 그 집행이 종료되지 아니하거나 집행을 받지 아니하기로 확정되지 아니한 기간 동안에는 연금의 지급을 정지한다.

9) 수급권의 상실

수급권자는 사망한 때, 국적을 상실하거나 국외로 이주한 때, 수급요건에 해당하지 아니하게 된 때 중 어느 하나에 해당하게 된 때에 수급권을 상실한다.

10) 부당이득의 환수

보건복지부장관 또는 지방자치단체의 장은 수급권이 없는 자가 연금을 지급받은 경우에는 대통령령으로 정하는 바에 따라 지급액을 징수하여야 한다. 또한 지급액을 납부하여야 할 자가 이를 납부하지 아니하는 때에는 국세 또는 지방세 체납처분의 예에 따라 징수한다.

11) 이의신청

수급권자의 자격인정, 그 밖에 이 법에 따른 처분에 이의가 있는 자는 보건복지부장관 또는 지방자치단체의 장에게 이의신청을 할 수 있다. 이의신청은 그 처분이 있음을 안 날부터 90일 이내에 서면으로 하여야 한다. 다만, 정당한 사유로 인하여 그 기간 이내에 이의신청을 할 수 없음을 증명한 때에는 그 사유가 소멸한 때부터 60일 이내에 이의신청을 할 수 있다.

12) 시효

부당이득을 환수할 국가 및 지방자치 단체의 권리와 수급권자의 권리는 5년간 행사하지 아니하면 시효의 완성으로 소멸된다.

13) 벌칙

① 금융정보를 다른 사람에게 제공하거나 누설한 자는 5년 이하의 징역 또는 3천만원 이하의 벌금에 처한다.

② 신용정보 또는 보험정보를 다른 사람에게 제공하거나 누설한 자는 3년 이하의 징역 또는 2천만원 이하의 벌금에 처한다.

③ 거짓이나 그 밖의 부정한 방법으로 연금을 지급받은 자는 1년 이하의 징역 또는 500만원 이하의 벌금에 처한다.

14) 양벌규정

법인의 대표자, 법인 또는 개인의 대리인·사용인 및 그 밖의 종업원이 그 법인 또는 개인의 업무에 관하여 위반행위를 한 때에는 행위자를 벌하는 외에 그 법인 또는 개인에 대하여도 해당 조항의 벌금형을 과한다.

12

사회보험법

제1절 사회보험법

1. 사회보험법의 정의

사회보험(社會保險, social insurance)은 국민에게 발생하는 사회적 위험을 보험방식에 의하여 대처함으로써 국민건강과 소득을 보장하는 제도(사회보장기본법 제3조제2호)이다. 운영주체는 국가이며 국민이 생활상에서 직면할 수 있는 질병·장애·노령·실업·사망 등의 제반 사회적 위험에 대처하기 위하여 국가가 시행하는 강제보험제도이다.

사회보험법이란 사회보험제도의 운영과 실시에 관한 법률이긴 하나 "사회보험법"이라고 하는 단행 법전이 있는 것은 아니고 사회보험제도와 관련된 각종 실정법 들을 총칭한 법이다.

2. 사회보험법의 형태

사회보험법의 형태는 사회적 위험, 즉 적용대상에 따라 노령을 대처한 국민연금법, 질병의 대처 방안으로 국민건강보험법, 산업재해를 대처한 산업재해보상보험법, 실업을 대처한 고용보험법의 4대 보험법 이외에 2007년도에 들어와 노인장기요양보험법이 제정되었으며 이 책에서는 이 부분들을 다룬다.

3. 사회보험법의 체계

1) 사회보험의 관리주체(보험자)

사회보험제도의 관리 운영주체는 국가이다. 우리나라의 경우 사회보험의 주관부처는 정부의 각 부처에 분산되어 있는데, 국민연금과 국민건강보험은 보건복지부, 산업재해보상보험과 고용보험은 노동부, 군인연금은 국방부, 공무원연금은 행정자치부, 사립학교교직원연금은 교육인적자원부, 별정우체국직원연금은 정보통신부에서 관리·운영하고 더욱 효율적인 운영을 하기 위하여 산하에 공법인인 국민연금관리공단, 국민건강보험공단, 근로복지공단, 공무원연금관리공단 및 사립학교교직원연금관리공단을 설립하여 보험 사무를 직접 운영·관리하도록 위탁하고 있다.

2) 사회보험의 대상

사회보험의 적용대상은 원칙적으로 전 국민이다. 사회보험의 종류와 특성에 따라 국민 중 일부 또는 특수계층만을 적용 대상으로 하는 경우가 있기도 하나 적용범위는 모든 국민이다.

3) 재원의 조달

사회보험제도를 운영하는 데 필요한 비용을 조달하는 방법은 사회보험의 종류와 특성에 따라 다르다. 국민연금·국민건강보험·고용보험 등의 사회보험은 사용자와 피용자 양자가 비용(보험료 또는 기금) 부담을 하고 국가가 관리운영비를 부담하는 방식을 취하고 있으며, 산업재해보상보험은 비용(보험료)의 전액을 사용자가 부담하고 국가가 관리운영비를 보조하는 방식으로 재원을 조달한다.

4) 강제징수

사회보험의 재원확보를 위하여 비용부담 의무를 이행하지 않을 경우에는 국세나 지방세의 다음 순서로 다른 채권에 우선하여 강제 징수할 수 있다.

5) 보험급여의 종류

보험급여는 피보험자가 일정한 수급자격을 갖추었을 때 보험자로부터 지급받는 금전·물품 등의 혜택으로서, 현금이나 현물로 지급한다.

4. 사회보험법의 기본원리

1) 보험성의 원리

국민에게 발생하는 질병·장애·노령·실업·사망 등의 사회적 위험을 보험방식에 의하여 보험가입자들이 공동으로 위험을 분산하는 보험원리를 적용한 제도이다.

2) 소득보장의 원리

공공부조가 최저생활을 보장하기 위한 2차적 사회안전망의 소득보장수단이라면, 사회보험은 1차적 사회안전망의 소득보장수단으로서 퇴직 또는 실직 전의 생활과 비슷한 생활수준을 보장하기 위한 제도이다.

3) 소득재분배의 원리

사회보험제도는 소득의 재분배원리를 기초로 한다. 보험료(기여금)의 납부와 급여의 지급과정에서 고소득층과 저소득층 및 기성세대와 후세대간의 수직적 또는 수평적 재분배를 의미한다.

4) 보편주의 원리

사회보험법의 적용 범위는 원칙적으로 모든 국민을 대상으로 한다. 헌법상 기본권인 평등원리에 따라, 성별·종교 또는 사회적 신분 등에 관계없이 모든 국민에게 국가재정의 충분성 등에 따라 보편적 원리가 적용된다.

5) 비용분담(보험료 부담)의 원리

사회보험법의 운영에 필요한 재원은 사용자, 피용자 및 국가가 분담하는 원칙이다. 사용자는 무과실책임의 원칙, 피용자는 자본주의 특징인 자기책임의 원칙, 국가는 운영주체로서 자본주의 사회 자체의 모순에 의한 사회적 사고의 국가책임 원칙에 따라 각각 보험료(기여금)를 분담한다. 사용자나 피용자가 비용분담을 하는 면에서 전액 국가가 비용을 분담하는 공공부조와 구별된다.

5. 사회보험법의 특성

1) 법적 성질

사회보험의 계약관계는 공법상의 계약관계이다. 사회보험의 당사자들과의 관계는 운영주체인 국가로서의 보험자와 사용자, 피용자 등의 다각적인 법률관계가 성립되나 보험자와 피보험자가 핵심적인 법률관계를 형성하고 있다고 볼 수 있다.

사회보험제도는 국가의 공익적 목적에 의하여 법률로 보험가입이 강제되고 보험료(기여금)의 징수도 행정 강제의 방법이 이용되고 있다. 또한 사회보험을 운영하기 위한 법인설립에 대한 국가의 적극적인 지원, 감독, 그리고 수급권의 양도·담보·압류 등이 제한되는 등의 공법적 특질이 있기 때문에, 사회보험의 계약관계는 공법상 계약관계로 보아야 한다.

2) 특성

사회보험은 국가가 운영주체가 되어 강제적으로 시행하고 있기 때문에 다른 사회보장제도와 다른 특성을 지니고 있다.

① 사회보험은 민간보험이 아닌 비영리적, 공익적 국가사업이다. 국민에게 발생하는 사회적 위험을 보험방식으로 대처하는 법률을 제정하여 전국민을 대상으로 하고 일정한 자격요건을 갖춘 자를 강제가입토록 하여 역의 선택을 방지하고, 국가가 운영주체가 되어 국가가 운영비를 부담하고, 갹출금의 일부 부담, 적자액의 보전 등 적극적인 사회정책으로 운영하고 있다.

② 사회보험은 장래의 빈곤을 예방하기 위한 소득 보장적 역할을 한다. 공공부조가 현실적으로 생활유지 능력이 없는 빈곤층에 대하여 수급권을 주는 데 대하여, 사회보험은 장래의 빈곤을 예방하는 소득보장제도이다.

③ 사회보험은 가입자가 의무적으로 납부하는 보험료 또는 기여금으로 재원이 조달되고, 이 재원에 의하여 보험급여가 지급되기 때문에 수급권자의 권리성이 강하다. 따라서 공공부조는 일반조세로 재원이 조달되기 때문에 소득과 재산에 대한 자산조사가 필요한데 사회보험은 자산조사를 거치지 않고 일정한 요건을 갖추면 된다.

④ 사회보험은 특별법에 의하여 운영되어, 가입자격·수급자격·수급시기·급여수준 및 가입·탈퇴 등의 보험관련 사항이 법으로 규정되어 있어 획일적으로 운영되고 있기 때문에 법정 사항을 변경하거나 신설·폐지할 경우에는 법의 개정절차를 거쳐야 한다.

⑤ 사회보험은 소득재분배 및 국민통합 기능의 역할을 한다. 사회보험은 소득계층 간의 수직적 재분배 기능을 하는 반면, 사회적 위험이 서로 다른 계층 간의 수평적 재분배 기능을 수행함으로써 소득의 재분배 및 국민통합 기능의 역할을 한다.

6. 사회보험과 私보험의 비교

1) 공통점

① 장래의 예측할 수 없는 사고 위험을 전제로 하여, 담보된 위험을 공동으로 분담한다.

② 보험의 적용범위, 보험급여, 재정과 관련된 모든 조건을 구체적으로 명시하고 급여량 등을 정하기 위해서는 명확한 계산이 필요하다.

③ 운용에 필요한 비용을 충당할 충분한 기여금이나 보험료가 필요하다.

⑤ 보험급여에 의한 경제적 안정을 제공함으로써 사회전체에 유익한 결과가 된다.

2) 차이점

① 사회보험은 강제적 가입인데 사보험은 임의(자발적) 가입이 원칙이다.

② 사회보험은 사회적 적절성을 강조하여 보험수리원칙이 엄격히 적용되지 않으나,

사보험은 개인적 적절성을 강조하여 손해전보·보상과 같은 보험수리원칙이 엄격히 적용된다.

③ 사회보험의 급여는 법 규정에 의한 법정급부인데, 사보험의 급여는 사적 계약에 의한 계약급부이다.

④ 사회보험은 법규의 자격요건에 의한 강제가입이기 때문에 개별적 보험계약이 필요 없으나, 사보험은 보험회사와 가입자 간에 개별적 보험계약이 필요하다.

⑤ 사회보험은 정부가 독점하여 강제가입을 규정하고 있기 때문에 경쟁이 없으나, 사보험은 보험시장에서 경쟁이 이루어져 가입자의 선택이 자유이다.

⑥ 사회보험은 강제가입에 의한 기여금이나 보험료의 수입원이 확실하기 때문에 재정준비가 필요치 않으나, 사보험은 임의가입이기 때문에 재정준비가 필요하다.

⑦ 사회보험은 인플레이션에 대한 손실을 조세를 통해 조정할 수 있으나, 사보험은 인플레이션 손실에 취약하다.

제2절 국민연금법

(일부개정 2007.8.3 법률 제8635호) /시행일 2009.2.4.

1. 국민연금법의 총설

1) 목적 및 의의

국민연금은 국민이 노령·폐질 또는 사망으로 인하여 소득능력이 상실 또는 감퇴된 경우 국가가 연금형태의 장기급여를 제공함으로써 국민의 생활안정과 복지증진에 기여하는 것을 목적으로 하는 장기적인 소득보장제도이다.

국민연금은 국민건강보험, 고용보험, 산업재해보상보험, 노인장기요양보험 및 공무원연금, 군인연금, 사립학교교직원연금과 함께 4대 공적연금을 형성하고 있는 1차적 사회안전망의 사회보장제도이며, 노인에 대한 사적 부양방식이 공적 부양방식의 연금제도로 발전된 것이다.

국민연금은 가입자인 국민으로부터 받은 보험료를 재원으로 하고, 정부의 국고 보조비로 관리·운영되며 국가가 법률에 의하여 일정한 자격을 가진 사람에게 강제적으로 적용하는 사회보험이다.

따라서 국민연금법은 국민의 노령·폐질 또는 사망에 대하여 연금제도를 실시하기 위한 법률로써 연금제도의 실시와 연관된 제반사항을 규정하고 있는 법률이라 는 것에 의의가 있다.

국민연금의 운영주체는 국가로서 중앙행정기관인 보건복지부장관이 관장한다. 보건복지부장관은 보건복지부에 국민연금심의위원회, 국민연금기금운용위원회 및 국민연금재심사위원회를 두어 연금제도의 운영 및 기금운용에 관한 제도적, 정책적 제반사항을 관장하고, 국민연금사업의 목적을 효율적, 전문적으로 달성하기 위하여 국민연금관리공단이라는 특수공법인을 설립하여 혼합방식 제도를 채택, 사업집행업무를 위탁관리·운영하고 있다.

우리나라 국민연금의 특성은 다음과 같다.
① 사회보험의 일종 : 국민연금은 가입자와 사용자로부터 받은 보험료를 재원으로

하여, 국민의 생활안정과 복지증진을 위한 사회적 위험을 분산하고, 정형화된 보험금을 지급하는 사회보험의 일종이다.

② 공적연금제도 : 국민연금은 국민의 생활안정과 복지증진을 위하여 국가가 강제가입을 의무화하여, 보험가입자와 사용자로부터 받은 보험료를 재원으로 하고 국고보조로 관리운영비의 상당부분을 지원하는 비영리적 공적연금제도이다. 따라서 가입이 강제적이고 탈퇴·보험료의 징수 및 급여 등을 엄격히 규제하여 역의 선택(adverse selection)이 금지되는 반면 영속성과 안전성이 있고, 수급권자의 권리성이 강하다.

③ 단일연금체계의 운영 : 특수직에 종사하는 공무원·군인·사립학교교직원 등을 제외한 18세 이상 60세 미만으로서 경제활동을 하는 모든 국민은 사업장 가입자와 지역가입자로 구분하여 강제가입과 함께 단일연금체계로 편입되어 운영·관리된다.

④ 부분적립방식 : 연금제도 운영을 위한 재원은 사용자와 피용자의 적립 기금인 보험료(자영자는 본인의 전액부담)와 관리운영비에 대한 정부 보조금으로 충당하며, 재정방식은 부분적립방식이다.

⑤ 소득재분배 기능 : 동일세대 내에서 고소득층과 저소득층 간의 소득 재분배가 이루어지고, 노령세대와 젊은 세대 간의 보험료 부담을 설계함으로써 세대 간의 소득재분배 기능이 반영된다.

⑥ 장기보험 : 국민건강보험이나 산업재해보상보험과 같은 다른 사회보험은 단기보험인데 대하여, 국민연금은 일정한 가입기간(20년간 원칙)을 수급요건으로 하여 사망 또는 지급사유가 소멸할 때까지 연금급여가 지급되는 장기보험이다.

⑦ 영속성과 안정성 : 국민연금은 국가(보건복지부장관)가 관장함으로써 제도적 안정성과 영속성이 있다.

⑧ 효율성과 민주성 : 보건복지부장관은 업무수행의 전문성과 효율성을 높이기 위하여 산하에 비영리 특수공법인인 국민연금관리공단을 설립, 관리운영을 위탁하고 있을 뿐만 아니라 국민연금심의위원회 및 국민연금기금운영위원회 등에 사용자, 근로자 및 공익의 대표를 참여시켜 민주화를 기하고 있다.

2) 국민연금법의 제정 배경

1960년 초부터 시작한 경제개발 5개년 계획에 따라 우리나라에는 공업화가 태동하기 시작하였고 제1차 경제개발계획을 시작으로 급속한 경제발전을 이루었다. 이로 인하여 고용 기회의 확대와 국민소득의 큰 향상이 있었지만 더불어 급속하게 진행된 산업화·도시화·핵가족화로 다양한 사회문제들이 대두되었다. 더 나아가 급속도로 진행될 고령화에 따른 사회복지와 사회보장에 대한 대책이 시급한 과제로 부각되었다.

이에 사회문제 해결 및 예방을 위한 방안으로 국민복지연금법이 1973년 12월 24일에 제정·공포되어 1974년 1월 1일에 실시할 예정이었으나 1973년 말 세계경제를 강타한 석유파동이 우리나라 경제에도 영향을 미쳐 국민연금제도가 무기한 연기 되었다.

국민의 노후소득보장제도 구축과 동시에 경제발전에 필요한 재원조달을 목적으로 하는 국민복지연금법은 이렇게 여러 가지 여건의 악화로 시행이 보류되어 오다가 제6차 경제사회발전 5개년 계획의 실행과 함께 국제수지 흑자와 외채 감소 등 경제가 다시 발전하여 국민의 부담능력이 크게 향상됨으로써 국민연금제도 실시를 위한 제반 여건이 성숙하게 되었을 뿐만 아니라 국민연금 제도에 대한 필요성이 더욱 증가하여 1986년 12월 31일에 연금구조와 내용을 대폭 보완하고 국민복지연금법 대신에 국민연금법으로 변경하여 공포하였다. 1987년 9월 18일에는 국민연금제도의 기금운용 등 효율적 관리운영을 위하여 국민연금관리공단을 설립하였으며 우선적으로 10인 이상 사업장에 근무하는 18세 이상 60세 미만의 근로자 및 사업주를 대상으로 1988년 1월부터 국민연금제도를 시행하였다.

1988년 이후 경제·사회적 발전에 맞추어 여러 차례에 걸쳐 국민연금법이 개정되었는데, 1992년 1월 1일에는 5인 이상 사업장으로 당연적용대상을 확대하였다. 1995년 7월 1일에는 신경제 5개년 계획 및 WTO 체제하의 농어촌 발전대책의 일환으로 농어촌지역에까지 국민연금제도를 확대했고, 1999년 4월 1일에는 도시지역에까지 국민연금제도를 실시함으로써 전 국민연금시대가 열렸다. 2003년 7월 1일에는 사업장 적용범위가 근로자 1인 이상 사업장으로 확대되었다.

3) 연혁

- 1967.　　대통령 지시에 따라 사회보장심의위원회 노령연금법 초안 작성
- 1973. 1. 대통령 연두순시 때 경제기획원, 보건사회부가 연금보험에 대해 보고하고 대통령의 지시로 연금보험 법안 기초 작업 착수
- 1973. 12. 국민복지 연금법 제정(1974년 1월 1일 실시 예정)

- 1974. 1. 국민생활안정에 관한 대통령 긴급조치 제3호에 의거 1년간 실시 보류
- 1974. 12. 국민복지연금법 1차 개정에서 재차 1년간 실시 보류
- 1975. 12. 국민복지연금법 2차 개정에서 실시 무기 연기
- 1986. 12. 국민연금법 공포 법률 제3902호(구법 폐지)
- 1987. 9. 국민연금관리공단 설립
- 1988. 1. 국민연금제도 실시(상시근로자 10인 이상 사업장)
- 1992. 1. 사업장 적용범위 확대 (상시근로자 5인 이상 사업장)
- 1995. 7. 농어촌지역 연금 확대 적용
- 1999. 4. 도시지역 연금 확대 적용 (전국민 연금 실현)
- 2000. 7. 농어촌지역 특례노령연금 지급
- 2003. 7. 사업장 적용범위 확대 (근로자 1인 이상 사업장)

2. 국민연금법의 내용

1) 목적

국민연금법은 국민의 노령·폐질 또는 사망에 대하여 연금급여를 실시함으로써 국민의 생활안정과 복지증진에 기여함을 목적으로 한다.

2) 용어의 정의

(1) 근로자

"근로자"는 직업의 종류를 불문하고 사업장에서 노무를 제공하고 그 대가로 임금을 받아 생활하는 자(법인의 이사, 기타 임원 포함)를 말하는데, 다음에 해당하는 자는 근로자에서 제외된다.

① 일용근로자 또는 1월 미만의 기한부로 사용되는 근로자(다만 1월 이상 계속 사용된 경우에는 제외)
② 소재지가 일정하지 아니한 사업장에 종사하는 근로자
③ 비상임이사, 1월간의 근로시간이 80시간 미만인 시간제 근로자 등 사업장에서상

시 근로에 종사할 목적으로 사용되는 자가 아닌 자

(2) 사용자

"사용자"는 사업주 또는 사업경영자를 말한다.

(3) 소득

"소득"은 일정한 기간 근로를 제공하여 얻은 수입에서 대통령령으로 정하는 비과세 소득을 제외한 금액 또는 사업 및 자산을 운영하여 얻는 수입에서 필요경비를 제외한 금액을 말한다. 이 경우 국민연금가입자(이하 "가입자"라 한다)의 종류에 따른 소득 범위는 대통령령으로 정한다.

① 사업장가입자 또는 국민연금에 가입된 사업장에 종사하는 임의계속가입자의 소득의 범위
- 법인이 아닌 사업장의 사용자의 경우 :
  - 도매업, 소매업, 제조업, 그 밖의 사업에서 얻는 소득
- 근로자의 경우 :
  - 소득세법 규정에 의한 근로소득에서 비과세되는 급여를 차감한 소득

② 지역가입자와 지역가입자의 요건을 갖춘 임의계속가입자의 소득의 범위
- 농업소득의 경우 :
  - 경종업, 과수·원예업, 종묘업, 특수작물생산업, 가축의 사육업, 종축업 또는 부화업과 이에 부수하는 업무에서 얻는 소득
- 임업소득의 경우 :
  - 영림업, 임산물생산업 또는 야생조수사육업과 이에 부수하는 업무에서 얻는 소득
- 어업소득의 경우 :
  - 어업과 이에 부수하는 업무에서 얻는 소득
- 근로소득의 경우 :
  - 소득세법 규정에 의한 근로소득에서 비관세 근로소득을 차감한 소득

• 사업소득
- 도매업, 소매업, 제조업, 기타의 사업에서 얻는 소득

(4) 평균소득월액

"평균소득월액"은 매년 사업장가입자 및 지역가입자 전원의 기준소득월액을 평균
한 금액을 말하는데, 그 산정방법은 매년 전년도 12월 31일 현재의 사업장가입자 및 지
역가입자 전원(납부예외 사유로 연금보험료를 납부하지 아니하는 사업장가입자와 지
역가입자를 제외)의 표준소득월액 총액을 사업장가입자 및 지역가입자 전원의 인원수
로 나누어 산정한다.

(5) 표준소득월액

"표준소득월액"은 연금보험료 및 급여의 산정을 위하여 가입자의 소득월액을 기준
으로 하여 등급별로 대통령령이 정하는 금액10)을 말한다.

(6) 사업장가입자

"사업장가입자"는 사업장에 사용된 근로자 및 사용자를 말하는데, 다음 사항의 하나
에 해당하는 자는 사업장가입자가 될 수 있다.
① 사업의 종류, 근로자의 수를 고려하여 당연적용 사업장의 18세 이상 60세 미만의
   근로자와 사용자는 당연히 사업장 가입자가 된다.
② 당연적용 사업장 외의 사업장의 사용자가 당해 사업장의 18세 이상 60세 미만의
   근로자 3분의 2 이상의 동의에 의하여 국민연금관리공단에 신청을 하는 경우에는
   당해 사업장(임의적용사업장)의 18세 이상 60세 미만의 근로자와 사용자(퇴직연
   금수급권자 제외)는 사업장가입자가 될 수 있다.
③ 국민연금에 가입된 사업장에 종사하는 18세 미만의 근로자는 본인이 원하는 경우
   에 사용자의 동의를 얻어 사업장가입자가 될 수 있다.

여기서 말하는 당연적용 사업장은

---

10) 국민연금법시행령 제5조의 규정에 의한 등급별 표준소득월액

- 1인 이상의 근로자를 사용하는 사업장
- 주한 외국기관으로서 1인 이상의 대한민국 국민인 근로자를 사용하는 사업장을 말한다. 그러나 다음 사항의 하나에 해당하는 자는 사업장가입자가 될 수 없다.
  - 공무원연금법, 사립학교교직원연금법 또는 별정우체국법에 의한 퇴직연금, 장해연금 또는 퇴직연금일시금이나 군인연금법에 의한 퇴역연금, 상이연금 또는 퇴역연금일시금의 수급권을 취득한 자
  - 국민기초생활보장법에 의한 수급권자

(7) 지역가입자

"지역가입자"는 사업장가입자 외의 자로서 18세 이상 60세 미만의 자는 당연히 지역가입자가 된다. 다만 다음 사항의 하나에 해당되는 자는 제외한다.

① 공무원연금법, 군인연금법 및 사립학교교직원연금법의 적용을 받는 공무원, 군인 및 별정우체국법에 별정우체국직원과 같이 국민연금 가입대상 제외자의 배우자로서 별도의 소득이 없는 자
② 사업장가입자, 지역가입자, 임의계속가입자, 노령연금수급권자, 퇴직연금수급권자의 배우자로서 별도의 소득이 없는 자
③ 퇴직연금 등 수급권자
④ 18세 이상 27세 미만인 자로서 학생이거나 군복무 등으로 소득이 없는 자(연금보험료를 납부한 사실이 있는 자는 제외)
⑤ 국민기초생활보장법에 의한 수급자
⑥ 1년 이상 행방불명된 자. 이 경우 행방불명된 자에 대한 인정 기준 및 방법은 대통령령으로 정한다.

(8) 임의가입자

"임의가입자"는 사업장가입자 및 지역가입자 외의 자로서 18세 이상 60세 미만인 자는 국민연금관리공단에 가입신청을 하는 경우에 임의가입자가 될 수 있다.

(9) 임의계속가입자

"임의계속가입자"는 국민연금 가입기간이 20년 미만인 가입자로서 60세에 달한 자

또는 특수직종 근로자로서 감액노령연금 및 재직자노령연금 수급권을 취득한 자이다.

(10) 연금보험료

"연금보험료"는 국민연금사업에 필요한 비용으로서 사업장가입자에 있어서는 부담금 및 기여금의 합계액을, 지역가입자·임의가입자 및 임의계속가입자에 있어서는 본인이 납부하는 금액을 말한다.

(11) 부담금

"부담금"은 사업장가입자의 사용자가 부담하는 금액을 말한다.

(12) 기여금

"기여금"은 사업장가입자가 부담하는 금액을 말한다.

(13) 사업장

"사업장"은 근로자를 사용하는 사업소 및 사무소를 말한다.

3) 국민연금 가입자

(1) 가입대상자

국민연금 가입대상자는 국내에 거주하는 18세 이상 60세 미만의 국민과 국민연금가입 사업장에 종사하는 외국인과 국내거주 외국인이다. 국민의 경우 대한민국 국민으로서 대한민국 영토 내에 거주하여야 하며 외국인의 경우 국민연금법의 적용을 받는 사업장에 사용되고 있는 외국인과 국내에 거주하는 외국인으로서 출입국관리법에 의한 체류기간 연장허가를 받지 아니하고 체류하는 자, 출입국관리법에 의한 외국인등록을 하지 아니 하거나 강제퇴거 명령서가 발부된 자, 문화·예술·유학·산업연수·일반연수·종교·방문동거·동반 등에 의해 체류하는 자, 외교관 영사 기관원과 그 가족으로 체류하는 자는 적용하지 아니한다. 대한민국이 외국과 사회보장협정을 체결한 경우에는 국민연금법의 규정에 불구하고 국민연금의 가입, 연금보험료의 납부, 급여의 수급요건, 급여액 산정 및 급여의 지급 등에 관하여 당해 사회보장협정이 정하는 바에 의한다.

　원칙적으로 18세 이상 60세 미만이 가입 대상임으로 18세 미만이나 60세 이상은 가입할 수 없으며 가입자가 60세에 도달한 경우에는 연금수급자격이 발생되면서 가입자격이 상실된다. 그러나 2012년을 기준으로 2013년부터는 매 5년이 경과할 때마다 가입조건 상한연령과 연금 수급개시 연령이 1세씩 증가, 변동된다. 즉, 2013년에는 18세 이상 61세 미만이 가입대상이며 연금 수급개시 연령은 61세가 되고, 2018년에는 18세 이상 62세 미만이 가입대상이며 연금 수급개시 연령은 62세가 된다. 가입연령 요건의 예외가 있는데 이는 국민연금 가입 사업장에 종사하는 18세 미만의 근로자가 사용자의 동의를 얻어 사업장 가입자가 되는 경우(법 제8조제3항)와 국민연금 가입기간이 20년 미만인 가입자가 연장가입신청을 하여 임의계속가입자가 된 경우(법 제13조제1항)이며 국민연금을 농어촌 및 도시지역으로 확대할 때 특별한 가입기회가 한시적으로 주어졌던 노령계층(60세 이상 65세 미만)이 지역가입자가 된 경우에도 18세 미만 또는 60세 이상이라도 국민연금에 가입할 수 있다.

(2) 가입대상 제외자

국민연금 가입대상 제외자는 다음과 같다.
- 공무원연금법, 군인연금법, 사립학교교직원연금법의 적용을 받는 공무원, 군인 및 사립학교교직원(법 제6조 단서)
- 별정우체국법의 적용을 받는 자(별정우체국법 제29조제2항)
- 노령연금의 수급권을 취득한 자 중 60세 미만의 특수직종 근로자(광부나 어부)
- 조기노령연금의 수급권을 취득한 자(다만, 조기노령연금의 지급이 정지 중인 자는 제외)

(3) 가입자의 종류

　국민연금가입자는 가입의 강제성의 의무 여부에 따라 의무가입자와 선택가입자로 구분된다. 의무가입자는 근로형태와 사업장의 유형 등을 기준으로 사업장가입자와 지역가입자로 나누고, 사업장가입자는 당연적용 사업장가입자와 임의적용 사업장가입자로 나눈다. 선택가입자는 임의가입자와 임의계속가입자로 나눈다.

① 사업장가입자

사업장가입자라 함은 사업장에 사용되는 근로자와 사용자로서 국민연금에 가입된 자를 말하는데, 가입이 의무적으로 강제되는 당연적용 사업장가입자와 가입이 임의적인 임의적용 사업장가입자로 구분된다.

가. 당연적용 사업장

공무원연금법·사립학교교직원연금법 또는 별정우체국법에 의한 퇴직연금·장해연금 또는 퇴직연금일시금이나 군인연금법에 의한 퇴역연금·상이연금 또는 퇴역연금일시금의 수급권을 취득한 자, 국민기초생활보장법에 의한 수급자를 제외한 1인 이상의 근로자를 사용하는 사업장, 주한외국기관으로서 1인 이상의 대한민국 국민인 근로자를 사용하는 사업장을 당연적용 사업장이라 한다. 사업장 상호간에 본점과 지점, 대리점 또는 출장소 등의 관계에 있고 그 사업경영이 일체로 되어 있는 경우에는 이를 하나의 사업장으로 보며 법인사업장의 경우에는 사용자의 역할을 하는 대표이사도 근로자에 해당되나, 개인사업장의 경우에 사용자는 근로자에 해당되지 아니한다.

나. 임의적용 사업장

당연적용 사업장 외의 사업장의 사용자가 당해 사업장의 18세 이상 60세 미만의 근로자 3분의 2 이상의 동의에 의하여 보건복지부령에 따라 국민연금관리공단에 신청을 하는 경우에는 당해 사업장을 임의적용 사업장이라 하며, 이러한 절차에 따른 그 사업장의 18세 이상 60세 미만의 근로자와 사용자(퇴직연금 등 수급권자는 제외)는 사업장가입자가 될 수 있는데 이 들을 임의적용 사업장가입자라 하고, 또한 당연적용 사업장이 그 기준에 미달하게 된 때에는 그 사업장은 임의적용 사업장으로 본다(동법 제8조 2항, 동법 제9조).

다. 특례가입자

국민연금에 가입된 사업장에 종사하는 18세 미만의 근로자는 본인이 원하는 경우에 사용자의 동의를 얻어 사업장가입자가 될 수 있으며 18세 이상 60세 미만의 외국인 또는 외국에 거주하는 국민(해외교포 등)으로서 국내에 체류하면서 국민연금 적용 사업장에 종사하는 자는 사업장 가입자가 될 수 있다.

② 지역가입자

사업장가입자가 아닌 자로서 18세 이상 60세 미만인 자는 당연히 지역가입자가 된다. 다음 사항에 해당하는 자는 제외가 된다.

- 국민연금 가입대상 제외자의 배우자로서 별도의 소득이 없는 자
- 사업장가입자, 지역가입자 및 임의계속가입자의 배우자로서 별도의 소득이 없는 자
- 별정우체국직원의 배우자로서 별도의 소득이 없는 자
- 노령연금수급권자 및 퇴직연금 등 수급권자
- 18세 이상 27세 미만인 자로서 학생이거나 군복무 등으로 소득이 없는 자
- 국민기초생활보장법에 의한 수급자
- 1년 이상 행방불명된 자.

③ 임의가입자

사업장가입자와 지역가입자 외의 자로서 18세 이상 60세미만인 자는 보건복지부령이 정하는 바에 의하여 국민연금관리공단에 가입신청을 하는 경우에는 임의가입자가 될 수 있다.

④ 임의계속가입자

국민연금 가입기간이 20년 미만인 가입자로서 60세에 달한 자, 대통령령이 정하는 직종에 종사하거나 종사하였던 특수직종근로자로서 노령연금수급권을 취득한 자는 65세에 달할 때까지 보건복지부령이 정하는 바에 따라 국민연금관리공단에 가입신청을 하는 경우에는 임의계속가입자가 될 수 있다.

4) 가입자격의 취득 및 상실

(1) 사업장가입자

사업장가입자는 사업장에 사용된 때, 그 사업장의 사용자가 된 날에 그 자격을 취득하며 사업장가입자는 사업장가입자가 사망한 때, 국적을 상실하거나 국외에 이주한 때, 사용관계가 종료된 때, 사업장가입자의 탈퇴신청이 수리된 때, 60세에 달한 때, 국민연

금 가입대상 제외자에 해당하게 된 때 그 자격을 상실한다.

(2) 지역가입자

지역가입자는 사업장가입자의 자격을 상실한 때, 국민연금 가입대상 제외자에 해당하지 아니하게 된 때, 지역가입자의 배우자로서 별도의 소득이 있게 된 때, 18세 이상 27세 미만인 자로서 소득이 있게 된 날에 그 자격을 취득한다. 또한 지역가입자가 사망한 때, 국적을 상실하거나 국외에 이주한 때, 국민연금 가입대상 제외자에 해당하게 된 때, 사업장가입자의 자격을 취득한 때, 지역가입자의 배우자로서 별도의 소득이 없게 된 때, 60세에 달한 때에 그 자격을 상실한다.

(3) 임의가입자

임의가입자는 가입신청이 수리된 날에 그 자격을 취득한다. 임의가입자는 임의가입자가 사망한 때, 국적을 상실하거나 국외에 이주한 때, 임의가입자의 탈퇴신청이 수리된 때, 대통령령이 정하는 기간 이상 계속하여 연금보험료를 체납한 때, 사업장가입자 또는 지역가입자의 자격을 취득한 때, 국민연금 가입대상 제외자에 해당하게 된 때 그 자격을 상실한다.

(4) 임의계속가입자

국민연금 가입기간이 20년 미만인 가입자로서 60세에 달한 자와 대통령령이 정하는 직종에 종사하거나 종사하였던 특수직종근로자로서 노령연금수급권을 취득한 자가 65세에 달할 때까지 보건복지부령이 정하는 바에 따라 국민연금관리공단에 가입신청을 하는 경우에는 임의계속가입자가 될 수 있으며 이 경우 가입신청이 수리된 날에 그 자격을 취득한다. 임의계속가입자는 사망한 때, 국적을 상실하거나 국외에 이주한 때, 탈퇴신청이 수리된 때, 계속하여 연금보험료를 체납한 때 가입자의 자격을 상실한다.

5) 가입기간의 계산

(1) 가입기간

국민연금 가입기간은 월 단위로 계산하되, 가입자의 자격을 취득한 날이 속하는 달의 다음 달부터 자격을 상실한 날의 전날이 속하는 달까지로 한다. 또한 가입자의 자격을 상실한 후 다시 그 자격을 취득한 자에 대하여는 전후의 가입기간을 합산한다.

(2) 군 복무기간에 대한 가입기간 추가 산입

병역법에 따른 현역병, 공익근무요원이 노령연금 수급권을 취득한 때에는 6개월을 가입기간에 추가로 산입한다. 다만, 병역법에 따른 병역의무를 수행한 기간이 6개월 미만인 경우에는 그러하지 아니한다.

(3) 출산에 대한 가입기간 추가 산입

2명 이상의 자녀가 있는 가입자 또는 가입자였던 자가 노령연금수급권을 취득한 때에, "자녀가 2명인 경우: 12개월, 자녀가 3명 이상인 경우: 둘째 자녀에 대하여 인정되는 12개월에 2자녀를 초과하는 자녀 1명마다 18개월을 더한 개월 수"에 따른 기간을 가입기간에 추가로 산입한다. 다만, 추가로 산입하는 기간은 50개월을 초과할 수 없으며, 자녀수의 인정방법 등에 관하여 필요한 사항은 대통령령으로 정한다.

6) 국민연금법의 급여

국민연금법의 급여수준은 국민의 생활수준·임금·물가, 기타 경제사정에 현저한 변동이 생긴 때에는 그 사정에 맞도록 조정된다(동법 제4조 3항).

(1) 급여의 지급

급여는 수급권자의 청구에 의하여 공단이 지급한다. 연금액은 지급사유에 따라 기본연금액과 부양가족연금액을 기초로 산정 한다(제51조). 실제로는 연금의 종류에 따라 기본연금액에 연금종류별 지급율과 제한율을 곱한 후 가급연금액을 합하여 산정한다.

연금액 = 기본연금액 × 연금종별 지급률 및 제한율 + 부양가족연금액

① 기본연금액 산정

연금액을 수급권자에게 적용함에 있어서는 그 적용기간은 그 조정연도 4월부터 다음 년도 3월까지로 하며, 연금 수급 2년 전 연도와 대비한 전년도의 전국소비자물가변동률을 기준으로 매년 3월 말까지 그 변동률에 해당하는 금액을 더하거나 빼되, 미리 국민연금심의위원회의 심의를 거쳐야 한다.

$$기본연금액 = A + B \times \frac{1200}{1000}$$

A : { 〔연금 수급 3년 전 연도의 평균소득월액을 연금 수급 3년 전 연도와 대비한 연금 수급 전년도의 전국소비자물가변동률에 따라 환산한 금액 + 연금 수급 2년 전 연도의 평균소득월액을 연금 수급 2년 전 연도와 대비한 연금 수급 전년도의 전국소비자물가변동률에 따라 환산한 금액 + 연금 수급 전년도의 평균소득월액〕÷ 3}

B : {가입자 개인의 가입기간 중 매년 기준소득월액을 대통령령으로 정하는 바에 따라 보건복지부장관이 고시하는 연도별 재평가율에 의하여 연금 수급 전년도의 현재가치로 환산한 후 이를 합산한 금액을 총 가입기간으로 나눈 금액}

다만, 가입기간이 20년을 초과하는 경우에는 그 초과하는 1년(1년 미만의 매 1월은 12분의 1년으로 계산)마다 본문의 규정에 의하여 계산한 금액에 1천분의 50을 곱한 금액을 가산함.

(1) 1999. 1. 1. 이후의 가입기간에 대한 기본연금액 산정

$$기본연금액 = 1.8(A+B) \times (1+0.05n/12)$$

(2) 1998. 12. 31. 이전의 가입기간에 대한 기본연금액 산정

$$기본연금액 = 2.4(A+0.75B) \times (1+0.05n/12)$$

(3) 1998. 12. 31. 이전 가입기간과 1999년 이후 가입기간이 함께 있는 경우

$$기본연금액 = 2.4(A+0.75B)P_1/P + 1.8(A+B)P_2/P \times (1+0.05n/12)$$

주 : 'A' = 물가를 반영한 평균소득월액의 3년간 평균액 ·······························(균등부분)
　'B' = 가입자 개인의 가입기간 중 표준소득월액의 평균액 ·······················(소득비례부분)
　'2.4, 1.8' : 가입기간 20년일 때의 급여수준을 결정하는 비례상수. ('1.8'은 가입기간 20년일 때 급여수준을 결정하는 비례상수로서 평균소득(AB)의 가입자일 때 연금월액은 월소득의 30%임, 가입기간 40년일 때는 연금월액은 월소득의 60%임.)
　P_1 : 1999년 1월 1일 이전 가입월수
　P_2 : 1999년 1월 1일 이후 가입월수
　P : 가입자의 전체 가입월수($P = P_1 P_2$)
　n : 20년 초과 가입월수(n/12 = 20년 초과 가입년수)
　0.05 : 가입기간 20년 초과 매 1년에 대한 연금액을 가산하는 비례상수

② **부양가족연금액**

부양가족연금액은 수급권자가 그 권리를 취득할 당시 그(유족연금의 경우에는 가입자 또는 가입자였던 자를 말한다)에 의하여 생계를 유지하고 있거나 노령연금 또는 장애연금의 수급권자가 그 권리를 취득한 후 그 자에 의하여 생계를 유지하고 있는 다음 각 호의 자에 대하여 해당 호에 규정된 각각의 금액을 지급하는 일종의 가족수당 성격의 부가급여이다(제52조).

1. 배우자 : 연 15만원
2. 18세 미만이거나 장애등급 2급 이상인 자녀(배우자가 혼인 전에 얻은 자녀를 포함한다. 이하 이 조에서 같다) : 연 10만원
3. 60세 이상이거나 장애등급 2급 이상인 부모(배우자의 부모를 포함한다. 이하 이 조에서 같다) : 연 10만원

(2) 급여의 종류

급여의 종류는 노령연금, 장애연금, 유족연금, 반환일시금이 있다. 급여는 수급권자의 청구에 의하여 공단이 지급한다.

① **노령연금**

노령연금에는 완전노령연금, 감액노령연금, 재직자노령연금, 조기노령연금, 분할연금이 있다.

- 완전노령연금 : 가입기간이 20년 이상인 가입자 또는 가입자이었던 자가 60세(특수직종근로자[11]의 경우에는 55세)에 달한 때에는 그때부터 그가 생존하는 동안 노령연금을 지급한다.
- 감액노령연금 : 가입기간이 10년 이상 20년 미만인 가입자 또는 가입자이었던 자가 60세(특수직종근로자의 경우에는 55세)에 달한 때에는 그때부터 그가 생존하는 동안 지급하는 완전노령연금액에서 일정한 금액을 감액한 연금을 지급한다.
- 재직자노령연금 : 가입기간이 10년 이상인 자로서 소득이 있는 업무에 종사하고 있는 경우 60세 이상 65세 미만의 기간(특수직종근로자의 경우에는 55세 이상 60세

---

11) 특수직종근로자 : 광업에 종사하는 자로서 갱내 작업에 종사하는 자 및 선박 종사자 중 어선에서 직접 어로작업에 종사하는 부원을 말한다.

〈표 12-1〉 노령연금의 종류에 따른 수급요건 및 급여수준

구분	수급요건	급여수준
완전 노령 연금	가입기간 20년 이상, 60세에 도달한 자 (65세 미만이면 소득이 없는 경우에 한함)	기본연금액(100%)＋부양가족연금액
감액 노령 연금	가입기간 10년 이상 20년 미만으로 60세에 도달한 자 (65세 미만이면 소득이 없는 경우에 한함)	가입기간 10년의 경우 ·기본연금액의 50%＋부양가족연금액 ·가입기간 1년 증가시마다 기본연금액의 5% 를 증액
재직자 노령 연금	완전노령연금수급권자 또는 감액노령연금 수급권자가 65세 이전에 소득이 있는 업무에 종사하는 경우 (소득있는 업무에 종사하지 않으면 완전노령 이나 감액노령연금으로 전환)	60세인 경우 ·완전 또는 감액노령연금액 (부양가족연금액 제외)×50% ·연령 1세 증가시마다 기본연금액의 10%를 증액 ·가입기간 1년 증가시마다 기본연금액의 5%를 증액 ※ 부양가족연금액은 지급되지 않음
조기 노령 연금	가입기간 10년 이상, 연령 55세 이상인 자가 소득있는 업무에 종사하지 아니하고, 60세 도달전에 청구한 경우 (65세 이전에 소득있는 업무에 종사하면 그 기간동안 지급정지)	가입기간 10년, 55세인 경우 ·기본연금액의 50%×70%＋가급연금액 가입기간 1년증가시마다 기본연금액의 5%를 증액 ·수급개시 연령 1세 증가시마다 기본연금액 의 6%를 증액
분할 연금	가입기간 중 혼인기간이 5년 이상인 노령연금 수급권자의 배우자가 60세 이상이 된 경우	배우자이었던 자의 노령연금액 (부양가족연금액 제외) 중 혼인기간에 해당하 는 연금액의 1/2

미만의 기간) 동안에는 일정한 금액의 연금을 지급한다.

- 조기노령연금 : 가입기간이 10년 이상인 가입자 또는 가입자이었던 자로서 55세 이상인 자가 소득이 있는 업무에 종사하지 아니하는 경우에는 60세에 달하지 아니하더라도 본인의 희망에 의하여 그가 생존하는 동안 일정한 금액의 연금을 지급받을 수 있다.

- 분할연금 : 혼인기간(배우자의 가입기간중의 혼인기간에 한한다)이 5년 이상인 자가 노령연금수급권자인 배우자와 이혼한 후 60세가 된 때, 60세가 된 이후에 노령연금수급권자인 배우자와 이혼한 때, 60세가 된 이후에 배우자이었던 자가 노령연금수급권을 취득한 때, 배우자이었던 자가 노령연금수급권을 취득한 후 본인이 60

세가 된 때에는 그때부터 그가 생존하는 동안 배우자이었던 자의 노령연금을 분할한 일정한 금액의 연금을 지급받을 수 있다. 분할 연금액은 배우자이었던 자의 노령연금액(부양가족연금액을 제외한다) 중 혼인기간에 해당하는 연금액을 균분한 액으로 한다. 분할연금수급권자가 재혼한 때에는 그 재혼기간 동안 해당 분할연금의 지급을 정지한다.

② 장애연금

국민연금가입 중에 발생한 질병 또는 부상으로 인하여 그 완치 후에도 신체 또는 정신상의 장애가 있는 자에 대하여는 그 장애가 존속하는 동안 장애정도에 따라 장애연금을 지급한다. 장애연금의 지급대상이 되는 자가 청구에 의하여 반환일시금을 지급받은 때에는 장애연금을 지급하지 아니한다. 장애정도에 관한 장애등급은 1급, 2급, 3급, 4급으로 구분하되, 그 등급구분의 기준과 장애정도의 심사에 관한 사항은 대통령령으로 정한다. 장애연금액은 장애등급에 따라 수급요건이 결정되면 다음과 같이 급여수준이 결정된다(동법 제59조).

- 장애등급 1급에 해당하는 자에 대하여는 부양가족연금액에 가급연금액을 가산한 액
- 장애등급 2급에 해당하는 자에 대하여는 기본연금액의 1천분의 800에 해당하는 액에 부양가족연금액을 가산한 액
- 장애등급 3급에 해당하는 자에 대하여는 기본연금액의 1천분의 600에 해당하는 액에 부양가족연금액을 가산한 액
- 장애등급 4급에 해당하는 자에 대하여는 기본연금액의 1천분의 2천 250에 해당하는 액을 일시보상금으로 지급한다.

〈표 12-2〉 장애연금 수급요건 및 급여수준

수　급　요　건	장애등급	급　여　수　준
가입 중에 발생한 질병 또는 부상으로 완치 후에도 장애가 있는 자 ※초진일로부터 2년 경과 후에도 완치되지 아니한 경우는 그 2년이 경과한 날을 기준으로 장애정도 결정. 다만, 2년경과일에 장애 등급에 해당되지 아니한 자가 60세전에 악화된 경우 청구일을 기준으로 장애정도 결정	1급	기본연금액 100% + 부양가족연금액
	2급	기본연금액 80% + 부양가족연금액
	3급	기본연금액 60% + 부양가족연금액
	4급	기본연금액 225% (일시보상금)

③ 유족연금

노령연금수급권자, 가입기간이 10년 이상인 가입자이었던 자, 가입자 또는 장애등급 2급 이상에 해당하는 장애연금수급권자가 사망한 때에는 그 유족에게 유족연금을 지급한다. 가입기간이 10년 미만인 가입자이었던 자가 가입 중에 발생한 질병이나 부상 또는 그 부상으로 인한 질병으로 가입중의 초진일 또는 가입자 자격 상실후 1년 이내의 초진일로부터 2년 이내에 사망한 때에는 그 유족에게 유족연금을 지급할 수 있다. 다만, 본인 또는 유족이 청구에 의하여 반환일시금을 지급받은 경우에는 그러하지 아니하다.

가. 유족의 범위

유족연금을 지급받을 수 있는 유족은 가입자 또는 가입자이었던 자의 사망 당시 그에 의하여 생계를 유지하고 있던 다음의 자로 한다(동법 제63조).

- 배우자. 다만, 부의 경우에는 60세 이상이거나 장애등급 2급 이상에 해당하는 자에 한한다.
- 자녀. 다만, 18세 미만이거나 장애등급 2급 이상에 해당하는 자에 한한다.
- 부모(배우자의 부모를 포함한다. 이하 이 절에서 같다). 다만, 60세 이상이거나 장애등급 2급 이상에 해당하는 자에 한한다.
- 손자녀. 다만, 18세 미만이거나 장애등급 2급 이상에 해당하는 자에 한한다.
- 조부모(배우자의 조부모를 포함한다). 다만, 60세 이상이거나 장애등급 2급 이상에 해당하는 자에 한한다.

나. 유족연금 수급요건

유족연금액은 가입기간에 따라 다음의 수급요건에 해당하는 산출금액에 가급연금액을 가산한 액으로 한다. 다만, 노령연금수급권자가 사망한 경우의 유족연금액은 사망한 자가 지급받던 노령연금액을 초과할 수 없다.

- 가입기간이 10년 미만인 경우에는 기본연금액의 1천분의 400에 해당하는 액
- 가입기간이 10년 이상 20년 미만인 경우에는 기본연금액의 1천분의 500에 해당하는 액
- 가입기간이 20년 이상인 경우에는 기본연금액의 1천분의 600에 해당하는 액

〈표 12-3〉 유족연금 수급요건 및 급여수준

수 급 요 건	급 여 수 준	
	가입기간	연 금 액
다음의 자가 사망한 때 • 노령연금수급권자 - 가입자(다만, 가입기간 1년 미만인 자가 질병이나 부상으로 인하여 사망한 경우에는 가입 중에 발생한 질병이나 부상으로 사망한 경우에 한함) • 가입 중에 발생한 질병이나 부상으로 사망	10년 미만	기본연금액 40% + 부양가족연금액
- 가입기간 10년 이상인 가입자이었던 자 - 장애등급 2급 이상의 장애연금 수급권자	10년 이상 20년 미만	기본연금액 50% + 부양가족연금액
• 가입기간 10년 미만인 가입자이었던 자로서 가입 중에 발생한 질병이나 부상 또는 그 부상으로 인한 질병으로 가입 중 초진일 또는 가입자 자격상실 후 1년 이내의 초진일로부터 2년 이내에 사망한 때	20년 이상	기본연금액 60% + 부양가족연금액

④ 반환일시금

가. 반환일시금 수급요건

가입자 또는 가입자이었던 자가 다음의 사항에 해당하게 된 때에는 본인 또는 그 유족의 청구에 의하여 반환일시금을 지급받을 수 있다.

- 가입기간이 10년 미만인 자가 60세에 달한 때
- 가입자 또는 가입자이었던 자가 사망한 때. 다만, 가입자 또는 가입기간이 10년 이상인 가입자이었던 자가 사망한 때에는 유족연금이 지급되지 아니하는 경우에 한한다.
- 가입자 또는 가입자이었던 자가 국적을 상실하거나 국외에 이주한 때
- 공무원연금법·군인연금법·사립학교교직원연금법 또는 별정우체국법의 적용을 받는 공무원·군인·사립학교교직원 또는 별정우체국직원이 된 때

나. 반환일시금액

반환일시금액은 다음과 같이 한다. 다만, 60세가 되기 전에 가입자의 자격을 상실한 후 가입자로 되지 아니하고 반환일시금 지급사유가 발생한 자의 경우에는 대통령령이 정하는 바에 의하여 산정한 이자를 가산한다.

- 사업장가입자 : 기여금 및 부담금에 각각 대통령령이 정하는 바에 의하여 산정한 이자를 합산한 액
- 지역가입자·임의가입자 및 임의계속가입자와 연금보험료의 추후납부 규정에 의하여 보험료를 추후 납부한 가입자 : 본인이 부담한 연금보험료 또는 추후 납부한 보험료에 대통령령이 정하는 바에 의하여 산정한 이자를 합산한 액

⑤ 사망일시금

가. 사망일시금 수급요건

가입자 또는 가입자이었던 자가 사망한 때에 유족이 없는 경우에는 그 배우자·자녀·부모·손자녀·조부모·형제자매 또는 4촌 이내의 방계혈족으로서 가입자 또는 가입자이었던 자에 의하여 생계를 유지하고 있던 자에게 사망일시금을 지급한다. 이 경우 가입자 또는 가입자이었던 자에 의하여 생계를 유지하고 있던 자에 관한 인정기준은 대통령령으로 정한다.

나. 사망일시금액

사망일시금은 가입자 또는 가입자이었던 자의 반환일시금에 상당하는 금액으로 하되, 그 금액은 사망한 가입자 또는 가입자이었던 자의 최종 표준소득월액을 연도별 재평가율에 의하여 사망일시금수급전년도의 현재가치로 환산한 금액과 동 규정에 준하여 산정한 가입기간 중 표준소득월액의 평균액 중에서 많은 금액의 4배를 초과하지 못한다. 사망일시금을 지급받을 자의 순위는 배우자·자녀·부모·손자녀·조부모·형제자매 및 4촌 이내의 방계혈족 순으로 한다. 이 경우 동순위자가 2인 이상 있을 때에는 균분하여 지급하되, 그 지급방법은 대통령령으로 정한다.

(3) 연금보험료 징수

국민건강보험공단은 국민연금사업에 소요되는 비용에 충당하기 위하여 가입자 및 사용자로부터 가입기간 동안 매월 연금보험료를 징수한다.

- 사업장가입자의 연금보험료 중 기여금은 사업장가입자 본인이, 부담금은 사용자가 부담하되, 그 금액은 각각 표준소득월액의 1천분의 45에 해당하는 액으로 한다.

- 지역가입자·임의가입자 및 임의계속가입자의 연금보험료는 지역가입자·임의가 입자 또는 임의계속가입자 본인이 부담하되, 그 금액은 표준소득월액의 1천분의 90으로 한다.

연금보험료 = 가입자의 표준소득월액 × 연금보험료율

표준소득월액이란 국민연금의 보험료 및 급여 산정을 위하여 가입자의 소득월액을 기준으로 등급별로 정하는 금액을 말하며 표준소득월액표는 <표 12-4>와 같다.

(4) 국민연금의 운영주체

국민연금의 운영주체는 국가로서 중앙행정기관인 보건복지부장관이 관장하고 있다. 보건복지부장관은 보건복지부에 국민연금심의위원회, 국민연금기금운용위원회 및 국민연금재심사위원회를 두어 연금제도의 운영 및 기금운용에 관한 제도적, 정책적 제반 사항을 관장하고, 국민연금사업의 목적을 효율적, 전문적으로 달성하기 위하여 국민연금관리공단이라는 특수공법인을 설립하여 사업집행업무를 위탁관리, 운영하고 있는 혼합방식제도를 채택하고 있다.

① 국민연금심의위원회

국민연금사업 운영에 관한 공공성, 민주성, 전문성 및 투명성을 확보하고 국민연금 제도 및 발전에 관한 중요 사항을 심의하기 위하여 보건복지부에 국민연금심의위원회 를 둔다. 국민연금심의위원회에서 실시하는 심의사항으로는 국민연금제도 및 재정계 산에 관한 사항, 급여에 관한 사항, 연금 보험료에 관한 사항, 국민연금기금에 관한 사항, 기타 국민연금제도의 운영과 관련하여 보건복지부장관이 부의하는 사항이며 국민연 금심의위원회는 위원장, 부위원장 및 위원으로 구성하되 총 위원의 수는 20명으로 한 다. 위원장은 보건복지부차관으로 하고 부위원장은 공익을 대표하는 위원 중에서 호선 한다. 위원은 사용자 단체가 추천하는 자 4인, 근로자단체가 추천하는 자 4인, 지역가입 자를 대표하는 자 6인(농어업인 단체 대표자 2인, 농어업인 이외의 지역관련 단체 대표 자 2인, 소비자 및 시민단체 대표자 2인)과 공익을 대표하는 위원으로서 국민연금에 관

〈표 12-4〉 표준소득월액표

등급	소득월액(이상~미만)	표준 소득월액	표준소득월액			지역가입자 (9%)
			합계(9%)	근로자(4.5%)	사용자(4.5%)	
1	225,000	220,000	19,800	9,900	9,900	19,800
2	225,000 ~235,000	230,000	20,700	10,350	10,350	20,700
3	235,000 ~245,000	240,000	21,600	10,800	10,800	21,600
4	245,000~ 255,000	250,000	22,500	11,250	11,250	22,500
5	255,000~265,000	260,000	23,400	11,700	11,700	23,400
6	265,000~ 280,000	270,000	24,300	12,150	12,150	24,300
7	280,000~ 300,000	290,000	26,100	13,050	13,050	26,100
8	300,000~325,000	310,000	27,900	13,950	13,950	27,900
9	325,000~ 355,000	340,000	30,600	15,300	15,300	30,600
10	355,000~385,000	370,000	33,300	16,650	16,650	33,300
11	385,000 ~ 420,000	400,000	36,000	18,000	18,000	36,000
12	420,000~460,000	440,000	39,600	19,800	19,800	39,600
13	460,000 ~500,000	480,000	43,200	21,600	21,600	43,200
14	500,000~545,000	520,000	46,800	23,400	23,400	46,800
15	545,000~ 595,000	570,000	51,300	25,650	25,650	51,300
16	595,000~645,000	620,000	55,800	27,900	27,900	55,800
17	645,000~700,000	670,000	60,300	30,150	30,150	60,300
18	700,000 ~760,000	730,000	65,700	32,850	32,850	65,700
19	760,000~820,000	790,000	71,100	35,550	35,550	71,100
20	820,000~885,000	850,000	76,500	38,250	38,250	76,500
21	885,000~955,000	920,000	82,800	41,400	41,400	82,800
22	955,000~ 1,025,000	990,000	89,100	44,550	44,550	89,100
23	1,025,000 ~ 1,095,000	1,060,000	95,400	47,700	47,700	95,400
24	1,095,000 ~ 1,170,000	1,130,000	101,700	50,850	50,850	101,700
25	1,170,000 ~ 1,250,000	1,210,000	108,900	54,450	54,450	108,900
26	1,250,000 ~ 1,335,000	1,290,000	116,100	58,050	58,050	116,100
27	1,335,000 ~ 1,425,000	1,380,000	124,200	62,100	62,100	124,200
28	1,425,000 ~ 1,515,000	1,470,000	132,300	66,150	66,150	132,300
29	1,515,000 ~ 1,610,000	1,560,000	140,400	70,200	70,200	140,400
30	1,610,000 ~ 1,710,000	1,660,000	149,400	74,700	74,700	149,400
31	1,710,000 ~ 1,810,000	1,760,000	158,400	79,200	79,200	158,400
32	1,810,000 ~ 1,915,000	1,860,000	167,400	83,700	83,700	167,400
33	1,915,000 ~ 2,030,000	1,970,000	177,300	88,650	88,650	177,300
34	2,030,000 ~ 2,135,000	2,080,000	187,200	93,600	93,600	187,200
35	2,135,000 ~ 2,245,000	2,190,000	197,100	98,550	98,550	197,100
36	2,245,000 ~ 2,360,000	2,300,000	207,000	103,500	103,500	207,000
37	2,360,000 ~ 2,475,000	2,420,000	217,800	108,900	108,900	217,800
38	2,475,000 ~ 2,600,000	2,540,000	228,600	114,300	114,300	228,600
39	2,600,000 ~ 2,730,000	2,670,000	240,300	120,150	120,150	240,300
40	2,730,000 ~ 2,870,000	2,800,000	252,000	126,000	126,000	252,000
41	2,870,000 ~ 3,010,000	2,940,000	264,600	132,300	132,300	264,600
42	3,010,000 ~ 3,150,000	3,080,000	277,200	138,600	138,600	277,200
43	3,150,000 ~ 3,310,000	3,230,000	290,700	145,350	145,350	290,700
44	3,310,000 ~ 3,450,000	3,380,000	304,200	152,100	152,100	304,200
45	3,450,000 이상	3,600,000	324,000	162,000	162,000	324,000

자료: 국민연금관리공단(2007), 「예상연금월액표」, 홍보부.

한 전문가 5인으로 구성되며, 위원장 외의 위원의 임기는 2년으로 하되 연임할 수 있다.

② 국민연금기금

보건복지부장관은 국민연금사업에 필요한 재원을 원활하게 확보하고, 이 법에 의한 급여에 충당하기 위한 책임준비금으로서 국민연금기금을 설치한다. 기금은 연금보험료, 기금운용수익금, 적립금 및 공단의 수입지출결산상 잉여금으로 이를 조성한다. 기금은 보건복지부장관이 관리·운용한다.

국민연금기금 = 연금보험료 + 기금운용수익금 + 적립금 + 결산잉여금

---

③ 국민연금기금운용위원회

기금의 운용에 관한 다음의 사항을 심의·의결하기 위하여 보건복지부에 국민연금기금운용위원회를 둔다.

- 기금운용지침에 관한 사항
- 기금을 관리기금에 예탁할 경우 예탁이자율의 협의에 관한 사항
- 기금운용계획에 관한 사항
- 기금의 운용내역과 사용내역에 관한 사항
- 기타 기금운용에 관한 중요사항으로서 운용위원회 위원장이 부의한 사항

운용위원회는 위원장인 보건복지부장관과 당연직 위원인 재정경제부차관·농림부차관·산업자원부차관·노동부차관·기획예산처차관과 공단이사장 및 위원장이 위촉하는 사용자를 대표하는 위원으로서 사용자단체가 추천하는 자 3인, 근로자를 대표하는 위원으로서 노동조합을 대표하는 연합단체가 추천하는 자 3인, 지역가입자를 대표하는 위원으로서 농어업인단체가 추천하는 자 2인, 농어업인단체이외의 자영자관련 단체가 추천하는 자 2인, 소비자 및 시민단체가 추천하는 자 2인, 관계전문가로서 국민연금에 관한 학식과 경험이 풍부한 자 2인으로 구성한다. 위원의 임기는 2년으로 하고, 중임할 수 있으며 다만, 위원장 및 당연직위원인 위원의 임기는 그 재임기간으로 한다. 운용위원회의 구성 및 운영 등에 관하여 필요한 사항은 대통령령으로 정한다.

노한 기금운용에 관한 기금운용자산의 구성 및 기금의 회계처리에 관한 사항, 기금운용성과의 측정에 관한 사항, 기금의 관리·운용에 있어서 개선하여야 할 사항, 운용위원회에 상정할 안건 중 실무평가위원회의 위원장이 필요하다고 인정한 사항, 기타 운용위원회에서 심의 요구한 사항을 심의·평가하기 위하여 운용위원회에 국민연금기금운용실무평가위원회를 둔다.

④ 국민연금재심사위원회

국민연금심사위원회의 의한 심사청구에 대한 결정에 불복이 있는 자의 청구사항을 재심사하기 위하여 보건복지부에 국민연금재심사위원회를 둔다. 재심사위원회의 구성과 운영 및 재심사 등에 관하여 필요한 사항은 대통령령으로 정한다.

⑤ 국민연금관리공단

보건복지부장관의 위탁을 받아 국민연금법의 목적을 달성하기 위한 사업을 효율적으로 수행하기 위하여 국민연금관리공단을 설립한다. 공단은 법인으로 하며 공단의 주된 사무소의 소재지는 정관이 정하는 바에 의한다. 공단에 임원으로서 이사장 1인, 상임이사 3인 이내, 이사 7인 및 감사 1인을 두되, 이사에는 사용자 대표, 근로자 대표, 지역가입자 대표 각 1인 이상과 당연직이사로서 보건복지부의 국민연금업무를 담당하는 3급 국가공무원 또는 고위공무원단에 속하는 일반직공무원 1인이 포함되어야 한다. 상임이사 중 국민연금기금의 관리·운용에 관한 업무를 담당하는 이사는 경영·경제 및 기금운용에 관한 지식과 경험이 풍부한 자중에서 선임하여야 한다. 국민연금관리공단은 다음과 같은 업무를 수행한다.

- 가입자에 대한 기록의 관리 및 유지
- 연금보험료의 징수
- 급여의 결정 및 지급
- 가입자·가입자이었던 자 및 수급권자를 위한 자금의 대여 및 복지시설의 설치·운영 등 복지증진사업
- 가입자 및 가입자이었던 자에 대한 기금증식을 위한 자금의 대여사업
- 기타 국민연금사업에 관하여 보건복지부장관이 위탁하는 사항

또한 국민연금관리공단은 가입자 또는 가입자이었던 자 및 수급권자의 복지를 증진하기 위하여 자금의 대여 및 복지시설의 설치, 기타 복지사업을 할 수 있으며 가입자 또한 가입자이었던 자에 대하여 다음과 같은 기금증식을 위한 대여사업을 할 수 있다.

- 노인복지, 장애인재활 등을 위한 시설의 설치운영 및 자금의 대여
- 병원, 휴양시설 또는 요양시설의 설치, 운영 및 자금의 대여
- 생활안정을 위한 자금의 대여
- 학자금의 대여
- 당연적용 사업장인 중소사업장의 사업장내 복지시설의 설치를 위한 자금의 대여
- 주택구입자금 및 전세자금의 대여

(5) 심사청구 및 재심사청구

가입자의 자격, 표준소득월액, 연금보험료, 기타 이 법에 의한 징수금과 급여에 관한 공단의 처분에 이의가 있는 자는 공단에 심사청구를 할 수 있다. 심사청구는 그 처분이 있음을 안 날로부터 90일 이내에 문서로 하여야 하며 만일 심사청구 후 국민연금심사위원회에 의한 심사청구에 대한 결정에 불복이 있는 자는 그 결정통지를 받은 날부터 90일 이내에 국민연금재심사위원회에 재심사청구를 할 수 있다.

(6) 행정심판전치주의

국민연금재심사위원회의 재심사 및 재결에 관한 절차에 관하여는 행정심판절차를 준용하여, 공단의 위법 또는 부당한 처분 등 공권력행사의 불행사 등으로 인한 국민의 권리 또는 이익의 침해를 구제하고, 아울러 행정의 적정한 운영을 기함을 목적으로 한다. 즉, 공단의 행정처분에 의하여 권익이 침해된 자는 행정소송을 제기하기 전에 먼저 이의신청이나 행정심판을 거치도록 한 제도로서, 공단에 설치된 국민연금심사위원회(이의신청) - 보건복지부에 설치된 국민연금재심사위원회(재심사청구) - 법원(행정소송)에 의한 절차로 불이익 처분을 구제받을 수 있다. 국민연금재심사위원회는 재심사청구서(심판청구서)를 받은 날로부터 60일 이내에 재결하여야 한다. 부득이한 사정이 있을 때에는 위원장이 직권으로 30일을 연장할 수 있으나, 재결기간을 연장한 때에는 재결기간이 만료되기 7일전까지 당사자에게 통지하여야 한다. 국민연금재심사위원회의 재결은 재심청구의 대상이 되는 처분보다 청구인에게 불이익한 재결을 하지 못한다.

(7) 대위권 및 시효

① 대위권

공단은 제3자의 행위에 의하여 장애연금 또는 유족연금의 지급사유가 발생하여 장애연금 또는 유족연금을 지급한 때에는 그 급여액의 범위 안에서 수급권자의 제3자에 대한 손해배상청구권에 관하여 수급권자를 대위한다. 제3자의 행위에 의하여 장애연금 또는 유족연금의 지급사유가 발생한 경우 그와 동일한 사유로 제3자로부터 손해배상을 받은 때에는 공단은 그 배상액의 범위 안에서 장애연금 또는 유족연금을 지급하지 아니한다.

② 시효

연금보험료 환수금, 기타 국민연금법에 의한 징수금 등을 징수하거나 환수할 공단의 권리는 3년간, 급여를 지급 받거나 과오납금을 반환 받을 수급권자 또는 가입자 등의 권리는 5년간 행사하지 아니하면 소멸시효가 완성된다.

제3절 국민건강보험법

(일부개정 2006.12.30 법률 제8153호)

1. 국민건강보험법의 총설

1) 목적 및 의의

국민건강보험법은 국민의 질병·부상에 대한 예방·진단·치료·재활과 출산·사망 및 건강증진에 대하여 보험급여를 실시함으로써 국민건강을 향상시키고 사회보장을 증진함을 목적으로 한다(동법 제1조). 국민건강보험은 사회보험원리를 따르며 국가가 법으로 제정하여 일정한 법적 요건이 충족되면 본인의 의사와 관계없이 강제가입이 된다. 국민건강보험의 보험료는 보험가입자의 소득과 재산 등에 따라 차등적으로 산정되어 부담되며 강제적으로 보험료 납부의 의무가 주어진다. 하지만 국민건강보험의 급여수준은 보험료 부담정도와는 상관없이 국민건강보험법에 의하여 균등하게 적용된다. 이것은 국민건강보험이 국민의 기본적인 의료문제를 해결함에 있어 발생하는 국민의 의료비용을 사회연대성의 원리에 따라 공동체적으로 해결 하고자 함에 있으며 이로써 개인의 위험을 보험가입자 전원에게 분산시키는 효과를 일으켜 궁극적으로 소득 재분배를 통해 의료, 경제적 부담을 해소하려는 데 그 의의가 있다.

2) 국민건강보험법의 제정 배경

국민건강보험법의 전신은 1963년 12월에 제정된 「의료보험법」이다. 당시 의료보험법의 보험 적용대상은 「근로기준법」에 의한 근로자와 그 부양가족들이었으며 이들에게 질병·부상·사망 또는 분만이 발생할 시 보험급여를 제공함으로 결국은 노동능률을 증진시키기 위하여 제정되었다. 이 법의 가입방법은 임의가입이었으며 사회보험의 특성을 갖추지 못하였고 강제적용 규정도 없었다. 더욱이 이 시기에는 의료보험법을 시행하기에 사회·경제적인 여건의 불충분함이 많아 시행이 연기되었다.

그후 1970년 8월 의료보험법의 전면 개정이 이루어졌고 이를 통해 적용대상이 종전의 근로자와 그 부양가족들에서 근로자 이외에 군인·공무원·자영업자 등으로 확대 되었으며 가입방법도 개정되어 근로자·군인·공무원은 강제가입대상자로 자영업자는 임의가입대상자로 규정하였다.

허나 경제적 자원의 부족 등 여러 가지 이유로 의료보험법은 여전히 유명무실 할 수밖에 없었다. 1976년 12월에 의료보험법의 대폭 개정이 이루어졌는데 공무원·군인, 기타 일반근로자에 대하여 강제 적용하도록 되어 있는 것을 현실적으로 실시하기 시작하였으며 일시에 전 근로자에게 강제적용하기에는 여건상 곤란함이 있었으므로 강제·임의 적용을 병행하여 실시하였다. 1977년에는 500인 이상 사업장 근로자를 당연강제적용대상으로 하였고 공무원 및 사립학교교직원 의료보험법을 제정하였다. 1979년에는 300인 이상 사업장 근로자로 확대하였으며 공무원 및 사립학교교직원 의료보험법을 실시하였다. 1981년에는 100인 이상 사업장 근로자로 확대되었으며 지역의료보험 1차 시범사업이 홍천, 옥구, 군위군을 대상으로 실시되었다. 1987년 2월에는 한방의료보험이 전국적으로 확대 실시되었으며 1988년에는 전국 농어촌 지역주민 의료보험이 실시되었고 5인 이상 사업장 근로자로 가입대상이 확대되었다. 1989년에는 전국의 도시지역자영업자까지도 의료보험이 실시됨에 따라 전 국민의료보험이 실현되었으며 약국 의료보험도 실시하였다.

전 국민의료보험제도가 실시되기는 하였으나 여러 가지 문제점이 야기되었고 무엇보다도 보험재정에 문제가 있었다. 직장의료보험의 경우 누적적립금이 보유되어 있는 반면 저소득 국민 대부분이 포함된 지역의료보험의 경우는 만성적인 적자구조로 의료보험으로써의 기능을 수행하기 어려움이 많았으므로 이를 해소하기 위해서는 모든 의료보험을 통합해야 한다는 주장이 등장하였다.

따라서 조합주의 의료보험제도로 이루어진 기존의 의료보험법을 개정하여 통합운영방식의 의료보험제도를 도입한 「국민의료보험법」이 1997년 12월에 제정되었다. 이어서 통합적인 업무를 담당할 국민의료보험관리공단이 출범하였고 공무원 및 사립학교교직원의료보험공단과 227개 지역의료보험조합이 통합되어 통합주의방식의 의료보험제도가 실시되었다.

하지만 국민의료보험법의 보험자 운영방식은 다보험자방식이었으므로 운영의 효율성 문제가 여전히 남아 있었고 때문에 이를 해결하고자 단일보험자를 출범해야 한다는 움직임이 일기 시작했다. 이에 운영의 효율성과 보험료 부담의 형평성을 높이고 질병의 치료 외에 건강진단과 재활 및 예방의 범위까지 포함하는 적극적이고 포괄적인 의료서비스를 제공하고자 하는 「국민건강보험법」이 1999년 2월에 제정되었다. 따라서 국민의료보험관리공단과 142개 지역의료보험조합을 완전 통합한 단일보험자인 국민건강보험공단이 출범되었고 2000년 7월 1일부터 국민건강보험제도를 실시하였다.

3) 국민건강보험법의 연혁

- 1963. 12. 의료보험법 제정
- 1970. 8. 의료보험법 전면개정
- 1976. 12. 의료보험법 전면개정
- 1977. 7. 500인 이상 사업장근로자 당연적용
- 1977. 12. 공무원 및 사립학교교직원 의료보험법 제정
- 1979. 7. 공무원 및 사립학교교직원 의료보험법 실시, 300인 이상 사업장근로자 적용
- 1981. 1. 100인 이상 사업장 근로자 적용
- 1987. 2. 한방의료보험 전국 확대 실시
- 1988. 1. 전국농어촌지역주민의료보험 실시
- 1988. 7. 5인 이상 사업장 근로자 적용
- 1989. 7. 도시지역주민의료보험 실시
- 1997. 12. 국민의료보험법 제정
- 1999. 2. 국민건강보험법 제정, 의료보험관리체계를 단일보험자로 통합
- 2000. 1. 일부개정
- 2000. 12. 일부개정
- 2002. 1. 일부개정
- 2002. 12. 일부개정
- 2003. 7. 일부개정
- 2004. 1. 일부개정
- 2005. 1. 일부개정
- 2005. 7. 일부개정
- 2006. 10. 일부개정
- 2006. 12. 일부개정

2. 국민건강보험법의 내용

1) 목적

이 법은 국민의 질병·부상에 대한 예방·진단·치료·재활과 출산·사망 및 건강증진에 대하여 보험급여를 실시함으로써 국민보건을 향상시키고 사회보장을 증진함을 목적으로 한다(동법 제1조).

2) 관장·심의·의결기구

국민건강보험법에 의한 건강보험사업은 보건복지부장관이 관장하며 건강보험정책에 관한 사항을 심의·의결하는 기관으로 보건복지부 소속하에 건강보험정책심의위원회를 둔다(동법 제2조, 제4조).

3) 적용대상

(1) 건강보험법의 가입자 또는 피부양자

① 가입자 또는 피부양자

국내에 거주하는 국민으로서 적용제외 대상자를 제외하고 건강보험의 가입자 또는 피부양자가 된다. 피부양자는 다음 각 호에 해당하는 자 중 직장가입자에 의하여 주로 생계를 유지하는 자로서 보수 또는 소득이 없는 자를 말한다. 피부양자 자격의 인정기준, 취득·상실시기, 기타 필요한 사항은 보건복지부령으로 정한다(동법 제5조).
- 직장가입자의 배우자
- 직장가입자의 직계존속(배우자의 직계존속을 포함한다)
- 직장가입자의 직계비속(배우자의 직계비속을 포함한다) 및 그 배우자
- 직장가입자의 형제·자매

② 건강보험법 적용제외 대상
- 「의료급여법」에 따라 의료급여를 받는 자

- 「독립유공자예우에 관한 법률」 및 「국가유공자 등 예우 및 지원에 관한 법률」에 의하여 의료보호를 받는 자, 유공자 등 의료보호대상자 중 건강보험의 적용을 보험자에게 신청한 자
- 건강보험의 적용을 받고 있던 자가 유공자 등 의료보호대상자가 된 경우로서 보험자에게 건강보험의 적용배제 신청을 하지 아니한 자(동법 제5조)

(2) 가입자의 종류

① 직장가입자

직장가입자는 모든 사업장의 근로자 및 사용자와 공무원 및 교직원이다.

② 직장가입자 중 제외대상

- 1월 미만의 기간 동안 고용되는 일용근로자
- 「병역법」의 규정에 의한 현역병, 전환 복무된 사람 및 무관후보생
- 선거에 의하여 취임하는 공무원으로서 매월 보수 또는 이에 준하는 급료를 받지 아니하는 자
- 기타 사업장의 특성, 고용형태 및 사업의 종류 등을 고려하여 대통령령으로 정하는 사업장의 근로자 및 사용자와 공무원 및 교직원

③ 지역가입자

지역가입자는 가입자 중 직장가입자와 그 피부양자를 제외한 자를 말한다.

(3) 가입자 자격의 취득·변동·상실

① 자격취득의 시기

가입자는 국내에 거주하게 된 날에 직장가입자 또는 지역가입자의 자격을 얻는다. 다만, 다음에 해당하는 자는 그 해당되는 날에 각각 자격을 얻는다(동법 제7조).

- 수급권자이었던 자는 그 대상자에서 제외된 날
- 직장가입자의 피부양자이었던 자가 그 자격을 잃은 날

- 유공자 등 의료보호대상자이었던 자는 그 대상자에서 제외된 날
- 유공자 등 의료보호대상자로서 제5조 제1항 제2호 가목의 규정에 의하여 건강보험의 적용을 보험자에 신청한 자는 그 신청한 날

② 자격의 변동

지역가입자가 직장가입자로 자격이 변동된 경우에는 당해 직장가입자의 사용자가, 직장가입자 또는 그 피부양자가 지역가입자로 자격이 변동된 경우에는 당해 지역가입자의 세대주가 각각 그 내역을 보건복지부령이 정하는 바에 의하여 자격변동일부터 14일 이내에 보험자에게 신고하여야 한다. 국방부장관 및 법무부장관은 직장가입자 또는 지역가입자가 제49조제3호 및 제4호의 규정에 해당하는 경우에는 그 변동일부터 1월 이내에 보건복지부령이 정하는 바에 따라 보험자에게 통지하여야 한다(동법 제8조).

③ 자격상실의 시기

가입자는 다음에 해당하게 된 날에 그 자격을 잃는다.
- 사망한 날의 다음 날
- 국적을 잃은 날의 다음 날
- 국내에 거주하지 아니하게 된 날의 다음 날
- 직장가입자의 피부양자가 된 날
- 수급권자가 된 날
- 건강보험의 적용을 받고 있던 자로서 유공자 등 의료보호대상자가 된 자가 건강보험의 적용배제 신청을 한 날

상기의 규정에 의하여 자격을 잃은 경우 당해 직장가입자의 사용자 및 지역가입자의 세대주는 그 내역을 보건복지부령이 정하는 바에 의하여 자격을 잃은 날부터 14일 이내에 보험자에게 신고하여야 한다(동법 제9조).

3) 국민건강보험공단

국민건강보험법에 의한 건강보험사업은 보건복지부장관이 관장하지만 운영주체로서 건강보험의 보험자는 국민건강보험공단으로 한다(동법 제12조).

(1) 국민건강보험공단

- 공단은 법인으로 한다(동법 제14조).
- 공단은 주된 사무소의 소재지에서 설립등기를 함으로써 성립한다.
- 공단의 주된 사무소의 소재지는 정관으로 정한다(동법 제15조).
- 공단은 정관을 변경하고자 하는 때에는 보건복지부장관의 인가를 받아야 한다(동법 제16조).
- 공단의 해산에 관하여는 법률로 정한다(동법 제18조).
- 공단에 임원으로서 이사장 1인, 이사 17인 및 감사 1인을 두며 이사장은 보건복지부장관의 제청에 의하여 대통령이 임면한다. 이사 중 8인은 노동조합·사용자단체·농어업인 단체·소비자단체가 각각 2인씩 추천한 자를, 5인은 공단의 이사장이 추천한 자를, 4인은 대통령령이 정하는 관계공무원을 보건복지부장관이 임면한다. 감사는 보건복지부장관이 임면한다. 이사장, 이사 중 5인 및 감사는 상임으로 한다. 임원의 임기는 3년으로 한다(동법 제19조).
- 임원의 직무 : 이사장은 공단을 대표하며 그 직무를 총괄한다. 상임이사는 이사장의 명을 받아 공단의 업무를 집행하며, 이사장이 부득이한 사유로 그 직무를 수행할 수 없는 때에는 정관이 정하는 상임이사가 이사장의 직무를 대행한다. 감사는 공단의 회계와 업무집행상황 및 재산상황을 감사한다(동법 제20 조).
- 공단의 주요사항을 심의·의결하기 위하여 공단에 이사회를 둔다. 이사회는 이사장과 이사로 구성한다. 감사는 이사회에 출석하여 발언할 수 있다. 이사회의 의결사항 및 운영 등에 관하여 필요한 사항은 대통령령으로 정한다(동법 제24조).
- 공단의 조직·인사·보수 및 회계에 관한 규정은 이사회의 의결을 거쳐 보건복지부장관의 승인을 얻어 정한다.
- 요양급여비용의 계약에 따른 보험료의 결손처분 등 보험재정과 관련된 사항을 심의·의결하기 위하여 공단에 재정운영위원회를 둔다(동법 제31조). 재정운영위원회의 운영 등에 관하여 필요한 사항은 대통령령으로 정한다(동법 제32 조).

(2) 관장업무

국민건강보험공단의 관장업무는 다음과 같다(동법 제13조).
- 가입자 및 피부양자의 자격관리

- 보험료, 기타 이 법에 의한 징수금의 부과·징수
- 보험급여의 관리
- 가입자 및 피부양자의 건강의 유지·증진을 위하여 필요한 예방사업
- 보험급여비용의 지급
- 자산의 관리·운영 및 증식사업
- 의료시설의 운영
- 건강보험에 관한 교육훈련 및 홍보
- 건강보험에 관한 조사연구 및 국제협력
- 이 법 또는 다른 법령에 의하여 위탁받은 업무
- 기타 건강보험과 관련하여 보건복지부장관이 필요하다고 인정한 업무

4) 국민건강보험심사평가원

요양급여비용을 심사하고 요양급여의 적정성을 평가하기 위하여 건강보험심사평가원을 설립한다.

(1) 건강보험심사평가원

- 심사평가원은 법인으로 한다.
- 심사평가원은 주된 사무소의 소재지에서 설립등기를 함으로써 성립한다.
- 심사평가원에 임원으로서 원장, 이사 16인 및 감사 1인을 둔다. 원장 및 감사는 보건복지부장관이 임면한다. 이사 중 5인은 의약관계단체가 추천한 자를, 3인은 공단이 추천한 자를, 3인은 심사평가원의 원장이 추천한 자를, 5인은 노동조합·사용자단체·농어업인 단체 및 소비자단체가 각각 1인씩 추천한 자 및 대통령령이 정하는 관계공무원 중 1인을 보건복지부장관이 임면한다. 원장, 이사 중 3인 및 감사는 상임으로 한다. 임원의 임기는 3년으로 한다.
- 심사평가원의 업무를 효율적으로 수행하기 위하여 심사평가원에 진료심사평가위원회를 둔다. 심사위원회는 위원장을 포함한 30인 이내의 상근심사위원과 600인 이내의 비상근심사위원으로 구성하며, 진료과목별분과위원회를 둘 수 있다. 심사위원회의 위원의 자격·임기 및 위원회의 운영 등에 관하여 필요한 사항은 보건복지부령으로 정한다(동법 제57~59조).

(2) 관장업무

건강보험심사평가원의 관장업무는 다음과 같다(동법 제56조).

- 요양급여비용의 심사
- 요양급여의 적정성에 대한 평가
- 심사 및 평가 기준의 개발
- 제1호 내지 제3호의 업무와 관련된 조사연구 및 국제협력
- 다른 법률의 규정에 의하여 지급되는 급여비용의 심사 또는 의료의 적정성 평가에 관하여 위탁받은 업무
- 건강보험과 관련하여 보건복지부장관이 필요하다고 인정한 업무
- 기타 보험급여비용의 심사와 보험급여의 적정성 평가와 관련하여 대통령령이 정하는 업무

요양급여 등의 적정성 평가에 관한 기준·절차·방법, 기타 필요한 사항은 보건복지부령으로 정한다.

5) 건강보험정책심의위원회

건강보험정책심의위원회는 요양급여의 기준, 요양급여비용에 관한 사항, 직장가입자의 보험료율, 지역가입자의 보험료 부과점수당 금액, 그 밖에 건강보험에 관한 주요 사항으로서 대통령령이 정하는 사항을 심의·의결하기 위하여 보건복지부장관 소속하에 둔다(동법 제4조).

6) 보험급여

(1) 요양급여

가입자 및 피부양자의 질병·부상·출산 등에 대하여 다음 각 호의 요양급여를 실시한다. 요양급여의 방법·절차·범위·상한 등 요양급여의 기준은 보건복지부령으로 정한다(제39조).

- 진찰·검사

- 약제·치료재료의 지급
- 처치·수술, 기타의 치료
- 예방·재활
- 입원
- 간호
- 이송

(2) 요양기관

- 「의료법」에 의하여 개설된 의료기관
- 「약사법」에 의하여 등록된 약국
- 「약사법」에 의하여 설립된 한국희귀의약품센터
- 「지역보건법」에 의한 보건소·보건의료원 및 보건지소
- 「농어촌 등 보건의료를 위한 특별조치법」에 의하여 설치된 보건진료소
- 보건복지부장관은 요양급여를 효율적으로 하기 위하여 필요한 경우에는 보건 복지부령이 정하는 바에 의하여 시설·장비·인력 및 진료과목 등 보건복지 부령이 정하는 기준에 해당하는 요양기관을 종합전문요양기관 또는 전문요양기관으로 인정할 수 있다. 종합전문요양기관 또는 전문요양기관으로 인정된 요양기관에 대하여는 제39조제2항의 규정에 의한 요양급여절차 및 제42조의 규정에 의한 요양급여비용을 다른 요양기관과 달리 할 수 있다.

(3) 비용의 일부 부담

요양급여를 받는 자는 대통령령이 정하는 바에 의하여 그 비용의 일부를 본인이 부담한다(동법 제41조).

(4) 요양급여비용의 산정 등

요양급여비용은 공단의 이사장과 대통령령이 정하는 의약계를 대표하는 자와의 계약으로 정한다. 이 경우 계약기간은 1년으로 한다. 계약이 체결된 경우 그 계약은 공단과 각 요양기관 간에 체결된 것으로 보고 그 계약기간 만료일의 75일 전까지 체결하여야 하며, 그 기한까지 계약이 체결되지 아니하는 경우 보건복지부장관이 심의위원회의 의결

을 거쳐 정하는 금액을 요양급여비용으로 한다. 이 경우 보건복지부 장관이 정하는 요양급여비용은 제1항 및 제2항의 규정에 의하여 계약으로 정한 요양급여비용으로 본다. 이렇게 하여 요양급여비용이 정하여지는 경우에 보건복지부장관은 그 요양급여비용의 내역을 지체 없이 고시하여야 한다. 또한 공단의 이사장은 재정운영위원회의 심의·의결을 거쳐야 한다. 건강보험심사평가원은 공단의 이사장이 계약을 체결하기 위하여 필요한 자료를 요청하는 경우에는, 이에 성실히 응하여야 한다. 계약의 내용, 기타 필요한 사항은 대통령령으로 정한다(동법 제42조).

(5) 요양급여비용의 청구와 지급 등

요양기관은 요양급여비용의 지급을 공단에 청구할 수 있다. 요양급여비용의 청구를 하고자 하는 요양기관은 건강보험심사평가원에 요양급여비용의 심사청구를 하여야 하며, 심사청구를 받은 건강보험심사평가원은 이를 심사한 후 지체 없이 그 내용을 공단 및 요양기관에 통보하여야 한다.

심사의 내용을 통보받은 공단은 지체 없이 그 내용에 따라 요양급여비용을 요양기관에게 지급한다. 이 경우에 이미 납부한 본인일부부담금이 위에서 통보된 금액보다 과다한 경우에는 요양기관에 지급할 금액에서 그 과다하게 납부된 금액을 공제하여 당해 가입자가 납부하여야 할 보험료, 기타 동법에 의한 징수금(보험료 등)과 상계 처리할 수 있다.

또한 공단은 요양급여비용을 지급함에 있어 건강보험심사평가원이 요양급여의 적정성을 평가하여 공단에 통보한 경우에는 그 평가결과에 따라 요양급여비용을 가산 또는 감액 조정하여 지급한다. 이 경우 평가결과에 따른 요양급여비용의 가감지급의 기준에 관하여는 보건복지부령으로 정한다.

의약품제조업자·의약품도매상, 기타 보건복지부령이 정하는 자는 의약품유통체계를 개선하고 요양기관에 대한 의약품의 보관·배송, 기타 물류사업을 수행하기 위하여 의약품물류협동조합을 설립할 수 있다. 이 경우 의약품물류협동조합의 구성·운영 및 동 조합에 대한 지도·감독에 관하여는 「중소기업협동조합법」의 협동조합 또는 사업협동조합에 관한 규정을 준용하여 대통령령으로 정한다.

요양급여비용의 청구·심사·지급 등의 방법 및 절차에 관하여 필요한 사항은 보건복지부령으로 정한다(제43조의 제1항).

(6) 요양비

공단은 가입자 또는 피부양자가 보건복지부령이 정하는 긴급, 기타 부득이한 사유로 인하여 요양기관과 유사한 기능을 수행하는 기관으로서 보건복지부령이 정하는 기관에서 질병·부상·출산 등에 대하여 요양을 받거나 요양기관외의 장소에서 출산을 한 때에는 그 요양급여에 상당하는 금액을 보건복지부령이 정하는 바에 의하여 그 가입자 또는 피부양자에게 요양비로 지급한다. 요양을 실시한 기관은 보건복지부장관이 정하는 요양비명세서 또는 요양의 내역을 기재한 영수증을 요양을 받은 자에게 교부하여야 하며, 요양을 받은 자는 이를 공단에 제출하여야 한다(동법 제44조).

(7) 임의급여

공단은 이 법에 규정한 요양급여 외에 대통령령이 정하는 바에 의하여 장제비·상병수당, 기타의 급여를 실시할 수 있다(동법 제45조).

(8) 장애인에 대한 특례

공단은 「장애인복지법」에 의하여 등록한 장애인인 가입자 및 피부양자에게는 보장구에 대하여 보험급여를 실시할 수 있다. 보장구에 대한 보험급여의 범위·방법·절차, 기타 필요한 사항은 보건복지부령으로 정한다(동법 제46조).

(9) 건강검진

공단은 가입자 및 피부양자에 대하여 질병의 조기발견과 그에 따른 요양급여를 하기 위하여 건강검진을 실시한다. 건강검진의 대상·회수·절차, 기타 필요한 사항은 대통령령으로 정한다(동법 제47조).

7) 보험료

공단은 건강보험사업에 소요되는 비용에 충당하기 위하여 보험료의 납부 의무자로부터 보험료를 징수한다. 보험료는 가입자의 자격을 취득한 날이 속하는 달의 다음 달부터 가입자의 자격을 상실한 날의 전날이 속하는 달까지 징수한다. 규정에 따른 보험료를 징수함에 있어서 가입자의 자격이 변동된 경우에는 변동된 날이 속하는 달의 보험료는 변동되기 전의 자격을 기준으로 징수한다.

(1) 직장가입자의 보험료

국민건강보험료 = 보수월액 × 보험료율

* 보수월액 : 직장가입자가 당해 연도에 받은 보수총액을 근무월수로 나눈 금액
 -하한선 : 가입자의 보수월액이 28만원 미만은 28만원 적용
 -상한선 : 가입자의 보수월액이 6,579만원 초과는 6,579만원 적용
** 보수월액이 상·한선에 속하지 아니한 가입자는 실제 보수월액을 기준하여 보험료 산정
 · 보험료율 : 4.77%(사용자 2.385%, 가입자 2.385% 부담)

(2) 지역가입자의 보험료

지역가입자의 보험료 부과는 가입자의 소득, 재산(전월세, 자동차 포함), 생활수준 및 경제활동참가율을 참작, 부과요소별 점수를 합산한 후 적용 점수당 금액을 곱하여 보험료 산정 후 경감률 등을 부과한다. 부과체계는 소득금액 연 500만원을 기준으로 부과요소를 달리 적용한다.

• 연 소득 500만원 이하 세대
부과요소별 점수【생활수준(재산·자동차 등) 및 경제활동참가율(성·연령) + 재산(전월세 포함) + 자동차】× 139.9원 (적용 점수당 금액)

• 연 소득 500만원 초과 세대
부과요소별 점수【소득+재산(전월세포함) + 자동차】× 139.9원 (적용 점수당 금액)

8) 이의신청 및 심사청구

(1) 이의신청

가입자 및 피부양자의 자격·보험료 등 보험급여 및 보험급여비용에 관한 공단의 처분에 이의가 있는 자는 공단에 이의신청을 할 수 있다. 요양급여비용 및 요양급여의 적정성에 대한 평가 등에 관한 심사평가원의 처분에 이의가 있는 공단·요양기관, 기타의 자는 심사평가원에 이의신청을 할 수 있다. 이의신청은 처분이 있은 날부터 90일 이내

에 문서로 하여야 한디. 이의신칭에 대한 결정, 그 결성의 봉지 등에 관하여 필요한 사항
은 대통령령으로 정한다.

(2) 심사청구

이의신청에 대한 결정에 불복이 있는 자는 건강보험분쟁조정위원회에 심사청구를
할 수 있다. 분쟁조정위원회는 보건복지부장관소속하에 두며 분쟁조정위원회는 건강
보험에 관한 법학 또는 의학 분야의 학식과 경험이 풍부한 자 중 보건복지부장관이 임명
또는 위촉하는 20인 이내의 위원으로 구성한다. 심사청구에 대한 결정, 그 결정의 통지
및 분쟁조정위원회의 조직·운영에 관하여 필요한 사항은 대통령령으로 정한다.

(3) 행정소송

공단 또는 심사평가원의 처분에 이의가 있는 자와 이의신청 또는 심사청구에 대한 결
정에 불복이 있는 자는 「행정소송법」이 정하는 바에 의하여 행정소송을 제기할 수 있
다.

제4절 산업재해보상보험법

(일부개정 2007.5.17 법률 제8435호)

1. 산업재해보상법의 총설

1) 목적 및 의의

산업재해보상보험법은 우리나라 최초의 사회보장제도로서 1963년 11월 법률 제1439호로 제정되었다. 산업재해보상보험의 시발은 1915년 「조선광업령」에 의한 광업자의 부조제도이다. 산업재해보상보험은 산업근로자가 산업근로자의 업무와 관계되는 것이 원인이 되어 사망 또는 부상을 당하거나 질병에 걸리게 되었을 경우, 발생할 수 있는 생활 장애 대비책으로 이와 관련된 보상 문제를 국가가 직접 관장하는 사회보험형식의 제도이다. 계약에 의하지 않고 국가의 법에 의하여 직접 보험법률 관계가 발생하는 보험형태로써 산업재해보상보험법상 적용대상이 되는 사업주로부터 소정의 보험료를 징수하여 법령이 정하는 바에 따라 산재근로자와 그 가족의 생활이 보장될 수 있도록 보상해주는 제도이다.

우리나라 산재보험의 특징은 다음과 같다.
① 산재보험은 우리나라 최초의 사회보장제도이다.
② 사회보험으로서 강제가입방식이다.
③ 산재보험사업에 소요되는 비용인 보험료는 사업주 전액 부담이다. 따라서 사업주가 보험가입자이고 근로자는 피보험자이며 노동부장관이 보험관장자로보험사업을 운영·관리한다.
④ 산업재해에 대한 사업주의 무과실책임주의[12]를 원칙으로 한다.
⑤ 산재보험료는 산업재해 위험도가 다른 사업이나 업종을 중심으로 서로 다른 보험료율이 책정된다.
⑥ 산재보험급여는 근로자의 연령, 직종, 근속기간, 실 손해액 등의 여러 조건을 고려

---

12) 어떤 손해가 발생하였을 때, 고의나 과실의 유무를 가리지 않고 손해를 일으킨 사람에게 그 손해의 배상 책임을 지게 한다는 원칙

하지 않고 당해 근로자의 평균임금을 기초로 법령에서 정하는 기준에 따라 획일적으로 산정하는 일정비율보상방식으로 정형화되어 있다.

⑦ 산재보험은 현금급여와 현물급여가 모두 제공되는 종합적인 보상제도이다.

⑧ 자진신고 및 자진납부를 원칙으로 하고 있다.

산업재해보상보험법은 산업재해보상보험사업을 시행하여 근로자의 업무상의 재해를 신속하고 공정하게 보상하며, 재해근로자의 재활 및 사회 복귀를 촉진하기 위하여 이에 필요한 보험시설을 설치·운영하고, 재해 예방과 그 밖에 근로자의 복지 증진을 위한 사업을 시행하여 근로자 보호에 이바지하는 것을 목적으로 한다(동법 제1조).

2) 산업재해보상보험법의 제정 배경

산업혁명[13] 이후 공장제 공업화의 진전이 가속화되면서 주로 제조업을 중심으로 한 산업재해가 급속도로 증가하였다. 특히 광부(鑛夫)의 직업에 의한 폐(肺)계통의 질병은 고대에도 알려져 있었으나, 산업재해가 의학의 한 분야로 정착되기 시작한 것은 19세기 유럽에서이다.

우리나라에서는 정부수립 이전인 1915년 「조선광업령」에 의하여 광업에 종사하는 사람들에게 업무상의 재해에 대한 부조의무제도를 실시함으로부터 첫 출발이 이루어졌다고 볼 수 있다. 이후 1948년 정부수립 후 제정된 헌법에 의하여 노동 3권의 보장이 이루어졌고 근로자의 보상문제가 단체협약을 통하여 전개되었으며 그 후 1953년 5월에 노동법상 「근로기준법」이 제정·공포됨에 따라 산업재해에 대한 개별사용주책임제도가 확립되었다.

이어 1963년 11월 5일에 「산업재해보상보험법」이 법률 제1438호로서 제정·공포되었고 이로써 우리나라의 근대적인 산업재해보상보험에 관한 입법이 확립되었다. 그리고 1964년 7월 1일 동법 시행령 제1837호로 공포되어 상시 500인 이상의 근로자를 사용하는 광업 및 제조업에 적용토록 하였으며 강제사회보험의 형태를 채택하여 노동청에서 이를 관장하였고 보험료는 전액 사업자가 부담하도록 하였다. 1989년 12월 22일에는 상시 5인 이상 사업장에 적용하였으며 1995년 5월 1일에는 산재보험의 업무를 노동부

---

13) 산업혁명은 전 세계적으로 농업 중심의 경제구조에서 공업 중심의 경제구조로 전환시킨 경제사적으로 중요한 혁명이다.

에서 근로복지공단으로 이관하였다. 1999년 12월 31일에는 산재보험의 사회안전망으로서의 역할을 강화하기 위하여 개정이 이루어졌으며 2000년 7월 1일에는 적용대상이 5인 미만의 사업장으로 확대 적용되었다. 2003년 12월 31일에는 산업재해보상보험과 고용보험의 보험료를 통합 징수하기 위한 「고용보험 및 산업재해보상보험의 보험료징수 등에 관한 법률」이 제정되었으며 2005년 1월 1일부터 시행되었고 이후 여러 차례 개정이 이루어졌으며 2007년 5월 17일 다시 일부 개정이 이루어졌다.

2) 연혁

- 1915.　　조선광업령에 의한 광업자의 부조제도
- 1953.　5. 근로기준법 제정, 산업재해의 개별사용주책입제도 확립
- 1963. 11. 산업재해보상보험법 제정
- 1964.　7. 산업재해보상보험법 시행 : 상시 500인의 광업 및 제조업
- 1989. 12. 5인 이상 사업장 적용
- 1995.　5. 산업재해 집행업무를 근로복지공단으로의 이관
- 1999. 12. 산재보험의 사회 안정망 기능 강화 등
- 2000.　7. 5인 미만 사업장 적용
- 2003. 12. 고용보험 및 산업재해보상보험의 보험료 징수 등에 관한 법률의 제정으로 보험관계의 성립·소멸 및 보험료 징수 등에 관한 규정이 개정됨
- 2004.　1. 일부개정
- 2005. 12. 일부개정
- 2007.　4. 전면개정
- 2007.　5. 일부개정

2. 산업재해보상보험법의 내용

1) 목적

　산업재해보상보험법은 산업재해보상보험 사업을 시행하여 근로자의 업무상의 재해를 신속하고 공정하게 보상하며, 재해근로자의 재활 및 사회 복귀를 촉진하기 위하여

이에 필요한 보험시설을 설치·운영하고, 재해 예방과 그 밖에 근로자의 복지 증진을 위한 사업을 시행하여 근로자 보호에 이바지하는 것을 목적으로 한다.

2) 용어의 정의

①"업무상의 재해"란 업무상의 사유에 따른 근로자의 부상·질병·신체장해 또는 사망을 말한다. 이 경우 업무상의 재해의 인정 기준에 관하여는 노동부령으로 정한다.

②"근로자"·"임금"·"평균임금"·"통상임금"이란 각각 「근로기준법」에 따른 근로자·임금·평균임금·통상임금을 말한다. 다만, 「근로기준법」에 따라 임금 또는 평균임금을 결정하기 어렵다고 인정되면 노동부장관이 정하여 고시하는 금액을 해당 임금 또는 평균임금으로 한다.

③"유족"이란 사망한 자의 배우자(사실상 혼인 관계에 있는 자를 포함한다)·자녀·부모·손자녀·조부모 또는 형제자매를 말한다(동법 제5조).

3) 보험관계

(1) 보험가입자

근로자를 사용하는 모든 사업 또는 사업장에 적용한다. 다만, 위험률·규모 및 장소 등을 고려하여 대통령령으로 정하는 사업에 대하여는 이 법을 적용하지 아니한다(동법 제6조).

(2) 보험자

산업재해보상보험 사업은 노동부장관이 관장한다(동법 제2조).

① 관장기관 - 근로복지공단

산업재해보상보험사업의 구체적인 운영은 노동부장관의 위탁을 받아 설립된 근로복지공단이 수행한다. 근로복지공단은 법인으로 하며 공단의 주된 사무소 소재지는 정관으로 정한다. 공단은 필요하면 정관에서 정하는 바에 따라 분사무소를 둘 수 있다. 근로복지 공단에서는 다음과 같은 사업을 수행한다.

- 보험가입자와 수급권자에 관한 기록의 관리·유지
- 보험료징수법에 따른 보험료와 그 밖의 징수금의 징수
- 보험급여의 결정과 지급
- 보험급여에 관한 심사청구의 심리·결정
- 산업재해보상보험 시설의 설치·운영
- 근로자의 복지 증진을 위한 사업
- 그 밖에 정부로부터 위탁받은 사업

② 심의기관 - 산업재해보상보험심의위원회

산업재해보상보험 사업에 관한 중요 사항을 심의하게 하기 위하여 노동부에 산업재해보상보험심의위원회(이하 "위원회"라 한다)를 둔다. 이 위원회는 근로자를 대표하는 자, 사용자를 대표하는 자 및 공익을 대표하는 자로 구성하되, 그 수는 각각 5인으로 같은 수로 한다(동법 시행령 제5조). 산업재해보상보험심의위원회는 요양급여의 범위·비용 등 요양급여의 산정기준과 요양관리에 관한 사항, 보험료율의 결정에 관한 사항, 산업재해보상보험 및 예방기금운용계획의 수립에 관한 사항, 기타 노동부장관이 산업재해보상보험사업에 관하여 부의하는 사항을 심의한다(동법 시행령 제4조). 위원회는 그 심의사항을 검토·조정하고, 위원회의 심의를 보조하게 하기 위하여 위원회에 전문위원회를 둘 수 있다. 위원회 및 전문위원회의 조직과 운영에 필요한 사항은 대통령령으로 정한다(동법 제8조).

③ 재심사청구기관 - 산업재해보상보험심사위원회

보험급여에 관한 결정에 불복하는 자는 공단에 심사청구를 할 수 있다. 심사청구는 그 보험급여에 관한 결정을 한 공단의 소속 기관을 거쳐 공단에 제기하여야 하며 심사청구는 보험급여에 관한 결정이 있음을 안 날부터 90일 이내에 하여야 한다. 심사청구서를 받은 공단은 심사청구서를 받은 날부터 50일 이내에 심사청구에 대한 결정을 하여야 한다. 이 때 공단으로부터 받은 심사청구에 대한 결정에 불복하는 자는 산업재해보상보험심사위원회에 재심사청구를 할 수 있다(동법 제74조).

4) 보험료

산업재해보상보험료는 원칙적으로 전액 사업주 부담이며, 국가가 비용의 일부를 부담하고 있다. 국가는 매년도 예산의 범위 안에서 보험사업의 사무집행에 소요되는 비용을 일반회계에서 부담하여야 하며, 회계연도마다 예산의 범위에서 보험 사업에 드는 비용의 일부를 지원할 수 있다. 보험료는 보험 가입자가 경영하는 사업의 임금 총액에 매년 9월 30일 현재로 과거 3년간의 임금총액에 대한 보험급여총액의 비율을 기초로 재해발생에 위험에 따라 분류된 업종별 보험요율을 곱한 금액으로 한다.

5) 보험급여

산업재해보상보험법에 의한 급여의 종류로는 요양급여, 휴업급여, 장해급여, 간병급여, 유족급여, 상병보상연금, 장의비가 있다(동법 제35조). 보험급여의 산정기준은 평균임금이며 만일, 그 근로자가 소속된 사업과 동일한 직종의 근로자에게 지급되는 통상임금이 변동되거나 사업의 폐업·휴업이나 그 밖의 부득이한 사유가 있으면 대통령령으로 정하는 기준에 따라 평균임금을 증감할 수 있다. 또한 해당 근로자의 근로 형태가 특이하여 평균임금을 적용하는 것이 적당하지 아니하다고 인정되는 경우로서 대통령령으로 정하는 경우에는 대통령령으로 정하는 산정 방법에 따라 산정한 금액을 평균임금으로 하고 진폐 등 대통령령으로 정하는 직업병으로 보험급여를 받게 되는 근로자에게 그 평균임금을 적용하는 것이 근로자의 보호에 적당하지 아니하다고 인정되면 대통령령으로 정하는 산정 방법에 따라 산정한 금액을 그 근로자의 평균임금으로 한다.

보험급여(장의비는 제외한다)를 산정할 때 그 근로자의 평균임금 또는 보험급여의 산정 기준이 되는 평균임금이 대통령령으로 정하는 바에 따라 매년 노동부장관이 고시하는 최고 보상기준 금액을 초과하거나 최저 보상기준 금액에 못 미치면 그 최고 보상기준 금액 또는 최저 보상기준 금액을 각각 그 근로자의 평균임금으로 한다. 다만, 휴업급여 및 상병보상연금을 산정할 때에는 최저 보상기준 금액을 적용하지 아니한다.

(1) 요양급여

요양급여는 근로자가 업무상의 사유로 부상을 당하거나 질병에 걸린 경우에 그 근로자에게 지급한다. 요양급여는 요양비의 전액으로 하되, 공단이 설치한 보험시설 또는 공단이 지정한 의료기관에서 요양을 하게 한다. 다만, 부득이한 경우에는 요양을 갈음하여 요양비를 지급할 수 있다. 하지만 부상 또는 질병이 3일 이내의 요양으로 치유될 수 있으면 요양급여를 지급하지 아니한다.

요양급여의 범위는 진찰, 약제 또는 진료재료와 의지, 그 밖의 보조기 지급, 처치·수술, 그 밖의 치료, 의료시설에의 수용, 간병, 이송, 그 밖에 노동부령으로 정하는 사항이며 요양급여의 비용 등 요양급여의 산정 기준은 노동부령으로 정한다.

요양급여를 받은 자가 치유 후 요양의 대상이 되었던 업무상의 부상 또는 질병이 재발하거나 치유 당시보다 상태가 악화되어 이를 치유하기 위한 적극적인 치료가 필요하다는 의학적 소견이 있으면 재요양을 받을 수 있다.

(2) 휴업급여

휴업급여는 업무상 사유로 부상을 당하거나 질병에 걸린 근로자에게 요양으로 취업하지 못한 기간에 대하여 지급하되, 1일당 지급액은 평균임금의 100분의 70에 상당하는 금액으로 한다. 이 때 산정한 휴업급여가 「최저임금법」에 따른 최저임금액에 미달하면 그 최저임금액을 그 근로자의 1일당 휴업급여 지급액으로 한다. 다만, 취업하지 못한 기간이 3일 이내이면 지급하지 아니한다.

(3) 장해급여

장해급여는 근로자가 업무상의 사유로 부상을 당하거나 질병에 걸려 치유된 후 신체 등에 장해가 있는 경우에 그 근로자에게 지급한다. 장해급여는 대통령령으로 정해진 장해등급에 따라 장해보상연금 또는 장해보상일시금으로 수급권자의 선택에 따라 지급하며 노동력을 완전히 상실한 장해등급의 근로자에게는 장해보상연금을 지급한다. 장해보상연금은 수급권자가 신청하면 그 연금의 최초 1년분 또는 2년분을 미리 지급받을 수 있다.

(4) 간병급여

간병급여는 요양급여를 받은 자 중 치유 후 의학적으로 상시 또는 수시로 간병이 필요하여 실제로 간병을 받는 자에게 지급한다.

(5) 유족급여

유족급여는 근로자가 업무상의 사유로 사망한 경우에 유족에게 지급한다. 유족급여는 유족보상연금이나 유족보상일시금으로 하되 유족보상연금의 수급권자가 원하면 유족보상일시금의 100분의 50에 상당하는 금액을 일시금으로 지급하고 유족보상연금은 100분의 50을 감액하여 지급한다. 유족보상연금을 받던 자가 그 수급자격을 잃은 경우 다른 수급자격자가 없고 이미 지급한 연금액을 지급 당시의 각각의 평균임금으로 나누어 산정한 일수의 합계가 1,300일에 못 미치면 그 못 미치는 일수에 수급자격 상실 당시의 평균임금을 곱하여 산정한 금액을 유족보상연금 수급자격자가 아닌 다른 유족에게 일시금으로 지급한다.

유족보상연금 수급자격자는 근로자가 사망할 당시 부양하고 있던 유족 중 처(사실상 혼인 관계에 있는 자를 포함), 남편(사실상 혼인 관계에 있는 자를 포함), 부모 또는 조부모로서 각각 60세 이상인 자, 자녀 또는 손자녀로서 각각 18세 미만인 자, 형제자매로서 18세 미만이거나 60세 이상인 자이며 유족보상연금을 받을 권리의 순위는 배우자·자녀·부모·손자녀·조부모 및 형제자매의 순서로 한다.

(6) 상병보상연금

요양급여를 받는 근로자가 요양을 시작한 지 2년이 지난 날 이후에 그 부상이나 질병이 치유되지 않은 상태이거나 그 부상이나 질병에 따른 폐질의 정도가 대통령령으로 정하는 폐질등급 기준에 해당하는 상태가 계속되면 휴업급여 대신 상병보상연금을 그 근로자에게 지급한다.

(7) 장의비

장의비는 근로자가 업무상의 사유로 사망한 경우에 지급하되, 평균임금의 120일분에 상당하는 금액을 그 장제를 행하는 자에게 지급한다. 만일 장의비가 대통령령으로 정하는 바에 따라 노동부장관이 고시하는 최고 금액을 초과하거나 최저 금액에 미달하면 그 최고 금액 또는 최저 금액을 각각 장의비로 한다.

(8) 특별급여

특별급여제도로는 장해특별급여와 유족특별급여가 있다.

① 장해특별급여

보험가입자의 고의 또는 과실로 발생한 업무상 재해로 근로자가 대통령령으로 정하는 장해등급에 해당하는 장해를 입은 경우에 수급권자가 「민법」에 따른 손해배상청구를 갈음하여 장해특별급여를 청구하면 장해급여 외에 대통령령으로 정하는 장해특별급여를 지급할 수 있다. 이 때 수급권자가 장해특별급여를 받으면 동일한 사유에 대하여 보험가입자에게 「민법」이나 그 밖의 법령에 따른 손해배상을 청구할 수 없다.

② 유족특별급여

보험가입자의 고의 또는 과실로 발생한 업무상 재해로 근로자가 사망한 경우에 수급권자가 「민법」에 따른 손해배상청구를 갈음하여 유족특별급여를 청구하면 유족급여 외에 대통령령으로 정하는 유족특별급여를 지급할 수 있다.

6) 근로복지사업

노동부장관은 근로자의 복지 증진을 위하여 업무상의 재해를 입은 근로자의 원활한 사회복귀를 촉진하기 위한 다음 각 목의 보험시설의 설치·운영, 장학사업 등 재해근로자와 그 유족의 복지 증진을 위한 사업, 그 밖에 근로자의 복지 증진을 위한 시설의 설치·운영하며 노동부장관은 장해급여자의 고용 촉진을 위하여 보험가입자에게 장해급여를 받은 자를 그 적성에 맞는 업무에 고용하도록 권고하거나 대통령령으로 정하는 바에 따라 필요한 지원을 할 수 있다.

7) 산업재해보상보험 및 예방 기금

노동부장관은 보험사업, 산업재해 예방 사업에 필요한 재원을 확보하고, 보험급여에 충당하기 위하여 산업재해보상보험 및 예방 기금(이하 "기금"이라 한다)을 설치한다. 기금의 관리·운용은 노동부장관이 하며 기업회계의 원칙에 따라 기금을 계리하여야 한다. 노동부장관은 회계연도마다 위원회의 심의를 거쳐 기금운용계획을 세워야 하며 기금의 관리·운용에 관한 업무의 일부를 공단 또는 한국산업안전공단에 위탁할 수 있다. 노동부장관은 보험급여에 충당하기 위하여 책임준비금을 적립하여야 한다. 회계연도마다 책임준비금을 산정하여 적립금 보유액이 책임준비금의 금액을 초과하면 그 초과액을 장래의 보험급여 지급 재원으로 사용하고, 부족하면 그 부족액을 보험료 수입에서 적립하여야 한다.

8) 적용대상의 특례

(1) 국외사업 대한 특례

국외 근무 기간에 발생한 근로자의 재해를 보상하기 위하여 우리나라가 당사국이 된 사회보장에 관한 조약이나 협정 또는 대통령령으로 정하는 국가나 지역에서의 사업에 대하여는 노동부장관이 금융감독위원회와 협의하여 지정하는 자(보험회사)에게 이 법에 따른 보험 사업을 자기의 계산으로 영위하게 할 수 있다. 이 경우 보험회사가 지급하는 보험급여는 이 법에 따른 보험급여보다 근로자에게 불이익하여서는 아니 된다(동법 제87조).

(2) 해외파견자에 대한 특례

보험료징수법에 따른 보험가입자가 대한민국 밖의 지역에서 하는 사업에 근로시키기 위하여 파견하는 자에 대하여 공단에 보험 가입 신청을 하여 승인을 받으면 해외파견자를 그 가입자의 대한민국 영역 안의 사업(2개 이상의 사업이 있는 경우에는 주된 사업을 말한다)에 사용하는 근로자로 보아 이 법을 적용할 수 있다. 해외파견자의 보험급여의 기초가 되는 임금액은 그 사업에 사용되는 같은 직종 근로자의 임금액 및 그 밖의 사정을 고려하여 노동부장관이 정하여 고시하는 금액으로 한다. 해외파견자에 대한 보험급여의 지급 등에 필요한 사항은 노동부령으로 정한다(동법 제88조).

(3) 현장실습생에 대한 특례

산업재해보상보험이 적용되고 있는 사업에서 현장 실습을 하고 있는 학생 및 직업 훈련생("현장실습생") 중 노동부장관이 정하는 현장실습생은 그 사업에 사용되는 근로자로 본다. 따라서 현장실습생이 실습과 관련하여 입은 재해는 업무상의 재해로 보아 급여를 지급한다. 현장실습생에 대한 보험급여의 기초가 되는 임금액은 현장실습생이 지급받는 훈련수당 등 모든 금품으로 하되, 이를 적용하는 것이 현장실습생의 재해보상에 적절하지 아니하다고 인정되면 노동부장관이 정하여 고시하는 금액으로 할 수 있다.

(4) 중소기업 사업주에 대한 특례

대통령령으로 정하는 중·소기업 사업주(근로자를 사용하지 않는 자를 포함)는 공단의 승인을 받아 자기 또는 유족을 보험급여를 받을 수 있는 자로 하여 보험에 가입할 수 있다.

제5절 고용보험법

(전부개정 2007.5.11 법률 제8429호)

1. 고용보험법의 총설

1) 목적 및 의의

고용보험은 근로자가 실직하였을 경우 실직근로자 및 그 가족의 생활안정 도모를 위한 생계지원과 재직근로자의 고용안정 및 직업능력개발을 촉진시키기 위한 일종의 사회보험제도이다.

우리나라에서는 실업보험이라는 틀을 유지하고 있는 일본과 독일의 선행경험을 고려하면서 보다 적극적인 의미를 가진 고용보험의 명칭을 쓰고 있다. 많은 선진국에서 전통적인 실업보험사업 외에 적극적인 노동시장정책 사업까지 고용보험제도 내에 포함하는 추세를 보이고 있으나 별도로 고용보험이라는 용어를 사용하고 있는 나라는 우리나라와 일본밖에 없으며 다른 나라는 사업의 성격변화와 관계없이 실업보험이라는 용어를 그대로 사용하고 있다(김병숙 외 9인, 1999).

우리나라의 고용보험제도는 실직근로자의 생활안정과 재취업의 촉진이라는 전통적 실업보험제도에 고용조정의 원활화, 직업훈련의 활성화 등 적극적 고용정책이 포함되어져 있다.

고용보험법은 고용보험의 시행을 통하여 실업의 예방, 고용의 촉진 및 근로자의 직업능력의 개발·향상을 도모하고, 국가의 직업지도·직업소개 기능을 강화하며, 근로자가 실업한 경우에 생활에 필요한 급여를 실시함으로써, 근로자의 생활의 안정과 구직활동을 촉진하여 경제·사회발전에 이바지함을 목적으로 한다(동법 제1조). 고용보험법은 실업으로 인한 사회문제에 대한 사회보장적 차원의 대응책으로 노동자의 노동권과 생활권의 보호뿐만 아니라 사회·경제 발전을 위한 국가경제정책 목표실현의 주요한 시책으로써의 의의를 가진다.

2) 고용보험법의 제정 배경

(1) 입법 배경

고용보험은 원래 19세기 중반 유럽의 일부 노동조합이 실직조합원들에게 매우 한정된 기간 동안 실업급여를 지급하였던 노동조합 중심의 자주적인 실업공제기금제도(unemployment fund)에서 출발하였다. 실업공제기금제도가 벨기에, 프랑스, 독일, 영국, 노르웨이, 스웨덴, 스위스, 미국 등 서구제국의 주요도시에서 실시되면서 위험분산이라는 보험의 방법이 실업의 경우에도 적용되기 시작하였다.

노동조합의 가입 유무와 관계없이 일정요건에 해당하는 근로자는 강제로 보험의 적용을 받도록 하는 사회보험방식에 의한 실업보험제도는 1911년 영국이 최초로 도입하였다. 현대적 의미의 고용보험제도는 제2차 세계대전 이후 산업구조조정이 본격적으로 진행되어 적극적인 인력정책의 필요성이 대두되면서부터 등장하였다.

우리나라는 1970년대에 간헐적으로 고용보험제도의 도입에 대한 논의가 있었지만, 1980년대 중반까지는 외국과 같은 대량실업의 경험이 별로 없었고 성장위주의 경제발전 추진으로 국가의 모든 제도가 인력 양성에 치중해 있었다. 1980년대 후반에 이르러서야 노동계나 학계를 중심으로 근로자 보호 및 사회보장 차원에서 고용보험제도 도입의 필요성에 대한 공식적인 논의가 되었다. 그러나 고용보험제도 도입에 있어 일부에서는 근로 의욕의 저하, 실업의 장기화 등의 부작용을 초래할 수도 있다는 등 반대이론이 만만치 않았으나 우리나라도 일본이나 독일과 같이 국가의 적극적인 인력정책의 추진을 위해서는 고용보험제도의 도입이 필요하다는데 점점 많은 공감대가 형성되어 1993년 12월 27일에 법률 제4644호로 고용보험법이 제정·공포되었고 1995년 7월 1일부터 시행되었다.

고용보험사업에는 실업급여, 고용안정사업, 직업능력개발사업이 있으며 실업급여는 1995년 7월 1일부터 30인 이상 사업장에 적용, 1998년 1월 1일부터는 10인 이상 사업장으로 1998년 3월 1일 부터는 50인 이상 사업장으로 확대 적용되었다. 고용안정사업과 직업능력개발 사업은 1995년 7월 1일부터 70인 이상 사업장에 적용되었고 1998년 1월 1일부터는 50인 이상 사업장으로, 1998년 7월 1일부터는 5인 이상 사업장으로 확대·적용되었다. 그리고 1999년에는 고용보험법의 개정이 이루어져 실업급여 수혜율이 증가되었고 장기실업자의 생계지원 확충 및 부정수급자에 대한 제제를 강화하는 등 제도를 개선하였다.

　2001년 8월 14일에는 남녀고용평등법의 규정에 의한 산전후휴가급여와 근로자의 육아휴직급여를 고용보험에서 지급할 수 있도록 하는 근거 규정을 마련하였고 2002년 12월 30일에는 일용근로자도 고용보험의 혜택을 받을 수 있도록 개정하였다. 2003년 12월 31일에는 「고용보험 및 산업재해보상보험의 보험료징수 등에 관한 법률」이 제정되어 고용보험과 산업재해보상보험의 보험료를 통합징수하게 되었다. 2005년 5월 31일에는 피보험자가 산전후휴가를 받은 경우뿐 만 아니라 유산·사산휴가를 받은 경우에도 급여를 지급하도록 하였고 2005년 12월 7일에는 고용안정사업과 직업능력개발사업을 통합·운영하고, 그 지원대상 및 사업범위를 확대하였으며, 고용보험의 가입범위를 확대하는 등 변화하는 노동시장의 수요에 부응하고, 노동시장의 문제해결을 위한 적극적 노동시장정책을 추진할 수 있는 기반을 마련하였다. 한편, 현행 제도의 운영상 나타난 일부 미비점을 개선·보완하기 위하여 일부개정이 이루어졌으며 2007년 5월 11일에는 구직급여의 수급자격 제한에 관한 규정을 실직근로자에게는 직접적이고 중요한 권리에 관한 규정이므로 직접 법률에서 정하도록 하였다. 또한 보험사업의 전면적 시행에 어려움이 예상되거나 보험사업의 수행 방식을 미리 검증할 필요가 있는 경우에는 시범사업을 실시할 수 있는 근거를 마련하였고 법적 간결성과 함축성이 조화를 이루는 범위에서 법 문장의 표기를 한글화하여 어려운 용어를 쉬운 우리말로 풀어쓰며 복잡한 문장은 체계를 정리하여 쉽고 간결하게 다듬어 일반 국민이 법 문장을 쉽게 읽고 이해할 수 있도록 전면 개정이 이루어졌다.

3) 고용보험법의 연혁

- 1993. 12. 고용보험법 제정 공포(법률 제4644호)
- 1995.　7. 고용보험법 시행
- 1996. 12. 적용제외근로자 등 개정, 건설근로자 등의 직업능력개발지원 규정 신설
- 1997.　8. 부정행위에 따른 지원의 제한 규정 신설 등 개정
- 1998.　2. 개별연장급여 규정 신설 등 개정
- 1999. 12. 기준임금 규정 신설, 적용범위 피보험자 자격 이중 취득 제한
- 2001.　8. 피보험자 단위기간규정 및 구직급여의 수급자격 인정 규정 신설 등 대폭 개정

- 2002. 12. 육아휴직급여·산전후 휴가급여 신설
- 2003. 12. 피보험자격 및 상실일, 이직의 확인 등 신설
- 2005. 5. 고용보험 및 산업재해보상보험의 보험료징수 등에 관한 법률의 제정과
    관련하여 관련되는 규정을 정비
- 2005. 12. 종전의 산전후휴가급여를 산전후 또는 유산·사산휴가급여로 확대개정
- 2007. 5. 고용안정사업과 직업능력개발사업의 통합운영, 그 지원대상 및 사업범
    위의 확대, 고용보험의 가입범위 확대로 개정
- 2007. 5. 구직급여의 수급자격 제한에 관한 규정을 법률로 정함. 보험시범사업 실
    시근거 마련, 법문장 표기 한글화

2. 고용보험법의 내용

1) 목적

이 법은 고용보험의 시행을 통하여 실업의 예방, 고용의 촉진 및 근로자의 직업능력
의 개발과 향상을 꾀하고, 국가의 직업지도와 직업소개 기능을 강화하며, 근로자가 실
업한 경우에 생활에 필요한 급여를 실시하여 근로자의 생활안정과 구직 활동을 촉진함
으로써 경제·사회 발전에 이바지하는 것을 목적으로 한다.

2) 용어의 정의

① "피보험자"란「고용보험 및 산업재해보상보험의 보험료징수 등에 관한 법률」(이
하 "보험료징수법"이라 한다) 제5조제1항·제2항, 제6조제1항 및 제8조제1항·제2
항에 따라 보험에 가입되거나 가입된 것으로 보는 근로자를 말한다.

② "이직"이란 피보험자와 사업주 사이의 고용관계가 끝나게 되는 것을 말한다.

③ "실업"이란 피보험자가 이직하여 근로의 의사와 능력이 있음에도 불구하고 취업
하지 못한 상태에 있는 것을 말한다.

④ "실업의 인정"이란 직업안정기관의 장이 제43조에 따른 수급자격자가 실업한 상
태에서 적극적으로 직업을 구하기 위하여 노력하고 있다고 인정하는 것을 말한다.

⑤ "임금"이란「근로기준법」에 따른 임금을 말한다. 다만, 휴직이나 그 밖에 이와 비

숫한 상태에 있는 기간에 지급받는 금품 중 노동부장관이 정하는 금품은 이 법에 따른 임금으로 본다.

⑥ "일용근로자"란 1개월 미만 동안 고용되는 자를 말한다.

3) 보험의 관장

고용보험은 노동부장관이 관장하며 고용보험 사업으로는 고용안정·직업능력개발 사업, 실업급여, 육아휴직 급여 및 산전후휴가 급여 등을 실시한다. 보험사업의 보험연도는 정부의 회계연도에 따른다.

4) 고용보험사업

고용보험사업은 고용안정·직업능력개발 사업, 실업급여, 육아휴직 급여 및 산전후휴가 급여 등이 있다(동법 제4조)

(1) 고용안정·직업능력개발 사업

노동부장관은 피보험자 및 피보험자였던 자, 그 밖에 취업할 의사를 가진 자에 대한 실업의 예방, 취업의 촉진, 고용기회의 확대, 직업능력개발·향상의 기회 제공 및 지원, 그 밖에 고용안정과 사업주에 대한 인력 확보를 지원하기 위하여 고용안정·직업능력개발 사업을 실시한다.

(2) 실업급여

실업급여는 취업촉진수당과 구직급여로 구분한다.

① 취업촉진 수당

취업수당의 종류로는 조기재취업 수당, 직업능력개발 수당, 광역 구직활동비, 이주비가 있다. 실업급여를 받을 권리는 양도 또는 압류하거나 담보로 제공할 수 없다.

② 구직급여

구직급여는 이직한 피보험자가 다음의 요건을 모두 갖춘 경우에 지급한다.

- 이직일 이전 18개월간 피보험 단위기간이 통산하여 180일 이상일 것
- 근로의 의사와 능력이 있음에도 불구하고 취업하지 못한 상태에 있을 것
- 이직사유가 제58조에 따른 수급자격의 제한 사유에 해당하지 아니할 것
- 재취업을 위한 노력을 적극적으로 할 것
- 일용근로자의 경우 수급자격 인정신청일 이전 1개월 동안의 근로일수가 10일미만 일 것
- 일용근로자의 경우 최종 이직일 이전 기준기간의 피보험 단위기간 180일 중 다른 사업에서 수급자격의 제한 사유에 해당하는 사유로 이직한 사실이 있는 경우에는 그 피보험 단위기간 중 90일 이상을 일용근로자로 근로하였을 것

피보험자가 이직일 이전 18개월 동안에 질병·부상, 그 밖에 대통령령으로 정하는 사유로 계속하여 30일 이상 임금의 지급을 받을 수 없었던 경우에는 18개월에 그 사유로 임금을 지급 받을 수 없었던 일수를 가산한 기간을 기준기간(3년을 초과할 때에는 3년)으로 한다. 구직급여의 산정 기초가 되는 임금일액은 수급자격의 인정과 관련된 마지막 이직 당시 「근로기준법」에 따라 산정된 평균임금으로 한다. 구직급여일액은 수급자격자의 기초일액에 100분의 50을 곱한 금액으로 한다.

실업급여액 = 퇴직 전 평균임금의 50% × 지급일수

*최고액 : 1일 40,000원
*최저액 : 최저임금법상 시간급 최저금액의 90%×1일 근로시간(8시간)
(최저임금법상의 시간급 최저임금은 매년 바뀌므로 실업급여 최저액 역시 매년 바뀜)

실업급여는 퇴직 당시연령과 고용보험 가입기간에 따라 최소 90일에서 최대 240일까지 받을 수 있다.

수급자격자가 사망한 경우 그 수급자격자에게 지급되어야 할 구직급여로서 아직 지급되지 아니한 것이 있는 경우에는 그 수급자격자의 배우자(사실상의 혼인 관계에 있는 자를 포함)·자녀·부모·손자녀·조부모 또는 형제자매로서 수급자격자와 생계를 같이 하고 있던 자의 청구에 따라 그 미지급분을 지급한다.

또한 거짓이나 그 밖의 부정한 방법으로 구직급여를 지급받은 자에게는 구직급여의

전부 또는 일부의 반환을 명할 수 있고, 이에 추가하여 노동부령으로 정하는 기준에 따라 그 거짓이나 그 밖의 부정한 방법으로 지급받은 구직급여액에 상당하는 액수 이하의 금액을 징수할 수 있다.

〈표 12-5〉 소정급여일수

연령 및 가입기간	1년 미만	1년 이상 3년 미만	3년 이상 5년 미만	5년 이상 10년 미만	10년 이상
30세 미만	90일	90일	120일	150일	180일
30세 이상 ~ 50세 미만	90일	120일	150일	180일	210일
50세 이상 및 장애인	90일	150일	180일	210일	240일

(3) 육아휴직급여

노동부장관은 「남녀고용평등법」에 따른 육아휴직을 30일 이상 부여받은 피보험자 중 다음 요건을 모두 갖춘 경우에 매월 50만원씩 육아휴직 급여를 지급한다.
- 육아휴직을 시작한 날 이전에 피보험 단위기간이 통산하여 180일 이상일 것
- 같은 자녀에 대하여 피보험자인 배우자가 육아휴직(30일 미만은 제외)을 부여받지 아니하고 있을 것
- 육아휴직을 시작한 날 이후 1개월부터 끝난 날 이후 12개월 이내에 신청할 것.

(4) 산전후 휴가급여

노동부장관은 「남녀고용평등법」에 따라 피보험자가 「근로기준법」 제74조에 따른 산전후휴가 또는 유산·사산휴가를 받은 경우로서 다음의 요건을 모두 갖춘 경우에 산전후휴가 급여 등을 지급한다.
- 휴가가 끝난 날 이전에 제41조에 따른 피보험 단위기간이 통산하여 180일 이상일 것
- 휴가를 시작한 날 이후 1개월부터 휴가가 끝난 날 이후 12개월 이내에 신청할 것

산전후휴가 급여 등은 산전후휴가 기간 중 최초 60일을 초과한 일수(30일 한도)에 대

하여 근로기준법상 통상임금[14](산전후휴가개시일 기준)에 해당하는 금액을 지급하되, 최대 135만원까지 지급한다.

  사업주는 임신 중인 여성이 임신 16주 이후 유산 또는 사산한 경우에는 근로자의 청구에 의하여 임신기간에 따라 30부터 90일까지 유/사산휴가를 부여하여야 한다.

〈표12-6〉 임신기간에 따른 산전후 휴가기간

임신기간	휴 가 일 수
16주 ~ 21주	유/사산한 날로부터 30일까지
22주 ~ 27주	유/사산한 날로부터 60일까지
28주 이상	90일까지

5) 보험료

  이 법에 따른 보험 사업에 드는 비용을 충당하기 위하여 징수하는 보험료와 그 밖의 징수금에 대하여는 보험료징수법으로 정하는 바에 따른다. 보험료징수법 제13조 제1항 제1호에 따라 징수된 고용안정·직업능력개발 사업의 보험료 및 실업급여의 보험료는 각각 그 사업에 드는 비용에 충당한다. 다만, 실업급여의 보험료는 육아휴직 급여 및 산전후휴가 급여 등에 드는 비용에 충당할 수 있다.

(1) 고용보험료의 산정

  전년도에 실제 지급한 임금총액에 보험요율을 곱하여 확정보험료를 산정하고, 당해 연도에 1년간 사용할 근로자에게 지급할 임금총액을 추정, 해당보험요율을 곱하여 개산보험료를 산정 후 매년 3.31까지(년도 중에 보험관계가 성립하였을 경우 성립일로부터 70일 이내) 보험료를 사업장소재지 관할지사에 신고한다. 다만, 추정액이 전년도 임금총액의 70/100 이상 130/100 이내인 경우에는 전년도 확정 임금총액을 당해보험연도

---

14) 통상임금 : 근로자에게 정기적 일률적으로 소정근로시간에 대하여 지급하기로 정하여진 기본급 임금과 임금 산정 기간에 지급하기로 정하여진 고정급 임금

의 임금총액 추성액으로 한다. 또한 연도 중 소멸한 사업장의 경우 소멸일로부터 30일 이내에 확정보험료를 신고하여야 한다.

개산보험료 = 당해연도 추정임금총액 × 보험요율

확정보험료 = 실제 지급한 임금총액(지급하기로 결정되었으나 미지급된 임금 포함) × 보험요율

(2) 건설공사에서 임금총액 산정이 곤란한 경우

건설공사도 임금총액에 의거 보험료를 산정하기 곤란한 경우에는 노동부장관이 고시하는 노무비율에 의하여 임금총액을 결정, 확정 및 개산보험료를 산출하여 공사현장 소재지 관할지사에 제출한다.

개산보험료 = 총공사금액 × 노무비율 × 보험요율

확정보험료 = (직영인건비 + 외주비 × 하도급노무비율) × 보험요율
※ 외주비 중 하수급인 보험료 납부인수 승인된 공사금액은 제외

〈표12-7〉 보험료율

구　　　분		근로자	사업주
실업급여		0.45%	0.45%
고용안정사업 및 직업능력개발 사업	150인 미만기업	-	0.25%
	150인 이상기업(우선 지원 대상 기업)	-	0.45%
	150인 이상 ~ 1000인 미만 기업	-	0.65%
	1000인 이상 기업 및 국가, 지방자치단체가 직접 행하는 사업	-	0.85%

자료: 노동부(2007), http://edi.work.go.kr

6) 적용제외근로자

다음에 해당하는 근로자에게는 이 법을 적용하지 아니한다. 다만, 근로자에 대한 고용안정·직업능력개발 사업에 관하여는 그러하지 아니하다.

① 65세 이상인 자
② 소정(소정)근로시간이 대통령령으로 정하는 시간 미만인 자
③ 「국가공무원법」과 「지방공무원법」에 따른 공무원
④ 「사립학교교직원 연금법」의 적용을 받는 자
⑤ 그 밖에 대통령령으로 정하는 자

7) 고용보험기금

노동부장관은 보험사업에 필요한 재원에 충당하기 위하여 고용보험기금을 설치한다. 기금은 보험료와 고용보험료에 의한 징수금·적립금·기금운용 수익금과 그 밖의 수입으로 조성한다. 기금은 노동부장관이 관리·운용하며 「국가재정법」의 규정에 따른다. 노동부장관은 금융기관에의 예탁, 재정자금에의 예탁, 국가·지방자치단체 또는 금융기관에서 직접 발행하거나 채무이행을 보증하는 유가증권의 매입, 보험사업의 수행 또는 기금 증식을 위한 부동산의 취득 및 처분, 그 밖에 대통령령으로 정하는 기금 증식 방법에 의하여 기금을 관리·운용한다. 기금을 관리·운용할 때에는 그 수익이 대통령령으로 정하는 수준 이상 되도록 하여야 한다.

8) 심사 및 재심사청구 - 고용보험심사위원회

피보험자격의 취득·상실에 대한 확인, 실업급여 및 육아휴직 급여와 산전후휴가 급여 등에 관한 처분에 이의가 있는 자는 고용보험심사관에게 심사를 청구할 수 있고, 그 결정에 이의가 있는 자는 고용보험심사위원회에 재심사를 청구할 수 있다.

제6절 노인장기요양보험법

(제정 2007.4.27 법률 제8403호, 시행일 2008.7.1)

1. 노인장기요양보험법의 총설

1) 목적 및 의의

우리나라는 2000년도에 고령화 사회로 진입하였고 이 후에 세계에서 가장 빠른 속도로 고령사회를 향해가고 있다. 이와 같은 고령화 속도는 생활수준향상과 의료기술 발전에 따른 평균수명 증가와 함께 저출산으로 등으로 인하여 현재의 예상보다 더욱 빨라질 가능성도 배제할 수 없다. 인구 고령화는 경제활동인구의 감소 및 생산인구의 노령화를 초래하여 경제성장을 둔화시키고 더불어 노인부양부담의 증가를 야기한다.

이미 산업화로 인해 급속하게 진행된 핵가족화는 과거 대가족하에서의 가족부양 기능을 더 이상 유지시키지 못하고 있으며 노인의 주 수발자인 여성의 사회활동 참여 증가와 노인부양에 대한 가치관의 변화 등은 가족에 의한 노인보호 기능을 점점 약화시키고 있다. 따라서 현재도 치매·중풍 등 노인에 대한 요양문제가 개인과 가족의 몫으로 해결하기에는 한계를 넘어서고 있다.

이러한 요양문제는 노인자살, 노인학대, 존속살인, 심지어는 가정파탄에 이르기까지 심각한 사회문제로 나타나고 있으며 IMF 이후 의료비나 간병비가 없어 고생하고 있는 노인들이 더욱 늘어나고 있는 실정이다.

이렇게 가정의 몫으로 남겨져 있던 치매·중풍 등을 앓고 있는 노인에 대한 요양문제는 이제는 더 이상 개인이나 가족 차원에서 해결해야 할 문제가 아닌 국가와 사회복지적 차원에서 해결해야 할 사회문제로 대책에 대한 논의가 심각해졌다.

이러한 대책의 한 방안으로 노인장기요양보험법이 제정되었으며, 노인장기요양보험법은 고령이나 노인성 질병 등의 사유로 일상생활을 혼자서 수행하기 어려운 노인 등에게 제공하는 신체활동 또는 가사활동 지원 등의 장기요양급여에 관한 사항을 규정하여 노후의 건강증진과 생활안정을 도모하고 그 가족의 부담을 덜어줌으로써 국민의 삶의 질을 향상하도록 함을 목적으로 한다(동법 제1조).

이로써 치매·중풍 등 노인에 대한 요양문제를 이제 국가와 사회가 공동으로 사회연대원리에 의해 해결할 수 있게 되었으며 노인은 전문인에 의해 전문적이고 체계적인 요양서비스를 받을 수 있고 가족들은 장기간의 요양에 따른 육체적·정신적·경제적 부담을 덜게 되므로 우리나라 노인복지의 수준이 획기적으로 향상될 수 있도록 하는 데 이법의 의의가 있다.

2) 노인장기요양보험법의 제정 배경

노인장기요양보험제도는 1999년 '노인보건복지 중장기 발전계획 추진상황 보고'에서 '장기요양보호정책연구단'을 설치하기로 하면서 제도 도입에 대한 논의가 시작되었다. 2000년 1월에 보건복지부가 「노인장기요양보호정책기획단」을 설치하여 이 문제가 본격적으로 검토되었으며 2001년 2월에 「노인장기요양보호종합대책」을 1차로 수립하였다. 그리고 2001년 8월 15일 대통령 경축사에서 공식적으로 '노인요양보험제도'의 도입을 제시하였다.

2002년 대통령선거 때에는 노인요양보험제도 시범실시 후 공적 노인요양보장제도를 도입할 것에 대한 것이 공약사항으로 제시되었으며 2003년 초 참여정부에서는 2007년부터 '노인요양보장제도'를 실시하는 방침을 정하고 이 제도의 틀을 마련하기 위하여 2003년 3월 17일에 「공적노인요양보장추진기획단」을 자문기구로 설치하였다. 2004년 3월에는 공적 노인요양보장제도의 구체적인 실행모형과 시범사업모형 등을 만들기 위한 「공적노인요양보장제도 실행위원회」를 구성하였고 2004년 8월에는 '노인요양보장체계 시안' 공청회를 개최하였다.

2005년 7월부터 2006년 3월까지 9개월간 대도시·중소도시·농어촌지역 전국 6개 기초자치단체[15]를 선정하여 65세 이상 국민기초생활수급권자를 대상으로 제1차 시범사업을 실시하였고, 2005년 9월15일에는 노인장기요양보장법 제정을 위한 공청회를 개최하여 입법 절차를 진행하였으며 2005년 10월 19일에는 노인장기요양보장법이 입법예고 되었다.

이 후 2006년 2월 7일 국무회의에서 노인장기요양보장법 제정안이 통과되었고 2월 16일에 법안이 국회에 제출되었다. 2006년 4월부터 2007년 3월까지 시범지역 2곳을 추가하여 8개 지역[16]에 일반노인을 대상으로 2차 시범사업이 실시되었으며 2007년 4월 2

---

15) 광주 남구, 경기 수원시, 경북 안동시, 강원 강릉시, 충남 부여군, 제주 북제주군
16) 광주 남구, 경기 수원시, 경북 안동시, 강원 강릉시, 충남 부여군, 제주 북제주군, 부산 북구, 전남 완도

일에 「노인장기요양보험법」이 국회를 통과하여 2008년 7월 1일부터 노인장기요양보험제도가 실시될 예정에 있다.

3) 노인장기요양보험법의 연혁

- 2000. 1. 노인장기요양보호정책기획단 설치
- 2001. 2. 노인장기요양보호종합대책 1차로 수립
- 2001. 8. 대통령 경축사에서 공식적으로 '노인요양보험제도' 도입 제시
- 2003. 3. 공적노인요양보장추진기획단 설치
- 2004. 4. 공적노인요양보장제도 실행위원회 구성
- 2004. 8. 노인요양보장체계 시안 공청회 개최
- 2005. 7. 제1차 시범사업실시 : 전국 6개 도시, 65세 이상 국민기초생활수급권자 대상
- 2005. 9. 노인장기요양보장법 제정을 위한 공청회를 개최, 입법 절차 진행
- 2005. 10. 노인장기요양보장법 입법예고
- 2006. 2. 노인장기요양보장법 제정안 국무회의 통과, 법안 국회 제출
- 2006. 4. 제2차 시범사업 실시 : 전국 8개 도시, 일반노인 대상
- 2007. 4. 노인장기요양보험법 국회 통과
- 2008. 7. 노인장기요양보험제도 실시 예정

2. 노인장기요양보험법의 내용

1) 목적

노인장기요양보험법은 고령이나 노인성 질병 등의 사유로 일상생활을 혼자서 수행하기 어려운 노인 등에게 제공하는 신체활동 또는 가사활동 지원 등의 장기요양급여에 관한 사항을 규정하여 노후의 건강증진 및 생활안정을 도모하고 그 가족의 부담을 덜어줌으로써 국민의 삶의 질을 향상하도록 함을 목적으로 한다(동법 제1조).

2) 용어의 정의

- "노인 등"은 65세 이상의 노인 또는 65세 미만의 자로서 치매·뇌혈관성질환 등 대통령령이 정하는 노인성 질병을 가진 자를 말한다.
- "장기요양급여"는 6개월 이상 동안 혼자서 일상생활을 수행하기 어렵다고 인정되는 자에게 신체활동·가사활동의 지원 또는 간병 등의 서비스나 이에 갈음하여 지급하는 현금 등을 말한다.
- "장기요양사업"은 장기요양보험료, 국가 및 지방자치단체의 부담금 등을 재원으로 하여 노인 등에게 장기요양급여를 제공하는 사업을 말한다.
- "장기요양기관"은 제31조의 규정에 따라 지정을 받은 기관 또는 제32조의 규정에 따라 지정 의제된 재가 장기요양기관으로서 장기요양급여를 제공하는 기관을 말한다.
- "장기요양요원"은 장기요양기관에 소속되어 노인 등의 신체활동 또는 가사활동 지원 등의 업무를 수행하는 자를 말한다.

3) 장기요양급여 제공의 기본원칙

장기요양급여는 노인 등의 심신상태·생활환경과 노인 등 및 그 가족의 욕구·선택을 종합적으로 고려하여 필요한 범위 안에서 이를 적정하게 제공하여야 한다. 장기요양급여는 노인 등이 가족과 함께 생활하면서 가정에서 장기요양을 받는 재가급여를 우선적으로 제공하여야 한다. 장기요양급여는 노인 등의 심신 상태나 건강 등이 악화되지 아니하도록 의료서비스와 연계하여 이를 제공하여야 한다.

4) 장기요양인정

장기요양인정을 신청할 수 있는 자는 노인 등으로서 다음의 어느 하나에 해당하는 자격을 갖추어야 한다.

- 장기요양보험가입자 또는 그 피부양자
- 의료급여수급권자

① 장기요양인정의 신청 및 판정

장기요양인정을 신청하는 자는 공단에 보건복지부령이 정하는 바에 따라 장기요양인정신청서에 의사 또는 한의사가 발급하는 소견서를 첨부하여 제출하여야 한다. 공단은 신청서를 접수한 때 보건복지부령이 정하는 바에 따라 소속 직원으로 하여금 신청인의 심신 상태, 신청인에게 필요한 장기요양급여의 종류 및 내용, 그 밖에 장기요양에 관하여 필요한 사항으로서 보건복지부령이 정하는 사항을 조사하게 하고 조사가 완료된 때 조사결과서, 신청서, 의사소견서 그 밖에 심의에 필요한 자료를 장기요양등급판정위원회에 제출하여야 한다. 등급판정위원회는 신청인이 신청자격요건을 충족하고 6개월 이상 동안 혼자서 일상생활을 수행하기 어렵다고 인정하는 경우 심신상태 및 장기요양이 필요한 정도 등 대통령령이 정하는 등급판정기준에 따라 장기요양급여를 받을 자로 판정한다. 공단은 등급판정위원회가 장기요양인정 및 등급판정의 심의를 완료한 경우 지체 없이 장기요양등급, 장기요양급여의 종류 및 내용, 그 밖에 장기요양급여에 관한 사항으로서 보건복지부령이 정하는 사항이 포함된 장기요양인정서를 작성하여 수급자에게 송부하여야 한다. 장기요양인정의 유효기간은 최소 1년 이상으로서 대통령령으로 정한다. 장기요양인정의 유효기간이 만료된 후 장기요양급여를 계속하여 받고자 하는 경우 공단에 장기요양인정의 갱신을 신청하여야 하며 장기요양인정의 갱신 신청은 유효기간이 만료되기 전 30일까지 이를 완료하여야 한다.

5) 장기요양보험

장기요양보험사업은 보건복지부장관이 관장하며 보험자는 국민건강보험공단으로 한다. 장기요양보험의 가입자는 국민건강보험가입자이며 공단은 장기요양사업에 소요되는 비용에 충당하기 위하여 장기요양보험료를 징수한다. 장기요양보험료는 국민건강보험료와 통합하여 징수하며 공단은 장기요양보험료와 건강보험료를 구분하여 고지하여야 한다. 통합 징수한 장기요양보험료와 건강보험료는 각각의 독립회계로 관리하여야 한다.

(1) 장기요양보험료의 산정

장기요양보험료는 「국민건강보험법」에 따라 산정한 보험료액에서 경감 또는 면제되는 비용을 공제한 금액에 장기요양보험료율을 곱하여 산정한 금액으로 한다. 장기요양보험료율은 장기요양위원회의 심의를 거쳐 대통령령으로 정한다. 장애인 등 또는 이와 유사한 자로서 대통령령이 정하는 자가 장기요양보험가입자 또는 그 피부양자인 경우 대통령령이 정하는 바에 따라 장기요양보험료의 전부 또는 일부를 감면할 수 있다.

장기요양보험료 = 국민건강보험료액 × 장기요양보험료율

---

(2) 장기요양급여의 종류

장기요양급여의 종류로는 재가급여, 시설급여, 특별현금급여가 있으며 특별현금급여에는 가족요양비, 특례요양비, 요양병원간병비가 있다.

① 재가급여

- 방문요양 : 장기요양요원이 수급자의 가정 등을 방문하여 신체활동 및 가사활동 등을 지원하는 장기요양급여
- 방문목욕 : 장기요양요원이 목욕설비를 갖춘 장비를 이용하여 수급자의 가정 등을 방문하여 목욕을 제공하는 장기요양급여
- 방문간호 : 장기요양요원인 간호사 등이 의사, 한의사 또는 치과의사의 지시서에 따라 수급자의 가정 등을 방문하여 간호, 진료의 보조, 요양에 관한 상담 또는 구강위생 등을 제공하는 장기요양급여
- 주·야간보호 : 수급자를 하루 중 일정한 시간 동안 장기요양기관에 보호하여 신체활동 지원 및 심신기능의 유지·향상을 위한 교육·훈련 등을 제공하는 장기요양급여
- 단기보호 : 수급자를 보건복지부령이 정하는 범위 안에서 일정기간 동안 장기요양기관에 보호하여 신체활동 지원 및 심신기능의 유지·향상을 위한 교육·훈련 등을 제공하는 장기요양급여
- 기타재가급여 : 수급자의 일상생활·신체활동 지원에 필요한 용구를 제공하거나 가정을 방문하여 재활에 관한 지원 등을 제공하는 장기요양급여로서 대통령령이

정하는 것

② 시설급여

장기요양기관이 운영하는 노인의료복지시설(노인전문병원은 제외) 등에 장기간 동안 입소하여 신체활동 지원 및 심신기능의 유지·향상을 위한 교육·훈련 등을 제공하는 장기요양급여

③ 특별현금급여

특별현금급여로는 가족요양비, 특례요양비, 요양병원간병비가 있다.

가. 가족요양비

다음의 어느 하나에 해당하는 수급자가 가족 등으로부터 방문요양에 상당한 장기요양급여를 받은 때 대통령령이 정하는 기준에 따라 당해 수급자에게 가족요양비를 지급할 수 있다.

- 도서·벽지 등 장기요양기관이 현저히 부족한 지역으로서 보건복지부장관이 정하여 고시하는 지역에 거주하는 자
- 천재지변, 그 밖에 이와 유사한 사유로 인하여 장기요양기관이 제공하는 장기 요양급여를 이용하기가 어렵다고 보건복지부장관이 인정하는 자
- 신체·정신 또는 성격 등 대통령령이 정하는 사유로 인하여 가족 등으로부터 장기요양을 받아야 하는 자

나. 특례요양비

수급자가 장기요양기관이 아닌 노인요양시설 등의 기관 또는 시설에서 재가급여 또는 시설급여에 상당한 장기요양급여를 받은 경우 대통령령이 정하는 기준에 따라 당해 장기요양급여비용의 일부를 당해 수급자에게 특례요양비로 지급할 수 있다. 장기요양급여가 인정되는 기관 또는 시설의 범위, 특례요양비의 지급절차 그 밖에 필요한 사항은 보건복지부령으로 정한다.

다. 요양병원간병비

수급자가 「노인복지법」에 따른 노인전문병원 또는 「의료법」에 따른 요양병원에 입원한 때 대통령령이 정하는 기준에 따라 장기요양에 소요되는 비용의 일부를 요양병원간병비로 지급할 수 있다. 요양병원간병비의 지급절차 그 밖에 필요한 사항은 보건복지부령으로 정한다.

(3) 장기요양급여의 제공

수급자는 장기요양인정서가 도달한 날부터 장기요양급여를 받을 수 있다. 만일 수급자는 돌볼 가족이 없는 경우 등 대통령령이 정하는 사유가 있는 경우 신청서를 제출한 날부터 장기요양인정서가 도달되는 날까지의 기간 중에도 장기요양급여를 받을 수 있다. 장기요양급여가 인정되는 범위와 절차 등은 대통령령으로 정한다. 장기요양급여는 월 한도액 범위 안에서 제공하며 월 한도액은 장기요양등급 및 장기요양급여의 종류 등을 고려하여 산정한다. 월 한도액의 산정기준 및 방법 그 밖에 필요한 사항은 보건복지부령으로 정한다.

(4) 장기요양급여의 제한

장기요양급여를 받고 있거나 받을 수 있는 자가 다음의 어느 하나에 해당하는 경우 장기요양급여를 중단하거나 제공하지 아니하게 하여야 한다.

- 허위 그 밖에 부정한 방법으로 장기요양인정을 받은 경우
- 고의로 사고를 발생하도록 하거나 본인의 위법행위에 기인하여 장기요양인정을 받은 경우
- 공단은 장기요양급여를 받고 있는 자가 정당한 사유 없이 자료의 제출, 보고 및 검사 등에 따른 요구에 응하지 아니하거나 답변을 거절한 경우 장기요양급여의 전부 또는 일부를 제공하지 아니하게 할 수 있다.

6) 장기요양기관

장기요양기관을 설치·운영하고자 하는 자는 소재지를 관할구역으로 하는 시장·군수·구청장으로부터 지정을 받아야 한다. 장기요양기관으로 지정 받고자 하는 자는 보

건복지부령이 정하는 장기요양에 필요한 시설 및 인력을 갖추어야 한다. 재가급여 중 어느 하나 이상에 해당하는 장기요양급여를 제공하고자 하는 자는 시설 및 인력을 갖추어 재가장기요양기관을 설치하고 시장·군수·구청장에게 이를 신고하여야 한다. 신고를 받은 시장·군수·구청장은 신고 명세를 공단에 통보하여야 한다. 의료기관이 아닌 자가 설치·운영하는 재가장기요양기관은 방문간호를 제공하는 경우 방문간호의 관리책임자로서 간호사를 둔다. 시설 및 인력기준 그 밖에 필요한 사항은 보건복지부령으로 정한다. 장기요양기관은 수급자로부터 장기요양급여신청을 받은 때 장기요양급여의 제공을 거부하여서는 아니 된다. 장기요양기관은 폐업하거나 휴업하고자 하는 경우 폐업이나 휴업 예정일 전 30일까지 시장·군수·구청장에게 신고하여야 한다. 신고를 받은 시장·군수·구청장은 지체 없이 신고 명세를 공단에 통보하여야 한다. 재가장기요양기관의 장은 재가장기요양기관의 폐업 또는 휴업을 하고자 하는 때 시장·군수·구청장에게 이를 신고하여야 한다.

7) 재가 및 시설 급여비용 등

장기요양기관은 수급자에게 재가급여 또는 시설급여를 제공한 경우 공단에 장기요양급여비용을 청구하여야 한다. 공단은 장기요양기관으로부터 재가 또는 시설 급여비용의 청구를 받은 경우 이를 심사하여 장기요양에 소요된 비용 중 공단부담금(재가 및 시설 급여비용 중 본인일부부담금을 공제한 금액을 말한다)을 당해 장기요양기관에게 지급하여야 한다. 공단은 장기요양기관의 장기요양급여평가 결과에 따라 장기요양급여비용을 가산 또는 감액 조정하여 지급할 수 있으며 재가 및 시설 급여비용의 심사기준, 장기요양급여비용의 가감지급의 기준, 청구절차 및 지급방법 등에 관한 사항은 보건복지부령으로 정한다. 재가 및 시설 급여비용은 급여종류 및 장기요양등급 등에 따라 제45조의 규정에 따른 장기요양위원회의 심의를 거쳐 보건복지부장관이 정하여 고시한다. 공단은 장기요양급여를 받은 금액의 총액이 보건복지부장관이 정하여 고시하는 금액 이하에 해당하는 수급자가 가족 등으로부터 방문요양에 상당한 장기요양을 받은 경우 보건복지부령이 정하는 바에 따라 본인일부부담금의 일부를 감면하거나 이에 갈음하는 조치를 할 수 있다.

(1) 본인일부부담금

재가 및 시설 급여비용은 다음과 같이 수급자가 부담한다. 다만, 수급자 중 「국민기초생활 보장법」에 따른 수급권자는 그러하지 아니하다.
- 재가급여 : 당해 장기요양급여비용의 100분의 15
- 시설급여 : 당해 장기요양급여비용의 100분의 20

(2) 본인전부부담금

다음의 장기요양급여에 대한 비용은 수급자 본인이 전부 부담한다.
- 이 법의 규정에 따른 급여의 범위 및 대상에 포함되지 아니하는 장기요양급여
- 수급자가 장기요양인정서에 기재된 장기요양급여의 종류 및 내용과 다르게 선택하여 장기요양급여를 받은 경우 그 차액
- 장기요양급여의 월 한도액을 초과하는 장기요양급여

(3) 본인일부부담금의 100분의 50을 감경

다음의 어느 하나에 해당하는 자에 대하여는 본인일부부담금의 100분의 50을 감경한다.
- 의료급여수급권자
- 소득·재산 등이 보건복지부장관이 정하여 고시하는 일정 금액 이하인 자
- 천재지변 등 보건복지부령으로 정하는 사유로 인하여 생계가 곤란한 자

8) 장기요양위원회

(1) 장기요양위원회 심의사항

다음의 사항을 심의하기 위하여 보건복지부장관 소속하에 장기요양위원회를 둔다.
- 장기요양보험료율
- 가족요양비, 특례요양비 및 요양병원간병비의 지급기준
- 재가 및 시설 급여비용 그 밖에 대통령령이 정하는 주요사항

(2) 장기요양위원회의 구성

장기요양위원회는 위원장 1인, 부위원장 1인을 포함한 16인 이상 22인 이하의 위원으로 구성한다. 위원장은 보건복지부차관이 되고, 부위원장은 위원 중에서 위원장이 지명한다. 장기요양위원회 위원의 임기는 3년으로 하며 위원장이 아닌 위원은 보건복지부장관이 임명 또는 위촉한 자로 하고, 다음에 해당하는 자를 각각 동수로 구성하여야 한다.

- 근로자단체, 사용자단체, 시민단체, 노인단체, 농어업인단체 또는 자영자단체를 대표하는 자
- 장기요양기관 또는 의료계를 대표하는 자
- 대통령령이 정하는 관계 중앙행정기관의 고위공무원단 소속 공무원, 장기요양에 관한 학계 또는 연구계를 대표하는 자, 공단 이사장이 추천하는 자

(3) 장기요양위원회의 운영

장기요양위원회 회의는 구성원 과반수의 출석으로 개의하고 출석위원 과반수의 찬성으로 의결한다. 장기요양위원회의 효율적 운영을 위하여 분야별로 실무위원회를 둘 수 있다. 이 법에서 정한 것 외에 장기요양위원회의 구성·운영 그 밖에 필요한 사항은 대통령령으로 정한다.

9) 관리운영기관

장기요양사업의 관리운영기관은 공단으로 하며 공단은 다음의 업무를 관장한다.

- 장기요양보험가입자 및 그 피부양자와 의료급여수급권자의 자격관리
- 장기요양보험료의 부과·징수
- 신청인에 대한 조사
- 등급판정위원회의 운영 및 장기요양등급 판정
- 장기요양인정서의 작성 및 표준장기요양이용계획서의 제공
- 장기요양급여의 관리 및 평가
- 수급자에 대한 정보제공·안내·상담 등 장기요양급여 관련 이용지원에 관한 사항
- 재가 및 시설 급여비용의 심사 및 지급과 특별현금급여의 지급

- 장기요양급여 제공내용 확인
- 장기요양사업에 관한 조사·연구 및 홍보
- 노인성질환예방사업
- 이 법에 따른 부당이득금의 부과·징수 등
- 그 밖에 장기요양사업과 관련하여 보건복지부장관이 위탁한 업무

10) 이의신청 및 심사청구

(1) 이의신청

장기요양인정·장기요양등급·장기요양급여·부당이득·장기요양급여비용 또는 장기요양보험료 등에 관한 공단의 처분에 이의가 있는 자는 공단에 이의신청을 할 수 있다. 이의신청은 처분이 있은 날부터 90일 이내에 문서로 하여야 한다.

(2) 심사청구

이의신청에 대한 결정에 불복이 있는 자는 결정처분을 받은 날부터 90일 이내에 장기요양심판위원회에 심사청구를 할 수 있다. 심판위원회는 보건복지부장관 소속하에 두고 위원장 1인을 포함한 20인 이내의 위원으로 구성한다. 심판위원회의 위원은 관계 공무원, 법학, 그 밖에 장기요양사업 분야의 학식과 경험이 풍부한 자 중에서 보건복지부장관이 임명 또는 위촉한다.

(3) 행정소송

공단의 처분에 이의가 있는 자와 이의신청 또는 심사청구에 대한 결정에 불복이 있는 자는 「행정소송법」이 정하는 바에 따라 행정소송을 제기할 수 있다.

13

사회복지서비스법

제1절 사회복지서비스법

1. 사회복지서비스법의 의의

사회복지서비스법이라 함은 사회복지서비스에 관한 법이다. 그러나 사회복지서비스법이라고 하는 단일 형식적 법전은 없고 사회보장기본법상에서 "사회복지서비스라 함은 국가·지방자치단체 및 민간부문의 도움을 필요로 하는 모든 국민에게 상담·재활·직업소개 및 지도·사회복지시설 이용 등을 제공하여 정상적인 사회생활이 가능하도록 지원하는 제도를 말한다"라고 정의하고 있다. 따라서 사회복지서비스를 내용으로 사업을 규정한 법이 사회복지사업법이기 때문에 사회복지사업법이 사회복지서비스의 기본법이 된다.

2. 사회복지서비스법의 특성

사회복지서비스법은 다른 사회보장제도의 목적과 적용대상이 상이하기 때문에 사회보험법이나 공공부조법과는 다른 특성이 있다.

① 급여의 내용에 있어서 사회보험법이나 공공부조법상의 급여는 현금급여나 현물급여인데 대하여 사회복지서비스법의 급여는 상담·재활·직업소개·지도 등과 같은 비물질적, 심리적·정신적 서비스가 주된 내용이다.

② 사회복지서비스법은 대상자별, 환경별, 시간별 등에 의한 개별적 급여의 욕구가 다양하기 때문에, 법정화에 의해 획일적 처우를 하는 사회보험이나 공공부조의 급여에 비하여 역동적이고 어렵다.

③ 사회복지서비스법의 급여는 단순한 현금이나 현물을 전달하는 것이 아니고 사회 심리적 치료나 재활·상담 등의 서비스를 개인적 또는 집단적으로 제공하는 것이기 때문에 전달자의 전문적 지식과 실천기술 그리고 윤리가 중요한 역할을 한다(김기원, 2006: 5-6).

제2절 노인복지법

(일부개정 2007.8.3 법률 제8608호, 시행일 2008.8.4)

1. 노인복지법의 의의

노인복지는 노인의 생활안정과 복리를 증진시키기 위한 사회적 노력으로 사회복지 실천의 한 분야이다. 노인복지는 노인이 인간다운 생활을 영위하면서 사회적으로 안정된 생활을 유지하도록 도우며 노인이 자기가 속한 가족과 사회에 적응하고 통합될 수 있도록 필요한 자원과 서비스를 제공하는 것을 목적으로 한다.

노인복지법은 사회복지서비스법의 한 영역으로서 상기와 같은 노인복지의 목적을 달성하기 위하여 노인들의 문제해결에 대한 사회적 대책을 제시하고 욕구 충족과 건강하고 문화적인 노후생활을 영위하는 데 필요한 서비스와 관련급여를 제공하는 국가·지방자치단체 및 민간부문의 활동을 규율하는 법이다.

노인복지법은 노인의 질환을 사전예방 또는 조기발견하고 질환상태에 따른 적절한 치료·요양으로 심신의 건강을 유지하고, 노후의 생활안정을 위하여 필요한 조치를 강구함으로써 노인의 보건복지증진에 기여함을 목적으로 한다(동법 제1조).

2. 입법 배경 및 연혁

1960년대 초 우리나라 사회보장제도의 기반이 마련될 당시 노인복지 분야는 제도적 기반이 마련되지 못하였다. 다만, 생활보호법 제3조와 제25조에 근거하여 65세 이상의 생활능력이 없는 무의탁노인을 대상으로 구빈차원에서 노인보호사업이 전개되었을 뿐 실제적인 보호수준은 최저생계비 보장에도 미치지 못하였다. 1960년대 말부터 노인인구에 대한 사회보장제도의 필요성이 인식되기 시작하였으나 고도성장 경제정책의 추구로 인하여 관심의 대상이 되지 못하였고 1970년대 국민의 생활수준이 향상되고 노인들의 욕구도 다양해지면서 노인문제가 차츰 사회문제로 대두되었다.

이에 노인문제를 국가적 차원에서 대처하기 위한 입법노력이 전개되는 가운데 1981년 6월 5일에 노인복지법이 제정되었다. 1982년 5월 8일에는 경로헌장이 세계최초로 선포되어 노인의 위치와 책임을 밝히고 노인 공경에 대한 온 국민의 관심을 높이기 위하여 제정되었다. 1989년 12월 30일에는 노인복지법을 개정하여 노인복지대책위원회를 설치하고, 70세 이상 노인 가운데 생활보호법에 의거한 거택보호자 중 가구주와 시설보호자에게 월 1만원의 노령수당을 지급할 수 있도록 하였으며, 노인복지시설의 범위에 실비양로시설, 유료노인요양시설 및 노인복지주택을 추가하였다. 1993년 12월 27일 개정된 노인복지법에서는 민간기업체나 개인이 영리를 목적으로 유료노인복지시설을 운영할 수 있는 법적인 장치를 마련하였고 재가노인복지사업의 종류를 가정봉사원파견사업, 주간보호사업, 단기보호사업으로 명시하고 사업실시의 법적근거를 마련하였다.

1997년 8월 22일에는 매년 10월 2일을 '노인의 날', 매년 10월 달을 '경로의 달'로 정하고, 1998년 7월 1일부터 65세 이상 저소득 노인까지 확대하여 실시하는 경로연금제도를 도입하였다. 또한 1998년 9월부터 전국 보건소에 치매상담신고센터를 설치하여 운영하였으며 노인의 사회참여 및 취업의 활성화를 위하여 노인지역봉사기관, 노인취업알선기관의 지원근거를 규정하고 치매·중풍 등 중증질환 노인과 만성퇴행성 노인환자를 효율적으로 관리하기 위하여 노인전문요양시설, 유료노인전문시설 및 노인전문병원을 설치할 수 있도록 하였다. 이외에도 재가노인복지시설을 일정한 규모 이상을 갖춘 단독주택이나 공동주택에서도 운영할 수 있도록 하여 재가노인복지사업 활성화를 도모하였다.

1999년 2월 8일 개정에서는 노인복지대책위원회를 폐지하고, 생활보호대상자인 경우 국민연금 등 공적연금을 수급하고 있더라도 경로연금을 수급할 수 있도록 하였으며, 무료와 실비양로 및 요양시설과 노인전문요양시설의 입소자에게 받는 비용수납한도액을 초과하여 받을 수 있도록 허락하였고 유료양로시설, 유료노인복지시설, 유료노인요양시설, 유료노인전문요양시설의 비용수납 신고제를 폐지하였다.

2004년 1월 29일에는 노인학대를 방지하고 예방하기 위하여 긴급전화(1389, 2007년 현재는 129로 통합) 및 노인보호전문기관을 설치하도록 하고 노인 학대를 목격하였을 경우 의무적으로 신고하도록 학대받는 노인을 위한 제도적 장치를 강화하였다.

2005년 3월 31일 노인의료복지시설의 설치·폐지 등의 신고 등에 관한 사회복지시설에 대한 현황파악이 용이할 수 있도록 시·도지사의 사무를 시·군·구청장에게 이양하였다. 2005년 7월 13일에는 국가 또는 지방자치단체가 노인들의 능력과 적성에 맞는 일자리의 개발·보급 및 교육훈련 등을 위한 전담 기관 설치·운영을 법인·단체 등에 위탁할 수 있도록 하였다.

2007. 4. 25에는 기초노령연금법이 제정되어 경로연금에 관한 부분은 기초노령연금법에 의해 규정되었고, 2007년 8월 3일 노인장기요양보험에 대비하여 노인복지시설의 무료·실비 및 유료 구분을 없애고, 요양보호사 자격제를 도입하는 한편, 홀로 사는 노인에게 지원을 할 수 있도록 하고, 실종노인의 보호를 위하여 실종노인을 보호할 경우 신고하도록 하며, 60세 미만의 자에게 노인복지주택을 분양·임대하는 것 등을 금지하였다.

3. 노인복지법의 내용

1) 총칙

(1) 목적

노인복지법은 노인의 질환을 사전예방 또는 조기발견하고 질환상태에 따른 적절한 치료·요양으로 심신의 건강을 유지하고, 노후의 생활안정을 위하여 필요한 조치를 강구함으로써 노인의 보건복지증진에 기여함을 목적으로 한다.

(2) 용어의 정의

- "부양의무자"는 배우자(사실상의 혼인관계에 있는 자를 포함한다)와 직계비속 및 그 배우자(사실상의 혼인관계에 있는 자를 포함한다)를 말한다.
- "보호자"는 부양의무자 또는 업무·고용 등의 관계로 사실상 노인을 보호하는 자를 말한다.
- "치매"는 퇴행성 뇌질환 또는 뇌혈관계 질환 등으로 인하여 기억력, 언어능력, 지남력, 판단력 및 수행능력 등의 기능이 저하됨으로써 일상생활에서 지장을 초래하는 후천적인 다발성 장애를 말한다.
- "노인학대"는 노인에 대하여 신체적·정신적·정서적·성적 폭력 및 경제적 착취 또는 가혹행위를 하거나 유기 또는 방임을 하는 것을 말한다.

(3) 기본이념

① 노인은 후손의 양육과 국가 및 사회의 발전에 기여하여 온 자로서 존경받으며 건전하고 안정된 생활을 보장받는다.

② 노인은 그 능력에 따라 적당한 일에 종사하고 사회적 활동에 참여할 기회를 보장받는다.

③ 노인은 노령에 따르는 심신의 변화를 자각하여 항상 심신의 건강을 유지하고 그 지식과 경험을 활용하여 사회의 발전에 기여하도록 노력하여야 한다.

(4) 노인관련 기념일

① 노인에 대한 사회적 관심과 공경의식을 높이기 위하여 매년 10월 2일을 노인의 날로, 매년 10월을 경로의 달로 한다.

② 부모에 대한 효사상을 앙양하기 위하여 매년 5월 8일을 어버이날로 한다.

③ 치매의 예방과 치료에 관한 사회적 인식을 제고하기 위하여 매년 9월 21일을 치매 극복의 날로 한다.

(5) 노인복지상담원

① 노인의 복지를 담당하게 하기 위하여 특별자치도와 시·군·구에 노인복지상담원을 둔다.

② 노인복지상담원의 임용 또는 위촉, 직무 및 보수 등에 관하여 필요한 사항은 대통령령으로 정한다.

2) 보건·복지조치

(1) 노인의 사회참여

국가 또는 지방자치단체는 노인의 사회참여 확대를 위하여 노인의 지역봉사 활동기회를 넓히고 노인에게 적합한 직종의 개발과 그 보급을 위한 시책을 강구하며 근로능력 있는 노인에게 일할 기회를 우선적으로 제공하도록 노력하여야 한다. 국가 또는 지방자치단체는 노인의 지역봉사 활동 및 취업의 활성화를 기하기 위하여 노인지역봉사기관,

노인취업알선기관 등 노인복지관계기관에 대하여 필요한 지원을 할 수 있다.

(2) 노인 일자리 전담기관의 설치·운영 등

국가 또는 지방자치단체는 노인의 능력과 적성에 맞는 일자리의 개발·보급과 교육훈련 등을 전담할 기관을 설치·운영하거나 그 운영의 전부 또는 일부를 법인·단체 등에 위탁할 수 있다. 노인일자리전담기관의 설치·운영 또는 위탁에 관하여 필요한 사항은 대통령령으로 정한다.

(3) 지역봉사지도원 위촉 및 업무

국가 또는 지방자치단체는 사회적 신망과 경험이 있는 노인으로서 지역봉사를 희망하는 경우에는 이를 지역봉사지도원으로 위촉할 수 있다. 지역지도원의 업무는 다음과 같다.

- 국가 또는 지방자치단체가 행하는 업무 중 민원인에 대한 상담 및 조언
- 도로의 교통정리, 주·정차단속의 보조, 자연보호 및 환경침해 행위단속의 보조와 청소년 선도
- 충효사상, 전통의례 등 전통문화의 전수교육
- 문화재의 보호 및 안내
- 기타 대통령령이 정하는 업무

(4) 생업지원

국가 또는 지방자치단체, 기타 공공단체가 설치·운영하는 공공시설 안에 식료품·사무용품·신문 등 일상생활용품의 판매를 위한 매점이나 자동판매기의 설치를 허가 또는 위탁할 때에는 65세 이상의 자의 신청이 있는 경우 이를 우선적으로 반영하여야 한다.

(5) 경로우대

국가 또는 지방자치단체는 65세 이상의 자에 대하여 대통령령이 정하는 바에 의하여 국가 또는 지방자치단체의 수송시설 및 고궁·능원·박물관·공원 등의 공공시설을 무료

로 또는 그 이용요금을 할인하여 이용하게 할 수 있다. 국가 또는 지방자치단체는 노인의 일상생활에 관련된 사업을 경영하는 자에게 65세 이상의 자에 대하여 그 이용요금을 할인하여 주도록 권유할 수 있다. 국가 또는 지방자치단체는 노인에게 이용요금을 할인하여 주는 자에 대하여 적절한 지원을 할 수 있다.

(6) 건강진단 등

국가 또는 지방자치단체는 대통령령이 정하는 바에 의하여 65세 이상의 자에 대하여 건강진단과 보건교육을 실시할 수 있다. 국가 또는 지방자치단체는 제1항의 규정에 의한 건강진단 결과 필요하다고 인정한 때에는 그 건강진단을 받은 자에 대하여 필요한 지도를 하여야 한다.

(7) 홀로 사는 노인에 대한 지원

국가 또는 지방자치단체는 홀로 사는 노인에 대하여 방문요양서비스 등의 서비스와 안전 확인 등의 보호조치를 취하여야 한다. 서비스 및 보호조치의 구체적인 내용 등에 관하여는 보건복지부장관이 정한다.

(8) 상담·입소 등의 조치

보건복지부장관, 특별시장·광역시장·도지사·특별자치도지사, 시장·군수·구청장은 노인에 대한 복지를 도모하기 위하여 필요하다고 인정한 때에는 다음의 조치를 하여야 한다.

- 65세 이상의 자 또는 그를 보호하고 있는 자를 관계공무원 또는 노인복지상담원으로 하여금 상담·지도하게 하는 것
- 65세 이상의 자로서 신체적·정신적·경제적 이유 또는 환경상의 이유로 거택에서 보호받기가 곤란한 자를 노인주거복지시설 또는 재가노인복지시설에 입소시키거나 입소를 위탁하는 것
- 65세 이상의 자로서 신체 또는 정신상의 현저한 결함으로 인하여 항상 보호를 필요로 하고 경제적 이유로 거택에서 보호받기가 곤란한 자를 노인의료복지시설에 입소시키거나 입소를 위탁하는 것

또한 보건복지부장관, 시·도지사 또는 시장·군수·구청장(이하 "복지실시기관"이라 한다)은 65세 미만의 자에 대하여도 그 노쇠현상이 현저하여 특별히 보호할 필요가 있다고 인정할 때에는 상담·입소 등의 조치를 할 수 있으며, 복지실시기관은 입소 조치된 자가 사망한 경우에 그 자에 대한 장례를 행할 자가 없을 때에는 그 장례를 행하거나 당해 시설의 장으로 하여금 그 장례를 행하게 할 수 있다.

(9) 치매관리사업

국가 또는 지방자치단체는 치매예방 및 치매퇴치를 위하여 치매연구 및 관리사업을 실시하여야 한다. 치매연구 및 관리사업의 업무내용 및 기타 필요한 사항은 보건복지부령으로 정한다.

(10) 치매상담센터의 설치

시·군·구의 관할 보건소에 치매예방 및 치매환자관리를 위한 치매상담센터를 설치해야 하며 치매상담센터의 업무, 인력기준 그 밖의 필요한 사항은 보건복지부령으로 정한다.

(11) 노인재활요양사업

국가 또는 지방자치단체는 신체적·정신적으로 재활요양을 필요로 하는 노인을 위한 재활요양사업을 실시할 수 있다. 노인재활요양사업의 내용 및 기타 필요한 사항은 보건복지부령으로 정한다.

3) 노인복지시설의 설치·운영

노인복지시설에는 노인주거복지시설, 노인의료복지시설, 노인여가복지시설, 재가노인복지시설, 노인보호전문기관이 있다. 노인복지시설의 설치신고를 한 경우 「사회복지사업법」에 따른 사회복지시설 설치신고를 한 것으로 본다.

(1) 노인주거복지시설

① 노인주거복지시설의 종류

노인주거복지시설의 종류는 다음과 같으며 노인주거복지시설의 입소대상·입소절
차 및 분양·임대 등에 관하여 필요한 사항은 보건복지부령으로 정한다. 노인복지주택
의 설치·관리 및 공급 등에 관하여 이 법에서 규정된 사항을 제외하고는「주택법」의 관
련규정을 준용한다.

- 양로시설 : 노인을 입소시켜 급식과 그 밖에 일상생활에 필요한 편의를 제공
  함을 목적으로 하는 시설
- 노인공동생활가정 : 노인들에게 가정과 같은 주거여건과 급식, 그 밖에 일상
  생활에 필요한 편의를 제공함을 목적으로 하는 시설
- 노인복지주택 : 노인에게 주거시설을 분양 또는 임대하여 주거의 편의·생활
  지도·상담 및 안전관리 등 일상생활에 필요한 편의를 제공함을 목적으로 하
  는 시설

② 노인주거복지시설의 설치

국가 또는 지방자치단체는 노인주거복지시설을 설치할 수 있다. 국가 또는 지방자치
단체외의 자가 노인주거복지시설을 설치하고자 하는 경우에는 특별자치도지사·시장
·군수·구청장(이하 "시장·군수·구청장"이라 한다)에게 신고하여야 한다. 노인주거복
지시설의 시설, 인력 및 운영에 관한 기준과 설치신고, 설치·운영자가 준수하여야 할 사
항, 그 밖에 필요한 사항은 보건복지부령으로 정한다.

③ 노인복지주택의 입소자격 등

노인복지주택에 입소할 수 있는 자는 60세 이상의 노인으로 한다. 다만, 입소자격자
의 배우자는 60세 미만의 자라 하더라도 입소자격자와 함께 입소할 수 있다. 노인복지
주택을 설치하거나 설치하려는 자가 노인복지주택을 분양 또는 임대하려는 경우 입소
자격자에게 분양 또는 임대하여야 한다.

노인복지주택을 분양받거나 임차한 자는 해당 노인주거시설을 입소자격자가 아닌
자에게 양도(매매·증여나 그 밖에 소유권변동을 수반하는 일체의 행위를 포함한다. 이

하 같다) 또는 임대할 수 없다. 그러나 노인복지주택을 상속받은 경우 입소자격자가 아닌 자도 노인복지주택을 취득할 수 있다. 다만, 상속에 의하여 노인복지주택을 취득한 자라도 입소자격자가 아닌 자는 노인복지주택에 입소할 수 없으며 입소자격자가 아닌 자에게 해당 노인복지주택을 양도 또는 임대할 수 없다.

시장·군수·구청장은 지역 내 노인 인구, 노인주거복지시설의 수요와 공급실태 및 노인복지주택의 효율적인 이용 등을 고려하여 노인복지주택의 공급가구수와 가구별 건축면적(주거의 용도로만 쓰이는 면적에 한한다)을 일정규모 이하로 제한할 수 있다. 노인복지주택을 설치한 자는 당해 노인복지주택의 전부 또는 일부 시설을 시장·군수·구청장의 확인을 받아 대통령령으로 정하는 자에게 위탁하여 운영할 수 있다.

시장·군수·구청장은 입소자격이 없는 자로서 노인복지주택을 소유한 자(상속받은 자를 제외한다)에 대하여 상당한 기간을 정하여 해당 노인복지주택을 입소자격자에게 처분하도록 명할 수 있다.

(2) 노인의료복지시설

① 노인의료복지시설의 종류

노인의료복지시설의 종류는 다음과 같으며 노인의료복지시설의 입소대상·입소비용 및 입소절차와 설치·운영자의 준수사항 등에 관하여 필요한 사항은 보건복지부령으로 정한다.

- 노인요양시설 : 치매·중풍 등 노인성질환 등으로 심신에 상당한 장애가 발생하여 도움을 필요로 하는 노인을 입소시켜 급식·요양과 그 밖에 일상생활에 필요한 편의를 제공함을 목적으로 하는 시설
- 노인요양공동생활가정 : 치매·중풍 등 노인성질환 등으로 심신에 상당한 장애가 발생하여 도움을 필요로 하는 노인에게 가정과 같은 주거여건과 급식·요양, 그 밖에 일상생활에 필요한 편의를 제공함을 목적으로 하는 시설
- 노인전문병원 : 주로 노인을 대상으로 의료를 행하는 시설

② 노인의료복지시설의 설치

국가 또는 지방자치단체는 노인의료복지시설을 설치할 수 있다. 국가 또는 지방자치

단체 외의 자가 노인의료복지시설을 설치하고자 하는 경우에는 시장·군수·구청장에게 신고하여야 한다. 다만, 노인전문병원은 의료법에 의한 의료기관을 개설할 수 있는 자(치과의사 및 조산사를 제외한다)에 한하여 시·도지사의 허가를 받아 설치할 수 있다.

노인의료복지시설의 시설, 인력 및 운영에 관한 기준과 설치신고 및 설치허가 등에 관하여 필요한 사항은 보건복지부령으로 정한다. 다만, 노인전문병원의 시설 등에 관한 기준은 「의료법」 제36조의 규정에 의한 의료기관의 시설 등의 기준에 관한 규정 중 요양병원에 관한 규정을 준용하되, 보건복지부령이 따로 정하는 경우에는 그러하지 아니하다. 노인전문병원에 관하여 이 법에서 규정된 사항을 제외하고는 의료법의 규정을 준용하되, 그 관리 및 운영 등에 있어서는 이를 의료법 제3조제2항의 규정에 의한 의료기관 중 요양병원으로 본다.

(3) 노인여가복지시설

① 노인여가복지시설의 종류

노인여가복지시설은 다음과 같으며 노인여가복지시설의 이용대상 및 이용절차 등에 관하여 필요한 사항은 보건복지부령으로 정한다.

- 노인복지관 : 노인의 교양·취미생활 및 사회참여활동 등에 대한 각종 정보와 서비스를 제공하고, 건강증진 및 질병예방과 소득보장·재가복지, 그 밖에 노인의 복지증진에 필요한 서비스를 제공함을 목적으로 하는 시설
- 경로당 : 지역노인들이 자율적으로 친목도모·취미활동·공동작업장 운영 및 각종 정보교환과 기타 여가활동을 할 수 있도록 하는 장소를 제공함을 목적으로 하는 시설
- 노인교실 : 노인들에 대하여 사회활동 참여욕구를 충족시키기 위하여 건전한 취미생활·노인건강유지·소득보장, 기타 일상생활과 관련한 학습프로그램을 제공함을 목적으로 하는 시설
- 노인휴양소 : 노인들에 대하여 심신의 휴양과 관련한 위생시설·여가시설, 기타 편의시설을 단기간 제공함을 목적으로 하는 시설

② 노인여가복지시설의 설치

국가 또는 지방자치단체는 노인여가복지시설을 설치할 수 있다. 국가 또는 지방자치단체외의 자가 노인여가복지시설을 설치하고자 하는 경우에는 시장·군수·구청장에게 신고하여야 한다. 노인여가복지시설의 시설, 인력 및 운영에 관한 기준과 설치신고 등에 관하여 필요한 사항은 보건복지부령으로 정한다.

(4) 재가노인복지시설

① 재가복지시설의 종류

재가노인복지시설은 다음 각 호의 어느 하나 이상의 서비스를 제공함을 목적으로 하는 시설을 말하며 재가노인복지시설의 이용대상·비용부담 및 이용절차 등에 관하여 필요한 사항은 보건복지부령으로 정한다.

- 방문요양서비스 : 가정에서 일상생활을 영위하고 있는 노인(이하 "재가노인"이라 한다)으로서 신체적·정신적 장애로 어려움을 겪고 있는 노인에게 필요한 각종 편의를 제공하여 지역사회 안에서 건전하고 안정된 노후를 영위하도록 하는 서비스
- 주·야간보호서비스 : 부득이한 사유로 가족의 보호를 받을 수 없는 심신이 허약한 노인과 장애노인을 주간 또는 야간 동안 보호시설에 입소시켜 필요한 각종 편의를 제공하여 이들의 생활안정과 심신기능의 유지·향상을 도모하고, 그 가족의 신체적·정신적 부담을 덜어주기 위한 서비스
- 단기보호서비스 : 부득이한 사유로 가족의 보호를 받을 수 없어 일시적으로 보호가 필요한 심신이 허약한 노인과 장애노인을 보호시설에 단기간 입소시켜 보호함으로써 노인 및 노인가정의 복지증진을 도모하기 위한 서비스
- 방문 목욕서비스 : 목욕 장비를 갖추고 재가노인을 방문하여 목욕을 제공하는 서비스
- 그 밖의 서비스 : 그 밖에 재가노인에게 제공하는 서비스로서 보건복지부령이 정하는 서비스

② 재가노인복지시설의 설치

국가 또는 지방자치단체는 재가노인복지시설을 설치할 수 있다. 국가 또는 지방자치단체외의 자가 재가노인복지시설을 설치하고자 하는 경우에는 시장·군수·구청장에게 신고하여야 한다. 재가노인복지시설의 시설, 인력 및 운영에 관한 기준과 설치신고 등에 관하여 필요한 사항은 보건복지부령으로 정한다.

4) 노인복지시설의 변경·폐지 등

(1) 노인주거복지시설, 노인의료복지시설

노인주거복지시설을 설치한 자 또는 노인의료복지시설(노인전문병원을 제외한다)을 설치한 자가 그 설치신고사항 중 보건복지부령이 정하는 사항을 변경하거나 그 시설을 폐지 또는 휴지하고자 할 때에는 대통령령이 정하는 바에 의하여 시장·군수·구청장에게 미리 신고하여야 한다.

(2) 노인전문병원

노인전문병원을 설치한 자가 그 설치허가사항 중 보건복지부령이 정하는 사항을 변경하고자 하는 때에는 의료법이 정하는 바에 따라 시·도지사의 변경허가를 받아야 하며, 그 시설을 폐지 또는 휴지하고자 하는 때에는 동법이 정하는 바에 따라 시·도지사에게 미리 신고하여야 한다.

(3) 노인여가복지시설, 재가노인복지시설

노인여가복지시설을 설치한 자 또는 재가노인복지시설을 설치한 자가 그 설치신고사항 중 보건복지부령이 정하는 사항을 변경하거나 그 시설을 폐지 또는 휴지하고자 할 때에는 대통령령이 정하는 바에 의하여 시장·군수·구청장에게 미리 신고하여야 한다.

(4) 요양보호사교육기관

요양보호사교육기관을 설치한 자가 그 설치신고사항 중 보건복지부령이 정하는 사항을 변경하거나 그 시설을 폐지 또는 휴지하고자 하는 때에는 대통령령이 정하는 바에 따라 시·도지사에게 미리 신고하여야 한다.

(5) 수탁의무

양로시설, 노인공동생활가정 및 노인복지주택, 노인요양시설 및 노인요양공동생활가정 또는 재가노인복지시설을 설치·운영하는 자가 복지실시기관으로부터 노인의 입소·장례를 위탁받은 때에는 정당한 이유 없이 이를 거부하여서는 아니 된다.

(6) 감독

복지실시기관은 노인복지시설 또는 요양보호사교육기관을 설치·운영하는 자로 하여금 당해 시설 또는 사업에 관하여 필요한 보고를 하게 하거나 관계공무원으로 하여금 당해 시설 또는 사업의 운영상황을 조사하게 하거나 장부, 기타 관계서류를 검사하게 할 수 있다. 노인복지시설을 설치·운영하는 자는 보건복지부령이 정하는 바에 따라 매년도 입소자 또는 이용자 현황 등에 관한 자료를 복지실시기관에 제출하여야 하며 조사·검사를 행하는 자는 그 권한을 표시하는 증표를 지니고 이를 관계인에게 내보여야 한다.

5) 노인복지시설의 인력 - 요양보호사

(1) 요양보호사의 직무·자격증의 교부 등

노인복지시설의 설치·운영자는 보건복지부령으로 정하는 바에 따라 노인 등의 신체활동 또는 가사활동 지원 등의 업무를 전문적으로 수행하는 요양보호사를 두어야 한다. 요양보호사가 되려는 자는 요양보호사교육기관에서 교육과정을 마쳐야 한다. 시·도지사는 요양보호사 교육과정을 마친 자에게 요양보호사의 자격을 검정하고 자격증을 교부하여야 한다. 요양보호사의 등급, 등급별 교육과정, 자격증 교부 등에 관하여 필요한 사항은 보건복지부령으로 정한다.

(2) 요양보호사교육기관의 설치 등

요양보호사를 교육하는 기관(이하 "요양보호사교육기관"이라 한다)을 설치하려는 자는 보건복지부령으로 정하는 기준을 갖추고 시·도지사에게 신고하여야 한다. 요양보호사교육기관의 신고절차 등에 관하여 필요한 사항은 보건복지부령으로 정한다.

6) 노인학대 예방 및 보호

(1) 긴급전화의 설치 등

국가 및 지방자치단체는 노인학대를 예방하고 수시로 신고를 받을 수 있도록 긴급전화를 설치하여야 한다. 긴급전화의 설치·운영에 관하여 필요한 사항은 대통령령으로 정한다.

(2) 노인보호전문기관의 설치

국가 및 지방자치단체는 노인학대에 관한 다음의 업무를 담당하는 노인보호전문기관을 설치하여야 한다. 다만, 대통령령이 정하는 범위 안에서 다른 노인복지시설을 노인보호전문기관으로 지정한 경우에는 그러하지 아니하다. 노인보호전문기관에 두는 상담원 등 직원의 자격은 대통령령으로, 그 설치기준 및 운영에 관하여 필요한 사항은 보건복지부령으로 정한다.

- 노인학대의 예방 및 방지를 위한 홍보
- 학대받은 노인의 발견·상담·보호와 의료기관에의 치료의뢰 및 노인복지시설에의 입소의뢰
- 노인학대행위자, 노인학대행위자로 신고된 자 및 그 가정 또는 업무·고용 등의 관계로 사실상 노인을 보호·감독하는 기관이나 시설 등에 대한 조사
- 노인학대행위자에 대한 상담 및 교육
- 그 밖에 학대받은 노인의 보호를 위하여 필요한 사항

(3) 노인학대 신고의무와 절차

누구든지 노인학대를 알게 된 때에는 노인보호전문기관 또는 수사기관에 신고할 수 있다. 다음에 해당하는 자는 그 직무상 노인학대를 알게 된 때에는 즉시 노인보호전문기관 또는 수사기관에 신고하여야 한다. 신고인의 신분은 보장되어야 하며 그 의사에 반하여 신분이 노출되어서는 아니 된다.

- 의료기관에서 의료업을 행하는 의료인
- 노인복지시설의 장 및 그 종사자
- 장애인복지시설에서 장애노인에 대한 상담·치료·훈련 또는 요양을 행하는 자
- 가정폭력관련상담소의 상담원 및 가정폭력피해자보호시설의 종사자
- 노인복지상담원 및 사회복지전담공무원

(4) 응급조치의무 등

노인학대신고를 접수한 노인보호전문기관의 직원이나 사법경찰관리는 지체 없이 노인학대의 현장에 출동하여야 한다. 현장에 출동한 자는 학대받은 노인을 노인학대행위자로부터 분리하거나 치료가 필요하다고 인정할 때에는 노인보호전문기관 또는 의료기관에 인도하여야 한다.

(5) 보조인의 선임 등

학대받은 노인의 법정대리인, 직계친족, 형제자매, 노인보호전문기관의 상담원 또는 변호사는 노인학대사건의 심리에 있어서 보조인이 될 수 있다. 다만, 변호사가 아닌 경우에는 법원의 허가를 받아야 한다. 법원은 학대받은 노인을 증인으로 신문하는 경우 본인·검사 또는 노인보호전문기관의 신청이 있는 때에는 본인과 신뢰관계에 있는 자의 동석을 허가할 수 있다.

(6) 금지행위

누구든지 다음에 해당하는 행위를 하여서는 아니 된다.
- 노인의 신체에 폭행을 가하거나 상해를 입히는 행위
- 노인에게 성적 수치심을 주는 성폭행·성희롱 등의 행위
- 자신의 보호·감독을 받는 노인을 유기하거나 의식주를 포함한 기본적 보호 및 치료를 소홀히 하는 방임행위
- 노인에게 구걸을 하게 하거나 노인을 이용하여 구걸하는 행위
- 노인을 위하여 증여 또는 급여된 금품을 그 목적 외의 용도에 사용하는 행위

7) 실종노인의 발생예방 및 보호조치

(1) 실종노인에 관한 신고의무 등

누구든지 정당한 사유 없이 사고 또는 치매 등의 사유로 인하여 보호자로부터 이탈된 노인(이하 "실종노인"이라 한다)을 경찰관서 또는 지방자치단체의 장에게 신고하지 아니하고 보호하여서는 아니 된다. 노인복지시설, 사회복지시설 및 사회복지시설에 준하는 시설로서 인가·신고 등을 하지 아니하고 노인을 보호하는 시설의 장 또는 그 종사자는 그 직무를 수행하면서 실종노인임을 알게 된 때에는 지체 없이 보건복지부령으로 정하는 신상카드를 작성하여 지방자치단체의 장과 실종노인의 데이터베이스를 구축하고 운영하는 기관의 장에게 제출하여야 한다. 보건복지부장관은 실종노인의 발생예방, 조속한 발견과 복귀를 위하여 다음의 업무를 수행하여야 한다. 이 경우 보건복지부장관은 노인복지 관련 법인이나 단체에 그 업무의 전부 또는 일부를 위탁할 수 있다.

- 실종노인과 관련된 조사 및 연구
- 실종노인의 데이터베이스 구축·운영
- 그 밖에 실종노인의 보호 및 지원에 필요한 사항

(2) 조사 등

보건복지부장관, 시·도지사 또는 시장·군수·구청장은 필요하다고 인정하는 때에는 관계공무원 또는 노인복지상담원으로 하여금 노인복지시설과 노인의 주소·거소, 노인의 고용장소 또는 제39조의9의 금지행위를 위반할 우려가 있는 장소에 출입하여 노인 또는 관계인에 대하여 필요한 조사를 하거나 질문을 하게 할 수 있다. 경찰청장, 시·도지사 또는 시장·군수·구청장은 실종노인의 발견을 위하여 필요한 때에는 보호시설의 장 또는 그 종사자에게 필요한 보고 또는 자료제출을 명하거나 소속 공무원으로 하여금 보호시설에 출입하여 관계인 또는 노인에 대하여 필요한 조사 또는 질문을 하게 할 수 있다.

(3) 비밀누설의 금지

이 법에 의한 학대노인의 보호와 관련된 업무에 종사하였거나 종사하는 자는 그 직무상 알게 된 비밀을 누설하지 못한다.

8) 비용

(1) 비용의 부담

다음의 어느 하나에 해당하는 비용은 대통령령이 정하는 바에 따라 국가 또는 지방자치단체가 부담한다.

- 노인일자리전담기관의 설치·운영 또는 위탁에 소요되는 비용
- 건강진단 등과 상담·입소 등의 조치에 소요되는 비용
- 노인복지시설의 설치·운영에 소요되는 비용

(2) 비용의 수납 및 청구

복지조치에 필요한 비용을 부담한 복지실시기관은 당해 노인 또는 그 부양의무자로부터 대통령령이 정하는 바에 의하여 그 부담한 비용의 전부 또는 일부를 수납하거나 청구할 수 있다. 부양의무가 없는 자가 복지조치에 준하는 보호를 행하는 경우 즉시 그 사실을 부양의무자 및 복지실시기관에 알려야 한다. 부양의무가 없는 자가 복지조치에 준하는 보호를 행한 자는 부양의무자에게 보호비용의 전부 또는 일부를 청구할 수 있다. 부담비용의 청구 등에 관하여 필요한 사항은 보건복지부령으로 정한다.

양로시설, 노인공동생활가정 및 노인복지주택, 노인요양시설 및 노인요양공동생활가정을 설치한 자는 그 시설에 입소하거나 그 시설을 이용하는 기초수급권자 외의 자로부터 그에 소요되는 비용을 수납하고자 할 때에는 시장·군수·구청장에게 신고하여야 한다. 다만, 보건복지부령이 정한 비용수납 한도액의 범위 안에서 수납할 때에는 그러하지 아니하다.

노인여가복지시설 또는 재가노인복지시설을 설치한 자 또는 편의를 제공하는 자가 그 시설을 이용하는 자로부터 그에 소요되는 비용을 수납하고자 할 때에는 미리 시장·군수·구청장에게 신고하여야 한다.

(3) 비용의 보조

국가 또는 지방자치단체는 대통령령이 정하는 바에 의하여 노인복지시설의 설치·운영에 필요한 비용을 보조할 수 있다.

(4) 유류물품의 처분

복지실시기관 또는 노인복지시설의 장은 장례를 행함에 있어서 사망자가 유류한 금전 또는 유가증권을 그 장례에 필요한 비용에 충당할 수 있으며, 부족이 있을 때에는 유류물품을 처분하여 그 대금을 이에 충당할 수 있다.

(5) 조세감면

수급권자가 받는 연금과 노인복지시설에서 노인을 위하여 사용하는 건물·토지 등에 대하여는 조세감면규제법 등 관계법령이 정하는 바에 의하여 조세, 기타 공과금을 감면할 수 있다. 노인복지시설에서 노인을 위하여 사용하는 건물·토지 등에 대하여는 조세감면규제법 등 관계법령이 정하는 바에 의하여 조세, 기타 공과금을 감면할 수 있다.

9) 보칙

(1) 심사청구 등

노인 또는 그 부양의무자는 이 법에 의한 복지조치에 대하여 이의가 있을 때에는 당해 복지실시기관에 심사를 청구할 수 있다. 복지실시기관은 심사청구를 받은 때에는 30일 이내에 이를 심사·결정하여 청구인에게 통보하여야 한다. 심사·결정에 이의가 있는 자는 그 통보를 받은 날부터 90일 이내에 행정심판을 제기할 수 있다.

(2) 노인복지명예지도원

복지실시기관은 양로시설, 노인공동생활가정, 노인복지주택, 노인요양시설 및 노인요양공동생활가정의 입소노인의 보호를 위하여 노인복지명예지도원을 둘 수 있다. 노인복지명예지도원의 위촉방법·업무범위 등 기타 필요한 사항은 대통령령으로 정한다.

(3) 권한의 위임·위탁

보건복지부장관 또는 시·도지사는 이 법에 의한 권한의 일부를 대통령령이 정하는 바에 의하여 각각 시·도지사 또는 시장·군수·구청장에게 위임할 수 있다. 보건복지부장관, 시·도지사 또는 시장·군수·구청장은 이 법에 의한 업무의 일부를 대통령령이 정하는 바에 의하여 법인 또는 단체에 위탁할 수 있다.

(4) 국·공유재산의 대부 등

국가 또는 지방자치단체는 노인보건복지관련 연구시설이나 사업의 육성을 위하여 필요하다고 인정하는 경우에는 국유재산법 또는 지방재정법의 규정에 불구하고 국·공유재산을 무상으로 대부하거나 사용·수익하게 할 수 있다.

(5) 건축법에 대한 특례

재가노인복지시설, 노인공동생활가정 및 노인요양공동생활가정은 「건축법」 제14조의 규정에 불구하고 단독주택 또는 공동주택에 설치할 수 있다. 이 법에 의한 노인복지주택의 건축물의 용도는 건축관계법령에 불구하고 노유자시설로 본다.

10) 벌칙 및 양벌규정

(1) 벌칙

- 노인의 신체에 상해를 입힌 자는 7년 이하의 징역 또는 2천만원 이하의 벌금에 처하며 노인의 신체에 폭행을 가하거나 노인에게 성적 수치심을 주는 성폭행·성희롱 등의 행위, 자신의 보호·감독을 받는 노인을 유기하거나 의식주를 포함한 기본적 보호 및 치료를 소홀히 하는 방임행위, 노인에게 구걸을 하게 하거나 노인을 이용하여 구걸하는 행위, 실종노인의 신고의무를 위반하여 정당한 사유 없이 신고하지 아니 하고 실종노인을 보호한 자 등 어느 하나에 해당하는 자는 5년 이하의 징역 또는 1천 500만원 이하의 벌금에 처한다.
- 노인을 위하여 증여 또는 급여된 금품을 그 목적 외의 용도에 사용하는 행위, 위계 또는 위력을 행사하여 관계 공무원의 출입 또는 조사를 거부하거나 방해한 자는 3년 이하의 징역 또는 1천만원 이하의 벌금에 처한다.
- 입소자격자 아닌 자에게 노인복지주택을 분양 또는 임대한 자는 2년 이하의 징역에 처하거나 위법하게 분양 또는 임대한 세대의 수에 1천만원을 곱한 금액 이하의 벌금에 처한다. 신고를 하지 아니하고 양로시설, 노인공동생활가

정, 노인복지주택, 노인요양시설 또는 노인요양공동생활가정을 설치하거나
운영한 자는 2년 이하의 징역 또는 1천만원 이하의 벌금에 처한다.

- 신고를 하지 아니하고 양로시설·노인공동생활가정·노인복지주택·노인요양
  시설·노인요양공동생활가정·노인여가복지시설·재가노인복지시설 또는 요
  양보호사교육기관을 설치하거나 운영한 자는 1년 이하의 징역 또는 300만원
  이하의 벌금에 처한다.
- 허위, 기타 부정한 방법에 의하여 연금을 지급받은 자는 1년 이하의 징역 또
  는 100만원 이하의 벌금에 처한다.
- 양로시설, 노인공동생활가정 및 노인복지주택, 노인요양시설 및 노인요양공
  동생활가정 또는 재가노인복지시설을 설치·운영하는 자가 복지실시기관으
  로부터 노인의 입소·장례를 위탁받은 때에는 정당한 이유 없이 이를 거부한
  자는 50만원 이하의 벌금에 처한다.

(2) 양벌규정

법인의 대표자나 법인 또는 개인의 대리인·사용인, 기타 종업원이 그 법인 또는 개인
의 업무에 관하여 위반행위를 한 때에는 행위자를 벌하는 외에 그 법인 또는 개인에 대
하여도 각 해당 조의 벌금형을 과한다.

제3절 아동복지법

(일부개정 2006.9.27 법률 제8006호)

1. 아동복지의 의의

21세기에 들어서면서 아동복지에 대한 관심이 고조되고 있다. 우리나라의 사회복지 사전(1993)은 "아동복지란 일반적으로 특수한 장애를 가진 아동은 물론 모든 아동들이 가족 및 사회의 일원으로 육체적으로나 정신적으로 건전하게 성장·발달할 수 있도록 지역사회나 사회복지서비스 분야에 있는 공·사 단체나 기관들이 협력하여 아동복지에 필요한 사업을 계획하며 실행에 옮기는 조직적인 활동이다" 라고 정의하고 있다.

따라서 아동복지란 아동의 건강한 삶을 보장하기 위한 국가, 사회, 민간단체의 다양한 노력들, 즉 법, 정책, 행정, 전문가에 의한 구체적인 서비스를 말한다. 일반적으로 좁은 의미의 아동복지는 보호를 요하는 아동을 중심으로 한 복지활동으로 대체로 개인이나 민간단체를 중심으로 이루어지는 활동을 말한다.

오늘날에는 대부분 넓은 의미의 정의를 취하고 있는데, 넓은 의미의 아동복지는 "보호를 요하는 상태에 있는 아동은 물론 모든 아동이 가족 및 사회의 일원으로 건강하고 건전하게 성장할 수 있도록 개인, 민간 및 국가가 서로 협력하여 벌이는 활동"으로 정의할 수 있다.

이는 현대사회에서 아동문제는 단순히 아동자신의 개인적인 문제가 아니라 가족과 사회에 심각한 영향을 미치기 때문에 국가·사회 전체가 책임을 져야 할 것으로 인정되고 있기 때문이다.

2. 입법 배경 및 연혁

우리나라의 아동복지에 관한 최초의 법은 1961년 12월 30일 제정된 아동복리법이다. 또한 1950년 일어난 한국전쟁은 아동복지에 대한 사회적 필요와 관심을 가져오게 된 결정적인 사건이다. 이 전쟁으로 인해 수많은 전쟁고아들이 양산되었고 신체적, 정신적으로 정상적인 생활이 불가능한 이들의 상태는 심각한 사회문제로 대두되었다. 따라서 이들을 지원할 수 있는 복지대책이 요구되었지만, 전후 우리나라의 상황은 국가적인 차원의 복지대책을 수립할 수 있는 형편이 못 되었다. 이때 우리나라의 수준은 외국의 원조에 의존하여 고아원을 설립하고, 전쟁고아들을 수용하는 정도의 수준에 머물러 있었다. 그러던 중 1957년에 어린이 헌장이 선포되고, 제3공화국이 들어서면서 사회복지사업에 있어서 최초의 법인 아동복리법이 1961년에 제정되어 새로운 전기를 맞이하게 되었다.

그러나 초기의 아동복리법은 구호적 성격의 복지제공에 중점을 두고 있어 경제·사회 발전에 따른 사회적 복지욕구에 부응하지 못하였다. 따라서 보호를 요하는 상태에 있는 아동은 물론 일반 아동을 포함한 전체 아동으로 확대하고 발전을 도모하기 위해 1981년 4월 15일 기존의 명칭을 아동복지법으로 바꾸고 전문을 개정하였다.

3. 아동복지법 내용

1) 목적

아동이 건강하게 출생하여 행복하고 안전하게 자라나도록 그 복지를 보장함을 목적으로 한다(제1조).

2) 기본이념

아동복지법의 기본이념은 제3조에서 3가지로 규정하였다.

첫째, 아동은 자신 또는 부모의 성별, 연령, 종교, 사회적 신분, 재산, 장애유무, 출생지역, 인종 등에 따른 어떠한 종류의 차별도 받지 아니하고 자라나야 한다.

둘째, 아동은 완전하고 조화로운 인격발달을 위하여 안정된 가정환경에서 행복하게 자라나야 한다.

셋째, 아동에 관한 모든 활동에 있어서 아동의 이익이 최우선적으로 고려되어야 한다.

제1항에서는 무차별 평등이념을, 제2항에서는 안정된 가정환경의 중요성을, 제3항에서는 아동 중심적 활동이념의 중요성을 강조하고 있다.

3) 용어의 정의

- "아동"은 18세 미만의 자를 말한다.
- "보호를 필요로 하는 아동"은 보호자가 없거나 보호자로부터 이탈된 아동, 또는 보호자가 아동을 학대하는 경우 등 그 보호자가 아동을 양육하기에 부적당하거나 양육할 능력이 없는 경우의 아동을 말한다.
- "보호자"는 친권자, 후견인, 아동을 보호·양육·교육하거나 그 의무가 있는 자 또는 업무·고용 등의 관계로 사실상 아동을 보호·감독하는 자를 말한다.
- "아동학대"는 보호자를 포함한 성인에 의하여 아동의 건강·복지를 해치거나 정상적 발달을 저해할 수 있는 신체적·정신적·성적 폭력 또는 가혹행위 및 아동의 보호자에 의하여 이루어지는 유기와 방임을 말한다.
- "가정위탁"은 보호를 필요로 하는 아동을 보호하기에 적합한 가정에 일정 기간 위탁하는 것을 말한다.
- "어린이날"은 매년 5월 5일로 하며, 5월 1일부터 5월 7일까지를 어린이주간으로 한다.

4) 책임의 주체

아동복지법은 제4조에서 아동의 복지증진에 대한 책임을 국가와 지방자치단체, 아동의 보호자, 국민 등으로 구분하여 각각의 책임을 밝히고 있다.

① 국가와 지방자치단체는 아동의 건강과 복지증진에 노력하여야 하며 이를 위한 시책을 시행하여야 한다.

② 아동의 보호자는 아동을 가정 안에서 그의 성장 시기에 맞추어 건강하고 안전하게 양육하여야 한다.

③ 모든 국민은 아동의 권익과 안전을 존중하여야 하며, 아동을 건강하게 양육하여야 한다.

④ 국가와 지방자치단체는 장애아동의 권익을 보호하기 위하여 필요한 시책을 강구하여야 한다.

⑤ 국가와 지방자치단체는 아동이 자신 또는 부모의 성별, 연령, 종교, 사회적 신분,

재산, 상애유부, 출생지역 또는 인종 등에 따른 어떠한 종류의 차별도 받지 아니 하
도록 필요한 시책을 강구하여야 한다.

5) 아동 관련 행정기관

(1) 아동정책조정위원회

아동정책조정위원회(이하 "위원회"라 한다)는 국무총리소속하에 두는데, 아동의 권
리증진과 건강한 출생 및 성장을 위하여 종합적인 아동정책을 수립하고 관계부처의 의
견을 조정하며, 그 정책의 이행을 감독하고 평가한다.

위원회는 ① 아동정책 및 아동의 권리증진의 기본방향에 관한 사항 ② 아동정책의 개
선과 예산지원에 관한 사항 ③ 아동정책에 관한 관련 부처 간 협조 사항 ④ 아동관련 국
제조약의 이행 및 평가·조정에 관한 사항 ⑤ 그 밖에 위원장이 부의하는 사항을 심의·조
정한다.

위원회는 위원장을 포함한 25인 이내의 위원으로 구성하되, 위원장은 국무총리가 되
고 위원은 관련 부처의 장관[17] 및 아동관련 단체의 장이나 아동에 대한 학식과 경험이
풍부한 자 중 위원장이 위촉하는 15인 이내의 위원으로 구성한다.

제1항 내지 제3항에서 정한 것 외에 위원회의 구성 및 운영 등에 관하여 필요한 사항
은 대통령령으로 정한다.

(2) 아동위원

아동위원은 시·군·구(자치구를 말한다)에 두며, 그 관할구역 안의 아동에 대하여 항
상 그 생활상태 및 가정환경을 상세히 파악하고 아동복지에 관하여 필요한 원조와 지도
를 행하며 아동복지지도원 및 관계 행정기관과 협력하여야 한다.

아동위원은 그 업무의 원활한 수행을 위하여 적절한 교육을 받을 수 있지만, 아동위
원은 명예직으로 하고(수당을 지급할 수 있다) 아동위원에 관하여 필요한 사항은 당해
시·군·구의 조례로 정한다(제6조).

---

17) 교육인적자원부장관·법무부장관·행정자치부장관·문화관광부장관·정보통신부장관·보건복지
부장관·노동부장관·여성가족부장관·기획예산처장관 및 위원회의 심의사항과 관련되어 위원장
이 지정하는 중앙행정기관의 장

(3) 아동복지지도원

아동복지법 제7조에서 아동복지지도원은 아동복지에 관한 다음 각 호의 사항을 수행하게 하기 위하여 특별시·광역시·도(이하 "시·도"라 한다) 및 시·군·구에 아동복지지도원을 둔다. 아동복지지도원은 사회복지전담공무원으로 하고 자격 및 기타 필요한 사항은 대통령령으로 정한다.

① 보호를 필요로 하는 아동에 대한 적절한 보호조치

② 아동 및 그 가족 또는 관계인에 대한 상담

③ 아동지도에 필요한 가정환경의 조사

④ 아동에 관한 전문적·기술적 지도를 필요로 하는 경우의 개별지도·집단지도 및 그 알선

⑤ 아동복지시설 또는 보호를 필요로 하는 아동에 대한 조사·지도 및 감독

⑥ 아동을 위한 지역사회자원의 활용알선

⑦ 지역사회의 학교 부적응아, 비행청소년에 대한 예방·지도 및 원조

⑧ 기타 아동의 복지증진 및 육성에 관한 업무

(4) 보건소

아동복지법 제8조에 의하여 보건소는 ① 아동의 전염병 예방조치 ② 아동의 건강상담, 신체검사와 보건위생에 관한 지도 ③ 아동의 영양개선 업무를 행한다.

6) 보호조치

서울특별시장·광역시장·도지사(이하 '시·도지사'라 한다) 또는 시장·군수·구청장(자치구의 구청장을 말한다. 이하 같다)은 그 관할구역 안에서 보호를 필요로 하는 아동을 발견하거나 보호자의 의뢰를 받은 때에는 아동의 최상의 이익을 위하여 대통령령이 정하는 바에 따라 다음 각 호의 필요한 보호조치를 하여야 한다(제10조).

① 아동복지지도원 또는 아동위원에게 보호를 필요로 하는 아동 또는 그 보호자에 대한 상담·지도를 행하게 하는 것

② 보호자 또는 대리양육을 원하는 연고자에 대하여 그 가정에서 보호양육할 수 있도록 필요한 조치를 하는 것

③ 아동의 보호를 희망하는 자에게 가정위탁하는 것

④ 보호를 필요로 하는 아동에 적합한 아동복지시설에 입소시키는 것

⑤ 약물 및 알콜중독·정서장애·발달장애·성폭력피해 등으로 특수한 치료나 요 양
등의 보호를 필요로 하는 아동에 대하여 전문치료기관 또는 요양소에 입원 또는
입소시키는 것

7) 시설보호아동에 대한 퇴소조치

아동복지법 제11조 1항에서는 아동복지시설에 입소한 보호를 필요로 하는 아동의
연령이 18세에 달하였거나 보호의 목적을 달성하였다고 인정될 때에는 당해 시설의 장
은 그 보호 중인 아동을 퇴소시켜야 한다고 규정하고 있다.

그러나 이러한 규정에도 불구하고 시설에서 계속 보호양육이 필요하다고 인정되는
경우[18]에는 대통령령이 정하는 바에 따라 시설의 장이 보호기간을 연장할 수 있다.

8) 아동복지시설

(1) 아동복지시설의 설치

• 국가 또는 지방자치단체는 아동복지시설을 설치할 수 있다.

• 국가 또는 지방자치단체외의 자는 관할 시장·군수·구청장에게 신고하고 아
동복지 시설을 설치할 수 있다.

• 아동복지시설의 시설기준 및 설치 등에 관하여 필요한 사항은 보건복지부령
으로 정한다(제14조).

(2) 아동복지시설의 휴지·폐지 등의 신고

제14조 2항의 규정에 의하여 신고한 아동복지시설을 폐지 또는 휴지하거나 그 운영
을 재개하고자 하는 자는 보건복지부령이 정하는 바에 따라 미리 시장·군수·구청장에

---

18) 1. 「고등교육법」 제2조의 규정에 따른 대학 이하의 학교에 재학 중인 경우
　　2. 제16조제1항제4호의 아동직업훈련시설 또는 「근로자직업능력 개발법」 제2조제3호의 직업
　　　능력개발훈련시설에서 교육·훈련 중인 경우
　　3. 그 밖에 시설에서 계속 보호·양육이 필요하다고 인정한 경우

게 신고하여야 한다(제14조).

(3) 아동복지시설의 종류

종 류	내 용
1. 아동양육시설	보호를 필요로 하는 아동을 입소시켜 보호, 양육하는 것을 목적으로 하는 시설
2. 아동일시보호시설	보호를 필요로 하는 아동을 일시보호하고 아동에 대한 향후의 양육대책수립 및 보호조치를 행하는 것을 목적으로 하는 시설
3. 아동보호치료시설	불량행위를 하거나 불량행위를 할 우려가 있는 아동으로서 보호자가 없거나 친권자나 후견인이 입소를 신청한 아동 또는 가정법원, 지방법원소년부지원에서 보호위탁된 아동을 입소시켜 그들을 선도하여 건전한 사회인으로 육성하는 것을 목적으로 하는 시설
4. 아동직업훈련시설	아동복지시설에 입소되어 있는 만15세 이상의 아동과 생활이 어려운 가정의 아동에 대하여 자활에 필요한 지식과 기능을 습득시키는 것을 목적으로 하는 시설
5. 자립지원시설	아동복지시설에서 퇴소한 자에게 취업준비기간 또는 취업후 일정기간 보호함으로써 자립을 지원하는 것을 목적으로 하는 시설
6. 아동단기보호시설	일반가정에 아동을 보호하기 곤란한 일시적 사정이 있는 경우 아동을 단기간 보호하며 가정의 복지에 필요한 지원조치를 하는 것을 목적으로 하는 시설
7. 아동상담소	아동과 그 가족의 문제에 관한 상담, 치료, 예방 및 연구 등을 목적으로 하는 시설
8. 아동전용시설	어린이공원, 어린이놀이터, 아동회관, 체육, 연극, 영화, 과학실험전시시설, 아동휴게숙박시설, 야영장 등 아동에게 건전한 놀이·오락, 기타 각종 편의를 제공하여 심신의 건강유지와 복지증진에 필요한 서비스를 제공하는 것을 목적으로 하는 시설
9. 아동복지관	지역사회 아동의 건전육성을 위하여 심신의 건강유지와 복지증진에 필요한 서비스를 제공하는 것을 목적으로 하는 시설
10. 공동생활가정	보호를 필요로 하는 아동에게 가정과 같은 주거여건과 보호를 제공하는 것을 목적으로 하는 시설
11. 지역아동센터	지역사회 아동의 보호·교육, 건전한 놀이와 오락의 제공, 보호자와 지역사회의 연계 등 아동의 건전육성을 위하여 종합적인 아동복지서비스를 제공하는 시설

※ 위의 아동복지시설은 종합시설로 설치할 수 있다.
※ 아동복지시설은 각 시설의 고유업무 외에도 다음 각 호[19]의 사업을 실시할 수 있다.

---

19) 1. 아동가정지원사업 : 지역사회아동의 건전한 발달을 위하여 아동, 가정, 지역주민에게 상담, 조언 및 정보를 제공해 주는 사업
   2. 아동주간보호사업 : 부득이한 사유로 가정에서 낮동안 보호를 받을 수 없는 아동을 대상으로 개별적인 보호와 교육을 통하여 아동의 건전한 성장을 도모하는 사업
   3. 아동전문상담사업 : 학교부적응아동 등을 대상으로 올바른 인격형성을 위한 상담, 치료 및

(4) 아동진용시설의 설치

① 국가와 지방자치단체는 아동이 항상 이용할 수 있는 아동전용시설을 설치하도록 노력하여야 한다.

② 아동이 이용할 수 있는 문화·오락시설·교통, 기타 서비스시설 등을 설치·운영하는 자는 대통령령이 정하는 바에 의하여 아동의 이용편의를 고려한 편익설비를 갖추고 아동에 대한 입장료와 이용료 등을 감면할 수 있다.

③ 아동전용시설의 설치기준 등에 관하여 필요한 사항은 보건복지부령으로 정한다(제22조).

9) 아동학대예방조치

(1) 긴급전화의 설치

국가와 지방자치단체는 아동학대를 예방하고 수시로 신고를 받을 수 있도록 긴급전화[20]를 설치하여야 한다. 이 경우 그 설치·운영에 관하여 필요한 사항은 대통령령으로 정한다(제23조).

(2) 아동보호전문기관의 설치 및 업무

① 국가와 지방자치단체는 학대아동의 발견, 보호, 치료에 대한 신속한 처리 및 아동학대예방을 전담하는 아동보호전문기관을 설치하여야 한다. 다만, 대통령령이 정하는 범위 안에서 아동상담소, 아동복지시설, 아동학대예방협회 등의 비영리법인을 아동보호전문기관으로 지정할 수 있다(제24조).

② 아동보호전문기관의 업무는 다음과 같다(제25조).

학교폭력예방을 실시하는 사업

4. 학대아동보호사업 : 학대아동의 발견, 보호, 치료 및 아동학대의 예방 등을 전문적으로 실시하는 사업

5. 공동생활가정사업 : 보호를 필요로 하는 아동에게 가정과 같은 주거여건과 보호를 제공하는 것을 목적으로 하는 사업

6. 방과후 아동지도사업 : 저소득층 아동을 대상으로 방과후 개별적인 보호와 교육을 통하여 건전한 인격형성을 목적으로 하는 사업

20) 긴급전화는 전국적으로 통일된 번호(1391)로 매일 24시간 동안 운영하여야 한다.

- 학대받은 아동의 발견, 보호, 치료의뢰
- 아동학대의 예방 및 방지를 위한 홍보
- 아동학대행위자를 위한 상담·교육 등
- 아동학대행위자, 아동학대행위자로 신고된 자 및 그 가정에 대한 조사
- 기타 학대받은 아동의 보호를 위하여 필요한 사항

(3) 아동학대 신고의무와 절차

① 누구든지 아동학대를 알게 된 때에는 아동보호전문기관 또는 수사기관에 신고할 수 있다.

② 다음 각 호에 해당하는 자는 그 직무상 아동학대를 알게 된 때에는 즉시 아동보호전문기관 또는 수사기관에 신고하여야 한다.

- 초·중등 교원
- 의료기관에서 의료업을 행하는 의료인
- 아동복지시설의 종사자 및 그 장
- 장애인복지시설에서 장애아동에 대한 상담·치료·훈련 또는 요양을 행하는 자
- 보육시설의 종사자, 유치원의 장·교직원 및 종사자, 학원의 운영자·강사·직원·종사자 및 교습소의 운영자·교습자·직원·종사자
- 구급대의 대원
- 「성매매방지 및 피해자보호 등에 관한 법률」의 규정에 따른 지원시설 및 성매매피해상담소의 장이나 그 종사자
- 모·부자복지상담소의 상담원 및 모·부자복지시설의 종사자
- 가정폭력 관련 상담소의 상담원 및 가정폭력 피해자보호시설의 종사자
- 아동복지지도원 및 사회복지전담공무원

③ 신고인의 신분은 보호되어야 하며 그 의사에 반하여 신원이 노출되어서는 아니 된다(제26조).

(4) 아동학대 신고의무자 교육

관계 중앙행정기관의 장은 제26조 제2항 각 호의 어느 하나에 해당하는 자의 자격취득 교육과정에 있어 아동학대예방 및 신고의무와 관련된 교육내용을 포함하도록 하여야 한다(제26조).

(5) 응급조치의무 등

① 아동학대신고를 접수한 아동보호전문기관 직원이나 사법경찰관리는 지체없이 아동학대의 현장에 출동하여야 하며, 아동학대행위자로부터의 격리 또는 치료가 필요한 때에는 아동보호전문기관 또는 치료기관의 인도에 필요한 조치를 하여야 한다.

② 아동학대의 신고를 접수한 아동보호전문기관이나 수사기관은 대통령령이 정하는 바에 따라 학대받은 아동의 보호와 학대의 방지를 위하여 제10조 제1항 제2호 내지 제4호의 규정에 의한 조치[21] 등을 의뢰할 수 있다(제27조).

(6) 보조인의 선임 등

① 법원의 심리과정에서 변호사, 법정대리인, 직계친족, 형제자매, 아동보호전문기관 의 상담원은 학대아동사건의 심리에 있어서 보조인이 될 수 있다. 다만, 변호사가 아닌 경우에는 법원의 허가를 받아야 한다.

② 법원은 아동학대의 피해자를 증인으로 신문하는 경우 검사, 피해자 또는 아동보호전문기관의 신청이 있는 때에는 피해자와 신뢰관계에 있는 자의 동석을 허가할 수 있다(제28조).

10) 가정위탁지원센터

(1) 가정위탁지원센터의 설치 등

① 국가는 가정위탁사업을 활성화하고 지역 간 연계체계를 구축하기 위하여 중앙가

---

21) 보호자 또는 대리양육을 원하는 연고자에 대하여 그 가정에서 보호양육 할 수 있도록 필요한 조치를 하는 것, 보호를 필요로 하는 아동에 적합한 아동복지시설에 입소시키는 것 등

정위탁지원센터(이하 "중앙가정위탁지원센터"라 한다)를 둔다.

② 지방차지단체(시·도에 한한다. 이하 이 조에서 같다)는 보호를 필요로 하는 아동에 대한 가정위탁사업을 활성화하기 위하여 지역가정위탁지원센터(이하 "지역가정위탁지원센터"라 한다)를 둔다.

③ 보건복지부장관 및 시·도지사는 가정위탁지원을 목적으로 하는 비영리법인을 지정하여 제1항 및 제2항의 규정에 따른 중앙가정위탁지원센터 및 지역가정위탁지원센터(이하 "가정위탁지원센터"라 한다)의 운영을 위탁할 수 있다.

④ 가정위탁지원센터의 상담원의 자격 및 배치기준 등 설치기준과 운영, 제3항의 규정에 따른 지정의 요건 등에 관하여 필요한 사항은 대통령령으로 정한다(제28조의 2).

(2) 가정위탁지원센터의 업무

① 중앙가정위탁지원센터의 업무

- 지역가정위탁지원센터에 대한 지원
- 효과적인 가정위탁사업을 위한 연계체계 구축
- 가정위탁사업과 관련된 연구 및 자료발간
- 가정위탁사업을 위한 프로그램의 개발 및 평가
- 상담원에 대한 교육 등 가정위탁에 관한 교육 및 홍보
- 가정위탁사업을 위한 정보기반 구축 및 정보제공
- 그 밖에 대통령령이 정하는 가정위탁사업과 관련된 업무

② 지역가정위탁지원센터는 다음 각 호의 업무를 수행한다.

- 가정위탁사업의 홍보 및 위탁가정의 발굴
- 가정위탁을 하고자 하는 가정 및 가정위탁 대상 아동의 조사
- 가정위탁 부모의 교육
- 가정위탁을 하는 가정의 사후관리
- 그 밖에 대통령령이 정하는 가정위탁사업과 관련된 업무(제28조의 3)

11) 금지행위

(1) 벌칙(제40조)

① 10년 이하의 징역 또는 5천만원 이하의 벌금
- 아동을 타인에게 매매하는 행위
- 아동에게 음행을 시키거나 음행을 매개하는 행위

② 5년 이하의 징역 또는 3천만원 이하의 벌금
- 아동의 신체에 손상을 주는 학대행위
- 아동에게 성적 수치심을 주는 성희롱, 성폭행 등의 학대행위
- 아동의 정신건강 및 발달에 해를 끼치는 정서적 학대행위
- 자신의 보호·감독을 받는 아동을 유기하거나 의식주를 포함한 기본적 보호·양육 및 치료를 소홀히 하는 방임행위
- 장애를 가진 아동을 공중에 관람시키는 행위
- 아동에게 구걸을 시키거나 아동을 이용하여 구걸하는 행위

③ 3년 이하의 징역 또는 2천만원 이하의 벌금
- 정당한 권한을 가진 알선기관외의 자가 아동의 양육을 알선하고 금품을 취득하는 행위
- 아동을 위하여 증여 또는 급여된 금품을 그 목적 외의 용도에 사용하는 행위

④ 1년 이하의 징역 또는 500만원 이하의 벌금
- 공중의 오락 또는 흥행을 목적으로 아동의 건강 또는 안전에 유해한 곡예를 시키는 행위

(2) 기타 벌칙

① 상습으로 제40조 각호의 죄를 범한 자는 그 죄에 정한 형의 2분의 1까지 가중 한다 (제40조의 2).

② 1년 이하의 징역 또는 5백만원 이하의 벌금(제41조)

- 신고를 하지 아니하고 아동복지시설을 설치한 자
- 관계공무원, 아동복지지도원의 조사를 거부·방해 또는 기피하거나 질문에 대하여 답변을 거부·기피 또는 허위답변을 하거나, 아동에게 답변을 거부·기피 또는 허위답변을 하게 하거나 그 답변을 방해한 자
- 허위서류를 작성하여 제19조제2항의 규정에 의한 아동복지시설종사자의 자격을 인정받은 자
- 시설폐쇄명령, 위탁의 취소 또는 사업의 정지명령을 받고 사업을 계속한 자

12) 비용

(1) 비용의 보조

국가 및 지방자치단체는 대통령령이 정하는 바에 의하여 ① 아동복지시설의 설치 및 운영과 프로그램의 운용에 필요한 비용 또는 수탁보호중인 아동의 양육 및 보호관리에 필요한 비용 ② 보호를 필요로 하는 아동의 대리양육이나 가정위탁보호에 따른 비용 ③ 아동복지사업의 지도·감독, 계몽 및 선전에 필요한 비용 ④ 아동보호전문기관의 설치·운영에 소요되는 비용 ⑤ 가정위탁지원센터의 설치·운영에 소요되는 비용 ⑥ 아동복지단체의 지도·육성에 필요한 비용의 전부 또는 일부를 보조할 수 있다(제31조).

(2) 비용의 징수

시·도지사, 시장·군수·구청장 또는 아동복지시설의 장은 학대받은 아동의 보호 및 치료에 필요한 비용의 전부 또는 일부를 대통령령이 정하는 바에 의하여 각각 그 본인 또는 그 부양의무자로부터 징수할 수 있다(제32조).

(3) 보조금의 반환명령

국가 또는 지방자치단체는 아동복지시설의 장 등 보호수탁자, 가정위탁지원센터의 장, 대리양육자 및 제37조의 규정에 의한 아동복지 단체의 장이 ① 보조금의 교부조건에 위반한 때 ② 사위, 기타 부정한 방법으로 보조금의 교부를 받은 때 ③ 아동복지시설

또는 가정위탁지원센터의 경영에 관하여 개인의 영리를 도모하는 행위를 한 때 ④ 이 법 또는 이 법에 의한 명령에 위반한 때 ⑤ 보조금의 사용 잔액이 있을 때에 해당한 때에는 이미 교부한 보조금의 전부 또는 일부의 반환을 명할 수 있다(제33조).

(4) 국유재산의 무상대여

국가는 이 법에 의한 아동복지시설을 설치·운영하는 법인에 대하여 이 법에 의하여 위탁한 업무의 처리를 위하여 필요하다고 인정할 때에는 국유재산을 무상으로 대여할 수 있다(제34조).

(5) 면세

아동복지시설에서 그 보호아동을 위하여 사용하는 건물 및 토지, 시설설치 및 운영에 소요되는 비용에 대하여는 조세특례제한법, 기타 관계 법령이 정하는 바에 의하여 조세, 기타의 공과금을 면제할 수 있다(제35조).

제4절 모·부자복지법

(일부개정 2006.12.28 법률 제8119호)

1. 법의 의의

모·부자복지법은 현대산업사회의 특성으로 인해 급격한 증가세를 보이고 있는 한부모 가정을 지원하기 위한 법이라 할 수 있다. 배우자의 사별, 혹은 이혼, 유기, 별거 등의 사유로 인해 발생하는 한부모가족은 부부가 함께 살아가는 가족에 비해 경제적 어려움이나 가족·이웃과의 관계망의 단절, 자녀교육 등 부부가 함께 하던 것을 한 사람이 책임지게 됨으로써 여러 가지 문제에 노출되기 싶다. 이러한 어려움에 직면해 있는 한부모 가정들에게 모·부자복지법은 자립·자활할 수 있도록 소득보장과 취업알선, 의료보건 지원 및 보육지원, 주거보장 등을 통해 국가적인 지원을 하기 위한 법이다.

따라서 모·부자복지는 한부모가정이 겪을 수 있는 문제를 해결하고 그들이 인간답게 살아갈 수 있도록 돕는 제반 사회복지적 노력과 활동이다.

2. 입법 배경 및 연혁

원래 모·부자복지법은 모자복지법으로 출발하였고, 모자복지법 제정 이전의 모자가정에 대한 복지는 아동복지법과 생활보호법에 의하여 이루어져 왔다.

전통적인 사회에서의 남녀불평등은 낮은 지위의 여성과 그녀의 미혼자녀 보호에 대한 국가의 책임에 의해서 1989년 4월 1일 모자복지법이 제정되었다.

그러나 양성평등사상과 여성의 지위향상과 급격한 사회 변화와 더불어 부자가정이 확산되면서 미자립적 남성과 그의 미혼자녀의 가정을 돌볼 필요가 발생하여 이들에 대한 국가사회의 보호가 절실하게 되었다.

이에 정부에서는 2002년 12월 18자로 모자복지법을 개정하여 이를 모부자복지법으로 명칭을 개정하고 그 내용에도 부자가정을 보호하는 것으로 변경하였다.

그 내용에는 국가에게 모자가정뿐만 아니라 부자가정의 복지를 증진시킬 책임을 지우고 국민이 이에 협력하도록 하여, 종전의 보호대상인 모자가정에 대해서만 실시하던 생계비·아동양육비 등 복지급여를 보호대상인 모·부자가정으로 확대하여 실시하도록 규정하였다. 또한 부자보호시설과 부자자립시설을 추가하고, 종전에 모자복지사업 또는 모자복지단체에 한하여 적용되던 국가 또는 자치단체의 비용보조 등이 부자복지사업 또는 부자복지단체에도 확대하여 적용하는 것을 골자로 하고 있다.

3. 모·부자복지법의 내용

1) 목적

이법은 모·부자가정이 건강하고 문화적인 생활을 영위할 수 있게 함으로써 모·부자가정의 생활안정과 복지증진에 기여함을 목적으로 한다(제1조).

2) 책임

① 국가와 지방자치단체는 모·부자가정의 복지를 증진할 책임을 진다.

② 모든 국민은 모·부자가정의 복지증진에 협력하여야 한다(제2조).

3) 자립에의 노력

모·부자가정의 모 또는 부와 아동은 그가 가지고 있는 자산과 노동능력 등을 최대한으로 활용하여 자립과 생활향상을 위하여 노력하여야 한다(제3조).

4) 용어의 정의

- "모"또는 "부"는 다음 각 목의 1에 해당하는 자로서 아동을 양육하는 자를 말한다.

  가. 배우자와 사별 또는 이혼하거나 배우자로부터 유기된 자

  나. 정신 또는 신체의 장애로 인하여 장기간 노동능력을 상실한 배우자를 가진 자

  다. 미혼자(사실혼관계에 있는 자를 제외한다)

  라. 가목 내지 다목에 규정된 자에 준하는 자로서 여성가족부령이 정하는 자

- "모·부자가정"은 모 또는 부가 세대주(세대주가 아니더라도 세대원을 사실상 부양하는 자를 포함한다)인 가정을 말한다.

- "아동"은 모 또는 부에 의하여 양육되는 18세 미만(취학중인 때에는 20세 미만을 말

한다)의 자녀를 말한다.

- "보호기관"은 이 법에 의한 보호를 행하는 국가 또는 지방자치단체를 말한다.
- "모·부자복지단체"는 모·부자가정의 복지증진을 목적으로 설립된 기관 또는 단체를 말한다.

5) 모·부자복지상담소와 모·부자복지상담원

① 모·부자복지에 관한 사항을 상담하거나 지도하기 위하여 특별시장·광역시장·도지사와 시장·군수·구청장은 관할구역 안에 모·부자복지상담소를 설치할 수 있다. 이 경우 시장·군수·구청장은 시·도지사의 승인을 얻어야 한다(제7조).

② 특별시·광역시·도와 시·군·구 및 제7조의 규정에 의한 모·부자복지상담소에 모·부자복지상담원을 둔다(제8조).

6) 복지서비스의 내용과 실시

(1) 보호대상자의 조사·보고 등

① 시장·군수·구청장은 매년 1회 이상 관할구역안의 보호대상자를 조사하여야 한다.

② 시장·군수·구청장은 제1항의 규정에 의하여 보호대상자를 조사한 때에는 그 조사결과를 시·도지사에게 보고하여야 한다.

③ 시·도지사는 제2항의 규정에 의한 보고를 받은 때에는 이를 여성가족부장관에게 보고하여야 한다.

④ 보호기관은 보호대상자와 피보호자의 실태에 관한 대장을 작성·비치하여야 한다.

(2) 복지급여의 신청과 내용

① 보호대상자 또는 그 친족 그 밖의 이해관계인은 복지급여를 관할시장·군수·구청장에게 신청할 수 있다(제11조).

② 국가 또는 지방자치단체는 제11조의 규정에 의한 복지급여의 신청이 있는 경우 생

계비, 아동교육지원비, 직업훈련비 및 훈련기간 중 생계비, 아동양육비, 기타 대통령령이 정하는 비용 등의 복지급여를 실시할 수 있다(제12조). 다만, 이 법에 의한 보호대상자가 국민기초생활보장법 등 다른 법령에 의하여 보호를 받고 있는 때에는 그 범위 안에서 이 법에 의한 급여를 하지 아니한다.

(3) 복지자금 대여

국가 또는 지방자치단체는 모·부자가정의 생활안정과 자립을 촉진하기 위하여 ① 사업에 필요한 자금 ② 아동교육비 ③ 의료비 자금 ④ 주택자금 ⑤ 그 밖에 대통령령이 정하는 모·부자가정의 복지를 위하여 필요한 자금을 대여할 수 있다(제13조).

(4) 고용의 촉진

국가 또는 지방자치단체는 모·부자가정의 모 또는 부와 아동의 고용을 촉진하기 위하여 적합한 직업훈련의 실시와 취업알선 및 각종 사업장에 모·부자가정의 모 또는 부와 아동이 우선 고용되도록 노력하여야 한다(제14조).

(5) 공공시설 내 매점 및 시설설치

국가 또는 지방자치단체가 운영하는 공공시설의 장은 그 공공시설안에 각종 매점 및 시설의 설치를 허가하는 경우 이를 모·부자가정 또는 모·부자복지단체에 우선적으로 허가할 수 있다(제15조).

(6) 시설우선이용

국가 또는 지방자치단체는 모·부자가정의 아동이 공공의 아동편의시설과 그 밖의 공공시설을 우선적으로 이용할 수 있도록 노력하여야 한다(제16조).

(7) 가족지원서비스

국가 또는 지방자치단체는 모·부자가정에게 ① 아동의 양육 및 교육 서비스 ② 장애인·노인·만성질환자 등의 부양 서비스 ③ 취사·청소·세탁 등 가사 서비스 ④ 교육·상담 등 가족관계 증진 서비스 ⑤ 그 밖에 대통령령이 정하는 모·부자가정에 대한 가족지원 서비스 등 가족지원서비스를 제공하도록 노력하여야 한다(제17조).

(8) 국민주택의 분양 및 임대

국가 또는 지방자치단체는 「주택법」이 정하는 바에 의하여 국민주택을 분양하거나 임대하는 경우에는 모·부자가정에 일정비율이 우선 분양될 수 있도록 노력하여야 한다(제18조).

7) 모·부자복지시설

(1) 모·부자복지시설의 종류

종 류	내 용
1. 모자보호시설	생활이 어려운 모자가정을 일시 또는 일정기간 보호하여 생계를 지원하고 퇴소 후 자립기반을 조성하도록 지원하는 것을 목적으로 하는 시설
2. 모자자립시설	자립이 어려운 모자가정에 대하여 일정기간 주택편의만을 제공함을 목적으로 하는 시설
3. 부자보호시설	생활이 어려운 부자가정을 일시 또는 일정기간 보호하여 생계를 지원하고 퇴소 후 자립기반을 조성하도록 지원하는 것을 목적으로 하는 시설
4. 부자자립시설	자립이 어려운 부자가정에 대하여 일정기간 주택편의만을 제공함을 목적으로 하는 시설
5. 미혼모자시설	미혼여성의 임신·출산 시 안전 분만 및 심신건강 회복과 출산 후 아동의 양육 지원을 위하여 일정 기간 보호함을 목적으로 하는 시설
6. 미혼모자 공동생활가정	출산 후의 미혼모와 해당 아동으로 구성된 미혼모자가정이 일정 기간 공동으로 가정을 이루어 아동을 양육하고 보호할 수 있도록 지원하는 것을 목적으로 하는 시설
7. 모·부자 공동생활가정	독립적인 가정생활이 어려운 모자 가정 또는 부자가정이 각각 일정 기간 공동으로 가정을 이루어 생활하면서 자립을 준비할 수 있도록 지원하는 것을 목적으로 하는 시설
8. 미혼모 공동생활가정	출산 후 해당 아동을 양육하지 아니하는 미혼모들이 일정 기간 공동으로 가정을 이루어 생활하면서 자립을 준비할 수 있도록 지원하는 것을 목적으로 하는 시설
9. 일시보호시설	배우자(사실혼관계에 있는 자를 포함한다)가 있으나 배우자의 물리적·정신적 학대로 인하여 아동의 건전양육 또는 모의 건강에 지장을 초래할 우려가 있을 경우 일시적으로 또는 일정기간 그 모와 아동 또는 모를 보호함을 목적으로 하는 시설

10. 여성복지관	모자가정 및 미혼여성에 대한 각종 상담을 실시하고 생활지도, 생업지도, 탁아 및 직업보도를 행하는 등 모자가정 및 미혼여성의 복지를 위한 편의를 종합적으로 제공하는 것을 목적으로 하는 시설
11. 모·부자가정상담소	모·부자가정에 대한 조사, 지도, 시설입소 등에 관한 상담업무를 수행할 것을 목적으로 하는 시설

(2) 모·부자복지시설의 설치 및 폐지 또는 휴지

① 국가 또는 지방자치단체는 모·부자복지시설을 설치할 수 있다.

② 국가 또는 지방자치단체 외의 자가 모·부자복지시설을 설치·운영하고자 하는 때에는 시장·군수·구청장에게 신고하여야 한다.

③ 모·부자복지시설의 시설기준과 설치신고에 관하여 필요한 사항은 여성가족부령으로 정한다.

④ 모·부자복지시설의 설치신고를 한 자가 당해 시설을 폐지 또는 휴지하고자 할 때에는 여성가족부령이 정하는 바에 의하여 미리 시장·군수·구청장에게 신고하여야 한다.

(3) 시설폐쇄

시장·군수·구청장은 모·부자복지시설이 ① 시설기준에 미달하게 된 때 ② 규정에 위반한 때 ③ 정당한 이유없이 규정에 의한 보고를 하지 아니하거나 허위로 한 때 또는 조사·검사를 거부하거나 기피한 때에는 그 사업의 정지 또는 폐지를 명하거나 시설을 폐쇄할 수 있다(제24조).

8) 비용

(1) 비용의 보조

국가 또는 지방자치단체는 대통령령이 정하는 바에 의하여 모·부자복지사업에 소요되는 비용을 보조할 수 있다(제25조).

(2) 보조금의 반환명령

국가 또는 지방자치단체는 모·부자복지시설의 장 또는 모·부자복지단체의 장이 ① 보조금의 교부조건에 위반한 때 ② 사기, 기타 부정한 방법으로 보조금의 교부를 받은 때 ③ 모·부자복지시설을 경영함에 있어 개인의 영리를 도모하는 행위를 한 때 ④ 이 법 또는 이 법에 의한 명령에 위반한 때에 해당한 때에는 이미 교부한 보조금의 전부 또는 일부의 반환을 명할 수 있다(제26조).

9) 보칙

(1) 압류금지

이 법에 의하여 지급된 금품과 이를 받을 권리는 압류하지 못한다(제27조).

(2) 심사청구

보호대상자 또는 그 친족, 그 밖의 이해관계인은 이 법에 의한 복지급여 등에 대하여 이의가 있을 때에는 그 결정의 통지를 받은 날부터 90일 이내에 서면으로 당해 복지실시기관에 심사를 청구할 수 있고, 복지실시기관이 심사청구를 받은 때에는 30일 이내에 이를 심사·결정하여 청구인에게 통보하여야 한다(제28조).

10) 벌칙

① 다음 각 호의 1에 해당하는 자는 1년 이하의 징역 또는 300만원 이하의 벌금에 처한다(제29조).
- 신고를 하지 아니하고 모·부자복지시설을 설치한 자
- 시설의 폐쇄, 사업의 정지 또는 폐지의 명령을 받고 사업을 계속한 자

② 제22조(수탁의무- 모·부자복지시설을 설치·운영하는 자는 시·도지사 또는 시장·군수·구청장으로부터 모·부자복지시설의 이용을 위탁받은 때에는 정당한 사유 없이 이를 거부하지 못한다.)의 규정에 위반한 자는 100만원 이하의 벌금에 처한다.

제5절 장애인복지법

(전부개정 2007.4.11 법률 제8367호)

1. 장애인복지의 의의

장애인복지법은 장애인복지에 관한 법으로 WHO에 정의에 의하면, 장애인이란 선천적 또는 후천적으로 신체적·정신적 능력의 불안전으로 인해 일상의 개인 또는 사회활동을 자력으로 완전 또는 부분적으로 할 수 없는 사람을 말한다.

따라서 장애인복지란 장애인들이 겪고 있는 신체손상에 따른 신체적 욕구를 의료재활 등을 통해 충족시키며, 사회적 장애에 따른 사회생활에서의 불이익을 감소시키고, 사회적 욕구를 충족시킴으로써 장애인이 인간으로서의 존엄한 권리를 보장받고, 완전한 사회참여와 평등을 보장받을 수 있도록 하는 국가 및 사회의 시책을 말한다(김기원, 2002).

이렇게 볼 때 장애인복지 문제는 헌법의 기본이념인 "모든 국민은 인간으로서의 존엄과 가치를 가지며, 행복을 추구할 권리를 가진다. 국가는 개인이 가지는 불가침의 기본적 인권을 확인하고 이를 보장할 의무를 진다(헌법 제10조)"는 정신에서 출발해야 한다. 따라서 장애인복지를 일반적인 사회복지입법에서 독립시켜 특별법으로 제정하였다는 점에서 그 의의를 찾을 수 있다. 우리나라의 장애인복지와 관련 있는 대표적인 법률로 장애인복지법, 장애인고용촉진 등에 관한 법률, 특수교육진흥법 등이 있다. 장애인복지법은 내용상 개별적 수준에서 장애인 개인의 능력을 개발하고 적절한 사회적 역할을 부여하며, 집합적 수준에서 사회의 환경을 개선해 나가야 하는 점증적이고 포괄적인 성격을 지니고 있다(조원탁 외, 2007)

2. 입법 배경 및 제정

유엔이 국제적으로 1981년을 '세계 장애인의 해'로 정하자 우리나라에서도 장애인복지에 관한 최초의 법인 심신장애자복지법이 제정되었다. 이 법이 제정된 이후에도 장애인에 대한 관심이나 인식이 크게 달라지진 않았다. 1988년 서울에서 열린 「세계장애

인 올림픽」을 계기로 장애인을 보는 시각이 달라지기 시작하면서 장애인에 대한 사회
적 관심의 증대와 복지서비스의 확충이 요구되면서 1989년 정부는 "심신장애자복지
법"을 "장애인복지법"으로 변경하였다.

- 1981, 6. 5. 심신장애자복지 법 제정. "장애자"를 "지체장애, 시각장애, 청각장애,
  언어장애 또는 정신지체 등 정신적 결함으로 인하여 장기간에 걸쳐 일
  상생활 또는 사회생활에 상당한 제약을 받는 자"로 정의.
- 1989. 12. 30. '심신장애자'라는 용어를 '장애인'으로 변경. "심신장애자복지법"을
  "장애인복지법"으로 변경.
- 1999. 12. 31. 장애인복지법 시행령을 제정. 종전에는 장애인을 지체장애인 등 5종
  으로 구분하였으나, 장애인의 인정범위를 10종으로 확대.
- 2003. 9. 29. 법률 일부개정. 국민기초생활보장법에 의한 생계급여의 수급자에 해
  당하는 장애인 모두를 장애수당의 의무지급 대상자로 하여 그 지급 대
  상을 확대.
- 2004. 3. 5. 법률 일부개정. 장애인복지조정위원회에 실무위원회를 설치하는 한
  편, 지방자치단체 차원의 지방장애인복지위원회를 설치.
- 2007. 4. 11. 장애인의 권익을 신장하기 위한 제도의 도입. 여성장애인의 자립생활
  을 지원하기 위한 제도의 도입, 장애인의 정보접근성 제고, 장애인에
  대한 사회적 인식개선, 중증장애인의 자립생활을 실현하기 위한 제도
  의 도입.

3. 장애인복지법 내용

1) 목적

장애인의 인간다운 삶과 권리 보장을 위한 국가와 지방자치단체 등의 책임을 명백히
하며, 장애발생의 예방과 장애인의 의료, 교육, 직업재활, 생활환경개선등에 관한 사업을
정함으로써 장애인복지대책의 종합적 추진을 도모하며, 장애인의 자립, 보호 및 수당의
지급 등에 관하여 필요한 사항을 정함으로써 장애인의 생활안정에 기여하는 등 장애인의
복지증진 및 사회활동 참여증진에 기여함을 목적으로 한다.

2) 기본이념

장애인복지의 기본이념은 장애인의 완전한 사회참여와 평등을 통한 사회통합을 이루는 데 있다(제3조).

3) 용어의 정의

① 장애인은 신체적·정신적 장애로 인하여 장기간에 걸쳐 일상생활 또는 사회생활에 상당한 제약을 받는 자를 말한다(제2조 1항).

② 이 법의 적용을 받는 장애인은 제1항의 규정에 의한 장애인 중 다음 각 호의 1에 해당하는 장애를 가진 자로서 대통령령이 정하는 장애의 종류 및 기준에 해당하는 자를 말한다(제2조 2항).

- 신체적 장애는 주요 외부신체 기능의 장애, 내부기관의 장애 등을 말한다.
- 정신적 장애는 정신지체 또는 정신적 질환으로 발생하는 장애를 말한다.

그러나 제2조의 규정에 의한 장애인 중 정신보건법과 국가유공자예우및지원에관한법률 등 대통령령이 정하는 다른 법률의 적용을 받는 장애인에 대해서는 대통령령이 정하는 바에 따라 이 법의 적용을 제한할 수 있다.

장애인의 종류 및 기준(제2조 관련)

1. 지체장애인(肢體障碍人)

가. 한 팔, 한 다리 또는 몸통의 기능에 영속적인 장애가 있는 사람

나. 한 손의 엄지손가락을 지골관절(指骨關節) 이상의 부위에서 잃은 사람 또는 한 손의 둘째손가락을 포함한 2 이상의 손가락을 모두 제1지골관절 이상의 부위에서 잃은 사람

다. 한 다리를 리스프랑(Lisfranc)관절 이상의 부위에서 잃은 사람

라. 두 발의 모든 발가락을 잃은 사람

마. 한 손의 엄지손가락의 기능을 잃은 사람 또는 한 손의 둘째손가락을 포함한 2 이상의 손가락의 기능을 잃은 사람

바. 왜소증으로 인하여 키가 심하게 작거나 척추에 현저한 변형 또는 기형이 있는 사람

사. 지체(肢體)에 위 각목의 1에 해당하는 장애정도 이상의 장애가 있다고 인정되는 사람

2. 뇌병변장애인(腦病變障碍人)

뇌성마비, 외상성 뇌손상, 뇌졸중(腦卒中) 등 뇌의 기질적 병변에 기인한 신체적 장애로 보행 또는 일상생활의 동작 등에 상당한 제한을 받는 사람

3. 시각장애인(視覺障碍人)
   가. 나쁜 눈의 시력(만국식 시력표에 따라 측정된 교정시력을 말한다. 이하 같다)이 0.02 이하인 사람
   나. 좋은 눈의 시력이 0.2 이하인 사람
   다. 두 눈의 시야가 각각 주시점에서 10도 이하로 남은 사람
   라. 두 눈의 시야의 2분의 1 이상을 잃은 사람

4. 청각장애인(聽覺障碍人)
   가. 두 귀의 청력 손실이 각각 60데시벨(dB) 이상인 사람
   나. 한 귀의 청력 손실이 80데시벨(dB) 이상, 다른 귀의 청력 손실이 40데시벨 (dB) 이상인 사람
   다. 두 귀에 들리는 보통 말소리의 명료도가 50퍼센트 이하인 사람
   라. 평형기능에 상당한 장애가 있는 사람

5. 언어장애인(言語障碍人)
   음성 기능 또는 언어 기능에 영속적으로 상당한 장애가 있는 사람

6. 지적장애인(知的障碍人)
   정신발육이 항구적으로 지체되어 지적 능력의 발달이 불충분하거나 불완전하고 자신의 일을 처
   리하는 것과 사회생활에의 적응이 상당히 곤란한 사람

7. 자폐성장애인(自閉性障碍人)
   소아기 자폐증, 비전형적 자폐증에 의한 언어·신체표현·자기조절·사회적응 기능 및 능력의 장
   애로 인하여 일상생활 또는 사회생활을 하는 데 있어 상당한 제한을 받아 다른 사람의 도움이 필
   요한 사람

8. 정신장애인(精神障碍人)
   지속적인 정신분열병, 분열형 정동장애(情動障碍), 양극성 정동장애 및 반복 성 우울장애에 의한
   감정조절·행동·사고 기능 및 능력의 장애로 인하여 일상생활 또는 사회생활을 하는 데 있어 상당
   한 제한을 받아 다른 사람의 도움 이 필요한 사람

9. 신장장애인(腎臟障碍人)
   신장의 기능부전으로 인하여 혈액투석이나 복막투석을 지속적으로 받아야 하거나 신장 기능의
   영속적인 장애로 인하여 일상생활을 하는 데 있어 상당한 제 한을 받는 사람

10. 심장장애인(心臟障碍人)
    심장의 기능부전으로 인한 호흡곤란 등의 장애로 인하여 일상생활을 하는 데 있어 상당한 제한을
    받는 사람

11. 호흡기장애인(呼吸器障碍人)
    폐나 기관지 등 호흡기관의 만성적 기능부전으로 인한 호흡기능의 장애로 인 하여 일상생활을 하
    는 데 있어 상당한 제한을 받는 사람

12. 간장애인(肝障碍人)
    간의 만성적 기능부전과 그에 따른 합병증 등으로 인한 간기능의 장애로 인하 여 일상생활을 하
    는 데 있어 상당한 제한을 받는 사람

13. 안면장애인(顔面障碍人)
    안면부위의 변형 또는 기형으로 인하여 사회생활을 하는 데 있어 상당한 제한 을 받는 사람

> 14. 장루·요루장애인(**腸瘻·尿瘻障碍人**)
> 배변기능 또는 배뇨기능의 장애로 인하여 장루(腸瘻) 또는 요루(尿瘻)를 시술 하여 일상생활을 하는 데 있어 상당한 제한을 받는 사람
>
> 15. 간질장애인(**癎疾障碍人**)
> 간질에 의한 뇌신경세포의 장애로 인하여 일상생활 또는 사회생활을 하는 데 있어 상당한 제한을 받아 다른 사람의 도움이 필요한 사람

4) 장애인의 권리

장애인은 인간으로서의 존엄과 가치를 존중받으며, 이에 상응하는 처우를 받으며, 국가·사회의 구성원으로서 정치·경제·사회·문화, 기타 모든 분야의 활동에 참여할 권리가 있다(제4조).

5) 차별금지 등

누구든지 장애를 이유로 정치·경제·사회·문화생활의 모든 영역에 있어 차별을 받지 아니하고, 누구든지 장애를 이유로 정치·경제·사회·문화 생활의 모든 영역에서 장애인을 차별하여서는 아니된다. 또한 누구든지 장애인을 비하·모욕하거나 장애인을 이용하여 부당한 영리행위를 하여서는 아니되며 장애인의 장애를 이해하기 위하여 노력하여야 한다(제8조).

특히 여성장애인의 권익을 보호하기 위하여 필요한 시책을 강구하도록 특별한 규정을 마련하고 있는데, 이는 여성장애인의 경우 여성으로서의 지위와 장애인으로서의 지위 등 양자의 결합으로 인하여 보다 심각한 2중적 차별을 당할 위험이 있기 때문에 특별한 보장책을 강구할 필요가 있기 때문이라고 할 수 있다(현외성, 2007).

6) 장애인 및 가족의 의무

장애인은 그가 가지고 있는 능력을 최대한으로 활용하여 사회·경제활동에 참여하도록 노력하여야 하고, 장애인의 가족은 장애인의 자립 촉진을 위하여 노력하여야 한다(제5조).

7) 장애인복지의 책임

(1) 국가 및 지방자치단체의 책임

① 국가와 지방자치단체는 장애의 발생을 예방하고, 장애의 조기발견에 대한 국민의 관심을 높이고 자립을 지원하며 필요한 보호를 실시하여 장애인의 복지를 증진할 책임을 진다.

② 국가와 지방자치단체는 여성장애인의 권익을 보호하기 위하여 필요한 시책을 강구하여야 한다.

③ 국가와 지방자치단체는 장애인복지시책을 장애인 및 보호자에게 적극적으로 홍보하여야 하며, 국민이 장애인에 대하여 올바르게 이해하도록 하는 데 필요한 시책을 강구하여야 한다(제9조).

(2) 국민의 책임

모든 국민은 장애발생의 예방, 장애의 조기발견에 노력하여야 하며 장애인의 인격을 존중하고 사회통합의 이념에 기초하여 장애인복지 증진에 협력하여야 한다(제10조).

8) 전달체계

(1) 장애인복지조정위원회

① 장애인복지 종합정책을 수립하고 관계부처 간의 의견을 조정하며 그 정책의 이행을 감독하고 평가하기 위하여 국무총리소속하에 장애인복지조정위원회(이하 "위원회"라 한다)를 둔다.

- 장애인복지조정위원회의 구성은 제11조의 규정에 의한 위원장 및 부위원장 각 1인을 포함한 30인 이내의 위원으로 구성한다. 이때 위원장은 국무총리가 되고, 부위원장은 보건복지부장관이 되며, 위원은 당연직 위원[22]과 위촉위원으로 한다

---

22) 당연직 위원은 재정경제부장관·교육인적자원부장관·행정자치부장관·문화관광부장관·산업자원부장관·정보통신부장관·노동부장관·여성가족부장관·건설교통부장관·기획예산처장관·국무조정실장·법제처장·국정홍보처장·국가보훈처장·중앙인사위원회위원장 및 위원회의 심의사항과 관련되어 위원장이 지정하는 중앙행정기관의 장이 된다.

(시행령 제3조).

② 위원회는 다음 각 호의 사항을 심의·조정한다.
- 장애인복지정책의 기본방향에 관한 사항
- 장애인복지증진을 위한 제도개선과 예산지원에 관한 사항
- 중요한 특수교육정책의 조정에 관한 사항
- 중요한 장애인 고용촉진정책의 조정에 관한 사항
- 장애인복지에 관한 관련부처의 협조사항
- 기타 장애인복지와 관련하여 대통령령이 정하는 사항

③ 위원회는 필요하다고 인정하는 때에는 관계행정기관에 대하여 그 소속직원의 출석·설명과 자료의 제출을 요구할 수 있다(제11조).

④ 장애인복지 관련 사업의 기획·조사·실시 등에 필요한 사항을 심의하기 위하여 지방자치단체에 지방장애인복지위원회를 두고, 지방장애인복지위원회의 조직 및 운영에 관하여 필요한 사항은 대통령령이 정하는 기준에 따라 지방자치단체의 조례로 정한다(제11조의2).

- 법 제11조의2의 규정에 의한 지방장애인복지위원회(이하 "지방위원회"라 한다)는 위원장 1인을 포함한 30인 이내의 위원으로 구성한다. 지방위원회의 위원장은 지방자치단체의 장이 되고, 위원은 장애인관련 단체의 장, 장애인문제에 관한 학식과 경험이 풍부한 자, 당해 지방자치단체소속 공무원 중에서 지방자치단체의 장이 위촉 또는 임명하는 자로 하되, 위촉위원 중 2분의 1 이상은 장애인으로 한다(시행령 제9조의3).

(2) 장애인 복지단체와 장애인복지단체협의회

① 국가와 지방자치단체는 장애인의 복지를 증진하고 자립을 도모하기 위하여 장애인복지단체를 보호·육성하도록 노력하여야 하며, 예산의 범위 내에서 제1항의 규정에 의한 단체의 사업 또는 활동이나 그 시설에 대한 소요경비의 일부 또는 전부를 보조할 수 있다(제53조)

② 장애인복지단체의 활동지원과 장애인의 복지증진을 위하여 장애인복지단체협의회(이하 "협의회"라고 한다)를 설립할 수 있다(제54조).

(3) 장애인복지상담원

① 장애인의 복지증진을 위한 상담 및 지원업무를 담당하게 하기 위하여 시·군·구
(자치구에 한한다. 이하 같다)에 장애인복지상담원을 둔다.

② 장애인복지상담원은 그 업무를 행함에 있어 개인의 인격을 존중하고, 업무상 알
게 된 개인의 신상에 관한 비밀을 누설하여서는 아니 된다.

③ 장애인복지상담원의 임용·직무·보수, 기타 필요한 사항은 대통령령으로 정한다
(제30조).

9) 장애인 복지 기본시책

(1) 장애인의 날

국민의 장애인에 대한 이해를 깊게 하고, 장애인의 재활의욕을 고취하기 위하여 매
년 4월 20일을 장애인의 날로 하고 장애인의 날부터 1주간을 장애인주간으로 한다. 국
가와 지방자치단체는 장애인의 날 취지에 적합한 행사 등 사업을 실시하도록 노력하여
야 한다(제12조).

(2) 장애발생예방

국가와 지방자치단체는 장애의 발생원인과 그 예방에 관한 조사연구를 촉진하여야
하며 모자보건사업의 강화, 장애의 원인이 되는 질병의 조기발견과 조기치료의 추진,
기타 필요한 시책을 강구하여야 한다. 또한 국가와 지방자치단체는 교통사고, 산업재
해, 약물중독 및 환경오염 등에 의한 장애발생을 예방하기 위하여 필요한 조치를 강구
하여야 한다(제15조).

(3) 의료·재활치료 및 사회적응훈련

국가와 지방자치단체는 장애인이 생활기능을 습득 또는 회복할 수 있도록 필요한 기
능치료·심리치료 등 재활의료를 제공하고 장애인의 장애를 보완하기 위하여 재활보조
기구의 제공 등 필요한 시책을 강구하여야 하며(제16조), 장애인이 재활치료 후 일상생
활 또는 사회생활을 원활히 할 수 있도록 사회적응훈련을 실시하여야 한다(제17조).

(4) 직업재활

국가와 지방자치단체는 장애인이 자신의 적성과 능력에 따라 적절한 직업에 종사할 수 있도록 하기 위하여 직업지도, 직업능력평가, 직업적응훈련, 직업훈련, 취업알선, 고용 및 취업후지도 등 필요한 시책을 강구하여야 한다(제19조).

(5) 교육

국가와 지방자치단체는 사회통합의 이념에 따라 장애인이 그 연령·능력·장애의 종별 및 정도에 따른 충분한 교육을 받을 수 있도록 교육의 내용과 방법의 개선 등 필요한 시책을 강구하여야 하고, 국가와 지방자치단체는 장애인의 교육에 관한 조사·연구를 촉진하여야 한다.

또한 국가와 지방자치단체는 장애인에게 전문적 진로교육을 실시하는 제도를 강구하여야 한다. 따라서 각급 학교의 장은 교육을 필요로 하는 장애인이 당해 학교에 입학하고자 하는 경우에는 장애를 이유로 입학의 지원을 거부하거나 입학시험 합격자의 입학을 거부하는 등의 불이익한 조치를 하여서는 아니 된다.

모든 교육기관은 교육대상 장애인의 입학 및 수학 등에 있어서 장애의 종별 및 정도에 적합한 편의를 제공하기 위하여 시설의 정비, 기타 필요한 조치를 강구하여야 한다(제18조).

(6) 정보에의 접근

국가와 지방자치단체는 장애인이 원활하게 정보에 접근하고 그 의사를 표시할 수 있도록 하기 위하여 전기통신 및 방송시설 등을 개선하도록 노력하여야 한다.

그 예로 국가와 지방자치단체는 방송국의 장 등 민간사업자에 대하여 뉴스, 국가적 주요사항의 중계 등 대통령령이 정하는 방송프로그램에 청각장애인을 위한 수화 또는 폐쇄자막 등을 방영하도록 요청할 수 있다.

또는 국가와 지방자치단체는 국가적인 행사, 기타 교육, 집회 등 대통령령이 정하는 행사를 개최하는 경우에는 청각장애인을 위한 수화통역을 하여야 하며 민간이 주최하는 행사의 경우에는 수화통역을 하도록 요청할 수 있다.

따라서 이와 같은 요청을 받은 방송국의 장 등 민간사업자 및 민간행사주최자는 정당한 이유가 없는 한 이에 응하여야 한다.

그리고 국가와 지방자치단체는 시각장애인의 정보접근을 용이하게 하기 위하여 점자 및 음성도서 등을 보급하도록 노력하여야 한다(제20조).

(7) 편의시설 및 선거권 등 행사의 편의제공

국가와 지방자치단체는 장애인이 공공시설 및 교통수단 등을 안전하고 편리하게 이용할 수 있도록 편의시설의 설치와 운영에 관하여 필요한 시책을 강구하여야 할 뿐만 아니라(제21조), 장애인의 선거권 행사의 편의를 위하여 편의시설·설비의 설치, 선거권 행사에 관한 홍보, 선거용 보조기구의 개발·보급 등 필요한 조치를 강구하여야 한다(제23조).

(8) 안전대책의 강구

국가와 지방자치단체는 추락사고 등 장애로 인하여 추가로 발생될 수 있는 안전사고와 비상재해 등에 대비하여 시각, 청각 및 이동에 불편을 겪는 장애인을 위하여 피난로 확보, 점자·음성 및 문자 안내판의 설치, 긴급 통보시스템 등 장애인의 특성을 배려한 안전대책 등 필요한 조치를 강구하여야 한다(제22조).

(9) 주택의 보급

국가와 지방자치단체는 공공주택 등 주택을 건설할 경우에는 장애인에게 우선 분양 또는 임대할 수 있도록 노력하여야 하며, 주택의 구입자금·임차자금 또는 개·보수비용의 지원 등 장애인의 일상생활에 적합한 주택의 보급·개선에 필요한 시책을 강구하여야 한다(제24조).

(10) 문화환경의 정비 및 복지연구의 진흥

국가와 지방자치단체는 장애인의 문화생활과 재활체육(장애인복지시설 등에서 행하는 체육을 포함)활동의 증진을 위하여 관련시설 및 설비, 기타 환경을 정비하고 문화생활, 재활체육활동 등을 지원하도록 노력하여야 하며(제25조), 국가와 지방자치단체는 장애인 복지증진을 위한 연구와 장애인 복지진흥, 장애인 재활체육진흥 등을 위해 필요한 시책을 강구하여야 한다(제26조).

이 규정에 의한 장애인 복지연구·복지진흥·재활체육진흥 등을 위해 재단법인 한국 장애인복지진흥회(이하 "복지진흥회"라 한다)를 설립하고 복지진흥회의 사업과 활동은 정관으로 정한다. 이때 국가와 지방자치단체는 복지진흥회의 운영에 필요한 비용을 보조할 수 있으며, 조세특례제한법이 정하는 바에 의하여 조세를 감면하고 복지진흥회에 기부된 재산에 대한 소득계산의 특례를 적용한다.

(11) 경제적 부담의 경감

국가와 지방자치단체, 정부투자기관관리기본법 제2조의 규정에 의한 정부투자기관, 지방공기업법에 의한 지방공사 또는 지방공단은 장애인 및 장애인을 부양하는 사람의 경제적 부담경감을 도모하고 장애인의 자립촉진을 위하여 세제상의 조치, 공공시설 이용료의 감면 등 기타 필요한 시책을 강구하여야 한다.

또한 국가와 지방자치단체, 정부투자기관관리기본법 제2조의 규정에 의한 정부투자기관, 지방공기업법에 의한 지방공사 또는 지방공단이 운영하는 운송사업자는 장애인 및 장애인을 부양하는 사람의 경제적 부담을 경감하고 장애인의 자립을 촉진하기 위하여 장애인 및 장애인을 보호하기 위하여 동행하는 자의 운임 등을 감면하는 시책을 강구하여야 한다(제27조).

10) 복지조치

(1) 장애인 실태조사 및 장애인 등록

① 보건복지부장관은 이 법의 적절한 시행을 위하여 장애인의 실태조사를 5년마다 실시한다(제28조).

② 장애인, 그 법정대리인 또는 대통령령이 정하는 보호자는 장애상태, 기타 보건 복지부령이 정하는 사항에 관하여 시장·군수 또는 구청장(자치구의 구청장에 한 한다. 이하 같다)에게 등록하여야 하며 시장·군수·구청장은 등록을 신청한 장애인이 제2조의 기준에 해당할 때에는 장애인등록증(이하 "등록증"이라 한다)을 교부하여야 한다(제29조).

- 이 규정에 의하여 등록증을 교부받은 자와, 그 법정대리인 또는 대통령령이 정하는 보호자는 당해 장애인이 제2조의 기준에 해당하지 아니하게 되거나 사 망한

때에는 그 등록증을 반환하여야 한다. 등록증은 양도하거나 대여하지 못 하며, 등록증과 유사한 명칭 또는 표시를 사용하여서는 아니 된다.
- 또한 시장·군수·구청장은 장애상태의 변화에 따른 장애등급의 조정을 위하여 장애진단을 명하는 등 필요한 조치를 취할 수 있으며 장애진단명령 등 필요한 조치를 거부하거나 제2항 또는 제5항의 규정을 위반한 경우에는 등록증의 반환을 명할 수 있다.
- 장애인의 장애인정 및 등급사정에 관한 업무를 담당하게 하기 위하여 보건복지부에 장애판정위원회를 둘 수 있다.

(2) 재활상담 및 입소 등의 조치

① 보건복지부장관, 시·도지사 또는 시장·군수·구청장(이하 "장애인복지실시기관"이라 한다)은 장애인에 대한 검진 및 재활상담을 실시하고, 필요하다고 인정할 때에는 다음 각 호의 조치를 하여야 한다.
• 국·공립병원, 보건소, 보건지소, 기타 의료기관(이하 "의료기관"이라 한다)에 의뢰하여 의료 및 보건지도를 받게 하는 것
• 국가 또는 지방자치단체가 설치한 장애인복지시설에서 주거편의, 상담, 치료, 훈련 등의 필요한 서비스를 받도록 하는 것
• 제49조의 규정에 의하여 설치된 장애인복지시설에 위탁하여 그 시설에서 주거 편의, 상담, 치료, 훈련 등의 필요한 서비스를 받도록 하는 것
• 공공직업능력개발훈련시설 또는 사업장내 직업훈련시설이 행하는 직업훈련 또는 취업알선을 필요로 하는 자에 대하여 관련시설 또는 직업안정업무기관에 소개하는 것
② 장애인복지실시기관은 제1항의 재활상담을 함에 있어서 필요하다고 인정할 때에는 제30조의 규정에 의한 장애인복지상담원으로 하여금 당해 장애인의 가정, 장애인이 주거편의, 상담, 치료, 훈련 등의 필요한 서비스를 제공받는 시설이나 의료기관을 방문하여 상담에 응하게 하거나 필요한 지도를 하게 할 수 있다(제31조).

(3) 장애유형별 재활서비스 제공 등

국가와 지방자치단체는 장애인의 일상생활에서의 편의증진 및 사회활동 참여증진

을 위하여 장애유형별 재활서비스 제공 등 필요한 시책을 강구하여야 하며, 예산의 범위 내에서 이를 지원할 수 있다(제32조).

(4) 의료비 및 자녀교육비 지급

장애인복지실시기관은 의료비의 부담이 곤란하다고 인정되는 장애인에 대하여 장애정도, 경제적 부담능력 등을 고려하여 장애의 정도에 따라 의료에 소요되는 비용을 지급할 수 있고(제33조), 경제적 부담능력 등을 감안하여 장애인이 부양하는 자녀 또는 장애인인 자녀의 교육비를 지급할 수 있다(제34조).

이 규정에 의한 의료비 및 교육비 지급의 대상·기준 및 방법 등에 관하여 필요한 사항은 보건복지부령으로 정한다.

(5) 장애인사용자동차등에 대한 지원

국가와 지방자치단체, 기타 공공단체는 장애인이 이동수단인 자동차 등을 사용하는 데 있어서 편의도모와 경제적 부담경감을 위하여 조세감면 등 필요한 지원시책을 강구하여야 한다. 그리고 시장·군수·구청장은 장애인의 자동차 등 이용과 관련된 지원의 편의도모를 위하여 장애인이 사용하는 자동차 등임을 식별하는 표지(이하 "장애인사용자동차등표지"라 한다)를 발급하여야 한다. 장애인사용자동차등표지는 이를 대여하거나 보건복지부령이 정하는 자 이외의 자에게 양도하는 등 부당한 방법으로 사용하여서는 아니 되며, 이와 유사한 표지, 명칭 등을 사용하여서는 아니 된다(제35조).

(6) 장애인보조견의 훈련·보급지원 등

국가와 지방자치단체는 장애인의 복지증진을 위하여 장애인을 보조하는데 필요한 장애인보조견의 훈련·보급을 지원하는 방안을 강구하여야 하며, 보건복지부장관은 장애인보조견에 대하여 장애인보조견표지(이하 "보조견표지"라 한다)를 발급할 수 있다.

그리고 누구든지 보조견 표지를 부착한 장애인보조견을 동반한 장애인이 대중교통수단에 탑승하거나 공공장소 및 숙박시설, 식품접객업소 등 여러 사람이 다니거나 모이는 곳에 출입하고자 하는 때에는 정당한 사유가 없는 한 이를 거부하여서는 아니 된다(제36조).

(7) 자금의 대여

국가와 지방자치단체는 장애인에 대하여 사업의 개시, 필요한 지식·기능의 습득 등을 지원하기 위하여 대통령령이 정하는 바에 따라 자금을 대여할 수 있다(제37조).

(8) 자립훈련비의 지급

장애인복지실시기관은 장애인복지시설에 주거편의, 상담, 치료, 훈련 등의 필요한 서비스를 받도록 하거나 위탁한 장애인에 대하여 당해 시설에서 훈련을 효과적으로 받을 수 있도록 하기 위하여 필요하다고 인정하는 때에는 자립훈련비를 지급할 수 있으며 특별한 사정이 있는 경우에는 이에 갈음하여 물건을 지급할 수 있다(제39조).

(9) 생업지원

① 국가와 지방자치단체, 기타 공공단체는 소관 공공시설내에 식료품·사무용품·신문 등 일상생활용품의 판매를 위한 매점이나 자동판매기의 설치를 허가 또는 위탁할 때에는 장애인의 신청이 있는 경우 이를 우선적으로 반영하도록 노력하여야 한다.

② 재정경제부장관 또는 한국담배인삼공사사장은 장애인이 담배사업법에 의하여 담배소매인 지정신청을 한 경우에는 당해 장애인을 담배소매인으로 우선 지정하도록 노력하여야 한다.

③ 장애인이 우편법령에 의하여 국내 우표류 판매업 계약신청을 한 경우에는 우편관서는 당해 장애인이 국내 우표류 판매업을 우선적으로 계약할 수 있도록 노력하여야 한다.

④ 제1항 내지 제3항의 규정에 의한 허가, 위탁 또는 지정 등을 받은 자는 특별한 사유가 없는 한 직접 그 사업에 종사하여야 한다.

⑤ 제1항의 규정에 의한 설치 허가권자는 매점·자동판매기의 허가를 위하여 그 설치장소, 판매할 물건의 종류 등을 조사하고 그 결과를 장애인에게 알리는 조치를 강구하여야 한다(제38조).

(10) 생산품의 구매

① 국가와 지방자치단체, 기타 공공단체는 그 소요물품 중 보건복지부장관이 정한 품목 및 물량의 범위 내에서 매년 그 품목과 물량을 정하여 장애인복지시설, 장애인복지단체에 생산을 의뢰하여야 하며 동 물품의 구매요구가 있을 경우에는 이를 우선적으로 구매하여야 한다.

② 국가와 지방자치단체, 기타 공공단체는 장애인복지시설, 장애인복지단체에서 생산한 물품에 대하여 수의계약으로 구매할 수 있다.

③ 제1항 및 제2항의 규정에 의한 품목, 물량의 지정 등에 관하여 필요한 사항은 대통령령으로 정하며, 수의계약의 절차, 방법 등에 관하여는 관계 법령에 의한다(제40조).

(11) 국·공유재산의 우선매각 또는 유·무상 임대

① 국가와 지방자치단체는 이 법에 의한 장애인복지시설의 설치 또는 장애인복지 단체의 장애인복지사업 관련시설의 설치를 위하여 필요한 자에게 국·공유 토지 및 시설 등을 우선 매각하거나 임대 또는 무상으로 대부할 수 있다.

② 국가와 지방자치단체는 제1항의 규정에 의하여 국가 또는 지방자치단체로부터 토지 및 시설을 매수·임차하거나 대부받은 자가 그 매수·임차 또는 대부일부터 2년 이내에 장애인복지시설의 설치 또는 장애인복지단체의 장애인복지사업 관련시설의 설치를 시행하지 아니한 때에는 이를 환수하거나 임차계약을 취소할 수 있다(제43조).

(12) 장애수당, 장애아동부양수당, 보호수당

① 국가와 지방자치단체는 장애정도와 장애인의 경제적 생활수준을 고려하여 장애인의 소득보전을 위해 장애수당을 지급할 수 있다. 다만, 국민기초생활보장법에 의한 생계급여의 수급자인 장애인에게는 장애수당을 지급하여야 한다(제44조).

② 국가와 지방자치단체는 장애아동을 보호·양육하는 보호자의 경제적 생활수준, 장애정도를 고려하여 장애아동의 보호자에게 장애로 인한 추가적 비용보전을 위해 장애아동부양수당과 장애인 보호수당을 지급할 수 있다(제45조).

11) 복지시설 및 단체

장애인복지시설은 장애인에게 필요한 서비스를 제공하는 물리적 기능적인 제반 장소를 말한다(박태영, 2000: 13) 이러한 장애인 시설은 여러 가지 형태로 존재할 수 있으며, 또한 이러한 형태기 때문에 장애인 복지시설을 설치·운영하는 데 있어 그 기준을 정하여 장애인과 그 가족들에게 필요한 서비스를 제공하여 장애인 복지증진에 이바지하려는 것으로 여겨진다.

따라서 국가와 지방자치단체는 장애인의 연령 및 장애의 종별과 정도를 고려하여 제48조의 규정에 의한 장애인복지시설에서 적절한 보호, 의료, 생활지도와 기능회복훈련 등의 서비스를 제공함으로써 장애인이 기능회복과 향상을 도모할 수 있도록 필요한 시책을 강구하여야 한다(제47조).

(1) 장애인복지시설의 종류(제48조)

① 장애인생활시설 : 장애인이 필요한 기간 생활하면서 재활에 필요한 상담·치료·훈련 등의 서비스를 받아 사회복귀를 준비하거나 장애로 인하여 장기간 요양하는 시설

② 장애인지역사회재활시설 : 장애인복지관, 의료재활시설, 체육시설, 수련시설, 공동생활가정 등 장애인에게 전문적인 상담·치료·훈련 등을 제공하거나 여가활동 및 사회참여활동 등에 필요한 편의를 제공하는 시설

③ 장애인직업재활시설 : 일반 고용이 어려운 장애인이 특별히 준비된 작업환경에서 직업훈련을 받거나 직업생활을 영위할 수 있도록 하는 시설

④ 장애인유료복지시설 : 장애인이 필요한 치료, 훈련 등 편의를 제공받고 이에 소요되는 일체의 비용을 시설운영자에게 납부하여 운영하는 시설

⑤ 기타 대통령령이 정하는 시설

(2) 장애인복지시설의 설치

① 국가와 지방자치단체는 장애인복지시설을 설치할 수 있다.

② 제1항에 규정된 자 외의 자가 장애인복지시설을 설치·운영하고자 할 때에는 시설 소재지 관할 시장·군수·구청장에게 신고하여야 하며, 신고한 사항 중 보건복지부

령이 정하는 중요한 사항을 변경할 때에도 같다. 다만, 제52조의 규정에 의한 폐쇄 명령을 받고 1년이 경과되지 아니한 자는 시설의 설치·운영신고를 할 수 없다.

③ 제48조제1항제2호의 규정에 의한 의료재활시설의 설치는 의료법에 의한다.

④ 제2항의 규정에 의한 장애인복지시설의 시설기준, 신고, 변경신고 및 입소 등에 관하여 필요한 사항은 보건복지부령으로 정한다(제49조).

(3) 비용의 보조

국가와 지방자치단체는 대통령령이 정하는 바에 의하여 장애인복지시설의 설치 또는 운영에 필요한 비용의 전부 또는 일부를 보조할 수 있다(제72조).

(4) 지도·감독

장애인복지실시기관은 장애인복지시설을 설치·운영하는 자의 소관업무에 관하여 지도·감독을 하며, 필요한 경우 당해 시설에 관하여 보고 또는 관련서류의 제출을 명하거나, 소속 공무원으로 하여금 당해 시설의 운영상황, 장부, 기타 서류를 조사·검사하거나 질문하게 할 수 있다. 이의 규정에 의하여 관계 공무원이 그 직무를 행하는 때에는 권한을 표시하는 증표를 관계인에게 제시하여야 한다(제51조).

또한 장애인복지실시기관은 장애인복지시설이 다음 각 호의 1에 해당하는 때에는 그 시설의 개선, 사업의 정지, 시설의 장의 교체를 명하거나 시설의 폐쇄를 명할 수 있다(제52조).

- 제49조제4항의 규정에 의한 시설기준에 미달하게 된 때
- 정당한 이유 없이 제51조의 규정에 의한 보고를 하지 아니하거나 허위로 한 때 또는 조사, 검사, 질문을 거부·방해 또는 기피한 때
- 사회복지법인 또는 비영리법인이 설치·운영하는 시설의 경우 그 사회복지법인 또는 비영리법인의 설립허가가 취소된 때
- 시설의 회계부정이나 불법행위, 기타 부당행위 등이 발견되었을 때
- 설치목적의 달성, 기타의 사유로 계속하여 운영할 필요가 없다고 인정할 때
- 이 법 또는 이 법에 의한 명령이나 처분에 위반할 때

12) 재활보조기구

"재활보조기구"는 장애인이 장애의 예방과 보완 및 기능의 향상을 위하여 사용하는 의지·보조기, 기타 보건복지부장관이 정하는 보장구와 일상생활의 편의증진을 위하여 사용하는 생활용품을 말한다.

13) 장애인복지전문인력

국가와 지방자치단체, 기타 공공단체는 수화통역사, 점역사 등 장애인복지 전문인력 및 기타 장애인복지에 관한 업무에 종사하는 자의 양성 및 훈련에 노력하여야 한다(제62조).

(1) 의지·보조기기사자격증의 교부 등

① 보건복지부장관은 다음 각 호의 1에 해당하는 자로서 제64조의 규정에 의한 국가시험에 합격한 자(이하 "의지·보조기기사"라 한다)에게 의지·보조기기사의 자격증을 교부한다.
- 고등교육법에 의한 전문대학 또는 이와 동등 이상의 학력이 있다고 교육인적자원부장관이 인정하는 학교에서 보건복지부령이 정하는 의지·보조기 관련 교과목을 이수하고 졸업한 자
- 보건복지부장관이 인정하는 외국에서 제1호에 해당하는 학교와 동등 이상의 교육과정을 이수하고 외국의 해당 의지·보조기기사의 자격증을 교부받은 자

② 의지·보조기기사의 자격증을 분실 또는 훼손한 자에게는 그 신청에 의하여 이를 재교부한다.

③ 의지·보조기기사의 자격증은 타인에게 대여하지 못한다.

④ 제1항 및 제2항의 규정에 의한 자격증의 교부·재교부절차, 기타 그 관리에 관하여 필요한 사항은 보건복지부령으로 정한다(제63조).

(2) 의지·보조기기사 국가시험의 실시

의지·보조기기사 국가시험은 보건복지부장관이 실시하되, 국가시험의 실시시기·실시방법·시험과목, 기타 시험실시에 관하여 필요한 사항은 대통령령으로 정한다. 보

건복지부장관은 이 규정에 의한 국가시험의 실시에 관한 업무를 대통령령이 정하는 바에 의하여 시험관리 능력이 있다고 인정되는 관계전문기관에 위탁할 수 있다(제64조).

정신질환자, 마약·대마 또는 향정신성의약품중독자, 금치산자·한정치산자·파산선고를 받고 복권되지 아니한 자 등은 제64조의 규정에 의한 국가시험에 응시할 수 없다(제65조).

14) 장애인 권리보호

(1) 압류금지

장애인복지법에 의하여 장애인에게 지급되는 금품은 이를 압류하지 못한다.

(2) 심사청구

① 장애인, 그 법정대리인 또는 대통령령이 정하는 보호자는 이 법에 의한 복지조치에 대하여 이의가 있을 때에는 당해 장애인복지실시기관에 심사를 청구할 수 있다.

② 장애인복지실시기관은 제1항의 규정에 의한 심사청구를 받은 때에는 1월 이내에 이를 심사·결정하여 청구인에게 통보하여야 한다.

③ 제2항의 규정에 의한 심사·결정에 이의가 있는 자는 행정심판법에 따라 행정심판을 제기할 수 있다(제75조).

제6절 영유아 보육법

(일부개정 2007.7.27 법률 제8563호, 시행일 2008.7.28)

1. 영유아보육법의 의의

영유아보육은 출생 후 초기에 해당되는 영아기와 유아기에 제공되는 돌봄과 교육을 일컫는 것으로서 가정에서 부모로부터 양육받기 어려운 영유아들이 부모대신 다른 사람에 의해 일정시간 동안 보호, 양육되는 것을 말한다. 현대에 오면서 보육은 모든 영유아가 차별 없이 보호받고 교육받을 권리와 부모가 편안하게 일할 수 있는 권리를 국가와 사회가 함께 책임지겠다는 개념으로 변화되었다. 따라서 영유아와 부모가 함께 행복해지도록 사회와 국가가 함께 지원하는 복지서비스라 말할 수 있다.

영유아보육법은 영유아보육에 관한 법으로서 영유아를 심신의 보호와 건전한 교육을 통하여 건강한 사회성원으로 육성함과 아울러 보호자의 경제적·사회적 활동을 원활하게 함으로써 가정복지 증진에 기여함을 목적으로 한다(동법 제1조).

영유아보육법은 영유아보육에 관한 한 특별법으로서 특별법 우선의 원칙이 적용되며 사회복지서비스법의 일환으로 실시된다. 영유아보육법에서는 6세 미만의 취학 전 아동을 영유아라 정의하고 있다.

2. 입법배경 및 연혁

우리나라의 보육사업은 1921년 태화 기독교 사회관에서 빈민아동을 위한 구빈사업의 성격을 띤 탁아사업에서 시작하였다. 1961년 아동복리법이 제정·공포되기 전까지 일부기관에서 탁아소를 설치·운영하고 복지관 프로그램으로 탁아사업을 실시하였으나 주로 극빈자녀를 단순히 보호하는 차원에 머물렀으며 육아시설과 큰 차이 없이 임시구호적 성격을 강하게 띠고 있었다.

1961년 아동복리법이 제정·공포되면서부터 구빈 사업적 성격에서 벗어나 아동의 복리를 증진시키고 보호하기 위한 사업으로 보육 사업이 실시되기 시작하였고 1982년 유아교육진흥법을 제정하여 기존의 어린이집, 새마을협동유아원 및 농번기탁아소를 새마을 유아원으로 흡수·통합하여 운영하였다. 그러나 여성의 경제활동참여 증가, 맞벌이 부부 핵가족의 증가, 자녀출산율의 저하 등 가족구조의 변화로 보육수요가 급격히 증가하자 취업여성의 자녀양육문제는 큰 사회적 문제로 등장하였다. 따라서 아동보호와 교육문제는 개인적인 차원을 넘어서 사회적·국가적으로 해결해야 할 필요성이 증대되었다.

이에 정부에서는 1991년 1월 14일 법률 제4328호로 영유아보육법을 제정하였다. 영유아보육법은 2004년 1월 29일자로 전면개정이 되기 전까지 일곱 차례의 일부개정이 있었으며 전면개정이 있은 후 현재까지 4차례에 걸친 일부개정이 이루어졌다. 2004년 전면개정 당시 보육업무의 주관부처는 보건복지부였으나 같은 해 6월부터는 보육업무가 여성가족부로 이관되었다.

3. 영유아보육법의 내용

1) 총칙

(1) 목적

영유아보육법은 영유아를 심신의 보호와 건전한 교육을 통하여 건강한 사회성원으로 육성함과 아울러 보호자의 경제적·사회적 활동을 원활하게 함으로써 가정복지 증진에 기여함을 목적으로 한다(동법 제1조).

(2) 용어의 정의

- "영유아"는 6세 미만의 취학 전 아동을 말한다.
- "보육"은 영유아를 건강하고 안전하게 보호·양육하고 영유아의 발달특성에 적합한 교육을 제공하는 사회복지서비스를 말한다.
- "보육시설"은 보호자의 위탁을 받아 영유아를 보육하는 시설을 말한다.
- "보호자"는 친권자·후견인 그 밖의 자로서 영유아를 사실상 보호하고 있는 자를 말한다.
- "보육시설종사자"는 보육시설에서 영유아의 보육, 건강관리 및 보호자와의 상담 그 밖에 보육시설의 관리·운영 등의 업무를 담당하는 자로서 보육시설의

장 및 보육교사와 그 밖의 종사자를 말한다.

(3) 보육이념

보육은 영유아의 이익을 최우선적으로 고려하여 제공되어야 하며 보육은 영유아가 안전하고 쾌적한 환경에서 건강하게 성장할 수 있도록 하여야 한다. 또한 영유아는 자신 또는 보호자의 성·연령·종교·사회적 신분·재산·장애 및 출생지역 등에 따른 어떠한 종류의 차별도 받지 아니하고 보육되어야 한다.

(4) 국민과 국가 및 지방자치단체의 책임

모든 국민은 영유아를 건전하게 보육할 책임을 지며 국가 및 지방자치단체는 보호자와 더불어 영유아를 건전하게 보육할 책임을 진다. 시장·군수·구청장은 영유아의 보육을 위한 적정한 보육시설을 확보하여야 하고 여성가족부장관은 이 법의 적절한 시행을 위하여 보육실태조사를 5년마다 실시하여야 한다. 보육실태조사의 방법·내용 등에 관하여 필요한 사항은 여성가족부령으로 정한다.

(5) 보육행정 지원기관

① 보육정책조정위원회

보육정책에 관한 관계부처간의 의견을 조정하기 위하여 국무총리소속하에 보육정책조정위원회(이하 "보육정책조정위원회"라 한다)를 둔다. 보육정책조정위원회는 보육정책의 기본방향에 관한 사항, 보육관련 제도개선과 예산지원에 관한 사항, 보육에 관한 관계부처 간 협조사항, 그 밖에 위원장이 부의하는 사항을 심의·조정한다. 보육정책조정위원회는 위원장을 포함한 12인 이내의 위원으로 구성하되, 위원장은 국무조정실장이 되고 위원은 교육인적자원부차관·보건복지부차관·노동부차관·여성가족부차관 및 기획예산처차관, 제1호의 위원이 추천하여 위원장이 위촉하는 보육계·유아교육계·여성계·사회복지계·시민단체 및 보호자를 대표하는 자 각 1인의 자가 된다. 보육정책조정위원회의 구성 및 운영 등에 관하여 필요한 사항은 대통령령으로 정한다.

② 보육정책위원회

보육에 관한 각종 정책·사업·보육지도 및 시설평가사항 등을 심의하기 위하여 여성 가족부에 중앙보육정책위원회를, 특별시·광역시·도 및 시·군·구에 지방보육정책위 원회를 둔다. 다만, 지방보육정책위원회는 그 기능을 담당하기에 적합한 다른 위원회 가 있고 그 위원회의 위원이 제2항의 규정에 의한 자격을 갖춘 경우에는 시·도 또는 시· 군·구의 조례가 정하는 바에 따라 그 위원회가 지방보육정책위원회의 기능을 대신할 수 있다. 중앙보육정책위원회 및 지방보육정책위원회(이하 "보육정책위원회"라 한다) 의 위원은 보육전문가, 보육시설의 장 및 보육교사 대표, 보호자 대표 또는 공익을 대표 하는 자, 관계공무원 등으로 구성한다. 보육정책위원회의 구성·기능 및 운영 등에 관하 여 필요한 사항은 대통령령으로 정한다.

③ 보육정보센터

보육에 관한 정보의 수집·제공 및 상담을 위하여 여성가족부장관은 중앙보육정보센 터를, 특별시장·광역시장·도지사 및 시장·군수·구청장은 지방보육정보센터를 설치· 운영하여야 한다. 이 경우 필요하다고 인정하는 경우에는 영아·장애아 보육 등에 관한 보육정보센터를 별도로 설치·운영할 수 있다. 중앙보육정보센터 및 지방보육정보센터 (이하 "보육정보센터"라 한다)에는 보육정보센터의 장과 보육에 관한 정보제공 및 상담 업무 등을 담당하는 보육전문요원 등을 둔다. 여성가족부장관, 시·도지사 및 시장·군 수·구청장은 보육정보센터를 보육관련법인·단체 등에 위탁하여 운영할 수 있다. 보육 정보센터의 설치·운영 및 기능, 보육정보센터의 장과 보육전문요원의 자격 및 직무, 보 육정보센터의 위탁 및 위탁의 취소 등에 관하여 필요한 사항은 대통령령으로 정한다.

④ 보육개발원

여성가족부장관은 보육에 관한 연구와 정보제공, 프로그램 및 교재개발, 평가척도 개발 및 종사자 연수 등의 업무를 위하여 보육개발원을 설치하거나 당해 업무를 관련 연 구기관 등에 위탁할 수 있다. 보육개발원의 설치·운영 및 위탁 등에 관하여 필요한 사항 은 대통령령으로 정한다.

2) 보육시설의 종류와 설치

(1) 보육시설의 종류

① 국·공립보육시설 : 국가 또는 지방자치단체가 설치·운영하는 보육시설

② 법인보육시설 : 사회복지사업법에 의한 사회복지법인(이하 "법인"이라 한다)이 설치·운영하는 보육시설

③ 직장보육시설 : 사업주가 사업장의 근로자를 위하여 설치·운영하는 보육시설(국가 또는 지방자치단체의 장이 소속공무원을 위하여 설치·운영하는 시설을 포함한다)

④ 가정보육시설 : 개인이 가정 또는 그에 준하는 곳에 설치·운영하는 보육시설

⑤ 부모협동보육시설 : 보호자들이 조합을 결성하여 설치·운영하는 보육시설

⑥ 민간보육시설 : ①~⑤에 해당하지 아니하는 보육시설

(2) 보육계획의 수립 및 시행

여성가족부장관, 시·도지사 및 시장·군수·구청장은 보육사업의 원활한 추진을 위하여 여성가족부장관의 경우에는 중앙보육정책위원회, 그 밖의 경우에는 각 지방보육정책위원회의 심의를 거쳐 보육시설 수급계획 등을 포함한 보육계획을 수립·시행하여야 한다. 여성가족부장관, 시·도지사 및 시장·군수·구청장은 보육계획의 수립·시행을 위하여 필요한 경우에는 보육시설, 보육관련 법인 또는 단체 등에 대하여 자료제공 등의 협조를 요청할 수 있으며, 그 요청을 받은 보육시설·보육관련 법인 또는 단체 등은 정당한 사유가 없는 한 이에 응하여야 한다. 보육계획의 내용·수립시기 및 절차 등에 관하여 필요한 사항은 대통령령으로 정한다.

(3) 국·공립보육시설의 설치 등

국가 또는 지방자치단체는 국·공립보육시설을 설치·운영하여야 한다. 이 경우 국·공립보육시설은 보육계획에 따라 도시저소득주민밀집주거지역 및 농어촌지역 등 취약지역에 우선적으로 설치하여야 한다.

(4) 국·공립보육시설외의 보육시설의 설치

국·공립보육시설외의 보육시설을 설치·운영하고자 하는 자는 시장·군수·구청장의 인가를 받아야 한다. 인가받은 사항 중 중요사항을 변경하고자 하는 경우에도 또한 같다. 인가에 관하여 필요한 사항은 여성가족부령으로 정한다.

(5) 직장보육시설의 설치 등

대통령령이 정하는 일정규모 이상의 사업장의 사업주는 직장보육시설을 설치하여야 한다. 다만, 사업장의 사업주가 직장보육시설을 단독으로 설치할 수 없을 때에는 사업주 공동으로 직장보육시설을 설치·운영하거나, 지역의 보육시설과 위탁계약을 체결하여 근로자 자녀의 보육을 지원하거나 또는 근로자에게 보육수당을 지급하여야 한다. 보육시설의 설치·위탁계약 및 보육수당의 지급에 관하여 필요한 사항은 여성가족부령으로 정한다.

(6) 보육시설 설치기준 및 결격사유

보육시설을 설치·운영하고자 하는 자는 여성가족부령이 정하는 설치기준을 갖추어야 하며 다음에 해당하는 자는 보육시설을 설치·운영할 수 없다.
- 미성년자·금치산자 또는 한정치산자
- 정신질환자
- 마약·대마 또는 향정신성의약품중독자
- 파산자로서 복권되지 아니한 자
- 금고 이상의 실형을 선고받고 그 집행이 종료(집행이 종료된 것으로 보는 경우를 포함한다)되거나 집행이 면제된 날부터 3년이 경과되지 아니한 자
- 금고 이상의 형의 집행유예 선고를 받고 그 유예기간 중에 있는 자
- 제45조의 규정에 의하여 보육시설의 폐쇄명령을 받고 1년이 경과되지 아니한 자

3) 보육시설종사자

(1) 보육시설종사자의 배치

보육시설에는 보육시설종사자를 두어야 한다. 보육시설종사자의 배치기준 등에 관하여 필요한 사항은 여성가족부령으로 정한다.

(2) 보육시설종사자의 직무

보육시설의 장은 보육시설을 통할하고 보육교사 그 밖의 종사자를 지도·감독하며 영유아를 보육한다. 보육교사는 영유아를 보육하고 보육시설의 장이 불가피한 사유로 직무를 수행할 수 없을 때에는 그 직무를 대행한다.

(3) 보육시설종사자의 임면 등

시장·군수 또는 구청장은 보육시설종사자의 권익보장과 근로여건 개선을 위하여 보육시설종사자의 임면 및 경력 등에 관한 사항을 관리하여야 한다. 보육시설의 장은 여성가족부령이 정하는 바에 의하여 보육시설종사자의 임면에 관한 사항을 시장·군수·구청장에게 보고하여야 한다.

(4) 보육시설의 장 또는 보육교사의 자격

보육시설의 장은 대통령령이 정하는 자격을 가진 자로서 여성가족부장관이 검정·수여하는 자격증을 받은 자이어야 한다. 보육교사는 다음에 해당하는 자로서 여성가족부장관이 검정·수여하는 자격증을 받은 자이어야 한다.

- 대학(전문대학을 포함한다) 또는 이와 동등 이상의 학교에서 여성가족부령이 정하는 보육관련 교과목 및 학점을 이수하고 졸업한 자
- 고등학교 또는 이와 동등 이상의 학교를 졸업한 자로서 여성가족부령이 정하는 교육훈련시설에서 소정의 교육과정을 이수한 자
- 보육교사의 등급은 1·2·3급으로 하고, 등급별 자격기준은 대통령령으로 정한다.

(5) 보육시설의 장 또는 보육교사 자격증의 교부 등

여성가족부장관은 보육시설의 장 또는 보육교사의 자격을 검정하고 자격증을 교부하여야 한다. 여성가족부장관은 보육시설의 장 또는 보육교사의 자격증을 교부 또는 재교부 받고자 하는 자에게 여성가족부령이 정하는 바에 의하여 수수료를 납부하게 할 수 있으며 자격의 검정 및 자격증의 교부 등에 관하여 필요한 사항은 여성가족부령으로 정한다.

(6) 명의대여 등의 금지

보육시설의 장 또는 보육교사는 다른 사람에게 자기의 성명이나 보육시설의 명칭을 사용하여 보육시설의 장 또는 보육교사의 업무를 수행하게 하거나 자격증을 대여하여서는 아니 된다.

(7) 보수교육

여성가족부장관은 보육시설종사자의 자질향상을 위한 보수교육을 실시하여야 한다. 보수교육은 직무교육과 승급교육으로 구분하며 여성가족부장관은 보수교육을 대학(전문대학을 포함한다) 또는 여성가족부령이 정하는 전문기관에 위탁하여 실시할 수 있다. 보수교육의 기간·방법·내용, 보수교육 실시기관의 위탁 및 위탁의 취소 등에 관하여 필요한 사항은 여성가족부령으로 정한다.

4) 보육시설의 운영

(1) 보육시설의 운영기준 등

보육시설을 설치·운영하는 자는 여성가족부령이 정하는 운영기준에 따라 보육시설을 운영하여야 한다. 국가 또는 지방자치단체는 설치된 국·공립보육시설을 법인·단체 또는 개인에게 위탁하여 운영할 수 있다. 이 경우 최초 위탁은 공개경쟁의 방법에 의한다. 직장보육시설을 설치한 사업주는 이를 법인·단체 또는 개인에게 위탁하여 운영할 수 있다. 보육시설 위탁 등에 관하여 필요한 사항은 여성가족부령으로 정한다.

(2) 보육시설운영위원회

보육시설의 장은 보육시설운영의 자율성과 투명성을 높이고 지역사회와의 연계를 강화하여 지역실정과 특성에 맞는 보육을 실시할 수 있도록 하기 위하여 보육시설에 보육시설운영위원회를 설치·운영할 수 있다. 다만, 취약 보육을 우선적으로 실시하여야 하는 보육시설과 대통령령이 정하는 보육시설은 보육시설운영위원회를 설치·운영하여야 한다. 보육시설운영위원회는 당해 보육시설의 장, 보육교사 대표, 학부모 대표 및 지역사회인사(직장보육시설의 경우에는 당해 직장의 보육시설 업무 담당자로 한다)로 구성한다. 보육시설의 장은 보육시설운영위원회의 위원정수를 5인 이상 10인 이내의 범위에서 보육시설의 규모 등을 고려하여 정할 수 있다. 보육시설운영위원회는 다음의 사항을 심의한다.

- 보육시설 운영규정의 제정 또는 개정에 관한 사항
- 보육시설 예산 및 결산의 보고에 관한 사항
- 영유아의 건강·영양 및 안전에 관한 사항
- 보육시간·보육과정의 운영방법 등 보육시설의 운영에 관한 사항
- 그 밖에 보육시설 운영에 대한 제안 및 건의사항
- 그 밖에 보육시설운영위원회의 설치·운영에 관하여 필요한 사항은 여성가족부령으로 정한다.

(3) 취약보육의 우선 실시 등

국가 또는 지방자치단체와 사회복지법인 그 밖의 비영리법인이 설치한 보육시설과 대통령령이 정하는 보육시설의 장은 영아·장애아 등에 대한 보육을 우선적으로 실시하여야 한다. 여성가족부장관, 시·도지사 및 시장·군수·구청장은 취약보육을 활성화하는 데 필요한 각종 시책을 수립·시행하여야 한다. 취약보육의 종류 및 실시 등에 관하여 필요한 사항은 여성가족부령으로 정한다.

(4) 보육시설 이용대상

보육시설의 이용대상은 보육이 필요한 영유아를 원칙으로 한다. 다만, 필요한 경우 보육시설의 장은 만 12세까지 연장하여 보육할 수 있다.

(5) 보육의 우선 제공

국가 또는 지방자치단체와 사회복지법인 그 밖의 비영리법인이 설치한 보육시설과 대통령령이 정하는 보육시설의 장은 다음의 어느 하나에 해당하는 자가 우선적으로 보육시설을 이용할 수 있도록 하여야 한다. 다만, 고용정책기본법의 규정에 의하여 고용촉진시설의 설치·운영을 위임 또는 위탁받은 지방자치단체의 장, 공공단체 또는 비영리법인이 설치·운영하는 시설의 장은 근로자의 자녀가 우선적으로 보육시설을 이용하게 할 수 있다. 사업주는 사업장 근로자의 자녀가 우선적으로 직장보육시설을 이용할 수 있도록 하여야 한다.

- 국민기초생활보장법에 따른 수급자
- 모·부자복지법 제5조의 규정에 의한 보호대상자의 자녀
- 국민기초생활보장법 제24조의 규정에 의한 차상위계층의 자녀
- 장애인복지법 제2조의 규정에 의한 장애인 중 여성가족부령이 정하는 장애등급 이상에 해당하는 자의 자녀
- 그 밖에 소득수준 등을 고려하여 여성가족부령이 정하는 자의 자녀

(6) 보육과정

보육과정은 영유아의 신체·정서·언어·사회성 및 인지적 발달을 도모할 수 있는 내용을 포함하여야 한다. 여성가족부장관은 표준보육과정을 개발·보급하여야 하며 필요시 그 내용을 검토하여 수정·보완하여야 한다. 보육시설의 장은 표준보육과정에 따라 영유아를 보육하도록 노력하여야 한다. 보육과정의 구체적인 내용은 여성가족부령으로 정한다.

(7) 보육시설생활기록

보육시설의 장은 영유아의 발달 등을 종합적으로 관찰·평가하여 영유아생활지도 및 초등학교 교육과의 연계지도에 활용할 수 있도록 하기 위하여 여성가족부장관이 정하는 기준에 따라 생활기록부를 작성·관리하여야 한다.

(8) 보육시설 평가인증

여성가족부장관은 보육서비스의 질적 수준 향상을 위하여 보육시설에 대한 평가인증을 실시할 수 있다. 여성가족부장관은 보육시설 평가인증에 관한 업무를 공공 또는 민간 기관·단체 등에 위탁하여 실시할 수 있다. 보육시설 평가인증의 실시 등에 관하여 필요한 사항은 여성가족부령으로 정한다. 여성가족부장관은 평가인증을 받고자 하는 보육시설 설치·운영자에게 여성가족부령이 정하는 바에 따라 평가인증에 필요한 비용을 납부하게 할 수 있다. 여성가족부장관은 평가인증의 결과에 따라 보육사업 실시에 필요한 지원을 할 수 있다.

5) 건강·영양 및 안전

(1) 건강관리 및 응급조치

보육시설의 장은 영유아와 보육시설종사자에 대하여 정기적으로 건강진단을 실시하는 등 건강관리를 하여야 한다. 보육시설의 장은 영유아에게 질병·사고 또는 재해 등으로 인하여 위급상태가 발생한 경우 즉시 응급의료기관에 이송하여야 한다. 건강진단 등에 관하여 필요한 사항은 여성가족부령으로 정한다.

(2) 치료 및 예방조치

보육시설의 장은 건강진단결과 질병에 감염되었거나 감염될 우려가 있는 영유아에 대하여 그 보호자와 협의하여 질병의 치료 및 예방에 필요한 조치를 하여야 한다. 보육시설의 장은 예방 조치를 위하여 필요한 때에는 지역보건법 제7조 및 제10조의 규정에 의한 보건소 및 보건지소 그리고 의료법 제3조의 규정에 의한 의료기관에 협조를 구할 수 있다. 협조를 요청받은 보건소·보건지소 및 의료기관의 장은 적절한 조치를 취하여야 한다.

(3) 급식관리

보육시설의 장은 영유아에게 여성가족부령이 정하는 바에 의하여 균형 있고 위생적이며 안전한 급식을 하여야 한다.

6) 비용

(1) 비용의 부담

국가 또는 지방자치단체는 국민기초생활보장법에 의한 수급자와 여성가족부령이 정하는 일정소득 이하 가구의 자녀 등의 보육에 필요한 비용의 전부 또는 일부를 부담하여야 한다. 보육에 필요한 비용은 가구의 소득수준·거주지역 등을 고려하여 차등 지원할 수 있다.

(2) 무상보육의 특례

초등학교 취학직전 1년의 유아 및 장애아에 대한 보육은 무상으로 하되, 대통령령이 정하는 바에 의하여 순차적으로 실시한다. 무상보육 실시에 드는 비용은 대통령령이 정하는 바에 의하여 국가 및 지방자치단체가 부담 또는 보조하여야 한다. 국가 및 지방자치단체는 무상보육을 받고자 하는 유아 및 장애아를 보육하기 위하여 필요한 보육시설을 설치·운영하여야 한다.

(3) 비용의 보조 등

국가 또는 지방자치단체는 대통령령이 정하는 바에 의하여 보육시설의 설치, 보육교사(대체교사를 포함한다)의 인건비, 초과보육 운영경비 등 운영에 소요되는 경비 또는 보육정보센터의 설치·운영, 보육시설종사자의 복지증진, 취약보육의 실시 등 보육사업에 소요되는 비용의 전부 또는 일부를 보조한다.

(4) 사업주의 비용부담

보육시설을 설치한 사업주는 대통령령이 정하는 바에 의하여 그 보육시설의 운영 및 보육에 필요한 비용의 전부 또는 일부를 부담하여야 한다.

(5) 보육료 등의 수납

보육시설을 설치·운영하는 자는 당해 보육시설의 소재지를 관할하는 시·도지사가 정하는 범위 안에서 그 시설을 이용하는 자로부터 보육료 그 밖의 필요경비 등을 수납할

수 있다. 다만, 시·도지사는 필요시 보육시설 유형과 지역적 여건을 고려하여 그 기준을
다르게 정할 수 있다.

(6) 세제지원

사업주가 직장보육시설을 설치·운영하거나 보육수당 지급에 소요되는 비용과 보호
자가 영유아의 보육을 위하여 지출한 보육료, 그 밖의 보육에 소요되는 비용에 관하여
는 조세특례제한법이 정하는 바에 의하여 조세를 감면한다. 직장보육시설을 제외한 보
육시설의 운영비에 대하여도 조세특례제한법이 정하는 바에 의하여 조세를 감면한다.

(7) 비용 및 보조금의 반환명령

국가 또는 지방자치단체는 보육시설의 설치·운영자, 보육정보센터의 장, 교육훈련
위탁실시자 등이 다음의 해당하는 때에는 이미 교부한 비용 및 보조금의 전부 또는 일부
의 반환을 명할 수 있다.

- 시설운영이 정지·폐쇄 또는 취소된 때
- 사업의 목적 외에 보조금을 사용한 때
- 거짓 그 밖의 부정한 방법으로 보조금의 교부를 받은 때
- 이 법 또는 이 법에 의한 명령을 위반한 때

7) 지도 및 감독

(1) 지도와 명령

여성가족부장관, 시·도지사 및 시장·군수·구청장은 보육사업의 원활한 수행을 위
하여 보육시설 설치·운영자 및 보육시설종사자에 대하여 필요한 지도와 명령을 할 수
있다.

(2) 보고와 검사

여성가족부장관, 시·도지사 또는 시장·군수·구청장은 보육시설을 설치·운영하는
자로 하여금 당해 시설에 관하여 필요한 보고를 하게 하거나 관계공무원으로 하여금 당

해 시설의 운영상황을 조사하게 하거나 장부 및 그 밖의 서류를 검사하게 할 수 있다. 관계공무원이 그 직무를 행하는 때에는 그 권한을 표시하는 증표를 지니고 이를 관계인에게 내보여야 한다.

(3) 보육시설의 폐지·휴지 및 재개 등의 신고

인가된 보육시설을 폐지 또는 휴지하거나 그 운영을 재개하고자 하는 자는 여성가족부령이 정하는 바에 의하여 미리 시장·군수·구청장에게 신고하여야 한다. 보육시설의 장은 보육시설이 폐지 또는 휴지되는 경우에는 여성가족부령이 정하는 바에 의하여 당해 보육시설에 보육중인 영유아를 다른 보육시설로 전원조치하는 등 영유아의 권익을 보호하기 위한 조치를 취하여야 한다.

(4) 시정 또는 변경 명령

여성가족부장관, 시·도지사 또는 시장·군수·구청장은 보육시설이 다음과 같이 해당하는 경우에는 보육시설의 장 또는 그 설치·운영자에게 기간을 정하여 그 시정 또는 변경을 명할 수 있다.
- 변경인가를 받지 아니하고 보육시설을 운영하는 경우
- 보육시설의 설치기준을 위반한 경우
- 보육시설종사자의 배치기준을 위반한 경우
- 보육시설의 운영기준을 위반한 경우
- 보육료 등의 수납한도액을 초과하여 수납한 경우
- 보고를 하지 아니하거나 거짓으로 보고한 경우 또는 조사·검사를 거부하거나 기피한 경우
- 신고를 하지 아니하고 보육시설을 폐지 또는 휴지하거나 그 운영을 재개한 경우
- 그 밖에 이 법 또는 이 법에 의한 명령을 위반한 경우

(5) 보육시설의 폐쇄 등

여성가족부장관, 시·도지사 및 시장·군수·구청장은 보육시설을 설치·운영하는 자가 다음과 같이 해당하는 경우에는 1년 이내의 시설운영정지를 명하거나 시설의 폐쇄를 명할 수 있다.

- 거짓이나 그 밖의 부정한 방법으로 보조금을 교부받거나 보조금을 유용한 경우
- 비용 또는 보조금의 반환명령을 받고 이를 반환하지 아니한 경우
- 시정 또는 변경 명령을 위반한 경우

여성가족부장관, 시·도지사 및 시장·군수·구청장은 영아 또는 장애아가 주로 이용하는 보육시설로서 여성가족부령으로 정하는 보육시설이 제1항 각 호의 어느 하나에 해당하여 운영정지를 명하여야 하는 경우로서 그 운영정지가 보육시설을 이용하는 영아 또는 장애아에게 심한 불편을 줄 우려가 있는 때에는 운영정지처분에 갈음하여 보육시설 정원의 감축 또는 아동모집의 정지 조치를 취할 수 있다. 행정처분의 세부기준은 여성가족부령으로 정한다.

(6) 보육시설의 장의 자격정지

여성가족부장관은 보육시설의 장이 다음에 해당하는 경우에는 1년 이내의 범위에서 여성가족부령이 정하는 바에 의하여 그 자격을 정지시킬 수 있다.
- 보육시설의 장의 업무수행 중 고의 또는 중대한 과실로 손해를 가한 경우
- 보육교사·간호사 또는 영양사 등 당해 업무수행에 필요한 자격이 없는 자를 채용하여 해당 업무를 수행하게 한 경우
- 보수교육을 연속하여 3회 이상 받지 아니한 경우
- 거짓이나 그 밖의 부정한 방법으로 보조금을 교부받거나 보조금을 유용한 경우

(7) 보육교사의 자격정지

여성가족부장관은 보육교사가 다음에 해당하는 경우에는 1년 이내의 범위에서 여성가족부령이 정하는 바에 의하여 그 자격을 정지시킬 수 있다.
- 보육교사의 업무수행 중 당해 자격과 관련하여 고의 또는 중대한 과실로 손해를 가한 경우
- 보수교육을 연속하여 3회 이상 받지 아니한 경우

8) 보칙

(1) 경력의 인정

보육시설에 근무하는 자 중 유아교육법에 의한 유치원교원의 자격을 가진 자에 대하여는 동 시설에서의 근무경력을 유아교육법에 의한 교육경력으로 인정한다. 유치원(유아교육법 제2조제6호의 규정에 의한 종일제 수업과정을 운영하고 있는 유치원에 한한다)에 근무하는 자 중 이 법에 의한 보육교사의 자격을 가진 자에 대하여는 동 시설에서의 근무경력을 이 법에 의한 보육경력으로 인정한다.

(2) 권한의 위임 및 위탁

여성가족부장관 또는 시·도지사는 이 법에 의한 권한의 일부를 대통령령이 정하는 바에 의하여 시·도지사 또는 시장·군수·구청장에게 위임할 수 있다. 여성가족부장관은 이 법에 의한 업무의 일부를 대통령령이 정하는 바에 의하여 법인 또는 단체에 위탁할 수 있다.

(3) 도서·벽지·농어촌지역 등의 보육시설

시장·군수·구청장은 도서·벽지·농어촌지역 등에 있는 보육시설로서 보육시설의 설치기준 및 보육시설종사자의 배치기준을 적용하기 어렵다고 인정하는 경우에는 지방보육정책위원회의 심의를 거쳐 관할 시·도지사의 승인을 얻어 이를 달리 적용할 수 있다. 도서·벽지·농어촌지역 등의 구체적인 범위, 보육시설의 설치기준 및 보육시설종사자의 배치기준은 여성가족부령으로 정한다.

(4) 보육시설연합회

보육사업의 원활한 추진과 보육시설의 균형적인 발전, 보육시설간의 정보교류 및 상호협조 증진을 위하여 보육시설연합회(이하 "연합회"라 한다)를 설립할 수 있다. 연합회의 조직·운영 및 기능 등에 관하여 필요한 사항은 여성가족부령으로 정한다.

9) 벌칙

(1) 벌칙

거짓이나 그 밖의 부정한 방법으로 보조금을 교부받거나 보조금을 유용한 자는 3년 이하의 징역 또는 1천만원 이하의 벌금에 처한다. 다음에 해당하는 자는 1년 이하의 징역 또는 500만원 이하의 벌금에 처한다.

- 설치인가를 받지 아니하고 보육시설의 명칭을 사용하거나 사실상 보육시설의 형태로 운영한 자
- 거짓 그 밖의 부정한 방법으로 보육시설의 설치인가 또는 변경인가를 받은 자
- 자기의 성명이나 보육시설의 명칭을 사용하여 보육시설의 장 또는 보육교사의 업무를 수행하게 하거나 자격증을 대여한 자 및 그 상대방
- 정지명령 또는 시설의 폐쇄명령을 위반하여 사업을 계속한 자
- 보육시설 정원의 감축 또는 아동모집의 정지 조치를 위반하여 보육시설을 운영한 자

(2) 양벌규정

법인의 대표자나 법인 또는 개인의 대리인·사용인 그 밖의 종사자가 그 법인 또는 개인의 업무에 관하여 위반행위를 한 때에는 그 행위자를 벌하는 외에 그 법인 또는 개인에 대하여도 동조의 벌금형을 과한다.

(3) 과태료

신고를 하지 아니하고 보육시설을 폐지 또는 휴지하거나 그 운영을 재개한 자는 500만원 이하의 과태료에 처하거나 300만원 이하의 과태료에 처한다.

제7절 장애인·노인·임산부등의편의증진보장에관한법률

(일부개정 2005.3.31 법률 7476호)

1. 법의 의의

사람은 사회적 동물이고 모든 사람은 행복을 추구할 권리를 가진다. 우리나라는 그동안 경제성장과 산업화를 이루어 오면서 점진적으로 사회복지제도를 증진시켜왔다. 그러나 이러한 사회복지 프로그램은 일차적으로 사회복지 대상의 복지 욕구를 충족시키는 직접적 급여와 서비스제공에 관심을 가져왔다. 그 다음 단계로 소위 사회복지의 대상인 사회적 취약계층이 사회생활을 영위하는 데 불편함이 없고 안전하고 편리하도록 각종의 사회 환경을 조성하는 데 관심을 가지게 되었다(현외성, 2007).

따라서 현대사회는 장애인·노인·임산부 등이 일상생활이나 사회생활을 영위할 때 여타의 사회구성원이 누리는 사회적 환경을 이들에게도 누릴 수 있도록 권장해주어야 할 책임이 있다. 이들이 적응하기 곤란한 사회 환경 때문에 곤란을 경험하게 된다면 이들의 일상생활이나 사회생활은 많은 제약을 받게 될 것이고, 이러한 생활의 제약은 신체적 조건이나 정신적 기능에 적합지 않은 사회적 환경에 원인이 있는 것이다.

이러한 측면에서 장애인·노인·임산부 등의 편의증진에 관한 법률이 제정되었다. 이는 장애인·노인·임산부 등이 생활을 영위함에 있어 다른 사람의 도움 없이 안전하고 편리하게 시설 및 설비를 이용하고 정보에 접근하도록 보장함으로써 이들의 사회활동참여와 복지증진에 이바지할 수 있도록 하는 것이다.

따라서 편의증진법 제정의 의의는 이러한 일련의 대책이 성공을 거두기 위해 생활공간 전반에 걸친 장애물 없는 환경, 즉 무장애 공간의 조성으로 장애인도 다른 사람의 도움 없이 지속 가능한 독립성의 확보 등이 실천되어야 한다는 데 있다. 무장애 공간은 일정한 장소나 건물에 국한되지 않고 일상생활 속의 모든 공간과 시설에 상호 연계성을 지니고 실현되어야 한다. 건축적인 장애물의 배제와 제거는 장애인의 재활과 사회통합이라는 차원을 넘어서 아주 일반적인 인간성 회복과 기본적인 인권회복을 장애물 없는 생활환경의 건설을 통해 실현한다는 차원에서 다루어져야 한다. 이러한 측면에서 볼 때 무장에의 의미는 다양한 관점에서 이해되고 실천되어야 한다.

2. 입법배경 및 연혁

장애인 등이 사회적 환경에 접근하는 데 여러 가지 애로를 겪고 있다. 이러한 애로를 제거하여 장애인 등이 지역사회 안에서 자립하여 자유롭게 사회활동에 참여할 수 있도록 하기 위해서는 사회 전체의 시스템을 장애를 가진 사람이 이용하기 편리한 구조로 재구성하는 것이 필요하다.

이들을 위한 편의시설 설치문제는 1981년 처음으로 장애인복지 분야에서 나타났다. 그러나 이 규정은 임의조항이고 시행령이나 시행규칙에 편의시설 설치에 대한 더 이상의 언급이 없는 것으로 보아 다분히 선언적인 규정에 지나지 않았다

1995년 1월 1일 장애인편의시설 및 설치시설 기준시설의 정비 등을 규정하여 이로서 장애인 편의시설 설치가 의무화되었으나 노인, 임산부 등은 제외되었다.

1996년 하반기부터 법 제정 논의가 활발히 진행되어 1997년 4월 10일 장애인·노인·임산부 등의 편의증진에 관한 법률이 제정되었고 1998년 4월 11일부터 시행되었다. 이 밖에도 1999년 1월 21일(일부개정), 2003년 5월 29일(주택법 일부개정), 2003년 12월 31일(일부개정), 2004년 12월 31일(철도사업법 일부개정), 2005년 1월 27일(교통약자의이동편의증진법 일부개정), 2005년 3월 31일(자연공원법 일부개정), 2005년 3월 31일(일부개정)이 있다.

3. 장애인·노인·임산부 등의 편의증진보장에 관한 법률의 내용

1) 목적

이 법은 장애인·노인·임산부 등이 생활을 영위함에 있어 안전하고 편리하게 시설 및 설비를 이용하고 정보에 접근하도록 보장함으로써 이들의 사회활동 참여와 복지증진에 이바지함을 목적으로 한다(제1조).

2) 용어의 정의

- "장애인 등"은 장애인·노인·임산부등 생활을 영위함에 있어 이동과 시설이용 및 정보에의 접근 등에 불편을 느끼는 자를 말한다.

- "편의시설"은 장애인 등이 생활을 영위함에 있어 이동과 시설이용의 편리를 도모하고 정보에의 접근을 용이하게 하기 위한 시설과 설비를 말한다.
- "시설주"는 이 법에서 정하는 대상시설의 소유자 또는 관리자(당해 대상 시설에 대한 별도의 관리의무자가 있는 경우에 한한다)를 말한다.
- "시설주관기관"은 편의시설의 설치 및 운영에 관하여 지도와 감독을 행하는 중앙행정기관의 장과 특별시장·광역시장·도지사(이하 "시·도지사"라 한다) 및 시장·군수·구청장(자치구의 구청장에 한한다. 이하 같다)을 말한다.
- "공공건물 및 공중이용시설"은 불특정 다수인이 이용하는 건축물, 시설 및 부대시설로서 대통령령으로 정하는 건물 및 시설을 말한다.
- "통신시설"은 전기통신설비와 우편물 등 통신을 이용하는 데 필요한 시설을 말한다.

3) 편의시설 설치의 기본원칙 및 접근법

① 시설주는 장애인등이 공공건물 및 공중이용시설을 이용함에 있어 가능한 최단 거리로 이동할 수 있도록 편의시설을 설치하여야 한다(제3조).

② 장애인 등은 인간으로서의 존엄과 가치 및 행복을 추구할 권리를 보장받기 위하여 장애인 등이 아닌 사람들이 이용하는 시설과 설비를 동등하게 이용하고 정보에 자유롭게 접근할 수 있는 권리를 가진다(제4조). 이 법에서 특별히 정하고 있지 아니한 편의시설에 관한 사항은 다른 법률이 정하는 바에 따른다.

4) 국가 및 지방자치단체의 의무

국가 및 지방자치단체는 장애인 등이 생활을 영위함에 있어 안전하고 편리하게 시설 및 설비를 이용하고 정보에 접근할 수 있도록 각종 시책을 마련하여야 한다(제6조).

5) 대상시설

편의시설을 설치하여야 하는 대상(이하 "대상시설"이라 한다)은 ① 공원 ② 공공건물 및 공중이용시설 ③ 공동주택 ④ 통신시설 ⑤ 기타 장애인 등의 편의를 위하여 편의시설의 설치가 필요한 건물·시설 및 그 부대시설에 해당하는 것으로서 대통령령으로 정하는 것을 말한다(제7조).

편의시설설치 대상시설 (제3조 관련)

1. 도로
2. 공원
3. 공공건물 및 공중이용시설

가. 기숙사
나. 근린생활시설
  (1) 수퍼마켓·일용품(식품·잡화·의류·완구·서적·건축자재·의약품류 등) 등의 소매점·이용원 및 미용원
  (2) 일반음식점·휴게음식점 및 제과점
  (3) 일반목욕장으로서 동일한 건축물 안에서 당해 용도에 쓰이는 바닥면적의 합계가 500제곱미터 이상인 시설
  (4) 안마시술소
  (5) 읍·면·동사무소, 경찰관파출소, 우체국, 전신전화국, 보건소, 공공도서관, 국민건강보험공단지사 등
  (6) 대피소
  (7) 공중화장실
  (8) 의원·치과의원·한의원
다. 문화 및 집회시설
  (1) 종교집회장(교회·성당·사찰·기도원, 기타 이와 유사한 것을 말한다)
  (2) 공연장(극장·영화관·연예장·음악당·서어커스장, 기타 이와 유사한 것을 말한다)
  (3) 집회장(예식장·공회장·회의장, 기타 이와 유사한 것을 말한다)
  (4) 관람장(경마장·자동차경주장, 기타 이와 유사한 것을 말한다)
  (5) 전시장(박물관·미술관·과학관·기념관·산업전시장·박람회장, 기타 이와 유사한 것을 말한다)
  (6) 동·식물원(동물원·식물원·수족관, 기타 이와 유사한 것을 말한다)
라. 판매 및 영업시설
  (1) 도매시장·소매시장·상점
  (2) 여객자동차터미널 및 화물터미널
  (3) 철도역사
  (4) 공항시설(여객이 직접 이용하는 시설에 한한다)
  (5) 항만시설(여객이 직접 이용하는 시설에 한한다) 및 종합여객시설
  (6) 정류소
  (7) 교통신호기
마. 의료시설
  (1) 병원(종합병원·병원·치과병원·한방병원·정신병원 및 요양소를 말한다)
  (2) 격리병원(전염병원·마약진료소, 기타 이와 유사한 것을 말한다)
  (3) 장례식장으로서 동일한 건축물 안에서 당해 용도에 쓰이는 바닥면적의 합계가 500제곱미터 이상인 시설
바. 교육연구 및 복지시설
  (1) 학교(초등학교·중학교·고등학교·전문대학·대학·대학교, 기타 이에 준하는 각종 학교를 말함)
  (2) 교육원(연수원, 기타 이와 유사한 것 포함)·직업훈련소·학원(자동차학원과 무도학원 제외)

    (3) 도서관으로서 동일한 건축물 안에서 당해 용도에 쓰이는 바닥면적의 합계가 1천 제곱미터 이상
인 시설

    (4) 근린생활시설에 해당하지 아니하는 것으로서 아동관련시설, 노인복지시설 및 장애인복지시설
과 다른 용도로 분류되지 아니한 사회복지시설

    (5) 생활권수련시설(청소년수련원·청소년수련관·청소년수련실·유스호스텔, 기타 이와 유사한 것
을 말한다)

    (6) 자연권수련시설(청소년수련마을·청소년수련의 집·청소년야영장, 기타 이와 유사한 것을 말한
다)

사. 운동시설

    (1) 체육관

    (2) 운동장(육상·구기·볼링·수영·스케이트·로울러스케이트·승마·사격·궁도·골프 등의 운동장
을 말한다)과 운동장에 부수되는 건축물

아. 업무시설

    (1) 국가 또는 지방자치단체의 청사로서 근린생활시설에 해당하지 아니하는 것

    (2) 금융업소·사무소·신문사·오피스텔(업무와 주거를 함께 할 수 있는 건축물로서 건설교통부장관
이 고시하는 것을 말한다)

자. 숙박시설

    (1) 일반숙박시설(호텔 및 여관으로서 객실수가 30실 이상인 시설에 한한다)

    (2) 관광숙박시설(관광호텔·가족호텔·국민호텔·해상관광호텔·휴양콘도미니엄·한국전통호텔)

차. 공장

    물품의 제조·가공(염색·도장·표백·재봉·건조·인쇄 등을 포함한다) 또는 수리에 계속적으로 이용
되는 건축물로서 장애인고용촉진등에관한법령에 의하여 장애인고용의무가 있는 사업주가 운영하
는 시설

카. 자동차관련시설

    (1) 주차장

    (2) 운전학원

타. 공공용시설

    (1) 교도소 및 구치소

    (2) 방송국·전신전화국

파. 관광휴게시설

    (1) 야외음악당·야외극장·어린이회관

    (2) 휴게소

4. 공동주택

 가. 아파트

 나. 연립주택(세대수가 10세대 이상인 주택에 한한다)

 다. 다세대주택(세대수가 10세대 이상인 주택에 한한다)

5. 교통수단

 가. 여객자동차운수사업법시행령 제3조의 규정에 의한 시내버스운송사업과 시외버스운송사업 및
    농어촌버스운송사업에 사용되는 자동차

 나. 철도의 운행에 사용되는 차량(여객을 운송하기 위한 차량에 한한다)

 다. 도시철도의 운행에 사용되는 차량

6. 통신시설

 가. 공중전화

 나. 우체통

6) 편의시설의 설치

(1) 설치기준

대상시설별로 설치하여야 하는 편의시설의 종류는 대상시설의 규모, 용도 등을 고려하여 대통령령으로 정하고, 편의시설의 구조·재질 등에 관한 세부기준은 보건복지부령으로 정한다. 이 경우 편의시설에 대한 안내표시에 관한 사항을 함께 정할 수 있다(제8조).

(2) 시설주의 의무

시설주는 대상시설을 설치하거나 대통령령이 정하는 주요부분(용도변경을 포함한다)을 변경하는 때에는 장애인 등이 항상 대상시설을 편리하게 이용할 수 있도록 편의시설을 제8조의 설치규정에 적합하게 설치하고 이를 유지·관리하여야 한다(제9조).

(3) 설치의 지원

① 국가 및 지방자치단체는 민간의 편의시설 설치에 따른 부담을 경감하고 설치를 촉진하기 위하여 금융지원과 기술지원등 필요한 조치를 강구하여야 한다.
② 법인 및 개인이 이 법에서 정하는 편의시설을 설치한 경우에는 당해 시설의 설치에 소요된 금액에 대하여 조세특례제한법, 지방세법 등 조세 관계 법령이 정하는 바에 의하여 조세를 감면한다(제13조).

(4) 적용의 완화

시설주는 보건복지부령으로 정한 세부기준에 적합한 편의시설의 설치가 곤란하거나 불합리한 경우에는 세부기준을 완화한 별도의 기준을 정하고 시설주관기관의 승인을 얻어 이에 따라 편의시설을 설치할 수 있다(제15조1항).
① 세부기준에 적합한 편의시설의 설치가 구조적으로 곤란한 경우
② 세부기준에 적합하게 편의시설을 설치할 경우 안전관리에 중대한 위험을 초래할 우려가 있는 경우
③ 대상시설의 용도 및 주변여건에 비추어 세부기준을 완화하여 적용하는 것이 적합

하다고 인정되는 경우

④ 기타 대통령령으로 정하는 경우

시설주관기관은 제1항의 규정에 의한 승인을 함에 있어 장애인 등의 이용에 불편이 없도록 하여야 한다.

7) 복지서비스

(1) 시설이용상의 편의제공

장애인 등의 이용이 많은 공공건물 및 공중이용시설의 시설주는 휠체어·점자안내책자·보청기기 등을 비치하여 장애인 등이 당해 시설을 편리하게 이용할 수 있도록 하여야 하며, 휠체어·점자안내책자·보청기기 등의 이용료는 무료를 원칙으로 하되 수리에 소요되는 비용 등을 감안하여 실비로 할 수 있다(제16조).

(2) 장애인에 대한 편의제공

장애인은 대통령령이 정하는 공공건물 및 공중이용시설을 이용하고자 할 때에는 시설주에 대하여 안내서비스·수화통역 등의 편의제공을 요청할 수 있고, 장애인으로부터 편의제공을 요청받은 시설주는 정당한 사유가 없는 한 이에 응하여야 한다.

(3) 장애인전용주차구역 등

① 공공건물 및 공중이용시설의 시설주는 주차장법령이 정하는 설치비율에 따라 장애인 전용 주차구역을 설치하여야 한다.

② 국가보훈처장과 시장·군수·구청장은 보행에 장애가 있는 자로부터 신청을 받은 경우 장애인 전용 주차구역에 주차가 가능함을 표시하는 장애인자동차표지를 발급하여야 한다.

③ 누구든지 장애인자동차표지가 부착되지 아니한 자동차를 장애인 전용 주차구역에 주차하여서는 아니 된다. 장애인자동차표지가 부착된 자동차에 보행에 장애가 있는 자가 탑승하지 아니한 경우에도 또한 같다.

(4) 과태료

① 휠체어·점자안내책자·보청기기 등을 비치하지 아니한 자로서 시정명령을 받고 시정기간 내에 이를 이행하지 아니한 자와 정당한 사유없이 자료제출 요구에 불응하거나 허위의 자료를 제출한 자 또는 검사를 거부·기피·방해한 자는 200만원 이하의 과태료에 처한다.

② 장애인자동차표지를 부착하지 아니하거나 장애인자동차표지가 부착된 자동차로서 보행에 장애가 있는 자가 탑승하지 아니한 자동차를 장애인 전용 주차구역에 주차한 자는 20만원 이하의 과태료에 처한다.

(6) 이행강제금

시설주관기관은 시정명령을 받은 후 시정기간 내에 당해 시정명령을 이행하지 아니한 시설주에 대하여 편의시설 설치비용 등을 고려하여 3천만원 이하의 이행강제금을 부과한다(제28조).

제8절 사회복지공동모금회법

(일부개정 2004.1.29 법률 7159호)

1. 사회복지공동모금회법의 의의

사회복지공동모금회법은 사회복지공동모금회의 공동모금활동을 통하여 사회복지에 대한 민간의 참여와 민간의 참여와 역할확대로 민간복지재원을 확충하며, 정부의 복지파트너로서 국민의 삶의 질 향상에 국민 스스로 기여하고 공동모금회활동을 통해 지역사회의 공동체의식을 함양하여 지역사회의 문제를 주민 스스로가 해결에 기여하여 복지공동체를 구축하는 데 의의가 있다. 아울러 민간의 자율적인 공동모금은 민간사회복지의 다양성과 주민참여, 지역사회복지의 활성화를 통하여 사회복지서비스의 질을 높이고자 하는 데 근본적인 취지가 있다고 할 수 있다(장동일, 2001).

2. 입법배경 및 연혁

우리나라 사회복지관련기관의 모금활동은 1925년 동아일보사가 수재민을 돕기 위한 모금활동을 실시한 것을 시작으로 구세군자선남비모금, 적십자회비모금, 대한결핵협회모금, 재해대책모금 등이 있다. 그러나 대부분 특정기관과 사업을 지원하기 위해서 혹은, 일시적인 재난을 극복하기 위한 성격을 띠고 있으며, 사회복지시설·기관들의 운영과 사업을 지원하는 데는 미흡한 상태에 있었고, 6·25직후 시작된 외국 원조기관들이 1970년대에 철수하면서 경제적 어려움을 겪게 된 사회복지기관들은 자생적인 노력을 통한 모금활동의 필요성을 절감하게 되었다.

그리하여 1969년 사회복지사업법의 제정으로 공동모금이 도입되어 1972년 실시되었지만 실효를 거두지 못하고 실패하였다. 그 후 1975년부터 정부주도로 범국민운동으로 전개된 불우이웃돕기 성금을 통하여 사회복지사업기금을 조성하게 되었다.

1980년 제정된 사회복지사업기금법은 기존의 재원을 효과적으로 활용함과 아울러 복지재원 조성을 다양화하고 모금운동을 체계 있게 조직화하며 사회복지시설을 효과적으로 지원하기 위한 취지에서 제정되었으며, 사회복지사업을 효과적으로 수행하기 위하여 사회복지사업기금을 설치·운용함으로써 사회복지 증진에 기여함을 목적으로 하고 있다.

그러나 민간에 의해 조성된 기금을 정부와 지방자치단체가 관리·운영함에 따라 민간 참여의 길을 막고 있다는 여론이 높아지고, 국민들은 사회복지사업 기금이 정부의 소극적 기금지원에 따른 국가책임의 회피라는 비판과 사회복지 예산의 부족분을 보충하는 것으로 인식하였다. 또한 모금된 재원의 사용에 대한 공개와 홍보의 부족으로 인하여 국민들의 기부 동기가 약화되었고, 모금이 주로 기업체와 공공기관을 대상으로 행하여짐으로써 일반국민들의 참여가 부진하는 등 문제점들이 계속 지적되었다.

그리하여 1997년 3월 27일 민간의 사회복지 참여를 활성화하기 위하여 사회복지공동모금법을 제정·공포함으로 지금까지 행정기관 주도로 이웃돕기성금을 모금하고 관리하던 것을 민간단체가 직접 모금·관리할 수 있도록 함으로써 이웃돕기운동의 자율성을 보장하고 민간모금운동으로서의 공동모금제도를 다시 도입하게 되었다. 1998년 7월부터 시행된 이 법에 의하여 전국공동모금회와 16개 지역의 지역공동모금회가 출범하였으나 1999년 4월 '사회복지공동모금회법'으로 개정된 법률에 따라 현재는 사회복지공동모금회라는 하나의 법인으로 전환되어 모금활동을 전개하고 있다.

- 1970.   1. 사회복지사업법에 공동모금회법 설립근거 마련
- 1980. 12. 사회복지사업기금법 제정
- 1997.   3. 사회복지공동모금법 제정
- 1999.   3. 사회복지공동모금회법 제정
- 2001.   5. 사회복지공동모금회법을 개정하여 사회복지공동모금회로 하여금 복권을 발행할 수 있는 법률적 근거 규정
- 2002. 12. 기부금품의 지정사용과 관련하여 사회복지공동모금회법 개정
- 2004.   1. 복권 및 복권 기금법 일부개정

3. 사회복지공동모금회법의 내용

1) 목적

사회복지공동모금회의 공동모금을 통하여 사회복지에 대한 국민의 이해와 참여를

제고함과 아울러 국민의 자발적인 성금으로 조성된 재원을 효율적이고 공정하게 관리·
운용함으로써 사회복지 증진에 이바지함을 목적으로 한다(제1조).

2) 용어의 정의

- "사회복지사업"은 사회복지사업법 제2조제1항의 규정에 의한 사회복지사업을
  말한다.
- "사회복지공동모금"은 사회복지사업, 기타 사회복지활동의 지원에 필요한 재원
  을 조성하기 위하여 이 법에 의하여 기부금품을 모집하는 것을 말한다.

3) 기본원칙(제3조)

① 기부금품은 기부하는 자의 의사에 반하여 모집하여서는 아니 된다.

② 제17조의 규정에 의하여 조성된 재원(이하 "공동모금재원"이라 한다)은 지역·단
  체·대상자 및 사업별로 복지수요가 공정하게 충족되도록 배분하여야 하고, 제1조
  의 목적 및 제25조의 용도에 맞도록 공정하게 관리·운용하여야 한다.

③ 공동모금재원의 배분은 객관적인 기준에 따라 효율적으로 이루어지도록 하고, 그
  결과를 공개하여야 한다.

4) 사회복지공동모금회

(1) 사회복지공동모금회의 설립

① 사회복지공동모금 사업을 관장하기 위하여 사회복지공동모금회(이하 "모금회"
  라 한다)를 둔다.

② 모금회는 사회복지사업법 제2조제2항에 의한 사회복지법인으로 한다.

③ 모금회는 정관을 작성하여 보건복지부장관의 인가를 받아 등기함으로써 설립된
  다(제4조).

(2) 주요 사업

① 사회복지공동모금 사업

② 공동모금 재원의 배분

③ 공동모금 재원의 운용 및 관리

④ 사회복지공동모금에 관한 조사·연구·홍보 및 교육훈련

⑤ 지회의 운영

⑥ 사회복지공동모금과 관련된 국제교류 및 협력증진사업

⑦ 다른 기부금품 모집자와의 협력사업

⑧ 기타 모금회의 목적달성에 필요한 사업(제5조)

(3) 임원

① 회장 1인

② 부회장 3인

③ 이사(회장 및 부회장을 포함한다) 15인 이상 20인 이하

④ 감사 2인

- 임원의 임기는 2년으로 하되, 1회에 한하여 연임할 수 있다.

- 부득이한 사유로 후임 임원이 선임되지 못하여 모금회의 업무수행에 지장이 있는 경우에는 후임 임원이 선임될 때까지 임기가 만료된 임원이 그 업무를 수행한다.

⑤ 모금회는 정관에서 정하는 중요사항을 의결하기 위하여 이사로 구성된 이사회를 둔다. 이사회는 회장이 소집하고 그 의장이 된다(제8조).

⑥ 이사회는 다음 각 호의 1에 해당하는 자 중에서 이사를 선임하여야 한다(제9조).

- 경제계·언론계·법조계·의료계·종교계·노동계·사회복지 관련 학계·시민단체에 종사하는 자

- 사회복지전문가

- 기타 학식과 덕망이 있는 자

⑦ 임원의 직무(제10조)

- 회장은 모금회를 대표하고, 소관업무를 통할하며, 소속직원을 지휘·감독한다.

- 감사는 모금회의 업무집행 상황과 재산 상황 및 회계를 감사한다.

5) 분과실행위원회

① 모금회의 기획, 홍보, 모금, 배분업무에 관한 사항을 심의하기 위하여 해당 분야의 전문가와 시민대표 등으로 구성되는 기획분과실행위원회, 홍보분과실행위원회, 모금분과실행위원회 및 배분분과실행위원회를 둔다.

② 분과실행위원회의 위원장은 이사 중에서 회장이 위촉하며, 그 위원은 당해 위원장의 제청과 이사회의 의결로 회장이 위촉한다(제13조).

6) 지회

① 모금회에 지역 단위의 사회복지공동모금 사업을 관장하기 위하여 특별시·광역시·도에 사회복지공동모금지회를 둔다.

② 지회에는 지회장을 두고 모금회에 준하는 필요한 조직을 둘 수 있다.

③ 지회장은 이사회의 의결을 거쳐 회장이 임명한다.

④ 지회의 구성 및 운영 등에 관하여 필요한 사항은 모금회의 정관으로 정한다(제14조).

7) 지회의 관리

① 모금회의 회장은 필요한 경우 지회의 운영개선을 위하여 지도·감독하며, 지회가 지역의 특성에 맞게 자율적으로 운영될 수 있도록 노력하여야 한다.

② 모금회의 회장은 각 회계연도 개시 2월 전에 각 지회로부터 사업계획서를 제출받아 이를 종합·조정하여 보건복지부장관에게 보고하여야 한다.

③ 지회에서 조성한 공동모금재원은 당해 시·도의 배분대상자에게 배분하는 것을 원칙으로 한다(제15조).

8) 재원

(1) 사회복지공동모금 재원

① 사회복지공동모금에 의한 기부금품

② 법인 또는 단체가 출연하는 현금·물품·그 밖의 재산

③ 복권및복권기금법 제23조제1항의 규정에 의하여 배분받은 복권수익금

④ 기타 수입금(제17조)

(2) 기부금품의 모집

① 모금회는 사회복지사업, 기타 사회복지활동의 지원을 위하여 연중 기부금품을 모집·접수할 수 있다.

② 모금회는 효율적인 모금을 위하여 일정한 기간을 정하여 집중모금을 실시할 수 있다.

③ 모금회가 집중모금을 하고자 할 경우에는 그 모집일부터 15일 전에 그 내용을 보건복지부장관에게 보고하여야 하며, 그 모집을 종료한 때에는 모집종료일부터 1월 이내에 그 결과를 보건복지부장관에게 보고하여야 한다(제18조).

(3) 복권의 발행

① 모금회는 사회복지사업, 그 밖의 사회복지활동 등을 지원하기 위한 재원의 조성을 위하여 복권을 발행할 수 있다.

② 복권의 발행하고자 할 때에는 그 종류·조건·금액 및 방법 등에 관하여 미리 보건복지부장관의 승인을 얻어야 한다.

③ 복권의 당첨금을 받을 권리는 그 지급일부터 3월간 행사하지 아니하면 소멸시효가 완성되며, 소멸시효가 완성된 당첨금은 공동모금재원에 귀속된다.

④ 복권의 발행에 관하여는 사행행위등규제및처벌특례법을 적용하지 아니한다(제18조의2).

(4) 모금창구의 지정

모금회는 기부금품의 접수를 효율적이고 공정하게 하기 위하여 언론기관을 모금창구로 지정하고, 지정된 언론기관의 명의로 모금계좌를 개설할 수 있다(제19조).

9) 배분

(1) 배분기준

① 모금회는 매년 5월 31일까지 다음 각 호의 사항이 포함된 다음 회계연도의 공동모금재원의 배분기준을 정하여 이를 공고하여야 한다(제20조).
- 공동모금재원의 배분대상
- 배분한도액
- 배분신청기간 및 배분신청서 제출 장소
- 배분심사기준
- 배분재원의 과부족시 조정방법
- 배분신청시 제출할 서류
- 기타 공동모금재원의 배분에 관하여 필요한 사항

(2) 배분신청

① 모금회에 배분신청을 하고자 하는 자는 제20조의 규정에 의한 공고에 따라 배분신청서를 제출하여야 한다.
② 제1항의 규정에 의하여 제출된 배분신청서는 당해 회계연도에 한하여 효력이 있다(제21조).

(3) 배분신청의 심사

① 모금회는 제21조의 규정에 의하여 접수한 배분신청서 배분분과실행위원회에 회부하여 배분금액·배분순위 및 배분시기 등을 심의하도록 하여야 한다.
② 모금회는 제1항의 규정에 의한 심의결과에 기초하여 배분계획을 수립하여야 한다.
③ 제2항의 규정에 의한 배분계획은 공동모금재원이 분기별로 균형있게 배분되도록 하여야 한다. 다만, 사업의 성격이 일시에 지원할 필요가 있는 경우에는 그러하지 아니하다(제22조).

(4) 배분에 따른 자료요구

모금회는 공동모금재원을 배분받은 자 또는 배분신청을 한 자에 대하여 필요한 서류의 제출을 요구하거나 필요한 조사를 할 수 있다(제23조).

(5) 배분결과의 공고

① 모금회는 각 회계연도의 공동모금 재원의 배분을 종료한 날부터 1월 이내에 전국에 배포되는 1개 이상의 일간신문에 그 배분결과를 공고하여야 한다.
② 모금회는 제1항의 규정에 의한 공고 외에 다양한 방법과 매체를 통하여 그 배분결과를 알려야 한다(제24조).

10) 재원의 사용

① 공동모금 재원은 사회복지사업, 기타 사회복지활동에 사용한다.
② 각 회계연도에 조성된 공동모금 재원은 당해 회계연도에 지출하는 것을 원칙으로 한다. 다만, 재난구호 및 긴급구호 등 긴급히 지원할 필요가 있는 때를 대비하여 각 회계연도의 공동모금 재원의 일부를 적립하는 경우에는 그러하지 아니하다(제25조).

11) 기부금품의 지정사용

① 기부금품의 기부자는 배분지역·배분대상자 또는 사용용도를 지정할 수 있다.
② 모금회는 지정이 있는 경우 그 지정취지에 따라 기부금품을 사용하여야 한다(제27조).

12) 회계연도

모금회의 회계연도는 1월 1일부터 12월 31일까지로 한다(제28조).

13) 지도·감독 및 시정명령

① 보건복지부장관은 모금회의 업무에 관하여 지도·감독을 하며, 필요하다고 인정할 경우에는 관계서류의 제출을 명하거나 소속공무원으로 하여금 그 운영상황을

조사하게 하거나 장부, 기타 서류를 검사하게 할 수 있다. 이때 조사 또는 검사를 행하는 관계 공무원은 그 권한을 표시하는 증표를 관계인에게 내보여야 한다(제31조).

② 보건복지부장관은 모금회의 운영이 이 법 또는 정관에 위반된다고 인정되는 경우에는 사회복지사업법 제22조 및 동법 제26조를 준용하여 필요한 조치를 할 수 있다(제32조).

14) 보조금

국가 또는 지방자치단체는 모금회에 대하여 기부금품의 모집에 필요한 비용과 모금회의 관리·운영에 필요한 비용을 보조할 수 있고, 보조금은 그 목적 외의 용도에 사용할 수 없다.

국가 또는 지방자치단체는 모금회가 ① 사업목적 외의 용도에 보조금을 사용한 때 ② 사위, 기타 부정한 방법으로 보조금의 교부를 받은 때 ③ 이 법 또는 이 법에 의한 명령에 위반한 때에는 이미 교부한 보조금의 전부 또는 일부의 반환을 명할 수 있다(제33조).

15) 벌칙

① 기부금을 강제모집한 자는 3년 이하의 징역 또는 3천만원 이하의 벌금에 처한다.

② 제29조[23]의 규정을 위반한 자는 2년 이하의 징역 또는 2천만원 이하의 벌금에 처한다(제35조).

---

23) 제29조 : 유사명칭 사용금지 - 모금회가 아닌 자는 사회복지공동모금 또는 이와 유사한 명칭을 사용하지 못한다.

제9절 성폭력범죄의 처벌 및 피해자보호 등에 관한 법률

(일부개정 2006.10.27 법률 제8059호)

1. 총설

1) 의의

주로 어린이와 여성을 대상으로 성적형태로 행하여지는 성폭행, 성추행, 강도강간 및 성매매행위와 같은 성폭력범죄가 점점 다양화 하면서 흉포화, 집단화, 지능화, 저연령화 되고 있을 뿐만 아니라 전화, 우편, 비디오, 컴퓨터 등을 이용한 음란행위 등 새로운 성폭력범죄가 빈발하고 있다.

성폭력에 의한 피해자들이 겪고 있는 정신적, 신체적 아픔은 개인의 고통이면서 심각한 사회문제가 되기 때문에 국가와 지방자치단체는 성폭력범죄를 예방하고 그 피해자를 보호하고 유해환경을 개선하지 않으면 안 된다. 특히 여성과 미성년자를 성폭력범죄의 위협으로부터 보호하고 건전한 사회질서를 확립하기 위하여 특별법으로 제정하였던 특정범죄가중처벌에관한임시특례법을 1966년 2월 23일 법률 제4702호로 전면 개정하면서 성폭력범죄의처벌및피해자보호등에관한법률을 제정하여 수차례의 개정을 거치면서 2006년 10월 27일 법률 제8059호로 개정되어 현재에 이르고 있다.

2) 제정목적

성폭력범죄를 예방하고 그 피해자를 보호하며, 성폭력범죄의 처벌 및 그 절차에 관한 특례를 규정함으로써 국민의 인권신장과 건강한 사회질서의 확립에 이바지함을 목적으로 한다.

3) 성폭력범죄의 정의

성폭력은 상대방의 동의 없이 강제로 성적행위를 하거나 성적행위를 하도록 강요하거나 위압한 행위를 말하는데, 이 법에서 말하는 성폭력범죄자라 함은 다음사항의 1에 해당하는 죄를 말한다.

(1) 형법 제22장 성풍속에 관한 죄 중(법 제2조제1항제1호)

음행매개(제242조), 음화 등의 분포 등(제243조), 음화 등의 제조 등(제244조)
및 공연음란(제245조)의 죄

(2) 형법 제31장 약취와 유인의 죄 중(법 제2조제1항제2호)

추행 또는 간음을 목적으로 하거나 추업에 사용할 목적으로 범한 영리 등을
위한 약취, 유인, 매매 등(제288조), 약취, 유인, 매매된 자를 수수, 은닉(제292
조), 상습(제293조), 미수범(제294조)의 죄

(3) 형법 제32장 강간과 추행의 죄 중(법 제2조제1항제3호)

강간(제297조), 강제추행(제298조), 준강간, 준강제 추행(제299조), 미수범(제
300조), 강간 등 상해치상(제301조), 강간 등 살인, 치사(제301조의2), 미성년자
등에 대한 간음(제302조), 업무상 위력 등에 의한 간음(제303조), 미성년자에
대한 간음, 추행(제305조)의 죄

(4) 형법 제38장 절도와 강도의 죄 중(법 제2조제1항제4호)

강도강간(제339조)의 죄

(5) 이 법 제5조 내지 제14조의 죄(법 제2조제1항제5호)

특수강도강간 등(제5조), 특수강간 등(제6조), 친족 관계에 의한 강간(제7조), 장
애인에 대한 강간 등(제8조), 13세 미만의 미성년자에 대한 강간, 강제추행(제8
조의2), 강간 등 상해, 치상(제9조), 강간 등 살인, 치사(제10조), 업무상 위력
등에 의한 추행(제11조), 미수범(제12조), 공중밀집 장소에서의 추행(제13조),
통신매체 이용 간음(제14조), 카메라 등 이용 촬영(제15조)의 죄

4) 국가와 지방자치단체의 의무

국가와 지방자치단체는 성폭력범죄를 예방하고 그 피해자를 보호하며 피해환경을
개선하기 위하여 필요한 법적, 제도적 장치를 마련하고 필요한 재원을 조달하여야 하
며, 청소년을 건전하게 육성하기 위하여 청소년에 대한 성교육 및 성폭력예방에 필요한
교육을 실시하여야 한다.

따라서 관계중앙행정기관의 장 및 특별시장, 광역시장 또는 도지사는 매년 청소년에
대한 성교육 및 성폭력예방에 필요한 교육에 관한 계획을 수립, 시행하되 다음 사항이
포함되어야 한다(법 제3조).

① 성교육 및 성폭력예방교육의 대상

② 성교육 및 성폭력예방교육의 내용 및 방법

③ 기타 성교육 및 성폭력예방교육에 관한 필요한 사항

5) 피해자에 대한 불이익처분의 금지

성폭력범죄의 피해자를 고용하고 있는 자는 누구든지 성폭력범죄와 관련하여 피해자를 해고하거나 기타 불이익을 주어서는 아니 된다(법 제4조)고 규정하였다. 그러나 고용주가 이 규정을 위반하여 피해자에게 해고 등의 불이익을 주었을 때의 벌칙규정이 없기 때문에 실효성이 없다할 것이다. 따라서 이 규정의 실효성을 확보할 수 있도록 조치나 벌칙조항을 두어야 한다.

2. 성폭력범죄의 처벌

1) 의 의

인간으로서의 존엄과 가치, 행복추구권을 상실한 성폭력 피해자들의 정신적, 신체적 고통을 완전히 치유할 방법은 없다. 다만 피해자의 고통을 덜어주고 위로할 수 있는 방법이 있다면, 성폭력피해자의 신체적, 정신적 손해배상, 성폭력범죄자에 대한 처벌 및 성폭력피해자에 대한 사회복지서비스이다.

(1) 신체적, 정신적 피해의 손해배상

성폭력 피해라함은 성적 자기결정권이나 자기 의사와는 관계없이 강제로 성적행위를 하거나 성적행위를 하도록 강요되거나 위압된 행위로 인하여 성폭력 피해자가 받은 정신적, 신체적 상처이다. 정신적, 신체적 상처에 대한 고통과 아픔의 응보적, 경제적, 재산적 보상은 민법에 따라야 한다.

민법 제750조는 고의 또는 과실로 인한 위법행위로 타인에게 손해를 가한 자는 그 손해를 배상할 책임이 있다고 규정한데 이어, 제751조 제1항은 타인의 신체, 자유 또는 명예를 해하거나 기타 정신상 고통을 가한 자는 재산이외의 손해에 대하여도 배상할 책임이 있다는 규정을 근거로 성폭력 피해에 대한 신체적, 정신적 손해배상청구제도 있다.

이 사항은 민사소송으로 해결되어야 할 사항이기 때문에 더 이상 이 장에서는 다루지 않겠다.

(2) 성폭력범죄의 처벌

성폭력 피해자에 대한 민사상의 보상 외에 또 다른 보상은 성폭력범죄자에 대한 응보적 처벌이다. 처벌은 죄형법정주의에 의하여 법으로 정하여진 죄가 성립되어야 한다. 성폭력범죄의 유형은 형법상의 죄, 이 법인 성폭력범죄의처벌및피해자보호등에관한법률상의 죄, 이들 죄에 관해 다른 법률에 의하여 가중 처벌되는 죄가 있다.

(3) 피해자의 보호 및 사회복지서비스

① 성폭력범죄의 절차에 관한 특례

성폭력피해자를 보호하기 위하여 이 법에서는 형사소송법 대한 예외조항(고소제한의 예외 및 고소기간), 영상물의 촬영, 보존 및 전문가의 의견조회와 같은 규정을 두어 성폭력범죄의 수사 및 재판 진행과정에 많은 특례를 규정하고 있다.

② 사회복지서비스

이 법 또는 사회복지사업법에 의하여 성폭력 피해자에 대한 상담 및 피해자보호시설 이용 등의 사회복지서비스를 제공한다.

2) 처벌의 기능과 형의 종류

성폭력피해자의 정신적, 신체적 고통에 상당하는 응보적 처벌은 국가만이 할 수 있는 공형벌이다. 성폭력범죄자에 대한 처벌이 있을 때면 자주 형량의 시비가 일어나는 것은 성폭력에 대한 개념이 성에 대한 각인의 가치관이 다르고 폭력에 대한 인식이 다르기 때문에 벌어지고 있는 만큼 시대변화에 따른 문화수준에 상응하는 제도적 보완이 필요하다.

(1) 처벌의 기능

성폭력범죄자의 처벌은 성폭력범죄자를 형에 처한다는 것이다. 처벌은 예고적 기능, 응보적 기능, 보안적 기능 및 예방적 기능이 있다.

① 예고적 기능은 법정형의 형태로 법전에 명기함으로써 어떠한 행위가 형으로 금지되며 어떠한 범죄에 어떠한 형이 가하여 질 것인가를 일반인과 법 관계자들에게 예고하는 것이다.

② 응보적 기능은 보복의 의미를 가져 피해자나 가족, 나아가 사회일반의 응보감정을 완화, 충족시키는 반면, 범죄자는 처벌을 받음으로써 자신의 죄과를 보상하는 속죄적 기능이 있다.

③ 보안적 기능은 새로운 범죄를 범할 우려가 있는 범죄자를 사회로부터 격리시켜 사회안전을 보장하는 기능을 수행한다.

④ 예방적 기능은 범죄를 예방하는 기능으로서 일반예방적 기능과 특별예방적 기능이 있다. 일반예방적 기능은 범죄인을 처벌함으로써 일반인들이 범죄를 저지르지 않겠다는 생각이 들도록 하는 측면이고, 특별예방적 기능은 범인에 대한 작용, 즉 교화하여 새로운 범죄를 범하지 않게 하는 것으로서 형의 집행단계에서 이루어지는 것이다.

(2) 형의 종류

① 사형 : 수형자의 생명을 박탈하는 생명형으로 가장 중한 형

② 징역 : 형무소 내에 구치하여 징역(강제노역)에 복무하게 하여 신체적 자유를 박탈하는 자유형으로 무기와 유기 2종이 있다. 무기는 종신형이며 유기는 1월 이상 15년 이하인데 유기징역에 형을 가중하는 때에는 최고 25년까지 할 수 있음.

③ 금고 : 형무소 내에 구치하여 신체적 자유를 박탈하는 점에서 징역과 같으나 징역(노역)에 복무하지 않는 점에서 다름(신청에 의하여 노역가능). 무기와 유기가 징역형과 같으나 주로 과실범, 정치범, 비파렴치범에게 처함.

④ 자격상실 : 일정한 형의 선고가 있으면 그 형의 효력으로 자격이 상실되는 명예형으로 사형, 무기징역, 무기금고(공무원자격, 공법상 선거권과 피선거권 등).

⑤ 자격정지 : 일정한 자격을 일정기간동안 정지시키는 명예형으로 범죄의 성질에 따라 과형 또는 병과형.

⑥ 벌금 : 일정액의 금전을 박탈하는 재산형. 5만원 이상으로 하되, 경감할 수 있음.

⑦ 구류 : 금고와 같은 신체적 자유를 박탈. 구류기간은 1일 이상 30일 미만

⑧ 과료 : 벌금과 같은 재산형. 2천원 이상 5만원 미만. 판결 확정일부터 30일 이내에 납입하지 아니한 경우에는 1일 이상 30일 미만의 기간 노역장 유치, 작업복무.

⑨ 몰수 : 원칙적으로 타형에 부가하여 과하는 재산형. 범죄행위와 관련 있는 일정한 물건을 박탈하여 국고에 귀속시키는 처분.

3) 성폭력 범죄의 처벌 및 절차

(1) 특수강도강간 (법 제5조)

형법 제319조제1항(주거침입)[24], 제330조(야간주거침입강도), 제331조(특수강도) 또는 제342조(미수범(제330조 및 제331조의))의 죄를 범한 자가 제297조(강간)[25], 제298조(강제추행)[26] 및 제299조(준강간, 준강제 추행)[27]의 죄를 범한 때에는 무기 또는 5년 이상의 징역에 처한다.

형법 제334조(특수강도) 또는 제342조(미수범(특수강도의))의 죄를 범한 자가 제297조(강간), 제298조(강제추행) 및 제299조(준강간, 준강제 추행)의 죄를 범한 때에는 10년 이상의 징역에 처한다.

(2) 특수강간 (법 제6조)

흉기, 기타 위험한 물건을 휴대하거나 2인 이상이 합동하여

① 형법 제297조(강간)의 죄를 범한 자는 무기 또는 5년 이상의 징역에 처하고,

② 형법 제298조(강제추행)의 죄를 범한 자는 3년 이상의 유기징역에 처하고

③ 형법 제299조(준강간, 준강제 추행)의 죄를 범한 자는 ①과 ②의 예에 의한다.

---

24) 형법 제319조(주거침입): 사람이 주거, 관리하는 건조물, 선박이나 항공기 또는 점유하는 방실에 침입한 자는 3년 이하의 징역 또는 5백만원 이하의 벌금에 처한다.
25) 형법 제297조(강간): 폭행 또는 협박으로 부녀를 강간한 자는 3년 이상의 유기징역에 처한다.
26) 형법 제298조(강제추행): 폭행 또는 협박으로 사람에 대하여 추행한 자는 10년 이하의 징역 또는1천 5백만원 이하의 벌금에 처한다.
27) 형법 제299조(준강간, 준강제추행): 사람의 심신상실 또는 항거불능의 상태를 이용하여 간음 또는 추행을 한 자는 강간. 강제추행의 예에 의한다.

(3) 친족관계에 의한 강간 (법 제7조)

친족관계에 있는 자가 형법 제297조(강간)의 죄를 범한 때에는 5년 이상, 형법 제298조(강제추행)의 죄를 범한 때에는 3년 이상의 유기징역에 처한다. 친족이라 함은 배우자, 혈족 및 인척을 말한다. 혈족은 직계혈족과 방계혈족으로 구분된다. 전자는 직계존속과 직계비속을 말하고, 후자는 형제자매와 형제자매의 직계비속, 직계존속의 형제자매 및 그 형제자매의 직계비속을 말한다. 인척은 혈족의 배우자, 배우자의 혈족, 배우자의 혈족의 배우자를 말한다. 그러나 이 법에서 말하는 친족의 범위는 4촌 이내의 혈족과 2촌 이내의 인척으로 하며, 사실상의 관계에 있는 친족을 포함한다.

(4) 장애인에 대한 간음 (법 제8조)

신체장애자 또는 정신상의 장애로 인하여 항거불능인 상태에 있음을 이용하여 여자를 간음하거나 사람에 대하여 추행한 자는 형법 제297조(강간) 또는 제298조(강제추행)에 정한 형으로 처벌한다.

(5) 13세 미만의 미성년자에 대한 강간, 강제추행 (법 제8조의2)

13세 미만의 여자에 대하여 형법 제297조(강간)의 죄를 범한 자는 5년 이상의 유기징역에 처한다. 13세 미만의 사람[28]에 대하여 형법 제298조(강제추행)의 죄를 범한 자는 1년 이상의 유기징역 또는 5백만원 이상 3천만원 이하의 벌금에 처하며, 13세 미만의 사람에 대하여 형법 제299조(준강간, 준강제 추행)의 죄를 범한 자는 강간, 강제추행의 예에 의한다(법 제8조의2).

13세 미만의 사람에 대하여 13세 미만의 사람에 대하여 폭행 또는 협박으로 구강, 항문 등 신체(성기를 제외한다)의 내부에 성기를 삽입하는 행위를 하거나 성기에 손가락 등 신체(성기를 제외한다)의 일부나 도구를 삽입하는 행위를 한 자는 3년 이상의 유기징역에 처한다.

위계 또는 위력으로 13세 미만의 여자를 간음하거나 13세 미만의 사람에 대하여 추행을 한 자는 강간, 강제추행의 예에 의한다.

---

28) 13세 미만의 사람이란 여자와 남자를 모두 포함한다. (강간은 여자에게만, 강제추행은 남녀 모두)

(6) 강간 등 상해, 치상 (법 제9조)

법 제5조제1항(특수강도강간), 제6조(특수강간) 또는 제12조(미수범(제5조제1항 또는 제6조의 미수범에 한함))의 죄를 범한 자가 사람을 상해하거나 상해에 이르게 한때에는 무기 또는 7년 이상의 유기징역에 처한다.

법 제7조(친족관계에 의한 강간), 제8조(장애인에 대한 간음) 또는 제12조(미수범)(제7조 또는 제8조의 미수범에 한함))의 죄를 범한 자가 사람을 상해하거나 상해에 이르게 한 때에는 무기 또는 5년 이상의 징역에 처한다.

(7) 강간 등 살인·치사 (법 제10조)

법 제5조제1항(특수강도강간), 제6조(특수강간), 제7조(친족관계에 의한 강간), 제8조(장애인에 대한 간음), 제12조(미수범(제5조 내지 제8조의 미수범에 한함))의 죄 또는 형법 제297조(강간), 제298조(강제추행), 제299조(준강간·준강제 추행), 제300조(미수범)의 죄를 범한 자가 사람을 살해한 때에는 사형 또는 유기징역에 처한다.

법 제6조(특수강간), 제7조(친족관계에 의한 강간), 제8조(장애인에 대한 간음), 제12조(미수범)의 죄를 범한 자가 사람을 사망에 이르게 한 때에는 무기 또는 10년 이상의 징역에 처한다(법 제10조).

(8) 업무상 위력 등에 의한 추행 (법 제11조)

① 고용관계

업무, 고용, 기타의 관계로 인하여 자기의 보호 또는 감독을 받는 사람에 대하여 위계 또는 위력으로써 추행한 자는 2년 이하의 징역 또는 5백만원 이하의 벌금에 처한다.

② 감호관계

법률에 의하여 구금된 사람을 감호하는 자가 그 사람을 추행한 때에는 3년 이하의 징역 또는 1천 5백만원 이하의 벌금에 처한다.

③ 보호관계

장애인의 보호, 교육 등을 목적으로 하는 시설의 장 또는 종사자가 보호, 감독의 대상이 되는 장애인에 대하여 위계 또는 위력으로써 간음한 때에는 7년 이하의 징역에 처하고, 추행한 때에는 5년 이하의 징역 또는 3천만원 이하의 벌금에 처한다.

(9) 미수범 (법 제12조)

법 제5조(특수강도강간), 제6조(특수강간), 제7조(친족관계에 의한 강간), 제8조(장애인에 대한 간음), 제8조의2(13세 미만의 미성년자에 대한 강간, 강제추행), 제9조(강간 등 상해·치상), 제10조(강간 등 살인·치사) 및 제14조의2(카메라 등 이용촬영)의 미수범은 처벌한다.

(10) 공중밀집장소에서의 추행 (법 제13조)

대중교통수단, 공연, 집회장소, 기타 공중이 밀집한 장소에서 사람을 추행한 자는 1년 이하의 징역 또는 3백만원 이하의 벌금에 처한다.

(11) 통신매체이용음란 (법 제14조)

자기 또는 다른 사람의 성적욕망을 유발하기 위하거나 만족시킬 목적으로 전화, 우편, 컴퓨터, 기타 통신매체를 통하여 성적수치심이나 혐오감을 일으키는 말이나 음향, 글이나 도서, 영상 또는 물건을 상대방에게 도달하게 한 자는 2년 이하의 징역 또는 5백만원 이하의 벌금에 처한다.

(12) 카메라 등 이용촬영 (법 제14조의2)

카메라, 기타 이와 유사한 기능을 갖춘 기계장치를 이용하여 성적욕망 또는 수치심을 유발할 수 있는 타인의 신체를 그 의사에 반하여 촬영하거나 그 촬영물을 반포, 판매, 임대, 또는 공연히 전시, 상영한 자는 5년 이하의 징역 또는 1천만원 이하의 벌금에 처한다. 영리를 목적으로 촬영물을 정보통신망이용촉진및정보보호등에관한법률의 정보통신망을 이용하여 유포한 자는 7년 이하의 징역 또는 3천만원 이하의 벌금에 처한다.

4) 보호관찰

(1) 보호관찰 제도

범죄인을 교도소나 기타의 시설에 수용하지 않고 사회생활을 영위하면서 갱생시키는 제도이다. 죄를 범한 자로서 재범방지를 위하여 보호관찰, 사회봉사, 수강 및 갱생보호 등 체계적인 사회 내 처우가 필요하다고 인정되는 자에 대하여 지도, 원호를 함으로써 건전한 사회복귀를 촉진하고 효율적인 범죄예방 등을 전개함으로써 개인 및 공공의 복지를 증진함과 아울러 사회를 보호함을 목적으로 보호관찰대상, 사회봉사·수강명령대상, 갱생보호대상으로 실시하고 있는 제도이다.

보호관찰대상자는 ① 보호관찰을 조건으로 형의 선고유예를 받은 자 ② 보호관찰을 조건으로 형의 집행유예를 선고받은 자 ③ 가석방 또는 가퇴원된 자 ④ 소년법에 의하여 보호처분을 받은 자 ⑤ 성폭력범죄의처벌및피해자보호등에관한법률과 같이 다른 법률에 의하여 보호처분을 받도록 규정된 자 등이다.

보호관찰대상자의 준수사항은 ① 주거지에 상주하고 생업에 종사할 것, ② 악습을 버리고 선행을 하며 범죄성이 있는 자들과 교제, 회합하지 아니할 것, ③ 보호관찰관 및 보호위원의 지도, 방문에 응할 것, ④ 주거를 이전하거나 1개월 이상의 국내외 여행을 할 때는 보호관할관에게 신고할 것 등이다(보호관찰등에관한법률 제32조).

(2) 성폭력범죄자의 보호관찰

법원이 성폭력범죄를 범한 자에 대하여 형의 선고를 유예할 경우에는 1년 동안 보호관찰을 받을 것을 명할 수 있다. 다만, 성폭력범죄를 범한 자가 소년인 경우에는 반드시 보호관찰을 명하여야 한다. 법원이 성폭력범죄를 범한 자에 대하여 집행을 유예할 경우에는 그 집행유예기간 내에서 일정기간동안 보호관찰을 받을 것을 명하거나 사회봉사 또는 수강을 명할 수 있다. 성폭력범죄를 범한 자로서 형의 집행 중에 가석방된 자는 가석방기간 동안 보호관찰을 받는다. 다만, 가석방을 허가한 행정관청이 필요가 없다고 인정한 때에는 그러하지 아니하다. 보호관찰, 사회봉사 및 수강에 관하여 이 법에 정한 사항 이외의 사항에 관하여는 보호관찰등에관한법률을 준용한다(법 제16조).

음란성 비디오, 영화, 컴퓨터, 잡지 등 혼란스럽도록 넘쳐 오는 성문화에 개방되면서 성적 범죄가 10대 초반 정도까지 저연령층화되면서 집단화, 난폭화 하는데 문제의 심각성이 커지고 있음에도, 소년인 경우에는 반드시 보호관찰을 명하여야 한다고 규정하고 있다. 사리판단력이 부족하고 단순한 호기심과 충동심에서 야기된 어린 청소년의 성범죄에 대하여는 처벌보다는 재범의 심성이 없도록 교화, 지도하여 정상적인 사회인으로 성장시키는 것이 더 바람직하기 때문이다. 형법 제9조는 14세 되지 아니한 자의 행위는 벌하지 아니한다고 규정하고 있다. 소년법에서의 소년은 20세 미만의 자로 규정하고, 소년법상 반사회성 있는 소년의 성행 교정을 위한 보호처분의 대상을 ① 죄를 범한 소년 ② 형벌법령에 저촉되는 행위를 한 12세 이상 14세 미만의 소년으로 하고 있다. 따라서 12세 이상 20세 미만의 청소년인 성폭력범죄자는 보호관찰을 받게 된다.

선고유예나 집행유예는 범인에 대하여 범정(犯情)이나 정상 등을 참작하여, 전자는 판결선고 전에 일정한 기간 형의 선고를 유예하고, 그 유예기간을 사고 없이 지내면 형의 선고를 면하게 하는 것이고, 후자는 판결선고 후 일정기간 형의 집행을 유예하여 일정 이상의 죄를 범하지 않으면 선고된 유죄판결의 효력까지 상실시키는 제도인데 양 제도를 효과적으로 실시하기 위하여 보호관찰제도를 두고 있다.

5) 형의 감면 등

(1) 형사미성년자

14세에 달하지 아니한 자의 행위는 벌하지 아니한다(형법 제9조). 14세에 달하지 아니한 소년이 성폭력범죄 행위를 저질렀을 경우, 형사처벌이 불가능하기 때문에 소년법에 의한 소년보호사건으로 송치된다.

(2) 심신장애자

심시장애로 인하여 사물을 판별할 능력이 없거나 의사를 결정할 능력이 없는 자의 행위는 벌하지 아니하며, 의사결정 능력이 미약한 행위는 형을 경감한다. 그러나 위험의 발생을 예견하고 자의로 심신장애를 야기한 자의 행위는 이를 적용하지 아니한다.

(3) 농아자

농아자의 행위는 형을 경감한다.

(4) 강요된 행위

항거할 수 없는 폭력이나 자기 또는 친족의 생명, 신체에 대한 위해를 방어할 방법이 없는 협박에 의하여 강요된 행위는 벌하지 아니한다(형법 제12조).

6) 성희롱

성희롱은 형법이나 이법인 성폭력범죄의처벌및피해자보호등에관한법률의 적용을 받지 아니한다(죄형법정주의). 성희롱이라 함은 사업주, 상급자 또는 근로자가 직장 내의 지위를 이용하거나 업무와 관련하여 다른 근로자에게 성적언동 등으로 성적 굴욕감 또는 혐오감을 느끼게 하거나 성적언동 그 밖의 요구 등에 대한 불응을 이유로 고용에 있어서 불이익을 주는 것을 말하는데, 그 판단 기준은 다음과 같다.

직장내 성희롱 판단을 위한 기준의 예시(남녀고용평등법 제2조)

(1) 성적인 언동에 대한 예시

① 육체적 행위

(1) 입맞춤이나 포옹, 뒤에서 껴안는 등의 신체적 접촉행위

(2) 가슴·엉덩이 등 특정 신체부위를 만지는 행위

(3) 안마나 애무를 강요하는 행위

② 언어적 행위

(1) 음란한 농담을 하거나 음탕하고 상스러운 이야기를 하는 행위(전화통화 포함)

(2) 외모에 대한 성적인 비유나 평가를 한 행위

(3) 성적인 사실관계를 묻거나 성적인 내용의 정보를 의도적으로 유포하는 행위

(4) 성적인 관계를 강요하거나 회유하는 행위

(5) 회식자리 등에서 무리하게 옆에 앉혀 술을 따르도록 강요하는 행위

③ 시각적 행위

(1) 음란한 사진·그림·낙서·출판물 등을 게시하거나 보여주는 행위(컴퓨터 통신이

나 팩시밀리 등을 이용하는 경우를 포함한다)

(2) 성과 관련된 자신의 특정 신체부위를 고의적으로 노출하거나 만지는 행위

④ 그 밖

사회통념상 성적 굴욕감 또는 혐오감을 느끼게 하는 것으로 인정되는 언어나 행동

(2) 고용상의 불이익을 주는 것의 예시

채용탈락·감봉·승진탈락·전직·정직·휴직·해고 등과 같이 채용 또는 근로조건을 일방적으로 불리하게 하는 것

※ 성희롱 여부의 판단 시에는 피해자의 주관적 사정을 고려하되, 사회 통념상 합리적인 사람이 피해자의 입장이라면 문제가 되는 행동에 대하여 어떻게 판단하고 대응하였을 것인가를 함께 고려하여야 하며, 결과적으로 위협적·적대적인 고용환경을 형성하여 업무능률을 저해하게 되는지를 검토하여야 함.

3. 성폭력범죄의 절차에 관한 특례

1) 고소

(1) 공소의 제한

성폭력범죄의 대부분은 고소가 없어도 공소의 제기가 가능하지만 다음의 죄는 고소가 있어야 공소를 제기할 수 있다(법 제15조).

① 법 제11조(업무상 위력 등에 의한 추행)의 죄 중 제1항 업무·고용, 기타의 관계로 인하여 자기의 보호 또는 감독을 받는 사람에 대하여 위계 또는 위력으로써 추행한 자

② 법 제13조(공중밀집장소에서의 추행)의 죄

③ 법 제14조(통신매체이용음란)의 죄

고소가 있어야 공소를 제기할 수 있는 범죄를 친고죄라 한다. 친고죄에 있어서는 고소가 소송조건이 되고 공소제기의 조건이 된다. 일반적으로 고소는 수사의 단서가 되는

데 불과하기도 하지만, 친고죄에 있어서 고소라 함은 범죄의 피해자, 기타 고소권자가 수사기관에 대하여 범죄사실을 신고하여 그 범죄에 대한 처벌을 요구하는 적극적 의사표시이다. 고소는 고소권자가 아닌 제3자가 하는 고발과 구별된다.

성폭력 피해자가 수사기관에 고소를 하여야만 공소제기가 가능한 친고죄의 경우에는, 성폭력피해자가 성폭력범죄자에 대한 처벌요구 의사가 있음에도 불구하고 고소제기 후 성폭력범죄자로부터 오는 위협과 보복의 두려움 또는 주변에서 알게 되는 수치심 때문에 오히려 고소를 기피함으로써 성폭력범죄를 방치하는 결과가 된다. 따라서 성폭력범죄에 대한 친고죄를 폐지하여 피해자의 고소 없이도 수사기관이 공소를 제기할 수 있도록 한다면, 고소로 인한 위협이나 보복의 두려움은 없을 것이다. 그렇다고 해서 피해자의 고소나 처벌의사가 없음에도 불구하고 공소를 제기하는 것도 또 다른 문제가 발생하게 됨으로, 친고죄를 폐지할 경우 반의사불벌죄(反意思不罰罪)에 의하여 성폭력 피해자의 명시적인 의사에 반하지 않는 범위 안에서 고소, 고발 및 처벌이 가능하도록 친고죄에 대한 개선이 필요하다.

(2) 고소제한의 예외

형사소송법 제224조(고소의 제한)의 규정에는 자기 또는 배우자의 직계존속을 고소할 수 없도록 되어 있으나, 성폭력범죄에 대하여는 자기 또는 직계존속을 고소할 수 있다(법 제19조).

(3) 고소기간

형사소송법 제230(고소기간)의 규정에는 친고죄에 대하여는 범인을 알게 된 날로부터 6월을 경과하면 고소하지 못하도록 되어 있으나, 성폭력범죄에 대하여는 범인을 알게 된 날부터 1년을 경과하면 고소하지 못한다. 다만, 고소할 수 없는 불가항력의 사유가 있는 때에는 그 사유가 없어진 날부터 기산한다.

2) 특정강력범죄의처벌에관한특례법의 준용

성폭력범죄에 대한 처벌절차에는 특정강력범죄의처벌에관한특례법[29] 제7조(증인

---

[29] 이법은 기본적 윤리와 사회질서를 침해하는 특정강력범죄에 대한 처벌과 절차에 관한 특례를 규정함으로써 국민의 생명과 신체의 안전을 보호하고 범죄로부터 사회를 방위함을 목적으로 한다.

에 대한 신변안전조치)[30]. 제8조(출판물 등으로부터의 피해자 보호). 제9조(소송진행의 협의). 제12조(간이공판절차의협의) 및 제13조(판결선고)[31]의 규정을 준용한다.

특수강도강간, 특수강간, 강간 등 상해·치상, 강간 등 살인·치사의 죄 및 그 미수의 죄는 특정강력범죄의처벌에관한특례법 제2조(적용범위)제1항[32]의 규정에 의한 특정강력범죄로 본다.

3) 피해자의 신원과 사생활비밀누설금지

성폭력범죄의 수사 또는 재판을 담당하거나 이에 관여하는 공무원은 피해자의 주소, 성명, 연령, 직업, 용모, 기타 특정하여 파악할 수 있게 하는 인적사항과 사진 등을 공개하거나 타인에게 누설하여서는 아니 되며, 성폭력범죄의 소추에 필요한 범죄구성사실을 제외한 피해자의 사생활에 관한 비밀을 공개하거나 타인에게 누설하여서는 아니 된다. 누구든지 피해자의 인적사항과 사진 등을 피해자의 동의를 받지 아니하고 출판물에 게재하거나 방송매체 또는 정보통신망을 이용하여 공개하여서는 아니 된다(법 제21조).

4) 성폭력범죄의 피해자에 대한 전담조사제

검찰총장은 각 지방검찰청 검사장으로 하여금 성폭력범죄 전담 검사를 지정하도록 하여 특별한 사정이 없는 한 이들로 하여금 피해자를 조사하게 하여야 한다.

경찰청장은 각 경찰서장으로 하여금 성폭력범죄 전담 사법경찰관을 지정하도록 하여 특별한 사정이 없는 한 이들로 하여금 피해자를 조사하게 하여야 한다.

국가는 검사 및 사법경찰관에 대하여 성폭력범죄의 수사에 필요한 전문지식과 피해자 보호를 위한 수사방법 등에 관한 교육을 실시하여야 한다(법 제21조의2).

---

30) ① 검사는 특정강력범죄사건의 증인이 피고인, 기타의 사람으로부터 생명, 신체에 해를 받거나 받을 염려가 있다고 인정되는 때에는 관할경찰서장에게 증인의 신변안전을 위하여 필요한 조치를 할 것을 요청하여야 한다. ② 증인(재판장)은 검사에게 제1항의 조치를 취하도록 청구(요청)할 수 있다. ③제1항 요청을 받은 경찰서장은 즉시 증인의 신변안전에 필요한 조치를 하고 검사에게 통보한다.
31) 변론을 종결한 때에는 신속하게 판결을 선고하여야 한다. 복잡한 사건이나 기타 특별한 사정이 있는 경우에도 판결의 선고는 14일을 초과하지 못한다.
32) 형법 제250조(살인, 존속살해), 형법 제253조(위계 등에 의한 촉탁살인), 형법 제254조(앞 죄의 미수범)

5) 영상물의 촬영, 보존 등

검사 또는 사법경찰관은 성폭력범죄를 당한 피해자의 연령, 심리상태 또는 후유장애의 유무 등을 신중하게 고려하여 조사과정에서 피해자의 인격이나 명예가 손상 되거나 사적인 비밀이 침해되지 않도록 주의하여야 한다.

검사 또는 사법경찰관은 성폭력범죄의 피해자를 조사함에 있어서 피해자가 편안한 상태에서 진술하도록 조사환경을 조성하여야 하며, 조사 횟수는 필요 최소한으로 하여야 한다. 피해자가 16세 미만이거나 신체장애 또는 정신상의 장애로 사물을 변별하거나 의사를 결정할 능력이 미약한 때에는 피해자의 진술내용과 조사과정을 비디오녹화기 등 영상물 녹화장치에 의하여 촬영, 보존하여야 한다. 다만, 피해자 또는 법정대리인이 이를 원하지 않는 의사를 표시한 때에는 촬영을 하여서는 아니 된다(법 제21조의3제3항).

촬영한 영상물에 수록된 피해자의 진술은 공판준비 또는 공판기일에서 피해자 또는 조사과정에 동석하였던 신뢰관계 있는 자의 진술에 의하여 그 성립의 진정함이 인정된 때에는 증거로 할 수 있다. 수사기관은 피해자 또는 법정대리인으로부터 신청이 있는 때에는 영상물 촬영 과정에서 작성한 조서의 사본을 신청인에게 교부하여야 한다. 누구든지 촬영한 영상물을 수사 및 재판의 용도 외에 다른 목적으로 사용하여서는 아니 된다(법 제21조의3).

6) 심리의 비공개

성폭력범죄에 대한 심리는 그 피해자의 사생활을 보호하기 위하여 결정으로 이를 공개하지 아니할 수 있다. 증인으로 소환 받은 성폭력범죄의 피해자와 그 가족은 사생활 보호 등의 사유로 증인신문의 비공개를 신청할 수 있고, 재판장은 신청이 있는 때에는 그 허가여부 및 공개, 법정 외의 장소에서의 신문 등 증인의 신문방식 및 장소에 관하여 결정할 수 있다.

7) 전문가의 의견조회

법원은 정신과의사, 심리학자, 사회복지학자, 그 밖의 관련전문가에게 행위자 또는 피해자의 정신, 심리상태에 대한 진단소견 및 피해자의 진술내용에 관한 의견을 조회할 수 있고, 성폭력범죄를 조사, 심리함에 있어서 그 의견조회를 참작하여야 한다(법 제22조의2).

8) 신뢰관계에 있는 자의 동석

법원은 특수강도강간, 특수강간, 친족관계에 의한 강간, 장애인에 대한 간음, 13세미만의 미성년자에 대한 강간·강제추행, 강간 등 상해·치상, 업무상위력 등에 의한 추행의 범죄 및 이러한 범죄의 미수범죄의 피해자를 증인으로 신문함에 있어서 검사, 피해자 또는 법정대리인의 신청이 있는 때에는 재판에 지장을 초래할 우려가 있는 등 부득이한 경우가 아닌 한 피해자와 신뢰관계에 있는 자를 동석하게 하여야 한다. 이 규정은 수사기관이 이와 같은 경우의 피해자를 조사하는 경우에 관하여 이를 준용한다(법 제22조의3).

9) 비디오 등 중계장치에 의한 증인신문

법원은 이 법 제2조제1항제3호 내지 제5호의 규정에 의한 범죄의 피해자를 증인으로 신문하는 경우 검사와 피고인 또는 변호인의 의견을 들어 비디오 등 중계장치에 의한 중계를 통하여 신문할 수 있다.

10) 신고의무

18세 미만의 사람을 보호하거나 교육 또는 치료하는 시설의 책임자 및 관련종사자는 자기의 보호 또는 감독을 받는 사람이, 이 법의 특수강도강간, 특수강간, 친족관계에 의한 강간, 장애인에 대한 간음, 13세 미만의 미성년자에 대한 강간·강제추행·강간 등 상해, 치상33), 강간 등 살해·치사의 범죄와 형법상의 강간 등 상해·치상34), 강간 등 살인·치사의 범죄의 피해자인 사실을 안 때에는 즉시 수사기관에 신고하여야 한다(법 제22조의5).

---

33) 성폭력범죄의처벌및피해자보호등에관한법률 (무기 또는 7년 이상의 징역에 처한다)
34) 형법 (무기 또는 5년 이상의 징역에 처한다)

11) 증거보전의 특례

피해자 또는 그 법정대리인은 피해자가 공판기일에 출석하여 증언하는 것이 현저히 곤란한 사정이 있는 때에는 그 사유를 소명하여 당해 성폭력범죄를 수사하는 검사에 대하여 형사소송법 제184조제1항[35]의 규정에 의한 증거보전의 청구를 할 것을 요청할 수 있다. 이 경우 피해자가 영상물의 촬영·보존의 규정(법 제22조의3제3항)의 요건에 해당하는 경우에는 공판기일에 출석하여 증언하는 것이 현저히 곤란한 사정이 있는 것으로 본다. 증거보전 청구를 요청받은 검사는 그 요청이 상당한 이유가 있다고 인정하는 때에는 증거보전의 청구를 할 수 있다.

4. 성폭력피해상담소 및 피해자보호시설

1) 성폭력상담소

(1) 상담소의 설치

국가 또는 지방자치단체는 성폭력피해상담소를 설치·운영할 수 있다. 국가 또는 지방자치단체외의 자가 상담소를 설치·운영하고자 할 때에는 시장·군수·구청장에게 신고하여야 하되 설치기준과 신고 등에 관하여 필요한 사항은 여성가족부령으로 다음과 같이 정한다(법 제23조).

(2) 상담소의 업무

① 성폭력피해를 신고 받거나 이에 관한 상담에 응하는 일
② 성폭력피해로 인하여 정상적인 가정생활 및 사회생활이 어렵거나 기타 사정으로 긴급히 보호를 필요로 하는 사람을 병원 또는 성폭력 피해자 보호시설로 데려다주는 일
③ 가해자에 대한 고소와 피해배상청구 등 사법처리 절차에 관하여 대한변호사협회, 대한법률구조공단 등 관계기관에 필요한 협조와 지원을 요청하는 일

---

35) 증거보전의 청구와 그 절차 : 검사, 피고인, 피의자 또는 변호인은 미리 증거를 보전하지 아니하면 그 증거를 사용하기 곤란한 사정이 있는 때에는 제1회 공판기일전이라도 판사에게 압수, 수색, 검증, 증인신문 또는 감정을 청구할 수 있다.

④ 성폭력범죄의 예방 및 방지를 위한 홍보를 하는 일

⑤ 기타 성폭력범죄 및 성폭력피해에 관하여 조사·연구하는 일

상담소의 설치기준 (시행규칙 제3조 별표 1)

1. 상담소에는 구획된 개별상담실과 전화상담실을 두어야 한다.
2. 상담실은 사생활의 비밀이 노출되지 아니하도록 하여야 하며, 말소리가 새어 나가지 아니 하도록 하여야 한다.
3. 시설종사자 : 상담소장 1인, 상담원 2인 이상
4. (삭제)
5. 시설종사자의 자격
상담소장 및 상담원은 다음 각 목의 1에 해당하는 자로서 국가 또는 지방자치 단체, 대학(고등교육법에 의한 대학·교육대학·전문대학·방송대학·통신대학 또는 방송통신대학을 말한다), 사회복지법인·법률구조법인 등 비영리 법인이 개설·운영하는 상담원 교육기관에서 별지에 의한 상담원 교육을 수료한 자로 한다. 다만, 대학에서 상담원 교육과목의 일부를 이수한 경우에는 그 이수과목에 대한 교육을 면제할 수 있다.
  가. 대학을 졸업한 자 또는 이와 동등 이상의 학력을 가진 자
  나. 사회복지사업법에 의한 사회복지사의 자격을 가진 자
  다. 초·중등교육법에 의한 교원으로 3년 이상 종사한 자
  라. 사회복지사업법 제2조의 규정에 의한 사회복지상담업무에 3년 이상 종사 한 자
  마. 보건의료·사회복지 또는 여성행정 분야의 공무원으로 3년 이상 종사한 자
  바. 사회복지시설 또는 사회단체에서 임직원으로 3년 이상 종사한 자
  사. 종교단체가 인정하는 종무에 종사하는 자로서 여성가족부장관이 정하여 고시하는 자

---

2) 성폭력피해자보호시설

(1) 피해자보호시설의 설치

국가 또는 지방자치단체는 성폭력피해자자보호시설을 설치·운영할 수 있다. 사회복지법인, 기타 비영리법인은 시장·군수·구청장에게 신고하고 보호시설을 설치·운영할 수 있다. 보호시설의 설치기준과 신고 등에 관하여 필요한 사항은 여성가족부령으로 다음과 같이 정한다.

보호시설의 설치기준 (시행규칙 제5조 별표 2)

1. 보호시설의 규모 : 10인 이상을 수용할 수 있는 시설을 갖추어야 한다.
2. 보호시설의 연면적 : 9.9제곱미터에 입소정원을 곱한 면적이어야 한다.
3. 구조 및 설비
   가. 거실 면적은 입소정원당 3.3제곱미터 이상을 확보하여야 한다.
   나. 적당한 난방 및 통풍시설을 하고, 상당시간의 일조량을 확보할 수 있도록 하여야 한다.
   다. 출입구는 비상재해시 대피에 용이하도록 복도 또는 넓은 공간에 직접 면하게 하여야한다.
   라. 사무실을 갖추어야 한다.
   마. 상담실을 갖추어야 한다.
   바. 조리실은 채광 및 환기가 잘되도록 하여야 한다.
   사. 목욕·샤워 및 세면설비를 갖추어야 한다.
   아. 수세식 변소를 설치하여야 한다.
   자. 급·배수시설을 설치하여야 한다.

4. 시설종사자 : 시설의 장 1인, 상담원 2인 이상
5. 시설종사자의 자격 : 별표 1 제5호(상담소의 시설종사자)의 자격과 동일

(2) 보호시설의 업무

① 성폭력상담소의 업무   ② 성폭력피해자를 일시 보호하는 일

③ 성폭력피해자의 신체적, 정신적 안정회복과 사회복귀를 도우는 일

④ 기타 성폭력피해자의 보호를 위하여 필요한 일

(3) 입소대상

보호시설의 입소대상은 성폭력범죄의 피해자로서 ① 본인이 희망하는 경우 ② 미성년자로서 보호자의 입소동의가 있는 경우 ③ 기타 근친상간 피해자, 정신질환자, 사회복지시설의 수용자 등으로서 성폭력피해에 관하여 상담하는 직원의 상담결과 보호자의 입소동의를 받게 하는 것이 적합하지 못하다고 인정되는 경우의 자이다.

(4) 보호기간

보호시설에 입소한 자의 보호기간은 6월 이내로 하되, 보호시설의 장은 입소한 자의 보호를 위하여 필요하다고 인정하는 경우에는 시장·군수·구청장의 승인을 얻어 3월의 범위 내에서 연장할 수 있다.

(5) 퇴소

보호시설의 장은 입소자가 ① 보호의 목적이 달성된 자 ② 보호기간이 만료된 자 ③ 퇴소를 희망하는 자 ④ 거짓, 기타 부정한 방법으로 입소한 자인 때에는 퇴소시켜야 한다.

3) 경비의 보조

국가 또는 지방자치단체는 상담소 또는 보호시설의 설치·운영에 소요되는 경비를 예산의 범위 안에서 보조할 수 있다(법 제30조, 시행령 제2조).

4) 감독

여성가족부장관 또는 시장·군수·구청장은 상담소 또는 보호시설의 장으로 하여금 당해 시설에 관하여 필요한 보고를 하게 할 수 있으며, 관계공무원으로 하여금 당해 시설의 운영상황을 조사하게 하거나 장부, 기타 서류를 조사하게 할 수 있다.

5) 시설의 폐쇄 및 청문

시장·군수·구청장은 상담소 또는 보호시설이 설치기준에 미달하게 된 때와 정당한 사유 없이 법규에 의한 보고를 하지 아니하거나 허위로 보고한 때 또는 조사·검사를 거부하거나 기피한 때에는 상담소 또는 보호시설의 업무의 정지 또는 폐지를 명하거나 시설을 폐쇄할 수 있되(법 제30조), 이 경우에는 청문을 실시하여야 한다.

6) 상담 및 보호

상담 및 보호시설의 장은 상담요구자와 입소자의 특성 등을 감안하여 상담계획을 수립, 실시하고 상담기록표에 상담내용을 기록, 유지하여야 하고, 입소한 자의 심신의 안정과 신변보호를 위하여 노력하여야 한다(시행규칙 제11조).

7) 휴지 또는 폐지

상담소 또는 보호시설을 휴지 또는 폐지하고자 할 때에는 미리 시장·군수·구청장에게 신고하여야 한다(법 제27조).

8) 비밀엄수의 의무

상담소 또는 보호시설의 장이나 이를 보조하는 자 또는 그 직에 있었던 자는 그 직무상 알게 된 비밀을 누설하여서는 아니 된다.

9) 유사명칭사용금지

이 법에 의한 상담소 또는 보호시설이 아니면 성폭력상담소, 성폭력피해자보호시설 또는 이와 유사한 명칭을 사용하지 못한다.

10) 의료보호

여성가족부장관 또는 시장·군수·구청장은 국·공립 병원, 보건소 또는 민간의료시설을 성폭력피해자의 치료를 위한 전담의료기관으로 지정할 수 있다. 지정된 전담의료기관은 상담소 또는 보호시설의 장의요청이 있는 경우에는 ① 성폭력피해자의 보건상담 및 지도 ② 성폭력피해의 치료 ③ 성병여부의 검사 ④ 임신여부의 검사 ⑤ 성폭력피해로 인한 정신질환의 치료 등을 제공하여야 한다(법 제33조, 시행령 제3조).

6. 벌칙

1) 벌칙

다음에 해당하는 자는 2년 이하의 징역 또는 5백만원 이하의 벌금에 처한다.

① 영리를 목적으로 상담소 또는 보호시설을 설치, 운영한 자

② 비밀엄수의무를 위반한 자

③ 피해자의 인적사항과 사진 등을 공개한 자(다만, 이 죄는 피해자의 명시한 의사에 반하여 공소를 제기할 수 없다)

④ 시설의 폐쇄, 업무의 휴지 또는 폐지명령을 받고도 상담소 또는 보호시설을 계속 운영한 자

2) 과태료

다음에 해당하는 자는 3백만원 이하의 과태료에 처한다.

① 정당한 사유 없이 법령에 의한 신고 또는 보고를 하지 아니하거나 허위로 신고 또는 보고한 자 또는 조사·검사를 거부한 자

② 상담소, 피해자보호시설의 유사명칭 사용금지를 위반한자

과태료는 여성가족부장관 또는 시장·군수·구청장이 부과·징수한다. 과태료를 부과하고자 할 때에는 당해 위반행위를 조사·확인한 후 위반사실·과태료부과금액·이의방법 및 이의기간 등을 서면으로 명시하여 이를 납부할 것을 과태료처분대상자에게 통지하여야 한다. 과태료를 부과하고자 할 때에는 10일 이상의 기간을 정하여 과태료처분대상자에게 구술 또는 서면(전자문서포함)에 의한 의견진술의 기회를 주어야 한다. 이 경우 지정된 기일까지 의견진술이 없을 때에는 의견이 없는 것으로 본다. 과태료의 금액을 정함에 있어서는 당해 위반행위의 동기와 그 결과를 참작하여야 한다. 과태료의 부과기준 및 징수절차는 여성가족부령으로 정한다.

과태료처분에 불복이 있는 자는 그 처분의 고지를 받은 날부터 30일 이내에 여성가족부장관 또는 시장·군수·구청장에게 이의를 제기할 수 있다. 이의를 제기한 때에는 여성가족부장관 또는 시장·군수·구청장은 지체 없이 관할법원에 그 사유를 통보하여야 하며 그 통보를 받은 관할법원은 비송사건절차법에 의한 과태료의 재판을 한다. 과태료처분을 받은 자가 기간 내에 이의를 제기하지 아니하고 과태료를 납부하지 아니한 때에는 국세 또는 지방세체납처분의 예에 의하여 이를 징수한다.

3) 양벌규정

법인의 대표자, 법인 또는 개인의 대리인·사용인, 기타 종업원이 그 법인 또는 개인의 업무에 관하여 법 제14조의2(카메라 등 이용촬영) 또는 제35조(벌칙규정)의 위반행위를 한 때에는 행위자를 벌하는 외에 그 법인 또는 개인에 대하여도 각 해당조의 벌금형을 과한다(법 제37조).

제10절 가정폭력방지 및 피해자보호 등에 관한 법률

(2007. 4.11. 법률 제8367호)

1. 총설

1) 의의

가정폭력은 가정구성원 사이의 신체적, 정신적 또는 재산상 피해를 수반하는 행위를 말한다. 남편이 아내에게, 아내가 남편에게, 부모가 자식에게, 자식이 부모에게 또는 동거하는 친족에게 가하는 폭력으로 최근에는 부모나 영유아에게까지 폭력을 휘두르는 사람이 늘어나고 있어 사회문제가 되고 있다. 가정폭력은 개인의 인격문제, 부모의 자식에 대한 과잉보호나 과잉기대, 배금주의 및 이기주의에 의한 도덕과 윤리의식이 붕괴된 요인이 크다 할 것이다.

우리는 사회구성의 기본이 되는 가정의 테두리 안에서 성장·발달하게 되고 가정구성원들이 공동생활을 영위하면서 기본적인 인성을 형성하면서 사회가 요구하는 사고와 행동유형을 습득하여 사회구성원으로 성장하게 된다. 그런데 이 가정구성원간의 폭력은 가해자나 피해자 모두에게 자신감, 자존심, 신뢰성의 상실로 인한 인간의 존엄성의 붕괴를 초래하면서 결국은 가족이 해체되는 지경까지 이르기도 한다.

가족해체로 인한 가정의 붕괴되는 숫자가 증가하면 할수록 사회적공동체의 건전한 유지가 어렵기 때문에 그에 대한 대응책으로 가정폭력의 가해자를 처벌하고, 피해자의 피난 보호 및 생계보장과 함께 신체적 정신적 치료 등을 시행하여 건강한 가정을 가꾸기 위한 제도를 마련하는 것이다.

따라서 가정정폭력의 가해자는 가정폭력범죄자로 처벌은 하되, 대부분의 가정폭력이 일반 폭력범에서 보이는 흉악성보다는 가해자의 성격, 환경, 습성 등에 있는 경우가 많기 때문에 일반 폭력범과 같은 처벌보다는 환경의 조정과 성행의 교정을 위한 보호처분을 행하여 가정의 평화와 안정을 회복하고 건강한 가정을 가꾸기 위하여 1997년12월 31일 법률 제5436호로 가정폭력범죄의처벌등에관한특례법을 제정하여 다스리고 있다. 그리고 가정폭력을 예방하고 그 피해자를 보호하고 지원하기 위하여 1997년 12월 31일 법률 제5487호로 가정폭력방지및피해자보호등에관한법률이 제정된 이래 수차례의 개정에 이어 20007년 4월 11일 법률 제8367호로 5회째의 개정을 거쳐 현재에 이르고 있다.

2) 목적

가정폭력방지및피해자보호등에관한법률은 가정폭력을 예방하고 가정폭력의 피해자를 보호, 지원함을 목적으로 제정된 법이다(법 제1조). 가정폭력범죄의 처벌에 관한 사항은 형법과 가정폭력범죄의처벌등에관한법률에 따른다.

3) 용어의 정의

(1) 가정폭력은 가정구성원 사이의 신체적·정신적 또는 재산상의 피해를 수반하는 행위를 말함

(2) 가정폭력행위자는 가정폭력범죄를 범한 자 및 가정구성원인 공범을 말함

(3) 피해자는 가정폭력으로 인하여 직접적으로 피해를 입은 자를 말함.

(4) 아동은 18세 미만의 자를 말함

(5) 가정구성원은 다음에 해당하는 자를 말함

　① 배우자(사실상 혼인관계에 있는 자 포함) 또는 배우자 관계에 있었던 자

　② 자기 또는 배우자와 직계비속관계(사실상의 양친 관계 포함)에 있거나 있었던 자

　③ 계부모와 자의 관계 또는 적모와 서자의 관계에 있거나 있었던 자

　④ 동거하는 친족관계에 있는 자

이 법에서의 가정구성원은 가족과 구분된다. 민법상의 가족의 범위는 ① 배우자, 직계혈족 및 형제자매 ② 직계혈족의 배우자, 배우자의 직계혈족 및 배우자의 형제자매(이 경우에는 생계를 같이 하는 경우에 한한다)이다.

2. 국가 등의 책무

1) 국가와 지방자치단체의 책무

국가와 지방자치단체는 가정폭력의 예방·방지와 피해자의 보호·지원을 위하여 다

음과 같은 조치를 취하여야 한다.
  ① 가정폭력신고체계의 구축 및 운영
  ② 가정폭력의 예방과 방지를 위한 조사·연구·교육 및 홍보
  ③ 피해자를 위한 보호시설의 설치·운영, 그 밖에 피해자에 대한 지원서비스의 제공
  ④ 피해자의 보호와 지원을 원활이 하기 위한 관련 기관간의 협력체계의 구축 및 운영
  ⑤ 가정폭력의 예방·방지 및 피해자의 보호·지원을 위한 관계법령의 정비와 각종 정책의 수립·시행 및 평가

국가와 지방자치단체는 이와 같은 책무를 다하기 위하여 이에 수반되는 예산상의 조치를 취하여야 한다. 특별시·광역시·도 및 시·군·구에 가정폭력의 예방·방지 및 피해자의 보호·지원을 담당할 공무원을 두어야 한다. 또한 국가와 지방자치단체는 국가 또는 지방자치단체 이외의 자가 시장·군수·구청장의 인가를 받아 설치·운영하는 가정폭력관력 상담소와 가정폭력피해자보호시설에 대하여 경비를 보조하는 등 이를 육성하여야 한다(법 제4조).

2) 가정폭력 실태조사

여성가족부장관은 3년마다 가정폭력실태조사를 실시하여 그 결과를 발표하고, 이를 가정폭력의 예방을 위한 정책수립에 기초자료로 활용하여야 한다.

3) 가정폭력 예방교육의 실시

초등교육법의 규정에 따른 각급 학교의 장은 가정폭력의 예방 및 방지를 위하여 매년 가정폭력예방에 필요한 교육계획을 수립·시행하되, 가정폭력 예방교육의 대상·내용·방법 및 그 밖의 가정폭력예방교육에 관하여 필요한 사항이 포함되어야 한다.

4) 아동의 취학지원

국가 또는 지방자치단체는 피해자 또는 피해자가 동반한 가정구성원이 아동인 경우 주소지 외의 지역에서 취학할 필요가 있는 때에는 그 취학이 원활히 이루어지도록 지원

하여야 한다(법 제4조의4). 여기서 말하는 가정구성원인 아동이라 함은 자기 또는 배우자와 직계비속관계에 있거나 있었던 자 중 피해자의 보호 또는 양육을 받고 있는 자를 말하며, 취학이라 함은 입학·재입학·전학 및 편입학을 포함한다.

피해자 또는 피해자가 동반한 가정구성원인 아동의 보호자(가정폭력행위자 제외)가 피해아동을 주소지 외의 지역에 있는 초등학교에 입학시키고자 할 경우에는 입학할 초등학교의 장은 가정폭력이 발생한 사실이 인정되는 때에는 이를 승낙하여야 한다. 또한 초등학교의 장은 가정폭력의 사실이 인정되는 때에는 피해아동의 보호자 1인의 동의를 받아 교육장에게 당해 피해아동의 전학을 추천하여야 하며, 이 경우 교육장은 전학할 학교를 지정하여 전학시켜야 한다(시행령 제1조의3).

중학교의 장은 가정폭력이 발생한 사실이 인정되는 때에는 피해아동이 다른 학교로 전학 또는 편입학 할 수 있도록 추천하여야 하며, 교육장은 중학교의 장이 추천하거나 재입학을 지원하는 피해아동에 대하여 전학 또는 편입이나 재입학할 학교를 지정하여 배정하여야 한다. 고등학교의 경우에 이를 준용한다(시행령 제1조의3제3, 4항).

피해자 및 피해자가 동반한가정구성원의 보호를 위하여 읍·면·동의 장, 학교의 장 또는 교육감은 조치한 사실이 취학업무 관계자가 아닌 자에게 공개되지 아니하도록 관리·감독하여야 한다.

5) 피해자에 대한 불이익처분의 금지

피해자를 고용하고 있는 자는 누구든지 가정폭력범죄의처벌등에관한특례법에 따른 가정폭력범죄와 관련하여 피해자를 해고하거나 그 밖의 불이익을 주어서는 아니 된다(법 제4조의5). 그러나 이 규정을 위반하여 피해자에게 해고 등의 불이익을 주었을 경우의 벌칙조항이 없다. 적절한 조치나 벌칙조항을 두어 실효성을 확보하여야 할 것이다.

3. 가정폭력상담소 및 피해자보호시설

1) 가정폭력상담소

(1) 설치·운영

국가 또는 지방자치단체는 가정폭력관련 상담소를 설치·운영할 수 있다. 국가 또는 지방자치단체 외의 자가 상담소를 설치·운영하고자 할 때에는 시장·군수·구청장에게 신고하여야 한다.

상담소의 설치·운영기준 및 종사자 수(여성가족부령 제4조 별표 1)

1. 입지조건: 상담소는 시설의 적정한 분포와 보건·위생·급수·안전·환경 및 교통편의 등을 충분히 고려하여 쾌적한 환경에 설치하여야 한다.

2. 규모: 상담소는 최소 49.59㎡ 이상의 시설규모를 갖추어야 한다.

3. 구조 및 설비
   가. 상담소의 구조 및 설비는 그 시설을 이용하는 자의 연령별 특성에 맞도록 하고, 일조·채광·환기 등 이용자의 보건위생 및 재해방지 등을 고려하여야 한다.
   나. 상담소는 다음의 시설을 갖추어야 한다. 다만, 상담소의 형편에 따라(5)의 시설은 설치하지 아니할 수 있다.
   (1) 사무실 사무를 위한 적절한 설비를 갖추어야 한다.
   (2) 면접상담실 사생활이 공개되지 않도록 방음시설을 갖추고 자연스럽고 편안한 분위기에서 상담할 수 있도록 적절한 설비를 갖추어야 한다.
   (3) 전화상담실 전화기 등 전화 상담을 위한 적절한 설비를 갖추어야 한다.
   (4) 회의실
   (5) 보호실(임시보호업무 수행 필요시): 임시보호업무를 수행하고자 하는 상담소는 피해자의 숙식에 필요한 최소한의 시설을 갖추되 시설면적이 9.9㎡ 이상 되어야 한다.
   (6) 비상재해대피시설, 소방시설 설치·유지 및 안전관리에 관한 법률이 정하는 바에 따라 소화기 및 피난기구를 갖추는 등 시설 실정에 맞도록 비상재해대피시설을 갖추어야 한다.

4. 운영기준
   가. 운영시간 상담소는 주 5일, 평일 8시간 이상 운영함을 원칙으로 한다.
   나. 생활관리
   (1) 상담소의 장은 상담자의 연령, 성격, 심신의 건강상태 등을 고려하여 상담계획을 수립하여 상담을 실시하여야 하며, 임시보호 대상자의 경과에 따라 귀가조치 또는 다른 보호시설로의 전원 등 필요한 조치를 하여야 한다.
   (2) 상담소의 장은 신문·잡지·도서를 비치하여 상담자가 자유로이 이용할 수 있도록 하여야 한다.

다. 관리규정
상담소의 장은 다음 사항에 관한 규정을 제정하여 상담소의 적정한 운영을 도모하여야 한다.
 (1) 상담소의 운영방침 (2) 직원의 업무분장 (3) 상담소 이용자의 대응요령 (4) 상담소의 이용 수칙 (5)
　그 밖에 상담소의 운영 관리에 관하여 중요한 사항
라. 장부 등의 비치
상담소의 장은 다음의 장부 및 서류를 비치하여야 한다.
 (1) 관리에 관한 장부
　(가) 상담소의 연혁에 관한 기록부 (나) 직원관계철(인사기록카드·이력서·사진을 포함한다) (다)
　회의록 관계철 (라) 소속법인의 정관(법인의 경우만을 말한다) 및 관계결의 서류 (마) 문서철(보고
　서 및 관계행정기관과의 문서철) (바) 문서접수·발송대장
 (2) 사업에 관한 장부
　(가) 상담소의 이용자 관계서류(신상조사서, 임시보호의 경과, 지도·상담, 법률지원의 내용 등) (나)
　운영일지 및 상담일지 (다) 상담원 교육 관계서류
 (3) 재무·회계에 관한 장부
　(가) 총계 정원장 및 수입·지출보조부 (나) 금전출납부 및 그 증빙서류 (다) 예산서 및 결산서 (라) 비
　품수불대장 (마) 비품관리대장 (바) 재산대장·재산목록과 그 소유 또는 사용을 증명할 수 있는 서류
　(사) 이용자의 비용부담 관계서류 (아) 각종 증빙서류

5. 종사자 수 등
 가. 상담소에는 상담소의 장 1인, 상담원 2인 이상 등 상담 및 임시보호업무 에 필요한 종사자를 두어
　야 하며, 상담소의 재정여건 등 불가피한 사유가 있는 경우 상담소의 장과 상담원은 겸임이 가능하
　다.
 나. 상담소의 장은 전임이어야 하며, 다른 기관의 업무를 겸임할 수 없다.
 다. 상담원의 근무시간은 평일 8시간을 원칙으로 한다.

(2) 상담소의 업무

상담소의 업무는 다음과 같다.

① 가정폭력을 신고 받거나 이에 관한 상담에 응하는 일

② 가정폭력으로 인하여 정상적인 가정생활 및 사회생활이 어렵거나 그 밖에 긴급한
　필요로 하는 피해자 및 피해자가 동반한 가정구성원에 대한 임시보호를 하거나 의
　료기관 또는 가정폭력피해자보호시설로의 인도

③ 행위자에 대한 고발 등 법률적 사항에 관한 자문을 얻기 위한 대한변호사협회 또
　는 지방변호사회 및 법률구조법의 규정에 따른 법률구조법인 등에 필요한 협조와
　지원의 요청

④ 경찰관서 등으로부터 인도 받은 피해자 등의 임시보호

⑤ 가정폭력의 예방 및 방지에 관한 홍보

⑥ 기타 가정폭력 및 피해에 관한 조사·연구

2) 가정폭력피해자보호시설

(1) 보호시설의 설치

국가 또는 지방자치단체는 가정폭력피해자 보호시설을 설치·운영할 수 있다.

사회복지법인, 기타 비영리법인은 시장·군수·구청장의 인가를 받아 보호시설을 설치·운영할 수 있다. 보호시설에는 상담원을 두어야 하고, 보호시설의 규모에 따라 생활지도원, 취사원, 관리원 등의 종사자를 둘 수 있다. 보호시설의 설치·운영기준·보호시설에 두는 상담원 등 종사자의 직종과 수 및 인가기준 등에 관하여 필요한 사항은 여성가족부령으로 다음과 같이 정한다(법 제7조).

보호시설 설치·운영기준 및 종사자 수(여성가족부령 제6조 별표 2)

1. 입지조건 : 보호시설은 시설의 적정한 분포와 보건·위생·급수·안전·환경 및 교통편의 등을 충분히 고려하여 쾌적한 환경으로 설치하여야 한다.

2. 규모
 가. 보호시설은 입소정원 1인당 6.6제곱미터 이상이어야 한다.
 나. 보호대상자의 보호가 시간적으로 긴급하거나 그 밖에 이에 준하는 부득이 한 사유로 입소정원을 초과하여 피해자 또는 그 가정구성원을 보호할 필요가 있는 경우에는 입소정원의 30퍼센트를 초과하지 아니하는 범위에서 시설 면적 기준을 적용하지 아니한다.

3. 구조 및 설비
 가. 보호시설의 구조 및 설비는 그 시설을 이용하는 자의 연령별 특성에 맞도록 하고, 일조·채광·환기 등 이용자의 보건위생 및 재해방지 등을 고려하여야 한다.
 나. 보호시설은 다음의 설비를 갖추어야 한다. 다만, 시설의 형편에 따라 (2), (3) 및 (4)의 시설을 겸용하거나 (6), (7) 및 (9)의 시설을 겸용할 수 있다.
  (1) 거실
   (가) 적당한 난방 및 통풍시설을 하고 상당시간의 일조량을 확보할 수 있도록 하여야 함
   (나) 출입구는 비상재해 시 대피하기 쉽도록 복도 또는 넓은 공간을 향하도록 하여야 함
  (2) 사무실 : 사무를 위한 적절한 설비를 갖추어야 한다.
  (3) 상담실 : 공개되지 아니하고 편안한 분위기에서 상담할 수 있도록 적절한 설비를 갖추어야 한다.
  (4) 숙직실 : 숙직을 위한 적절한 설비를 갖추어야 한다.
  (5) 식당 및 조리실
   (가) 채광 및 환기가 잘 되도록 한다.
   (나) 식기를 소독하고 위생적으로 취사 및 조리할 수 있는 설비를 갖추어야 한 다.
  (6) 목욕실 욕탕·샤워 및 세면설비를 갖춰야 한다.
  (7) 세탁장 : 세탁에 필요한 기계 및 기구 등 설비를 갖추어야 한다.
  (8) 건조장 : 세탁물을 건조할 수 있는 설비를 갖추어야 한다.
  (9) 화장실 : 수세식 화장실을 갖추어야 한다.

(10) 급·배수 시설
　(가) 급수시설은 상수도에 의한다. 다만, 상수도에 의할 수 없는 경우에는 먹는물관리법 제5조에 따른 먹는 물의 수질기준에 적합한 지하수 등을 공급할 수 있는 시설을 갖추어야 한다. (나) 지하수 등을 사용하는 경우 그 취수원은 화장실 등 지하수가 오염될 우려가 있는 장소로부터 20미터 이상 떨어진 곳에 위치하여야 한다.
　(다) 빗물·더러운 물 등의 배수에 지장이 없도록 배수설비를 하여야 한다.
(11) 비상재해대비시설 : 소방시설설치유지및안전관리에관한법률이 정하는 바에 따라 소화기 및 피난기구를 갖추는 등 시설 실정에 맞도록 비상재해대비시설을 갖추어야 함

4. 운영기준
가. 건강 및 생활관리
　(1) 보호시설의 장은 입소자의 연령, 성격, 심신의 건강상태 등을 고려하여 관찰·지도하여야 하며, 보호의 경과에 따라 귀가조치 또는 다른 보호시설로의 전원 등 필요한 조치를 하여야 한다.
　(2) 보호시설의 장은 입소자의 생활환경을 항상 청결하게 하고 그 위생관리에 유의하면서 입소자의 건강상태에 따라 적절한 훈련과 휴식을 하도록 하여야 한다.
　(3) 보호시설의 장은 입소자의 사생활을 침해하지 않는 범위에서 보호시설의 종사자가 입소자와 함께 기거하도록 조치하여야 하며, 보호시설 안에서는 입소자(입소자의 자녀인 영유아로서 보호시설의 장이 인정하는 자를 포함한다)와 보호시설의 종사자 외에는 거주하지 못한다.
　(4) 보호시설의 장은 신문·잡지·도서를 비치하여 입소자가 자유로이 이용할 수 있도록 하여야 한다.
　(5) 보호시설의 장은 입소자의 인권을 보호하고 입소자들이 지역사회에 적응하여 지역사회와 원활한 관계를 정립하고 유지할 수 있도록 입소자들이 원하는 지역사회활동에 자유롭게 참여할 수 있는 기회를 보장하여야 한다.
　(6) 보호시설은 입소자가 사회경제활동에 참여하도록 하기 위하여 필요한 직업훈련을 실시하되, 직업훈련은 훈련효과의 증진을 위하여 시설 외의 훈련기관에 의뢰하여 실시할 수 있다.
나. 관리규정
보호시설의 장은 다음 사항에 관한 규정을 제정하여 효율적으로 보호시설을 운영하여야 한다.
　(1) 보호시설의 운영방침 (2) 정원 및 직원의 업무분장 (3) 보호시설의 입소요령
　(4) 보호시설의 이용 수칙 (5) 그 밖에 보호시설 프로그램 운영 등에 관한 내용
다. 장부 등의 비치
보호시설의 장은 다음의 장부 및 서류를 비치하여야 한다.
　(1) 관리에 관한 장부:
　　(가) 보호시설의 연혁에 관한 기록부 (나) 직원관계 철(인사기록카드·이력서·사진 포함) (다) 회의록 철 (라) 소속법인의 정관 및 관계결의 서류 (마) 문서철(보고서 및 관계 행정기관과의 문서철) (바) 문서접수·발송대장
　(2) 사업에 관한 장부:
　　(가) 보호시설의 입소자 관계서류(신상조사서, 건강기록부, 입·퇴소자 명단, 보호의 경과, 지도·상담, 법률지원의 내용 등) (나) 운영일지 및 상담일지 (다) 운영 프로그램 관리대장(프로그램 운영일지 및 평가관련 서류) (라) 종사자 교육·훈련 관계서류
　(3) 재무·회계에 관한 장부:
　　(가) 총계 정원장 및 수입·지출보조부 (나) 금전출납부 및 그 증빙서류 (다) 예산서 및 결산서 (라) 비품수불대장 (마) 비품관리대장 (바) 재산대장·재산목록과 그 소유 또는 사용을 증명할 수 있는 서류 (사) 입소자의 비용부담 관계서류 (아) 각종 증빙서류

5. 종사자 수 등
가. 보호시설에는 보호시설의 장 1인과 상담원 등 그 밖에 종사자를 다음과 같이 두어야 하며, 보호설의 재정여건 등 불가피한 사유가 있는 경우 보호시설의 장과 상담원은 겸임이 가능하다.

> 나. 보호시설의 장은 전임이어야 하며, 다른 기관의 업무를 겸임할 수 없다.
> (1) 5인 이상 10인 이하의 보호시설 : 시설의 장 1인, 상담원 2인 계 3인
> (2) 11인 이상 30인 이하의 보호시설 : 시설의 장 1인, 상담원 3인 계 4인
> (3) 30인 이상의 보호시설 : 시설의 장 1인, 상담원 4인 계 5인
> (4) 장애인보호시설 : 시설의 장 1인, 상담원 1인 계 2인
> (다만, 장애인보호시설은 입소정원 10인당 보조인력 1인을 증원 배치하여야 한다)

(2) 보호시설의 종류

보호시설의 종류는 다음과 같다.

① 단기보호시설 : 피해자 등을 6월의 범위 안에서 보호하는 시설, 다만 단기보호시설의 장은 당해 단기보호시설에 입소한 피해자가 심리적 안정이 필요하거나 치료 중에 있는 등 단기보호대상자의 보호를 위하여 필요하다고 인정하는 경우에는 시장·군수·구청장의 승인을 얻어 3월의 범위 안에서 1회에 한하여 그 기간을 연장할 수 있다(시행규칙 제7조제3항).

② 장기보호시설 : 피해자 등에 대하여 2년의 범위 안에서 자립을 위한 주거편의 등을 제공하는 시설

③ 외국인보호시설 : 배우자가 대한민국 국민인 외국인 피해자 등을 2년의 범위 안에서 보호하는 시설

④ 장애인보호시설 : 장애인복지법의 적용을 받는 장애인인 피해자 등을 2년의 범위 안에서 보호하는 시설

단기보호시설의 장은 당해 단기보호시설에 입소한 피해자가 심리적 안정이 필요하거나 치료 중에 있는 등 단기보호대상자의 보호를 위하여 필요하다고 인정하는 경우에는 시장·군수·구청장의 승인을 얻어 3월의 범위 안에서 1회에 한하여 그 기간을 연장할 수 있다.

(3) 보호시설의 업무

보호시설은 피해자 등에 대하여 다음 각 항의 업무를 행한다. 다만, 피해자가 동반한 가정구성원에 대하여는 다음의 제1항 외의 업무 일부를 행하지 아니할 수 있고, 장기보호시설은 피해자 등에 대하여 제1항 내지 제4항의 업무(주거편의제공업무는 제외)를

행하지 아니할 수 있다.

　① 숙식의 제공

　② 심리적 안정 및 사회적응을 위한 상담 및 치료

　③ 질병치료 및 건강관리를 위한 의료기관에의 인도 등 의료지원

　④ 수사기관의 조사 및 법원의 증인신문에의 동행

　⑤ 법률구조기관 등에 필요한 협조와 지원 요청

　⑥ 자립자활교육의 실시와 취업정보의 제공

　⑦ 다른 법률에 의하여 보호시설에 위탁된 사항

　⑧ 그 밖에 피해자 등의 보호를 위하여 필요한 일

　장애인보호시설을 설치·운영하는 자가 제1항 내지 제8항의 업무를 행함에 있어서는 장애인의 특성을 고려하여 적절한 지원이 이루어질 수 있도록 하여야 한다.

　보호시설의 장은 제1항 내지 제8항으로 인한 비용의 전부 또는 일부를 가정폭력행위 자로부터 구상할 수 있다. 이 경우 그 구상절차는 국세 또는 지방세체납처분절차의 예에 의한다(법 제8조).

3) 상담소 및 보호시설 종사자의 자격기준

　다음 사항에 1에 해당하는 자는 상담소의 장, 보호시설의 장 또는 상담소와 보호시설에 종사하는 상담원이 될 수 없다(법 제8조의2).

　① 미성년자, 금치산자 또는 한정치산자

　② 파산선고를 받은 자로서 복권되지 아니한 자

　③ 금고 이상의 형의 선고를 받고 그 집행이 종료(집행이 종료된 것으로 보는 경우를 포함)되지 아니하거나 집행이 면제되지 아니한 자

　상담소와 보호시설에 근무하는 상담원은 상담원 교육훈련시설에서 상당한 교육훈련과정을 이수한 자로 한다. 그 밖에 상담소와 보호시설에 종사하는 종사자의 자격기준에 관하여 필요한 사항은 여성가족부령으로 다음과 같이 정한다.

상담소·보호시설 종사자의 자격기준(여성가족부령 제9조 별표 3)

1. 일반기준
상담소·보호시설의 장 및 상담원은 제2호 및 제3호의 개별기준 요건을 갖춘 자로서 법 제8조의3에 따른 교육훈련시설에서 상담원 교육과정을 이수하여야 한다. 다만, 상담소·보호시설의 장이 상담원의 자격을 갖춘 경우에는 면제할 수 있다.

2. 상담소·보호시설의 장 자격기준
  가. 사회복지사업법에 따른 사회복지사 2급 이상의 자격을 취득한 후 가정폭력방지업무에 3년 이상 종사한 경력이 있는 자
  나. 국가 또는 지방자치단체에서 7급 이상의 공무원으로 가정폭력 방지업무에 5년 이상 종사한 경력이 있는 자
  다. 가정폭력 상담원의 자격을 취득한 후 가정폭력 방지를 목적으로 설립된 단체 및 시설에서 5년 이상 종사한 경력이 있는 자

3. 상담원의 자격기준
  가. 고등교육법 제2조제1호 내지 제6호에 따른 학교 졸업자(이와 동등 이상의 학력을 소지한 자를 포함한다)
  나. 사회복지사업법에 따른 사회복지사의 자격을 가진 자
  다. 사회복지시설, 사회복지단체의 임직원 또는 공무원으로서 가정폭력방지 업무에 3년 이상 종사한 경력(단순노무자로 근무한 경력은 제외한다)이 있는 자
  라. 이주노동자 및 외국인 관련 단체 및 시설에서 2년 이상 종사한 경력이 있는 자(외국인보호시설만을 말한다)

4) 상담원 교육훈련시설

국가 또는 지방자치단체는 상담원에 대하여 교육·훈련을 실시하기 위하여 가정폭력 관련 상담원 교육훈련시설을 설치하여야 한다. 고등교육법의 규정에 의한 학교를 설립·운영하는 학교법인, 법률구조법인, 사회복지법인 그 밖에 비영리법인으로서 교육훈련시설을 설치하고자 하는 자는 시장·군수·구청장에게 신고하여야 한다.

교육훈련시설의 설치기준, 교육훈련시설에 두는 강사의 자격과 수, 상담원교육훈련과정의 운영기준 및 신고절차 등에 관하여 필요한 사항은 여성가족부령 제10조의 규정에 따른다(법 제8조의3).

5) 상담·보호시설·교육훈련기관의 준수사항

(1) 피해자 의사의 존중의무

상담소나 보호시설의 장은 피해자 등의 명시한 의사에 반하여 법 제8조제1항(보호시설의 업무) 및 제18조(치료보호)의 보호를 할 수 없다(법 제9조).

(2) 휴지·폐지의 신고

상담소·보호시설 또는 교육훈련시설의 장이 그 시설을 휴지 또는 폐지하고자 할 때에는 시장·군수·구청장에게 신고하여야 한다(법 제10조).

(3) 영리목적 운영의 금지

누구든지 영리를 목적으로 상담소·보호시설 또는 교육훈련시설을 설치·운영하여서는 아니 된다. 다만, 교육훈련시설의 장은 상담원교육훈련과정을 수강하는 자에게 여성가족부령이 정하는 바에 따라 수강료를 받을 수 있다(법 제14조).

(4) 비밀엄수의무

상담소 또는 보호시설의 장이나 이를 보조하는 자 또는 그 직에 있었던 자는 그 직무상 알게 된 비밀을 누설하여서는 아니 된다.

(5) 유사명칭 사용금지

이 법에 의한 상담소·보호시설 또는 교육훈련시설이 아니면 가정폭력 관련 상담소·가정폭력피해자 보호시설 또는 가정폭력 관련 상담원 교육훈련시설, 그 밖에 이와 유사한 명칭을 사용하지 못한다(법 제17조).

6) 국가의 경비보조 및 감독

(1) 경비의 보조

국가 또는 지방자치단체는 시장·군수·구청장에게 신고를 하고 상담소를 설치·운영하는 국가 또는 지방자치단체 외의 자나 시장·군수·구청장의 인가를 받아 보호시설을 설치·운영하는 사회복지법인, 기타 비영리법인에게 설치·운영에 소요되는 경비의 일부를 보조할 수 있다. 특히 장애인보호시설에 대하여는 여성가족부장관이 정하는 기준에 맞는 시설 및 설비를 설치할 수 있도록 그 비용을 지원하여야 한다(법 제13조).

(2) 상담소의 통합설치 및 운영

국가 또는 지방자치단체는 이 법에 의하여 설치·운영하는 상담소 또는 보호시설을 유사한 성격의 상담소나 보호시설과 통합하여 설치·운영하거나 설치·운영할 것을 권고할 수 있다(법 제14조).

(3) 감독

여성가족부장관 또는 시장·군수·구청장은 상담소·보호시설 또는 교육훈련시설의 장으로 하여금 당해 시설에 관하여 필요한 보고를 하게 할 수 있으며 관계 공무원으로 하여금 당해 시설의 운영상황을 조사하게 하거나 장부, 기타 서류를 검사하게 할 수 있다. 이 경우 관계공무원이 그 직무를 행하는 때에는 그 권한을 표시하는 증표를 지니고 이를 관계인에게 내보여야 한다.

7) 인가의 취소와 청문

(1) 인가의 취소(법 제12조)

시장·군수·구청장은 상담소·보호시설 또는 교육시설이 다음 사유에 해당하는 때에는 시설의 폐쇄·업무의 폐지 또는 6월의 범위 안에서 업무의 정지를 명하거나 인가를 취소할 수 있다.

① 상담소·보호시설 또는 교육훈련시설의 설치·운영규정에 따른 설치기준 또는 운영기준에 미달하게 된 때

② 상담소·보호시설 또는 교육훈련시설의 설치·운영규정에 따른 상담원 또는 강사 의수가 미달하거나 자격이 없는 자를 상담원 또는 강사로 채용한 때

③ 정당한 사유 없이 법 제11조(감독)의 규정에 따른 보고를 하지 아니하거나 허위로

보고를 한 때 또는 관계 공무원의 조사·검사를 거부하거나 기피한 때
④ 영리를 목적으로 상담소·보호시설 또는 교육훈련시설을 설치·운영한 때

(2) 청문

시장·군수·구청장은 인가취소의 규정에 따라 업무의 정지·폐지 또는 그 시설의 폐쇄를 명하거나 인가를 취소하고자 하는 경우에는 청문을 실시하여야 한다.

8) 치료보호와 비용

(1) 치료보호

의료기관은 피해자 본인·가족·친지 또는 상담소나 보호시설의 장 등의 요청이 이 있을 경우에는 피해자에 대하여 다음의 치료보호를 실시하여야 한다.
① 보건에 관한 상담 및 지도   ② 신체적·정신적 피해에 대한 치료
③ 임산부의 심리적 안정을 위한 각존프로그램이 실시 등 정신치료
④ 임산부 및 태아보호를 위한 검사 및 치료
⑤ 가정폭력피해자 가정의 신생아에 관한 의료

(2) 치료비용

치료보호에 필요한 일체의 비용은 가정폭력행위자가 부담하는 것이 원칙이지만 이 규정에 불구하고, 피해자가 치료보호를 신청하는 경우에는 국가 또는 지방자치단체는 가정폭력행위자를 대신하여 치료보호에 필요한 비용을 의료기관에 지급하여야 한다. 이 경우 국가 또는 지방자치단체는 가정폭력행위자에 대하여 구상권을 행사할 수 있다. 다만, 피해자가 보호시설 입소 중에 치료를 받은 경우나 가정폭력행위자가 다음 사유에 해당하는 때에는 그러하지 아니하다.
① 국민기초생활보장법의 제2조의 규정에 의한 수급자
② 장애인복지법 제29조에 의하여 등록된 장애인

(3) 지급절차

가정폭력피해자는 가정폭력행위자의 주소지를 관할하는 시장·군수·구청장에게 치료보호에 소요된 비용을 청구할 수 있고, 청구를 받은 시장·군수·구청장은 피해자 여부를 확인한 후에는 당해 의료기관에 치료비용을 지급한다.

9) 권한의 위임

여성가족보장관은 대통령령이 정하는 바에 의하여 이 법에 의한 권한의 일부를 특별시장·광역시장·도지사 또는 시장·군수·구청장에게 위임할 수 있다.

4. 벌칙

1) 처벌규정

다음에 해당하는 자는 1년 이하의 징역 또는 5백만원 이하의 벌금에 처한다.

① 이 법에 의한 신고를 하지 아니하거나 인가를 받지 아니하고 상담소·보호시설 또는 교육훈련시설을 설치·운영한 자

② 이 법에 의한 업무의 정지·폐지 또는 시설의 폐쇄명령을 받고도 상담소·보호시설 또는 교육훈련시설을 계속 운영한 자

③ 이 법에 의한 비밀엄수의 의무를 위반한 자

2) 양벌규정

법인의 대표자나 법인 또는 개인의 대리인사용인, 기타 종업원이 그 법인 또는 개인의 업무에 관하여 처벌규정의 위반행위를 한 때에는 행위자를 벌하는 외에 그 법인 또는 개인에 대하여도 같은 조의 벌금형을 과한다.

3) 과태료

다음에 해당하는 자는 3백만원 이하의 과태료에 처한다.

① 정당한 사유 없이 이 법에 의한 보고를 하지 아니하거나 허위로 보고한 자 또는 조

　사·검사를 거부하거나 기피한 자

② 이법에 의한 유사명칭 사용금지를 위반한 자

　과태료는 여성가족부장관 또는 시장·군수·구청장이 부과 징수 한다. 과태료 처분에 불복이 있는 자는 그 처분의 고지를 받은 날부터 30일 이내에 여성가족부장관 또는 시장·군수·구청장에게 이의를 제기할 수 있다. 과태료처분을 받은 자가 이의를 제기한 때에는 여성가족부장관 또는 시장·군수·구청장은 지체 없이 관할법원에 그 사유를 통지하여야 하며, 그 통지를 받은 관할법원은 비송사건절차법에 의한 과태료의 재판을 한다. 이의제기 기간 내에 이의를 제기하지 아니하고 과태료를 납부하지 아니한 때에는 국세 또는 지방세체납처분절차의 예에 의하여 징수한다(법 제22조).

참고문헌

강기정 외 77인(2006), 기초노령연금법안, 대한민국국회.
강희갑(2006), 『사회복지법제론』, 양서원.
구자헌(1984), 『한국사회복지사』, 홍익재.
국민연금관리공단(2007), 예상연금월액표, 홍보부.
국회사무처(2007), 제266회 국회본회의록, 대한민국국회
권영성(2007), 『헌법학원론』, 법문사.
권육상 외(2002), 『최신노인복지론』, 유풍출판사.
김 훈(2006), 『사회복지법제론』, 학지사.
김광병 외(2007), 『사회복지법제론』, 창지사.
김광병(2007), 『사회복지법제론』, 창지사.
김광병 외(2006), 『사회복지법제론』, 창지사
김귀환 외(2005), 『사회복지법제론』, 나눔의집.
김기원(2000), 『공공부조론』, 학지사.
김기원(2002), 『사회복지법제론』, 나눔의집.
김기원(2005), 『사회복지법제』, 나눔의집.
김기원(2006), 『사회복지법제론』, 나눔의집.
김기원(2007), 『사회복지법제론』, 나눔의집.
김남진 외(2006), 『행정법』, 법문사.
김남진(1987), 『행정법Ⅰ』, 법문사.
김만두(1991), 『사회복지서비스법』, 홍익재.
김만두(1998), 『사회복지법제론』, 홍익재.
김병숙 외(1999), 『고용관계법규』, 법문사.
김상규(1987), 『사회복지론』, 형설출판사.
김성경 외(2006) 『아동복지개론』, 양서원.
김유성(1997), 『한국사회보장법론』, 법문사.
김준호(2003), 『민법강의』, 법문사.
김철용(1968), "생존권적 기본권의 법적 성격", 『사법행정』, 한국사법행정학회.
김훈(2007), 『사회복지법제론』, 학지사.
남기민 외(2007), 『사회복지법제론』, 공동체.
노인장기요양정책기획단(2000), "노인장기요양보호정책안", 보건복지부, 한국보건사회연구원.
도미향 외(2006), 『아동복지개론』, 공동체.
문원주, 조석연(2002), 『산업재해보상보험법』, 법원사.
박균성(1993), "아동의 권리에 관한 국제협약과 아동복지법제", 『법학논총』, 제19집.
박동석 외(2003), 고령화 쇼크, 굿인포메이션.
박석돈(2005), 『사회복지서비스법』, 삼영사.
박순우 외(1999), 『세계의 사회복지』, 인간과복지.
백지연(2004), "노인자살에 관한 사례분석: 신문기사 내용을 중심으로", 한국노인복지학회.
보건복지부(1998), 『보건복지백서』, 보건복지부.

보건복지위원회(2006), "기초노령연금법안 검토보고서", 보건복지부.
보험계획부(2004), 『산업재해보상보험법연혁집』, 근로복지공단.
서병진(2007), 『노인복지론』, 솔바람.
신섭중 외(1999), 『한국사회복지법제개설』, 대학출판사.
신섭중 외(2001), 『사회복지법제』, 대학출판사.
위성종(1999) 『고용보험법』, 법론사.
유구종, 조희정(2007), 『영유아보육학개론』, 공동체
유지태(2001), 『행정법 신론』, 박영사.
윤병준 외(2003), 『건강보험의 이론과 실제』, 계축문화사.
이상광(1998), 『사회법』, 박영사.
이상용(2000), "국민건강보험 출범의 의미와 정책과제", 한국보건사회연구원, 『보건복지포럼』,
　　　통권 제45호.
이소희 외(2004), 『영유아복지론』, 현학사.
이순형 외(2006), 『보육학개론』, 학지사.
이주환(2000), 『고용보험실무해설의 법률지식』, 청림출판사.
이중엽(2005), 『사회복지법제론』, 유풍출판사.
장동일(2001), 『한국사회복지법제의 이해』, 학문사.
장동일(2003), 『한국사회복지법의 이해』, 학문사.
장인협(1992), 『사회복지학개론』, 서울대학교출판부.
전광석(1999), 『한국사회보장법론』, 법문사.
정윤순(2003), 『알기 쉬운 의료급여』, 일영.
조원탁 외(2006), 『사회복지법제론』, 양서원.
조추용 외(2006), 『사회복지법제론』, 교육과학사.
조흥식 외(2006), 『가족복지학』, 학지사.
최일섭, 이인재(1996), 『공적 부조의 이론과 실제』, 집문당.
한국법제연구원(2003), 『노인요양법제의 현황과 과제』, 한국법제연구원.
함세남 외(1996), 『선진국사회복지발달사』, 홍익재.
현외성(2004), 『한국사회복지법제론』, 양서원.
현외성(2007), 『사회복지법제개설』, 공동체.
황인옥 외(2005), 『사회복지법제론』, 학현사.

DiNitto, Diana M. Dye, Thomas R.(1987), *Social welfare*, Prentice Hall, N.Y.,
ILO(2002), *Declaration of Philadelphia*, About the ILO, ILO.

고용보험인터넷서비스 www.edi.work.go.kr
국민건강관리공단 www.nhic.or.kr
국민연금관리공단 www.npc.or.kr
근로복지공단 www.welco.or.kr
노동부 www.edi.work.go.kr
대한노인회 www.koreapeople.co.kr
대한민국국회 www.assembly.go.kr
두산백과사전 www.encyber.com
법제처 www.moleg.go.kr

보건복지부 www.mohw.go.kr
외교통상부: www.mofat.go.kr
장기노인요양보험 www.longtermcare.or.kr
청와대 www.cwd.go.kr

저자 소개 (가나다 순)

권육상

연세대학교 교육학석사, 상명대학교 사회복지학 석사
성균관대학교 이학 박사
서울스포츠대학원대학교 총장
한국케어복지학회장, 21C사회복지학회장

오종희

전남대학교 행정학 석사
전남대학교 행정학 박사
광주보건대학 사회복지과 교수

장승전

명지대학교 사회복지학 석사
서울스포츠대학원대학교 사회복지연구소 연구원
서울스포츠대학원대학교 외래교수

주정현

명지대학교 사회복지학 석사
상명대학교 행정학 박사과정(사회복지전공)
경북전문대학 사회복지과 겸임교수

최정섭

숭실대학교 법학과 법학 학사
연세대학교 행정대학원 행정학 석사
국제문화대학원대학교 사회복지학 석사
한국해양대학교 대학원 법학 박사
해양수산부 국장(이사관)
인천지방해양안전심판원 원장
국제문화대학원대학교, 신흥대학, 경북전문대학 강사
현재 극동대학교 초빙교수
　　　숭실대학교 사회복지대학원, 그리스도대학교 강사

최신 사회복지법제론

초판 1쇄 발행   2007년 8월 31일
초판 2쇄 발행   2008년 9월 19일

지은이 | 권육상 오종희 장승전 주정현 최정섭
펴낸곳 | 사회복지전문출판 나눔의집
펴낸이 | 박정희
주 소 | 서울시 구로구 구로3동 대륭포스트타워 2차 1205호
전 화 | 02-2082-0260
팩 스 | 02-2082-0263
www.ncbook.co.kr

값 18,000원
ISBN 978-89-5810-105-5

파본은 구입하신 곳에서 바꿔 드립니다.